BEATE & ARTHUR ERNEST WILDER-SMITH

ES WAR EIN REICHES LEBEN

DIE LEBENSGESCHICHTE VON
BEATE & ARTHUR ERNEST WILDER-SMITH

Daniel

Es war ein reiches Leben

Die Lebensgeschichte von

A.E. WILDER-SMITH
BEATE WILDER-SMITH

1. Auflage 6/2020
2. Auflage 11/2020

Daniel-Verlag, Gewerbegebiet 7, 17279 Lychen
Bestell-Nr.: 304636

Published by The Word For Today Publishers, Costa Mesa, California 92628
Originaltitel: Fulfilled Journey – The Wilder-Smith-Memoirs

Umschlagsgestaltung: Eduardo Souza, snilleblixtar.se
Titelbild: privat
Bilder im Innenteil: privat
Satz: Daniel-Verlag, Lychen
Druck und Bindung: ARKADRUK, Cieszyn, Polen

ISBN 978-3-945515-36-5

Vorwort

Prof Dr. Dr. Dr. Arthur E. Wilder-Smith gab durch seine Vorträge und Schriften vielen Christen und auch Nichtchristen in ihrer geistigen und geistlichen Entwicklung entscheidende Anstöße. Als echter Pionier trat er der übermächtig erscheinenden Evolutionslehre unerschrocken entgegen. Dabei schloss er bei seiner Kritik die gerade unter Christen weitverbreitete theistische Evolutionslehre mit ein.

Unter seinen über 80 Veröffentlichungen zu Glaubensfragen hat in besonderer Weise sein 1966 erschienenes Standardwerk *Herkunft und Zukunft des Menschen* bei vielen Zweiflern intellektuelle Glaubenshindernisse beseitigt und die Augen für die Einzigartigkeit des Wortes Gottes geöffnet.

Auch seine fachwissenschaftliche Forschungsarbeit, die er in der Industrie durchführte, trug reiche Früchte in einer großen Zahl von Veröffentlichungen und in vielen Patenten.

Ganz besonders galt sein Einsatz der jüngeren Generation. Vielen deutschen Kriegsgefangenen konnte er in England mit dem Wort Gottes Trost spenden und ihnen den Weg aus der Hoffnungslosigkeit zu dem lebendigen Jesus Christus zeigen.

In den alliierten Streitkräften half er im Rahmen eines Spezialauftrags zur Drogenbekämpfung Tausenden von Soldaten, von der Drogenabhängigkeit loszukommen. Oft hatte er, dem der Rang eines Generals verliehen worden war, die jungen Leute auch persönlich weitergeführt.

Nicht nur im militärischen Bereich gelang es Wilder-Smith, die Herzen der Jugend zu gewinnen. Seine Liebe zu jungen Menschen zeigte sich in besonderer Weise bei seiner Lehrtätigkeit an der Universität. So stellten zum Beispiel seine Pharmakologiestudenten an der Universität von Illinois bei der Verleihung einer akademischen Auszeichnung fest:

„Er macht uns nicht nur zu besseren Wissenschaftlern, sondern auch zu besseren Menschen."

Ein unvergessliches Erlebnis war es, Wilder-Smith bei seinen Vorträgen über grundlegende Fragen der Auseinandersetzung zwischen der Evolutionslehre und dem biblischen Schöpfungsbericht zu hören. Seine überragende Persönlichkeit, sein umfassendes Wissen und sein besonderes Talent, packend vorzutragen, zogen viele Hörer an. So war zum Beispiel bei seinen Vorträgen an der Kölner Universität der größte Hörsaal des Hochhauses so stark besucht, dass sogar der blanke Boden des Podiums bis zur unmittelbaren Berührung mit dem Rednerpult Kopf an Kopf besetzt war. Auch die Fensternischen wurden in akrobatischen Kletterkünsten erklommen. Sein ganz außerordentliches Geschick beim Umgang mit der studentischen Jugend wurde besonders dann deutlich, wenn er auf die verschiedenen Fragen seiner Zuhörer einging. Wilder-Smith verlor auch zu später Stunde nach einem anstrengenden Vortrag nicht die Geduld, wenn übermütige Heißsporne in arroganter Weise den sachlichen Bereich zu verlassen drohten. Seine Antworten waren von echtem Feingefühl und durch fördernde Überlegenheit geprägt, die auch von gereizten Fanatikern ohne Gesichtsverlust anerkannt wurden und es nicht gestatteten, das durch den Redner geprägte Klima zu zerstören.

Auch in den von ihm begründeten Seminaren „Pro Universitate“ gab Wilder-Smith Akademikern und Studenten wichtige Hilfen für Studium und Beruf. Er schöpfte dabei aus einem reichen Fundus an Wissen und Erfahrung, den er bei der Forschung an den Universitäten Genf, Chicago, Bergen und Ankara aufbauen konnte.

Im Gedenken an Wilder-Smith danken zahllose Christen ihrem Herrn dafür, dass Er uns diesen furchtlosen Bekenner geschenkt hat, der vielen geholfen hat, als Wissenschaft ausgegebenen Ballast abzuwerfen und den Zugang zu dem lebendigen Wort Gottes zu finden.

Der Herr möge es schenken, dass der mächtige Zeuge Wilder-Smith durch das vorliegende Werk auch nach seinem Heimgang noch viele erreicht und den Schöpfer des Himmels und der Erde verherrlicht.

Professor Dr. Dr Theodor Ellinger, Köln

Unseren Kindern Oliver, Petra, Clive und Einar,
die alle Freuden und Prüfungen des Lebens
mit uns teilten, gewidmet.

Einführung

Mein Mann und ich begannen 1991, diese Memoiren zu schreiben – einige Zeit nach der ersten Kopfoperation meines Mannes. Im März 1991 fand seine Operation statt. Einige Monate später griff er erneut zur Feder, und zwar während der Genesungszeit, als er noch nicht reisen und Vorträge halten konnte. Infolge der Komplikationen nach der zweiten Hirnoperation, die dann zu seinem Tode führten, beendete ich das Buch.

Um eine einheitliche Struktur und Weiterführung zu erlangen, sind die meisten Teile der Memoiren in der „Ich-Form" niedergeschrieben – aus der Perspektive meines Mannes –, obgleich teilweise von mir erzählt. Ich bitte, der verehrte Leser möge mir diese Freiheit verzeihen. Selbstverständlich ist der letztere Teil aus meiner Sicht weitergegeben.

Meist reisten und arbeiteten wir beide zusammen, besonders als unsere vier Kinder erwachsen waren. So hatte ich das große Vorrecht, an seinem Denken und Arbeiten eng teilzunehmen. Wenn ich nach all den gemeinsamen Jahren durch sein Tagebuch blättere, kann ich über die Vielfalt und Menge seiner Tätigkeiten, die er in aller Stille durchführte, nur staunen.

Zum schnellen Überblick seiner Tätigkeit möchte ich nur einige Fakten erwähnen. Neben all seiner ausgedehnten literarischen Arbeit und natürlich seinem Beruf als Universitätsprofessor reiste und lehrte er überall in der Welt: Vortragsreisen in den USA, Neuseeland, Australien und unzählbare Vorträge in Europa. Im Laufe dieser Reisen sprach er – nur die letzten 20 Jahre gerechnet – in mehr als 1000 öffentlichen Auditorien und Kirchen und hielt 370 Vorlesungen und Debatten an Universitäten. Außerdem hielt er regelmäßig Vorträge vor Geschäftsleuten und sprach in Fernseh- und Radioprogrammen.

Anfang 1970 wurde mein Mann Berater für Drogenmissbrauch bei der NATO, womit häufiges Reisen, Beraten von und Lehren vor Tausenden von Soldaten und Offizieren in den gesamten NATO-Ländern verbunden war.

Der Grund, warum wir unsere Memoiren veröffentlichen, ist, zu zeigen,

1. auf welche Weise Gott uns für unser Leben und Seine speziellen Aufgaben erzog und formte;
2. wie wunderbar und treu Gott in guten und schweren Zeiten uns führte und für uns sorgte.

Mögen durch diese Aufzeichnungen viele Menschen gesegnet und dazu ermutigt werden, ihr Leben Gott vertrauensvoll auszuliefern. Wir wünschen ihnen die gleichen Erfahrungen, die wir erlebten; nämlich dass Gott uns nicht immer Leid und Schwierigkeiten erspart, sondern inmitten derselben uns liebend beisteht und nahe ist. Diese Gewissheit schenkt Friede, Freude und Zuversicht.

Beate Wilder-Smith

Inhalt

TEIL I

ARTHUR ERNEST WILDER-SMITH

KAPITEL I
FRÜHE ERINNERUNGEN
1. Jugendzeit 21
2. Auf dem Gut 23
3. Die Farmer und Ingenieure 24
4. Die Tiere auf dem Gut 25

KAPITEL II
DIE EVOLUTION DER LANDWIRTSCHAFT
1. Die Technisierung des Landes 29
2. Der Dampfpflug und andere Maschinen 30
3. Der neue Humber Snipe 33

KAPITEL III
ANSCHAUUNGSUNTERRICHT
1. Die Bentley-Geschichte 37
2. Das Zeitalter der Öllampen ist vorbei 46

KAPITEL IV
INTERNAT
1. Das Internat 49
2. Das Leben im Internat 53
3. Ordnung im alten Internat 54
4. Erste Eindrücke im Internat 55
5. Disziplin und Erziehung im alten Stil 56
6. Miseren des Internatslebens 57
7. Einige Vorteile des Internats 60

KAPITEL V
ATHEISTISCHE AUSSAAT
1. Der Kirchenstreit in England 61
2. Die große Depression 1929–1932 63
3. Versteigerungen 64

4. Konsequenzen der Versteigerung 67
5. Der Herr Pfarrer bekommt eine höhere Berufung 68

KAPITEL VI
DER ERNST DES LEBENS BEGINNT
1. Erste Prüfungen im Internat 71
2. Die große Überraschung und ihre Folgen 72
3. Konkurrenz zwischen Internaten 72

KAPITEL VII
AUF UND AB IN MEINER AUSBILDUNG
1. Die akademische Karriere beginnt 74
2. Die große Depression noch einmal 75
3. Gewichtige Entscheidungen 77
4. Anfang der synthetischen Arbeit in bewegter Zeit 80
5. Kriegsausbruch 1939 81
6. Die Evakuierung der Universitäten 1940 82

KAPITEL VIII
ÜBERWINDUNG MEINER ATHEISTISCHEN AUSBILDUNG IN SCHULE UND UNIVERSITÄT
1. Der deutsche Freund 83
2. General Frost 84
3. Professor Rendle-Short 91
4. Lasst Probleme reifen! 92
5. Mein Bruder Walter stirbt 93

KAPITEL IX
FREIMAUREREI UND CHRISTENTUM
1. Was mein Vater glaubte 96
2. Glasblasen und Freimaurerei 104

KAPITEL X
DER ZWEITE WELTKRIEG: DAS VERHÄLTNIS DES CHRISTEN ZUM STAAT
1. Forschungsaufgaben und ihre Folgen 106
2. Das Verhältnis des Christen und des Einzelnen zum Staat 110
3. Krebsforschung an der Universität in London 121

KAPITEL XI

ENGLAND NACH DER INVASION EUROPAS 1944

1. Die Arbeit unter den deutschen Kriegsgefangenen 125
2. Bayernjacke und der Rektor 130
3. Der Kohlenklau 135
4. Die Kriegsgefangenen-Arbeit – Rückblick 137

KAPITEL XII

DIE AUSWANDERUNG AUS ENGLAND

1. Wie ich meine Frau traf – und sie mich 145
2. Wichtige Entscheidungen 155
3. Die Vorbereitung auf die Hochzeit 158
4. Glaubensüberlegungen 159

TEIL II

BEATE WILDER-SMITH (GEB. GOTTWALDT)

KAPITEL I
FAMILIE
1. Die Verwandtschaft 165
2. Kraschnitz und die Anstalt für Geisteskranke und Geistesschwache 166
3. Der Abtransport der Behinderten 167
4. Stehlen und Konsequenzen 168
5. Der Schlittschuhteich 169

KAPITEL II
AUSBILDUNG
1. Schulische Erziehung: Lehrer aller Art 172
2. Kartoffeleinsätze im Krieg 176
3. Einquartierung (Oberst Tortorella) 178
4. Der Turmwächter von Gollnow 179
5. Camilla Meyer kommt – der Zirkusplatz 179
6. Missionsfeste und Missionsprinzipien 181

KAPITEL III
AUFSTIEG DER NAZIS
1. Die Suppenküche 183
2. Die Nazis kommen! 185
3. Gollnow 186
4. Der Krieg rückt näher 189
5. Nazitaktik berührt unsere Familie 190
6. Osteinsatz für uns Mädchen 191

KAPITEL IV
DIE FLUCHT
1. Innere Vorbereitung 195
2. Der Stichtag 196
3. Der SS-Mann 197
4. Der letzte Zug 197
5. Unangemeldete Gäste 199
6. Wie man an Klaviere und Möbel kommt! 200

7. Die Engländer ziehen ein! 202
8. Eine neue Lebensaufgabe für uns 206

KAPITEL V

GROSSMUTTER ELSE URBAN

1. Ihr Vorbild in der Familie 208
2. Hausdorf 211
3. Die Russen sind da 213

KAPITEL VI

AUFBAU DER ZERBOMBTEN NORD-OST-GEMEINDE

1. Neubeginn 219
2. Zerfall des Schul- und Hochschulwesens 222
3. Das Musikstudium 223
4. Dankbarkeit 224

TEIL III

GEMEINSAMES LEBEN

Unsere Hochzeit 229
Der misslungene Streich 233
Zukunftspläne 236
Arbeit unter den Studenten 239
Einladung in eine Strafanstalt 249
Meine ersten zwei Bücher über die Entstehung des Lebens 252
Ein Beispiel über den Ursprung von Codes und Sprachen 256
Literatur zu verschiedenen Themen 258
Filme als Medium zur Verbreitung des Evangeliums 263
Vorträge an holländischen Universitäten 265
Weit entfernte Dienste 266
Die Unhaltbarkeit von Fox' und Millers Experimenten 270
Unser erster Wohnsitz 271
Privatdozent in Genf 273
Die Familie wird größer 276
Petras Geburt 279
Wieder zurück in die Schweiz 281
Zwei weitere Doktorhüte 283
Eine Frachterreise in den Norden 284
Von Norwegen nach Spitzbergen (Svalbard) 287
Ein Missverständnis mit politischen Konsequenzen 293
Der Heimgang meiner Schwiegermutter 295
Die Reise nach Bergen 296
Das „Bedehus" 299
Einleben in Norwegen 301
Clives Geburt 303
Der Besuch beim König 305
Eine volle Professur an der Universität von Illinois 308
Die Autoreise nach Chicago 311
Der Geistesblitz 313
Die Familie 317
Ein neues Angebot 319
Die Staatsunabhängige Theologische Hochschule (STH) 320

TEIL IV

DIE SPÄTEREN JAHRE

Die Reise in die Türkei 325
Eine Wohnung in Ankara 331
Das türkische Militär 334
Die Wiege früherer Zivilisation 337
Fossilienablagerungen in Kızılcahamam 341
„Ärgerhepatitis" und Unannehmlichkeiten 342
Das Peace Corps 343
Verbrennen von Autos 345
Beschaffung von Drogen und Chemikalien 346
Neue Erfahrungen im Umgang mit Menschen 347
Katastrophenhilfe 350
Internationale Verwendung von A.I.D.-Fonds 352
Das Gesetz in der Türkei 354
Unsere Autoschilder 356
Wie ich Drogenberater wurde 359
Militärische und diplomatische Privilegien 361
Allahs Gäste 363
Fatma 364
Der „Kapıcı" 366
Schulung unserer Kinder in der Türkei 367
Die Internationale Vereinigung Christlicher Geschaftsleute (IVCG) 369
Die Gründung von „Pro Universitate" 374
The Mystery Debater: Eine Debatte an der M.I.T. 380
Öffentliche Vorträge und Reden in Kirchen 382
Hobbys 390
Der 70. Geburtstag von Professor Wilder-Smith 391
Die Vorlesung zum Huxley Memorial 1986 392
Der 75. Geburtstag 397
Die Operation 399
Die Hochzeit unserer Tochter 402
Vorträge in Ostdeutschland nach dem Fall der Mauer 404
Beates 65. Geburtstag 407
Die zweite Operation und Heimgang 411
Lebenslauf von Arthur Ernest Wilder-Smith 416

Teil I

ARTHUR ERNEST WILDER-SMITH

Kapitel I

FRÜHE ERINNERUNGEN

1. Jugendzeit

Die Erinnerungen der frühesten Kindheit kommen einem im späteren Leben wie Träume vor. Aber Träume werden im Allgemeinen relativ schnell vergessen. Hingegen, die ersten Eindrücke des Lebens haben die Tendenz, für immer zu bleiben. So ist es auch, wenn ich an meine frühe Kindheit denke. Ich hatte das große Privileg, drei ältere Schwestern zu haben. Besonders meine älteste Schwester nahm sich meiner an, fuhr mich im Kinderwagen spazieren – und, wie ich meinte, bevormundete mich.

Eines Tages fuhr sie mich wieder einmal spazieren. Wir trafen eine Anzahl älterer Damen, die mich gern „inspizieren" wollten. Sie hoben die Fransen des Kinderwagens hoch – er hatte eine Art befransten Sonnenschirm als Dach, um das Baby vor den Blicken der Neugierigen (nicht nur vor der Sonne) zu schützen. Die Damen zogen Grimassen erschreckendster Art, um mich zum Lächeln zu bringen. Offenbar waren ihre Grimassen so furchterregend, dass ich einen Schock bekam und laut schrie. Darauf ließ meine Schwester die Fransen des Schirmes herunter, um mich vor diesem lähmenden Anblick zu schützen.

Viel später musste meine älteste Schwester mich wieder einmal spazieren fahren. Es war Sommer und heiß. Mutter hatte mich schön weiß angezogen. Meine Schwester bekam von Mutter den striktesten Befehl, mich nicht schmutzig werden zu lassen, weil wir nach dem Spaziergang Gäste erwarteten. Damals gab es keine Waschmaschinen, dafür stellte man zwei Dienstmädchen an, um die Wäsche zu kochen und per Hand zu waschen. Meine Schwester war lieb, aber sie behandelte uns Jungen – mein Bruder war 16 Monate jünger als ich – wie Säuglinge, wie wir meinten. So hegten wir oft einen geheimen Groll gegen diesen „Psychoterror". Hier bot sich offenbar die große Gelegenheit des Jahres, sich an unserer Schwester zu rächen. Nach einigen hundert Metern gelangten wir auf der Landstraße zu einer Stelle, wo frische, dampfende Pferdeäpfel lagen. Damals musste man nicht gegen den Gestank von Autoabgasen, sondern gegen den lieblichen Geruch von Pferdeäpfeln kämpfen! Kurz entschlossen – ich war vielleicht zweieinhalb Jahre alt – ging ich auf den dampfenden Haufen zu und wälzte mich ausgiebig in der weichen braunen Masse. Der Spaziergang wurde eiligst unterbrochen. Verzweifelt versuchte meine Schwester, das Schlimmste auszubürsten. Leider vergeblich; denn ich sah nachher schlimmer aus als vorher. Alle Vorbeigehenden bewunderten auf dem Rückweg meinen neuen, braun-gesprenkelten Anzug – er war früher ein weißer Matrosenanzug gewesen und hatte jetzt seine politische Farbe etwas geändert. Mutter war entrüstet, als sie diese Veränderung an meinem schönen Sonntagsanzug gewahrte.

Wie vorauszusehen war, schimpfte sie meine arme Schwester heftig aus, was ganz im Sinne ihres bösen Sohnes war, obwohl Mutter das nicht wusste. Unsere drei älteren Schwestern hielten fest gegen die zwei jüngeren Brüder zusammen: ein Kriegszustand, der leider lange dauerte.

Eltern ahnen oft gar nicht, wie bewusst kleine Kinder von frühester Jugend an die restliche Familie um den kleinen Finger wickeln. Menschen sind von Kleinkind an „Intriganten"! Die Aufgabe der Eltern – die schwere Aufgabe der Eltern – ist es, diesen Hang den Kindern früh auszutreiben. Meine Eltern versuchten, das zu tun – obwohl meine Schwestern bis zum heutigen Tag fest behaupten, dass dieses gute Ziel bei den beiden Jungen fehlschlug.

Als ich vor einigen Monaten in London war, sprach ich telefonisch mit meiner zweiten Schwester, die schon einige Jahre Witwe ist. Sie war unerschütterlich der alten Meinung, dass wir Jungen von Anfang an unverbesserlich waren und dass unsere Eltern strenger hätten vorgehen müssen! Nur mit den Töchtern seien sie zu streng gewesen! Ein Familienlied, das vielen Familien sicher bekannt ist!

2. Auf dem Gut

Ich wurde am 22.12.1915 in Reading, Berkshire, England geboren. Mein Vater stammte aus einer alten Familie von Gutsbesitzern. Seit der dänischen Invasion (genauer gesagt Invasionen) Ostenglands bebauten seine Vorfahren das fruchtbare Flachland im Südosten des Landes und breiteten sich nach dem Westen aus, wo die keltischen Urbewohner des Landes ansässig waren. Der Menschentyp im Osten des Landes trägt immer noch den dänischen Phänotyp, obwohl schon viel Vermischung stattgefunden hat. Biologisch gesehen, waren sie meist langlebig (soweit sie ihre ständigen Kriege vermieden), blauäugig und groß von Wuchs. Oft waren sie rotblonde Menschen. Mein Vater trug einen kleinen rotblonden Schnurrbart, wozu meine geduldige Mutter oft bemerken musste, dass die rötliche Farbe durch seine oft hitzigen Worte, die über seine Lippen schlüpften, zustande kam. Vater konnte aber auch sehr lieb sein.

Er versorgte in der ganzen Gegend – aber strikt heimlich – arme Leute, besonders Witwen und Waisen. Er ging oft wortkarg auf seine Runden durch die Nachbarschaft und brachte alten, alleinstehenden Männern und Frauen ein Hühnchen, gutes Gemüse oder sonst etwas, was es auf dem großen Gut gab: Eier, Butter, Milch usw. Besonders während des Krieges wurde seine diskrete Tätigkeit von vielen hoch geschätzt.

Auf dem religiösen Gebiet war Vater ein ausgesprochener Feind der anglikanischen Staatskirche – und das nicht ohne Grund. Wie wir später sehen werden, opponierte er gegen die Tätigkeit der Kirche beim Einziehen des damals sehr ungerechten Zehnten. Aber innerlich war er durchaus ein religiöser Mensch, denn er war Freimaurer und stieg bis zur 32. „Royal Arch"-Würde (königliche Arche) hinauf. Sein Gedächtnis war so phänomenal, dass ihm die Aufgabe zugesprochen wurde, Könige und hohe Glieder der königlichen Familie auf Wortgenauigkeit im Ritus der Loge zu prüfen. Er war der Überzeugung, dass der Glaube an Christus eine Angelegenheit für Frauen und Kinder sei. Er besäße in seiner Loge die eigentliche Religion für Männer. Vater war sehr, sehr enttäuscht, dass ich nicht seinem freimaurerischen Vorbild folgte.

Ich prüfte als junger Mann genauestens die Doktrinen der Freimaurer und lehnte sie später als unchristlich ab. Um zu diesem Schluss zu kommen, musste ich seine Riten und Praktiken in der Loge untersuchen, was oft Spannungen zu Hause mit sich brachte. Aber mehr von diesen Angelegenheiten später.

Meine Mutter, die diplomierte Lehrerin war, stammte aus einer Ingenieursfamilie. Mein Großvater mütterlicherseits gründete eine Eisengießerei, die immer noch im Besitz der Familie ist. Er entwarf und entwickelte Maschinen aller Art, besonders landwirtschaftliche Maschinen, die die Farmer in unserer Gegend kauften.

3. Die Farmer und Ingenieure

Durch die Tätigkeit auf dem Gut väterlicherseits und in der Eisengießerei mütterlicherseits pflegten die beiden Familien von frühester Jugend an Kontakt. Durch die Tätigkeit beider Familien als Gutsbesitzer und Ingenieure verkehrten die jungen Glieder beider Familien miteinander. Mutters Bruder, Percy, der neben seinem Beruf als Ingenieur ein guter Musiker war, heiratete Vaters jüngere Schwester Millie. Sie wohnten nicht weit von uns und hatten zwei Kinder, die mit uns zur Schule und später ins Internat gingen.

Vater lernte Mutter als Schulkind kennen – und wie man behauptet, brachte er ihr schon als Kind die schönsten Äpfel, die er aus dem Obstgarten holen konnte.

Mutter interessierte sich für die Wissenschaft und wurde Lehrerin. Sie heiratete deshalb später, wie es in England unter Akademikern oft der Fall ist. Als sie heirateten, war sie 27 Jahre alt und mein Vater etwas älter. Mutters Familie war an Wuchs klein und dunkel, aber auch blauäugig – wie Vaters Familie. Mutters Familie stammte eher von keltischen Vorfahren ab. Vater von Angelsachsen. In den Grafschaften Berkshire, Oxfordshire, Gloucestershire und Hampshire findet man beide Menschentypen vor, heutzutage sehr oft vermischt.

Mein Vater kaufte seine Maschinen, Traktoren, Dreschmaschinen, große Dampfpflüge etc. von der Firma Walter Wilder &

Co., also von der Familienfirma meiner Mutter. Die Firma Walter Wilder kaufte Land, damit sie Platz und Gelegenheit hatte, die neuen Maschinen, die sie entwickelte, auszutesten. So bestand ein enger Kontakt zwischen den beiden Familien.

Wenn Vater eine neuartige Dreschmaschine für Klee brauchte (Vater hatte einen Vertrag mit einer Firma, um neue reinrassige Kleearten für die damaligen Kolonien – Neuseeland, Australien etc. – zu züchten), suchte er sie natürlich bei Wilders. Leute dieser Firma kamen jedes Jahr auf unser Gut, um die Saat zu inspizieren. Die Firma Walter Wilder sorgte dafür, dass für jegliche Aufgabe die richtigen, passenden Maschinen geliefert wurden.

4. Die Tiere auf dem Gut

Ehe Benzin- und Kerosintraktoren aufkamen, pflügte man natürlich mit dem Pferd. So besaßen wir große Pferdeställe für unsere treuen Pferde, die das Pflügen, Eggen, die Aussaat und das Walzen übernahmen. In einem unserer Ställe stand ein schöner großer, intelligenter Reinrasse-Hengst namens Framlingen Curfew – ein edles Tier, das uns Kinder offenbar gern hatte, denn wir konnten mit ihm machen, was wir wollten; er nahm unsere Späße nie übel. Auch konnten wir Kinder ihn ohne Gefahr in der Erntezeit führen. Selbst mit unserer Hündin Folly kam der Hengst gut aus und legte seine Ohren an den Kopf zurück, wenn sie während der Arbeit herangefegt kam. Folly hatte einmal sechs oder sieben Kleine bekommen und wir Jungen wollten die Kleinen gerne inspizieren – was man unbedingt nicht tun soll, denn zu dieser Zeit sind Hündinnen oft unberechenbar. Die Hundemutter besaß eine schöne Hütte, nicht weit vom hinteren Eingang zum Hof entfernt. Mein Bruder Walter und ich begutachteten die Neugeborenen, so gut wir es konnten, durch den Eingang zur Hundehütte, aber es war zu dunkel, um richtig sehen zu können. So krochen wir beide in die Hütte hinein bis zur Ecke, wo Folly mit ihrer neuen Familie lag. Ich sehe heute noch, wie ihre Augen feurig glänzten, denn die Welpen waren dabei, sich ihre Mahlzeit zu holen. Wir sprachen mit ihr und sie klopfte mit dem Schwanz gegen den Boden, was das sichere Zeichen war, dass wir willkommene Gäste seien. Dann aber nahmen wir ein kleines Baby in die Hand, – ein Verstoß gegen alle Hundesitten. Folly kam sofort in höchste Not, ihre Augen glänzten noch feuriger in der dunklen Ecke: Das durfte nicht sein! Sie stand auf und flehte uns förmlich an, das Baby zurückzugeben – was wir sofort mit vielen Zeichen guter Absichten taten. Ich höre immer noch, wie die Hündin richtig vor Not winselte, als wir das kleine Baby in der Hand hatten. Aber als sie das Kleine wieder sicher bei sich hatte, legte sie sich und klopfte weiterhin mit dem Schwanz gegen den Boden – das Zeichen, dass alles wieder in Ordnung war.

Folly war unsere treue Begleiterin durch unsere ganze Jugendzeit hindurch. Während des Krieges lebte ich einige Jahre in Nordengland. Nach sehr langer Zeit kam ich unangemeldet nach Hause – mein Vater hatte einen Herzinfarkt erlitten, so musste ich als ältester Sohn nach dem Rechten auf der Farm sehen. Folly traf mich am Haupteingang, als ich vom Bahnhof ankam. Als ich, ohne zu zögern, das große Holztor aufriegelte, war ihr das zu viel, und sie bellte mich heftig an. Ich rief etwas vorwurfsvoll ihren Namen: „Aber Folly, was fällt dir ein!“, da stand sie sofort auf der Stelle still, schaute mich an und beschnüffelte mich. Dann erkannte sie ihren großen, ja unverzeihlichen Fehler, wedelte mit dem Schwanz mit allen ihr zur Verfügung stehenden Gebärden um Entschuldigung und leckte meine Schuhe gründlich ab. Als letztes Zeichen der Buße entschuldigte sie sich, indem sie sich auf den Rücken legte und sich mir anschmiegte. Dies ist ein Zeichen der unbedingten Kapitulation in der Hundesprache. Sie sprang daraufhin auf und galoppierte zum Haus, um meine Ankunft zu melden. Wie schön wäre es, wenn Menschen ihre Fehler ebenso einsähen und sich dementsprechend entschuldigten. Aber Hunde haben von Natur aus nicht immer solch schöne Manieren, sie lernen solche nur von einem guten Herrn. Verhält es sich ähnlich bei uns Menschen?

Doch wir dürfen die Katze nicht vergessen! Limpy hieß sie. Große Konkurrenz herrschte zwischen Limpy und Folly. Wenn man der Katze irgendwie eine Gunst erwies – sie auf den Schoß nahm und streichelte –, da kam Folly in größte Not. Das konnte die Hündin nicht ausstehen. Mit der Nase versuchte sie, unsere Hand von der Katze wegzustoßen!

Folly fraß nicht gern Brot. Sie schnüffelte ein wenig um das Brot herum, fraß es aber nicht. Aber wenn sie gerade dabei war, das Brot endgültig abzulehnen, brauchte man nur den Namen der Katze Limpy zu rufen, sofort drehte Folly sich um und verschlang mit einem Bissen das ganze Stück Brot, ehe die Katze herbeieilen konnte! Ob Folly auch das bei den Menschen gelernt hatte?

Solche Tiere wie unseren Hund und unsere Katze kann man in einer kleinen, modernen Wohnung nicht halten. Sie brauchen Platz und – wie Menschen – müssen sie noch dazu nützliche Aufgaben erfüllen. Wenn sie weder Platz noch regelmäßige Aufgaben haben, können sie – wie Menschen – unausstehlich werden.

Wir hatten auch Hühner. Unsere Hühner besaßen ihre guten Häuser und festgelegte Nester, aber sie benutzten sie oft nicht. Sie fanden, wie sie meinten, schönere kleine Nester unter den Heuhaufen und zogen diese oft vor. Wir mussten die Eier oft suchen gehen, sonst tauchte eines Tages irgendeine Glucke mit 13 kleinen Küken unter einem Heuhaufen auf. Wer konnte nun die Schlupfwinkel der abtrünnigen Hennen besser oder eher ausfindig machen als Folly mit ihrer unbeirrbaren Nase?

Die Hündin kannte, besser als jeder andere Hund, die nötige Technik und Methodik, wie man Eier sucht und holt. Die erste Regel, die sie beachtete, war nämlich, die Henne äußerst zart zu behandeln, sonst flog sie erschrocken von ihrem Schlupfwinkel auf – und machte die Eier dabei kaputt. So kam die Hündin immer von der Seite – oder gar von hinten – an die Henne heran, schob vorsichtig und leise ihre Schnauze unter die Henne, die oft bis zu 13 Eier unter sich hatte – wenn man lange Zeit ihren Schlupfwinkel nicht entdeckt hatte – und nahm dann ein Ei zwischen die beiden Eckzähne. Dann trottete sie zu Mutter mit dem Ei zwischen den Zähnen. Hielt man dann die Hände zu Folly herunter, ließ sie unendlich sorgfältig das Ei zwischen den Zähnen fallen, trottete zur Henne zurück und holte das nächste Ei. Ich habe es nie erlebt, dass Folly ein Ei fraß oder dass ein Ei kaputtging. Wenn niemand zu Hause war, ließ sie die Eier vor der Tür liegen. Sie waren immer intakt.

Als Folly sehr alt geworden war und wir Kinder alle aus dem Haus waren, schien sie ein ganz besonderes Verhältnis zu meinen alternden Eltern zu haben. Sie schlief meist im Zwinger oder in der Hundehütte, wo sie die Welpen immer bekommen hatte. Es war einmal eine sehr kalte Nacht im Winter, und Vater und Mutter waren früh ins Bett gegangen. Folly merkte irgendwie, dass es ihr nicht gut ging. Da öffnete sie selbst die Tür zum Zwinger – das konnte sie – und schlich zur Hintertür des Hofes, die sie durch Hochspringen selber öffnen konnte. Aber die Kraft dazu brachte sie nicht mehr auf. Am Morgen lag sie tot vor der Tür. Als Letztes in ihrer Not hatte sie meinen Vater gesucht, der immer helfen konnte. Wir begruben sie im Garten. So endete eine Ära in unserer Familie. Folly wurde etwa 18 Jahre alt.

Es ist wirklich schade, dass Kinder, die in der Stadt groß werden müssen, den ganzen Lauf der Natur kaum mehr kennenlernen. Sie sehen nicht mehr aus erster Hand, welche Verhältnisse Menschen, Tiere und Pflanzen zur Entwicklung brauchen, wie alles aufeinander abgestimmt ist. Aus diesem Grund fallen junge Menschen sehr leicht falschen Ideologien, die meist in Städten gedeihen, zum Opfer.

In einer Landbevölkerung, die mit der Natur eng verbunden ist, hätten weder die Nazis noch die Kommunisten viel ausrichten können. Die Kommunisten hielten es für nötig, die Muschiks auf dem Land durch die Kollektivierung der Höfe zu liquidieren, weil sie sie nicht gewinnen konnten. Ungefähr eine Million dieser Landbewohner starben durch Hunger, ehe die falsche kommunistische Ideologie beseitigt wurde. Wie in vielen Ländern heute, folgt Hungersnot den Kommunisten. So ging eine ganze Tradition Russlands zugrunde, und die stabilisierende Wirkung der Landbevölkerung verschwand für immer.

Kapitel II

DIE EVOLUTION DER LANDWIRTSCHAFT

1. Die Technisierung des Landes

Doch die Zustände meiner Jugend auf der Farm konnten nicht andauern. Die damalige sozialistische Politik sorgte dafür, dass die Landknechte, die früher nicht viel Bargeld verdienten – dafür aber Ware –, mehr Geld bekamen. Für die „Supply Side Economics" (= Angebotswirtschaft, das heißt alle Waren und Leistungen werden gegen Geld angeboten) musste gesorgt werden. Wenn das Volk Bargeld besitzt, kann die Großindustrie florieren. Aber die englischen Farmer konnten damals die hohen Löhne, die hohen Steuern und den hohen kirchlichen Zehnten nicht bezahlen. So viel Bargeld besaßen sie einfach nicht. Deshalb wurden die Landknechte mit ihren schönen kleinen Häusern und den schönen großen Gärten, mit denen sie sich selbst versorgten, arbeitslos. Der Farmer musste mechanisieren, wenn er überleben wollte. Der Landknecht verdiente in meiner Jugend etwa 18 Schilling pro Woche (damals etwa zwölf RM oder etwas weniger). Er bezahlte fünf Schilling pro Woche für ein nettes Häuschen mit großem Garten, sodass er eigene Kartoffeln, Gemüse, Hühner und Kaninchen besaß. Er bezahlte also etwa 25 Prozent des Lohnes für die Haus- und Gartenmiete! Kann er das heute noch? Dann verboten die englischen Sozialisten den Bau dieser Häuser für Landknechte – der Farmer durfte keine preiswerten Häuser, die für die eigenen Landknechte spezifisch reserviert waren, mehr bauen. Der Landknecht musste auf dem offenen Markt eine Wohnung suchen, was natürlich viel teurer war. Deshalb musste sein Bargeldlohn erhöht werden. Die Parole hieß: Sozialisierung. Der Landknecht musste wie alle anderen Arbeiter werden, so entstand eine einheitliche Steuerquelle! Die Landknechte erhielten nun gesetzlich mehr Bargeld – wenn sie einen Bauern finden konnten, der die erhöhten Löhne bezahlen konnte. So entstand Arbeitslosigkeit bei Arbeitermangel! Billige Häuser mit Garten, Hühnern, Ziegen oder Kaninchen verschwanden vom Markt!

Mein Vater kam mit den ihm zur Verfügung stehenden Arbeitskräften nicht mehr aus. Für die Pferde brauchte er mindestens drei Landknechte, um nach der Arbeit auch noch die Pferde füttern und abbürsten zu können. Dann musste man neue Hufeisen besorgen, die Fohlen pflegen und einreiten, was viel Lohn kostete. Ein einziger Traktorfahrer konnte die Arbeit von drei Fuhrknechten mit seinen Pferden erledigen. Dazu muss man noch bedenken, dass der Fuhrmann um 14.00 Uhr nach Hause kam, um seine Pferde zu pflegen. Der Traktorfahrer konnte bis 18.00 Uhr pflügen, den Pflug auf dem Feld stehen lassen und mit dem Traktor nach Hause fahren. Um also bei den erhöhten Löhnen durchzukommen, waren die Landwirte zur Mechanisierung gezwungen.

Nach einigen Jahren standen die Pferdeställe leer, der Fuhrmann lernte um und fuhr Traktor, die Getreidemühle für die Pferde und für die Kühe nebst der alten Dampfmaschine, die die Mühle antrieb, stand still. Eine neue Ära war angebrochen. Bald war das Gut nicht mehr von eigenen Arbeitskräften und eigenem Heu und Getreide abhängig, sondern von teurem Öl aus dem Mittelosten – und der Farmer war nicht mehr von den eigenen Arbeitskräften und dem eigenen Land abhängig, sondern von Ölfinanzen.

2. Der Dampfpflug und andere Maschinen

Unsere erste Anschaffung waren Dampfpflüge. Unser Boden bestand aus einem schweren Lehm, der für Weizen sehr gut geeignet war. Aber Fuhrleute und Pferde waren fürs Pflügen zu teuer geworden.

Stattdessen bediente man sich nun schwerer Dampfmaschinen, die große Stahlkabelwinden unter dem Boiler aufwiesen. Eine Dampfmaschine stand an einer Seite des zu pflügenden Feldes und die andere an der anderen Seite. Ungefähr ein Kilometer oder mehr lag zwischen den beiden Maschinen. Ein Sechs-Furchen-Pflug wurde ans Kabel befestigt. Die eine Dampfmaschine zog am Kabel und beförderte den Pflug zu sich auf der einen Seite des

Feldes. Anschließend zog die andere Dampfmaschine den Pflug zurück zur anderen Seite des Feldes. Dann zog wiederum die andere Dampfmaschine den Pflug zurück zur anderen Seite. Beide Maschinen fuhren einige Schritte vorwärts und der Pflug wurde hin- und hergezogen. Die Dampfmaschine verbrannte Kohle, was damals sehr billig war. Auf diese Weise konnte man ganze Felder gut und billig umpflügen.

Mit der Zeit aber wurde Kohle teurer, denn die Bergarbeiter verdienten (mit Recht) auch mehr Geld. Für ein Dampfpflugteam brauchte man immer mindestens eine Mannschaft von zwei Dampfmaschineningenieuren, was bei den damaligen Lohnverhältnissen teuer kam. Für Wasser- und Kohleversorgung musste ein dritter Mann dazukommen. Nach einigen Jahren der Dampfmaschinenwirtschaft wagte mein Vater den Schritt in das moderne Zeitalter. Er kaufte zwei „Titan"–Kerosintraktoren.

Diese großen amerikanischen Maschinen besaßen vier Stahlräder, die derart schwer waren, dass der Boden zitterte, wenn man sie im Hof herumfuhr. An beiden Seiten der Maschine befand sich ein schweres, offenes Schwungrad.

Um den Motor anzukurbeln, musste man eine große eiserne Kurbel ans Schwungrad anbringen und dann mit Leibeskraft – und etwas mehr dazu – daran drehen. Schlug der Motor zurück, was leicht vorkam, wurde man am Kopf getroffen – was schnell tödlich ausgehen konnte. Sprang er an die Chancen waren etwas weniger als 50 zu 50! – blieb die Kurbel leicht am Schwungrad hängen und drehte sich ohne Befestigung herum, sodass alle Herumstehenden schleunigst in Deckung gehen mussten. Löste sich die Kurbel dann bei hohen Touren, flog sie im hohen Bogen durch die Luft – oder schlug mit einem dumpfen Knall in den Boden. Gab es eine schmutzige Zündkerze – was recht oft vorkam, explodierten die unverbrannten Gase im Auspuff, und zwar mit einem heftigen Knattern, das man kilometerweit hören konnte.

Wir kauften damals, wie gesagt, zwei solche Ungeheuer. Damit trieben wir die Getreidemühle, die Dreschmaschine und auch die Kleedreschmaschine an. Für Pflügen, Eggen und Walzen aber musste man besondere Stahlräder montieren. Die Maschinen waren derart schwer, dass sie für unseren Lehmboden nicht viel taugten. Nur wenn der Boden ausnehmend trocken war, konnte man mit diesen Maschinen aufs Land fahren, sonst versank der Traktor im Nu bis zu den Achsen im Schlamm. Innerhalb von einigen Minuten hatten solche Maschinen die Eigenschaft, im Boden vor Vaters Augen buchstäblich zu verschwinden. Dann brauchte es eine Dampfmaschine mit Stahlwinde, um sie wieder herauszuziehen – wobei der alte Fuhrmann lächelnd zuschaute. Mit seinen Pferden passierte so etwas nicht.

Es war wirklich verwunderlich, dass wir Jungen in diesen ersten Jahren der Mechanisierung nicht mehr Unfälle erlitten. Alles musste ja schleunigst mechanisiert werden, weil die Löhne in die Höhe schnellten – um Steuern für den Staat zu erzeugen! Dabei gab es viel, viel Arbeitslosigkeit! Die Mittel der Farmer reichten nicht aus, um die neuen Löhne zu zahlen. Deshalb musste man sich nach dem „Do it Yourself"-Verfahren helfen. Die Mechanisierung war notwendig, um die nötigste Arbeit zu erledigen. Aber die Maschinen waren noch nicht so entwickelt, dass jeder Landknecht mit ihnen umgehen konnte.

Autos funktionierten damals ähnlich. Zuerst besaßen wir einen Panhard mit Kettenantrieb, danach einen schönen Cubitt. Aber der graue 1918 De Dion-Bouton übertraf alles. Dieser Wagen war nicht so primitiv. Er schlug nicht zurück, denn ehe man ihn mit der Hand ankurbelte – er besaß sogar einen elektrischen Selbstanlasser, der aber nur bei besonderen Anlässen benutzt wurde, weil er die Batterie rasch erschöpfte –, justierte man per Hand mit einem Hebel am Steuer. Ging der Motor an, justierte man die Zündung mit diesem Hebel nach Bedarf. Wenn man sehr schnell fahren wollte – wir Kinder sind oft mit diesem riesigen Panzer über 100 Stundenkilometer gefahren, was für damalige Verhältnisse als sehr schnell galt –, avancierte man maximal. Damals musste man noch etwas von Maschinen und Motoren verstehen, wenn man ans Reiseziel kommen wollte.

3. Der neue Humber Snipe

Onkel Frank war ein guter Freund von uns Jungen. Er kam regelmäßig zu uns nach Cholsey, denn er war auch Freimaurer und lernte freitagabends mit meinem Vater die Logenriten. Vater und Onkel rezitierten ihren ganzen Ritus, nachdem die anderen alle im Bett waren, denn niemand durfte erfahren, was sie aus dem Buch, das so wie ein Gebetsbuch aussah, lernten. Später lernte ich all das persönlich kennen, aber das ist eine Geschichte für sich.

Nun, Onkel Frank kaufte sich einen nagelneuen Humber Snipe. Zwischen Onkel Frank und Vater bestand eine gewisse Rivalität, obwohl sie sehr gute Freunde waren. Sie waren im gleichen Alter, und Onkel Frank war ja Mutters Bruder. Vater hatte mittlerweile einen Drei-Liter-Bentley gekauft, und der Wagen war der Stolz der ganzen Familie.

Eines Sonntags tauchte Onkel Frank nebst seiner lieben Frau, Tante Ennie, und einigen Kusinen ganz unerwartet zum Teetrinken auf. Sie wollten im neuen Wagen mit der Familie ein wenig durch die Landschaft spazieren fahren. Das war für uns Kinder ein Fest, denn Onkel Frank spielte gern mit uns, und wir mochten ihn sehr. Dies aber schützte ihn keineswegs vor uns und unseren Streichen. Während die anderen Tee tranken, schlichen mein Bruder und ich aus dem Haus und fanden das nagelneue Auto vorschriftsmäßig vor dem Haus geparkt. Es war ein sehr schönes Auto – aber natürlich noch lange nicht so schön wie unser Bentley – und lief wahrscheinlich nicht ganz so gut, davon waren wir überzeugt. Wenn jemand das bezweifelt hätte, konnten wir es leicht beweisen! Oh ja, das konnten wir.

Schnell machten wir die Haube auf, im Nu stand der Zündverteiler offen vor unseren Blicken. Tief im Verteiler befand sich ein ganz winzig kleines Schräubchen. Mit unserem speziell dazu geeigneten Taschenmesser, das ein eingebautes Millimetermaß besaß, schraubten wir den Unterbrecher, der sich normalerweise mit einem Abstand von ein bis zwei Millimeter öffnete, auf einen viel zu kleinen Abstand zusammen. Nichts sonst; das war alles und genügte! Verteiler wieder zu, Haube herunter! Jetzt brauchten wir nur zu warten! Wir unterhielten uns mit unserer

Tante, unseren Kusinen und Onkel Frank – vollendete Schauspieler waren wir! Nach dem Teetrinken mit gutem Kuchen und Erdbeeren plus Sahne, sagte Onkel Frank, seine Familie wolle die Spazierfahrt in ihrem neuen Wagen fortsetzen. Sie standen auf, bedankten sich für die gute Bewirtung und gingen stolz auf ihr neues Auto zu. Jetzt wurde es für uns spannend! Würde der Motor anspringen?

Ja, das erste Mal sprang er sogar gut an, und Onkel Frank und seine Familie fuhren mit großem Schwung und Gedränge durch die Tore zum Gutshaus hinaus. Auf der Hauptstraße angelangt, gab er Gas, um zu zeigen, wie tadellos der Motor beschleunigte – Humber Snipes waren dafür bekannt; der Motor war groß und die Karosserie sportlich leicht. Aber was war das? Der Motor spuckte laut und zögerte. Onkel Frank gab daraufhin wirklich Gas, um uns Bentley-Besitzern zu zeigen, dass nicht nur Bentleys etwas taugten. Da setzte der Motor plötzlich ganz aus! Er betätigte den Selbstanlasser, woraufhin der Motor etwas zögernd anging – sehr peinlich! Sobald aber der Motor auf Touren kam, fing er wieder an, laut zu spucken und zu husten. Der Wagen ruckte herum wie ein scheuendes Pferd. Onkel Frank meinte offenbar, dass er es mit Gewalt schaffen könnte – und gab Vollgas. Die Antwort des gequälten Motors war diesmal ein riesiger Knall, der von schwarzem Rauch begleitet war! Sehr peinlich – aber von unserem Standpunkt aus total vorschriftsmäßig! Wir schauten gelassen und vergnügt zu. Da probierte es der Ingenieur, Onkel Frank, mit List – er gab diesmal ganz leise Gas. Sobald aber der Motor auf Touren kam, fing ein Spucken, ein Niesen, ein Husten und ein Knallen an, das dem allerbesten Rennwagen Ehre gemacht hätte.

So fuhr Onkel Frank mit seiner Familie durch das schläfrige sonntägliche Dorf, als ob er der Leitwagen einer Feuerwerksparade wäre; das Knallen, das Explodieren, das Qualmen und das Niesen hörten gar nicht mehr auf. Im Gegenteil, es wurde immer schlimmer. Trotzdem kam er sehr langsam von der Ortschaft fort, lange nachdem er unseren Blicken entschwunden war, hörten wir das Knallen des Motors in der Ferne. Wir schauten uns beglückt an!

„Nanu, ob er so nach Hause kommt?", sagte mein Vater. Wir Kinder antworteten nicht. Aber was war jetzt los? Das heftige Niesen des Motors schien uns wieder näher zu kommen – wurde das Knallen wirklich lauter? Auf einmal erschien Onkel Frank nebst blasser Familie sehr gedemütigt vor unseren Toren wieder. Sein Motor rauchte und qualmte, lief aber immer noch, wenn auch unregelmäßig. Er fuhr wieder zu uns hinein, stieg aus, öffnete die Haube und inspizierte seinen neuen Schatz. Die Zündung und ihre Verstellung schienen in Ordnung zu sein. Keine Fliege und auch kein Wasser im Vergaser! Alles putzte er, der Ingenieur, fachmännisch aus. Die Damen gingen mittlerweile ins Haus, um eine zweite Portion Kuchen und Erdbeeren zu sich zu nehmen. Aber Onkel Frank, der Ingenieur, fand nicht, was die Ursache seiner sonntäglichen Demütigung sein könnte.

Da hatten wir Jungen plötzlich eine Idee! „Onkel Frank", sagten wir, „du trinkst doch so gerne Kaffee, geh ins Haus und trink ganz gemütlich eine zweite Tasse. Dürfen wir in der Zwischenzeit versuchen, den Schaden am Motor zu finden – und vielleicht auch zu reparieren?" Onkel Frank war ein sehr lieber Mann, der immer sehr hilfsbereit war! Er war auch ein wenig mehr als vollschlank und liebte Kuchen, Kaffee und Erdbeeren mit Schlagsahne. Er willigte gern ein und verschwand im Haus.

Schnell rissen mein Bruder und ich die Haube des Wagens auf. Herunter mit dem Zündverteiler, heraus mit dem Taschenmesser mit dem eingebauten Millimetermaß, zwei, drei Touren mit dem Schraubenzieher, bis der Abstand des Unterbrechers den Vorschriften entsprach. Dann zu mit der Haube!

Wir schlenderten langsam und gelassen ins Haus, aßen noch einige Erdbeeren und unterhielten uns überlegen mit unseren Kusinen, die den allergrößten Respekt vor uns Jungen hatten.

„So", sagte Onkel Frank, „habt ihr was herausgefunden?" „Möglicherweise", antworteten wir, „aber wir haben noch nichts ausprobiert."

Onkel Frank ging hinaus und setzte sich ins Auto, um eine Probefahrt zu machen. Er schoss förmlich aus dem Eingang auf die Hauptstraße, sauste durch das Dorf und kehrte nach fünf Minuten begeistert zurück.

„So gut fuhr mein neuer Wagen noch nie“, sprudelte es aus ihm heraus. „Man sieht, dass eure Mutter eine Ingenieurstochter ist. Es liegt einfach in eurem Blut!“

Mein Vater sagte gar nichts. Er hatte gewisse Erfahrungen mit den Söhnen einer Ingenieurstochter gemacht und riskierte offenbar keinen Kommentar. Aber unser guter Onkel war nicht so reserviert. Er kam auf uns verblüffte Jungen zu, griff tief in seine Tasche und holte ein Geldstück hervor (zweieinhalb Schillinge, so viel Geld hatten wir seit langem nicht gesehen).

„Das ist eine kleine Belohnung dafür, dass ihr in Mutters Fußstapfen tretet“, sagte er, indem er das große Stück Geld in die Hand meines Bruders drückte.

„Oh nein, Onkel Frank“, sagten wir, „so viel haben wir wirklich nicht verdient. Es war nur eine ganz kleine Sache.“

„Reden wir nicht darüber“, sagte er großzügig, „was wichtig ist, ist das *Gewusst-wie* – zwei Schillinge für *Gewusst-wie*“, fügte er hell vergnügt hinzu!

Nun, dachten wir tief beschämt, aber nicht bereit, zu unserer Missetat offen zu stehen, was bedeutet *Gewusst-wie*? Wohl *gewusst, wie* man einen ahnungslosen gutmütigen Onkel hereinlegt? Was er wirklich dachte, erfuhren wir nie. Er war ein guter Onkel, der immer bereit war, mitzumachen. Er war auch der einzige Onkel, der zu unserer Hochzeit kam. Die anderen waren entweder sehr alt oder bereits verstorben. Onkel Frank war gut über 70 Jahre alt, als wir heirateten.

Kapitel III

ANSCHAUUNGSUNTERRICHT

1. Die Bentley-Geschichte

Als ich etwa elf Jahre alt war, fuhr mein Vater eines Tages nach London, um einige Geschäfte zu erledigen. Er sah dort bei der Vertretung der bekannten Firma Bentley einen Drei-Liter-Bentley. Man verlangte für dieses gebrauchte, aber sehr schöne Auto etwa 900 DM: für damalige Verhältnisse ein horrender Preis.

Es war ein „Salonmodell", vier Zylinder, blau und hatte viel Platz für die ganze Familie. Der Bentley gefiel Mutter und den Töchtern sehr gut. Man überlegte hin und her in der Familie. Das Auto war gut, aber teuer.

Zwei silberne Knöpfe auf dem Armaturenbrett dienten als Zündschlüssel. Neben diesen Zündknöpfen gab es eine Extra-Benzinpumpe, von Hand betätigt, um Benzin direkt in die Zylinder zu spritzen – sehr nützlich, wenn das Wetter so kalt war, dass der Motor nicht gleich ansprang. Wir Jungen hatten selbstverständlich alle Finessen und Raffinessen des Wagens sehr bald heraus. Das Auto hatte drei Vorwärtsgänge und einen Rückwärtsgang. Die Gänge waren nicht synchronisiert, man musste besonders beim Umschalten Zwischengas geben, was meinem guten Vater nicht immer ganz glückte. Da kratzten die Gänge bedrohlich. Wir fuhren sehr oft mit Vater in seinem neuen Spielzeug herum und hatten Luchsaugen dabei! Ob der Motor mit einer eingeschalteten Zündung fahren würde, oder ob beide Magnetzünder unbedingt nötig wären? Ob wir die Gänge besser schalten könnten als Vater? Meinen Schwestern gelang die Schaltung nicht, die Kupplung war für sie zu schwer.

a) Nächtliche Inspektionen

Während die restliche Familie sich abends unterhielt, schlichen wir oft in die neue Garage, die Vater speziell für den Bentley bauen ließ, um alles weiter und privat für unsere Experimente auszukundschaften. Nach sehr kurzer Zeit hatten wir genug theoretisches Wissen gesammelt, jetzt fehlte uns nur ein wenig Praxis! Die Engländer sind ja Pragmatiker! Aber wie und wann – das war die große Frage, die wir zu lösen hatten!

Eines Nachmittags saßen wir alle in reger Unterhaltung zusammen, nachdem wir Tee getrunken hatten. Ohne irgendwie die Aufmerksamkeit auf sich zu lenken, schlich mein Bruder um den Tisch und flüsterte mir sehr leise ins Ohr:

„Es ist offen."

Mir war sofort klar, was er mit dieser kryptischen Bemerkung meinte, denn nachdem Vater mehrere Male am Morgen in die Garage gegangen war, um mit dem Bentley wegzufahren, entdeckte er eine ganz entladene, platte Batterie, die nur „Wuh" machte und dann den Geist aufgab, als er auf den großen Anlasserknopf drückte. Die Batterie war mächtig (80–90 Ampèrestunden), entsprach trotzdem den vielen Anforderungen von zwei enthusiastischen Buben nicht, die den Anlasser zu lange und zu oft beanspruchten. Da hatte Vater kurzerhand ein Hängeschloss an der Garagentür befestigt, wofür nur er allein den Schlüssel besaß. So hörten unsere inoffiziellen Besuche in der Garage etwas früher und jäher auf, als wir geplant hatten. Deshalb inspizierten wir regelmäßig das Hängeschloss, denn Vater war ab und zu vergesslich, man wusste also nie!

Und mein Bruder fügte noch flüsternd hinzu: „Nicht beide auf einmal. Es würde auffallen. Komm in fünf Minuten nach, wir treffen uns an der Garage!"

Nach den vorschriftsmäßigen fünf Minuten stand ich vom Tisch auf, half ein wenig mit dem Abräumen vom Geschirr und verschwand leise. Mein Bruder war schon im Auto drin. Aber die Sache hatte einen Haken. Wir waren zu klein und konnten nur durch das Steuer schauen statt über das Steuer. Also noch einmal schnell ins Haus und zwei ganz dicke, große Kissen holen! So konnten wir gerade richtig sitzen! Aber unsere Beine waren für die mächtige Kupplung bedeutend zu kurz. Wir mussten fast aufstehen, um die Kupplung hinunterzudrücken.

b) Das Experiment

Wir ließen also den Drei-Liter-Motor an. Der Laut des Auspuffs war höchst befriedigend für unsere geschulten Ohren. Zündung linke Seite in Ordnung. Zündung rechte Seite ebenso. Benzinhandpumpe diesmal überflüssig. Der große Vierfachvergaser wurde von einem Wassermantel geheizt, sodass alles sehr schnell startbereit war. Dann mit letzter Kraft mit dem linken Fuß hinunter, Rückwärtsgang einlegen, ein wenig Gas, Kupplung langsam hoch und rückwärts – auf zwei große Kissen gestützt – fuhren wir aus der Garage. Wir fuhren ein paar Mal um den Hof, um unsere Theorien wegen der Notwendigkeit von Zwischengas zu prüfen. Alles klappte tadellos. Dann fuhren wir langsam zum Haupteingang des Gutes hinaus auf die Landstraße, dem Bahnhof entgegen.

Der Bahnhofsplatz war groß und bot genügend Platz an, um den Wagen auszutesten. So fuhren wir um den großen Platz herum und schalteten die Gänge. Niemand war da, um uns zu beobachten – das war wenigstens unsere Überzeugung! Immer schneller fuhren wir, immer raffinierter wurde die Technik des Zwischengases. Wir wechselten den Fahrer. Mein Bruder war jünger als ich, und seine Beine waren noch kürzer als meine. Deshalb brauchte er mehr Kissen als ich. Aber stark war er – und geschickt! Rund herum um den Bahnhofsplatz ging es. Gut, dass die Reifen und die Federung neu waren, denn die Karosserie kippte oft bedenklich, besonders in den Kurven, die wir oft zu knapp nahmen.

Zum x-ten Mal fuhren wir am Bürofenster von Mr. James vorbei. Mr. James war der Bahnhofsvorsteher, ein lieber Mann, der mit meinem Vater gut befreundet war. Aber er besaß ein Telefon! Seine Nummer war Cholsey 1 und unsere Nummer war Cholsey 2 – also nicht leicht zu verwechseln. Als wir bereits viele Runden gedreht hatten, fiel uns plötzlich ein, dass Mr. James uns vielleicht beobachtet hatte. Wir hatten ihn zwar nicht gesehen, aber er kannte uns gut – und auch Vaters Bentley. Vielleicht hatte Mr. James sein Telefon sogar benutzt! Vielleicht wusste Vater schon alles! Also mit Vollgas zum Gut zurück! Durch den Haupteingang des Gutes – gut bewältigt, obwohl die Kissen zu rutschen drohten. In die Garage – sehr knapp, die Garage war für ein so großes Auto etwas schmal, aber wie ein Kamel durch das Nadelöhr kamen wir gut hinein. Tor zu. Hängeschloss liegen lassen, wie es war! Ins Haus geschlichen, Hintertreppe hinauf in unser Zimmer. Nach etwa zehn Minuten rief Mutter zum Abendessen hinunter.

„Nein, Mutter, wir haben keinen Hunger. Wir haben Hausaufgaben, die bis morgen erledigt sein müssen."

In Wirklichkeit wollten wir natürlich unserem Vater nicht begegnen, denn vielleicht wusste er es schon – und sagte nichts. Vater konnte sehr schweigsam sein und lange Zeit kein Wort sagen. Aber anders als bei anderen Menschen/Vätern, nahm sein Zorn mit der Zeit nicht ab.

„Vielleicht weiß er alles, sagt aber nichts. Und wenn es dann herauskommt, wird er um so schlimmer reagieren, je länger wir warten! Also Vater meiden!", das war die Parole von jetzt an.

c) Die Macht des Gewissens

Vater und Mutter waren beide sehr erstaunt, dass wir nicht essen wollten. Jungen, die keinen Hunger hatten! Das war merkwürdig! Was hatten die beiden ausgeheckt? – Das war die natürliche Reaktion! Am nächsten Morgen mussten wir vor dem Schulgang frühstücken! Das ließ sich leider nicht vermeiden! Mutter teilte den Porridge aus, und nach dem Porridge kamen Eier und Schinken. Der Duft von Eiern und Speck fürs Frühstück ist mir immer noch unvergesslich! Wie schmeckt das lecker, besonders wenn es draußen nass und kalt ist. Aber Vater blickte misstrauisch zu uns herüber, wie wir in unseren Ecken kauerten. Wir würgten unseren Porridge hinunter! Vater sagte nichts, was nicht bedeutete, dass er nichts dachte! Sobald wir die Qual des Frühstückes – lies: Vaters Gegenwart – hinter uns hatten, stürzten wir zur Bahn, um den Zug nach Wallingford zur Schule zu nehmen. Die Schule pflegte sonst keine direkte Befreiung zu sein, heute aber war sie das.

Wir fuhren immer mittags mit der Bahn nach Hause – Wallingford lag nur etwa sechs Kilometer von zu Hause entfernt. Als wir dann gegen 12.30 Uhr nach Hause kamen, saß Vater oben am

Tisch und teilte das Fleisch aus – Mutter teilte, wie immer, das Gemüse aus. Wusste es Vater oder wusste er es nicht? Das war die brennende Frage! Wegen des Autos sagte er nichts, die Batterie war offenbar nicht kaputt; schnell genug waren wir gefahren, sodass der Dynamo sich wieder aufladen konnte! Aber Vater schwieg! Mr. James, den wir jeden Tag beim Schulgang sahen, äußerte auch kein Wort! Wenn Vater Bescheid weiß – und nichts sagt, wird sein Zorn von Tag zu Tag größer werden, das wussten wir sehr wohl!

Jede Mahlzeit war für uns eine Qual. Wir mieden Vater, der immer noch nichts sagte, obwohl wir in unseren Knochen fühlten, dass er irgendetwas witterte. Er wartete vielleicht darauf, dass wir uns zu unserer Missetat freiwillig bekannten – wir mussten immer freiwillig zu unserer Schuld stehen. Auf die Jagd mit Vater gehen, das konnten wir jetzt unter diesen Umständen nicht – allein sein mit ihm auf dem Feld –, das kam nicht infrage! Abends pflegten wir bis vor kurzem sehr oft mit Vater Dame zu spielen – er spielte sehr gut und baute viele „Hühnerfallen" („chicken traps" für die Unaufmerksamen, wie er sie nannte). Aber jetzt, in dieser Spannung, unter diesen quälenden Umständen, kam auch das nicht mehr infrage. Wir verschwanden lieber früh auf unser Zimmer und bastelten allein für uns. Vielleicht wussten unsere Schwestern es schon und sagten auch nichts! Denn sie standen mit Vater sehr gut, auch wenn sie Mutter oft Sorgen bereiteten.

Aus unserem Paradies auf dem Gut war über Nacht eine Hölle geworden – die Hölle der Ungewissheit und der Einsamkeit. Vielleicht hielten Vater und Mr. James zusammen, um uns zu quälen! So mieden wir auch Mr. James.

Nach etwa drei Wochen dieser Qual beratschlagten mein Bruder und ich, was zu machen sei. Denn diese Spannung und diese Qual waren unerträglich. Unser Zuhause war kein richtiges Zuhause mehr. Wo konnten wir hin?

Wir kamen nach vielem Hin und Her überein, dass wir zu Vater gehen müssten, um die Sache endgültig ins Reine zu bringen. Aber wann?

Klar, nicht wenn Mutter oder die Schwestern zu Hause waren! Mit Vater mussten wir allein sprechen, am besten wenn die anderen einkaufen gegangen oder im Bett waren. Doch da gab es ein Problem: Die anderen gingen später ins Bett als wir. Also wenn Mutter und die Schwestern freitags einkaufen gingen! Abgemacht!

d) Die Beichte

Nach dem Mittagessen saß Vater gewöhnlich in seinem Lederlehnstuhl, machte die Beine hoch und las ein Viertelstündchen die Zeitung. Er schlief beim Lesen immer schnell ein, aber in dieser Situation war er wenigstens allein. So saß er da, das Haus war still und Vater döste vor sich hin. Mein Bruder und ich betraten leise das Zimmer, was ihn aufweckte. Er schaute zu uns hinüber und fragte, was wir wollten?

„Ja, Vater, wir wollten allein mit dir reden."

Da war er sofort wach.

„Hm", sagte er, „das muss aber etwas sehr Wichtiges sein, denn lange Zeit scheint ihr mich sehr fleißig gemieden zu haben. Was ist denn los?"

„Ja", sagten wir sehr, sehr verlegen, „hast du nicht gesagt, wir dürfen deine Garage nicht mehr allein betreten?"

„Ja, sicher", antwortete Vater, „seid ihr doch allein in die Garage gegangen? Wie ist euch das gelungen? Habt ihr mein Hängeschloss kaputtgemacht oder einen neuen Schlüssel dafür herbeigeschafft?"

„Nein, Vater", sagten wir, „du hast einmal vergessen, die Garage zuzuschließen."

„So", sagte er, „das mag wohl sein. Was habt ihr sonst angestellt?"

„Vater, wir betraten nicht nur die Garage, wir gingen in deinen Bentley und ließen den Motor an."

Da stieg Vaters Zorn hoch. Nicht umsonst trug Vater einen rotblonden Schnurrbart!

„Ich habe euch das oft verboten", tobte er und stand auf. „Was habt ihr sonst angestellt? Ist das alles?"

Die Tränen standen uns in den Augen – obwohl Jungen natürlich nicht weinen! – denn wir sahen, dass Vater zur Tür hinüberlief. Auf dem Sims über der Tür lag in einer Nische seine

Reitpeitsche, die er selten benutzte, die er aber benutzen konnte! Einige Male anlässlich ganz schlimmer Delikte hatten wir diese Peitsche experimentell ausgekostet.

„Was habt ihr sonst noch angestellt? Habt ihr etwa die Batterie wieder platt gemacht?"

„Nein, Vater", sagten wir erleichtert, „wir fuhren schnell genug, so schnell, dass der Dynamo auf Touren kam und die Batterie auflud!"

„So", sagte er, „jetzt kommt es also allmählich heraus. Ihr habt also nicht nur den Motor angelassen, ihr habt das Auto sogar aus der Garage herausgefahren! Und ihr seid sogar so schnell gefahren, dass der Dynamo auf Touren kam!"

Er war gerade dabei, seine Reitpeitsche von ihrer Nische herunterzuholen.

„Nun, meine kleinen Halunken, jetzt fange ich langsam an, euer Benehmen in den letzten Tagen zu verstehen!"

Jetzt kullerten die Tränen unsere Backen herunter.

„Was habt ihr sonst angestellt?"

Vater wollte offenbar alles wissen, ehe er die Strafe administrierte. „Denkt daran, es heißt jetzt, mir alles zu beichten, sonst wird es euch nicht gut bekommen!"

Also es bestand noch Hoffnung, wenn wir ehrlich sein würden und Vater alles beichteten! Aber es gab so viel zu bekennen, das war unser großes Problem. Offenbar wusste Vater nichts, Mr. James hatte also nicht gepetzt, dafür mussten wir ihm unser Leben lang dankbar sein – nicht mehr zu ihm frech sein, wenn er auf Ordnung in der Bahn bestand. Er musste, der arme Mann, täglich mit vielen Fahrschülern fertig werden. Mein Vater sagte immer, dass diese vielen Jungen jeden Tag in der Kleinbahn arglistiger seien als eine Wagenladung Affen. Erst später im Leben sahen wir ein, dass Vater ein ganz klein wenig Wahrheit über Jungen und ihre Lebensweise erfasst hatte.

„Wir haben den Bentley angelassen, dann ließen wir bei offenen Garagentüren den Motor warm werden und luden die Batterie wieder auf. Wir holten zwei große Kissen, denn ohne sie konnten wir nicht richtig sehen. Dann fuhren wir rückwärts aus der Garage heraus, einige Male um den Hof, danach auf die

Hauptstraße, um die Ecke bis zum Bahnhofsvorplatz, wo die anderen Autos den ganzen Tag geparkt stehen. Wie oft wir um den Platz herumgefahren sind, haben wir leider nicht genau gezählt. Vielleicht war es 20-mal, vielleicht auch 40. Wir fuhren nie mehr als 85 Kilometer die Stunde, meist aber weniger. Wir wollten aber schnell genug fahren, sodass der Dynamo die Batterie wieder auflud." (Damals gab es die Automatik nicht, die die Ladegeschwindigkeit regelt.)

Diese Liste von Missetaten war uns beiden wirklich zu viel, sogar erdrückend. Wir waren, meinten wir, derart feine Jungen, indem wir alle unsere Schuld bekannten, dass wir gleich vor Mitleid mit uns selbst laut weinten.

Vater war sichtlich bewegt, aber doch recht besorgt: „Habt ihr jemanden überfahren oder sonst Schaden angerichtet?", fragte er fast ängstlich. Er meinte offenbar, dass irgendeine Geschichte mit der Polizei herauskommen würde.

„Nein, Vater, das Auto ist vollkommen in Ordnung: Wir haben das alles vor bald drei Wochen ausprobiert, und du hast seitdem das Auto gefahren. Alles ist in bester Ordnung, die Batterie ist sogar besser geladen als sonst."

Vater spielte nachdenklich mit seiner Reitpeitsche herum. Die Gefahr für uns war noch nicht gebannt.

„Was sollte eure Strafe sein?", fragte er nach einer Weile, währenddessen wir vor Ehrlichkeit, Selbstmitleid und Schuld weiter schluchzten.

„Gib uns die gebührende Strafe, Vater, dann ist die Sache einigermaßen wieder gut."

Wir hatten die Hosen nicht mit Zeitungspapier ausgestopft, um eine Stoßdämpferwirkung zwischen Peitsche und Po zu bewerkstelligen. Diese Tricks, die unter Jungen damals sehr bekannt waren, wagten wir bei Vater nicht – er konnte ja einen weiteren, für uns kostspieligen Wutanfall bekommen, wenn er einen solchen unverschämten Trick entdeckte! Am etwas dumpfen Laut der Peitsche konnten die Sachverständigen die inneren Geheimnisse zwischen Po und Hosen erkennen. Es wäre einfach zu riskant gewesen. So übten wir unser detailliertes technisches Wissen auf diesem Gebiet nicht aus.

e) Der gerechte, aber liebe Vater

So bereiteten wir uns also auf die Strafe vor. Wir holten einen Stuhl herbei, damit man sich gebührend darüber bücken konnte, während die sechs Hiebe mit der Reitpeitsche verabreicht wurden. Dann hieß es: „Bücke dich über den Stuhl!" Aber merkwürdigerweise geschah nichts dergleichen. Man war auf den ersten Schock vorbereitet, aber er kam nicht. Vater, Peitsche in der Hand, zögerte immer noch. Wir wollten es schnell hinter uns haben, Vater aber nicht.

„Nein", sagte er endlich (ich stand oder kauerte gebückt vor dem Stuhl), „das mache ich nicht, es wäre verkehrt. Ihr seid freiwillig ehrlich geworden (ausnahmsweise offenbar). Ich ahnte von alledem nichts. Ich wusste wegen eures Verhaltens, dass irgendetwas nicht stimmte; das aber vermutete ich nicht. Ich strafe euch nicht, weil ihr ehrlich wart und alles gebeichtet habt! Es wäre falsch, euch als Folge eurer Ehrlichkeit bestrafen zu wollen. Ist das wirklich alles? Habt ihr nichts mehr auf dem Gewissen?"

„Nur, dass wir dein Benzin, dein Öl und deine Reifen vergeudet haben. Nichts mehr."

„Dann steht auf!"

Er gab jedem von uns einen Kuss (was er sehr, sehr selten tat, nur bei ganz besonderen Anlässen kam das vor) und erklärte, die Sache sei erledigt, er wolle nichts mehr davon hören.

Kann man sich vorstellen, wie beschämt und gleichzeitig dankbar wir waren? Wie haben wir unseren Vater respektiert und geliebt, dass er so gerecht war! Obwohl etwas Scham vor ihm geblieben war, war der Bann der bösen Atmosphäre im Raum gebrochen. Wir konnten Vater wieder in die Augen schauen – und er uns. Am Tisch hatten wir wiederum Appetit, wie es sich bei Jungen gebührt. Als Vater wiederum auf die Jagd ging, konnten wir ihn wieder begleiten. Und abends war alles wieder harmonisch und normal. Er spielte mit uns Dame nach englischer Art, baute seine „Hühnerfallen" und legte uns tüchtig herein – früh lernten wir also an praktischen Beispielen, dass Schuld und Sünde geistig und geistlich trennen und dass Vergebung diese Trennung heilt. Später lernten mein Bruder und ich, dass das gleiche

Prinzip zwischen Gott und uns gilt. Schuld und Übertretung der guten Gesetze Gottes trennen uns und schließen uns aus Seiner Gemeinschaft aus, genauso wie Schuld und Übertretung der Gesetze, die Vater mit Recht aufgerichtet hatte, uns von Vaters Gemeinschaft ausschlossen. Aber Vergebung nach einer echten Beichte entfernt diese Entfremdung. So lernten wir früh die Prinzipien hinter der Frohen Botschaft – obwohl wir erst später diese Botschaft persönlich kennenlernten –, nämlich dass ein „In-sich-gehen", ein „Sich-selbst-ehrlich-prüfen" und ein Bekennen mit der Absicht, die Ursache der Trennung gründlich zu hinterfragen, die erste Stufe zur Versöhnung mit einem gerechten, aber auch liebenden Gott darstellt.

Ich glaube, dass, wenn wir in späteren Jahren über diese Begebenheit mit Vater gesprochen hätten, er sich nicht mehr daran erinnert hätte. Vergeben war für ihn auch vergessen. Sonst besaß Vater ein gutes Gedächtnis – solange eine Übertretung nicht ins Reine gebracht worden war!

2. Das Zeitalter der Öllampen ist vorbei!

Eine meiner frühesten Erinnerungen ist das Putzen von angeschwärzten Öllampengläsern. Bis zum Jahr 1921 hatten viele Dörfer in England kein Elektrizitätsnetz, deshalb brauchte man Kerosinlampen. Für die großen Zimmer verwendete man Öllampen. Diese Lampen gaben ein schönes weißes Licht, bei dem man gut lesen konnte. Die gewöhnlichen Öllampen besaßen einen langen Docht aus Stoff, der in Kerosin getaucht und oben angezündet wurde. Eine Schraube regulierte die Größe der Flamme. Solche Lampen entwickelten ein etwas gelbes Licht und durch Rauchentwicklung wurden ihre „Glasschornsteine" schmutzig und schwarz. Jeden Samstag wurden alle Lampen und ihre Glasschornsteine geputzt, was viel Arbeit bedeutete. Die Lampen hatten den Nachteil, dass sie immer sehr nach Kerosin rochen.

Mein Vater entschied im Jahre 1921, dass Elektrizität auf dem Gut und im Hause viel Arbeit sparen würde und auch nicht viel teurer käme als die Ölwirtschaft mit der ständigen Gefahr des

Brandes im alten Farmhaus. Es existierte damals fast kein öffentliches Elektrizitätsnetz im Lande – die Städte besaßen Strom, wir auf dem Land nicht. Vater kannte den Chefelektriker des großen Krankenhauses, Mr. Philips, das einen eigenen Generator besaß. Im gleichen Krankenhaus arbeitete ein Zimmermann, Mr. Cox, der bei der Installation des Generators geholfen hatte. Mr. Cox war spindeldünn und witzig. Mr. Philips war dick, trug einen großen Schnurrbart und war introvertiert. Vater kaufte die ganze elektrische Anlage und richtete alles in einem umgebauten Stall ein.

Ich war gerade sechs Jahre alt geworden und interessierte mich für all diese elektrischen Arbeiten. Ich beobachtete, wie Mr. Philips und Mr. Cox die großen Akkumulatoren auf Holzbänken einrichteten. Dann verdrahteten sie das Haus und das Gut mit Bleikabeln. Es faszinierte uns kleine Jungen, wie die Birnen im Generatorhaus bei der Einfüllung von Schwefelsäure in die Batterien sofort aufglühten. Die Zähler auf dem sehr großen Armaturenbrett in einem getrennten Haus zeigten sofort 110 Volt an.

Als ich acht oder neun Jahre alt war, übergab mir mein Vater die Wartungsaufsicht dieser ganzen Anlage. Jede Woche wurden die Batterien neu aufgeladen. Ich lernte den großen Ölmotor zu bewältigen, obwohl ich nur ein Kind war. Zum Anlassen verwendete ich Mr. Philips' Methode, ich stand auf einem Schwungrad (mein Gewicht war leider nicht das von Mr. Philips) und drehte so den Motor rückwärts. Dann reichte ich mit dem linken Arm zum Einlassventil, um im entscheidenden Augenblick Kerosin einzulassen. Im Bruchteil einer Sekunde musste man vom Schwungrad herunterspringen, sonst hätte man eine raketenähnliche Reise zum Mond angetreten, und zwar durch das Dach des Motorenraumes! In späteren Jahren bauten mein Bruder und ich ein elektrisches Zündungssystem ein.

Wir benutzten dann Benzin, um den Motor anzulassen. Nach einigen Minuten war der Motor warm genug, und man konnte auf Kerosin umschalten. Auf diese Weise vermieden wir die Explosionen im Auspufftopf, die durch das Auskühlen des Ballons verursacht wurden.

Diese Tätigkeit als Chef der elektrischen Anlage auf dem Gut übte ich aus, bis mein Bruder und ich ins Internat gingen. Als ich später in Oxford und in Reading Student war, übernahm ich diese Arbeit wieder. Man lernt allerlei Praktisches bei einer solchen Beschäftigung. Mein Bruder und ich hatten alle beide einen Hang zum Ingenieurwesen und neben der elektrischen Anlage bastelten wir viel an Autos herum. Wahrscheinlich hing diese Liebe zum Maschinenwesen mit Mutters Familie zusammen.

Kapitel IV

INTERNAT

1. Das Internat

Zwischen 1922 und 1930 besuchten Walter und ich die Schule in Wallingford. Wir fuhren jeden Tag mit einer Kleinbahn dorthin. Andere Jungen von den umliegenden Ortschaften nahmen den gleichen Zug, sodass die Bahnfahrt eine fröhliche Gemeinschaftsfahrt wurde. Aber meine Mutter, die Lehrerin war, war vom Standard der Lehrerschaft dort in Wallingford nicht so sehr begeistert. Ich galt in Wallingford zum Beispiel als zu dumm, um Latein zu studieren, und musste deshalb Buchführung lernen. Mutter probierte mit mir Latein aus. Offenbar glaubte sie den Schulberichten und Zeugnissen nicht. Das Gleiche galt für Mathematik und Chemie. Mein Bruder und ich galten in der Schule als hoffnungslose Fälle, aber bei Mutter lernten wir offenbar ganz gut.

Vater und Mutter besprachen die Lage und überlegten, ob ein Internat die Lösung wäre. Mutter war der Meinung, dass der Direktor der Schule in Wallingford kein Mensch war, der Kinder unter sich haben sollte. Denn er wurde sehr leicht wütend und bezeichnete uns regelmäßig als unaussprechliche Affen, statt seine Lehrertätigkeit auszuüben. Wir hatten noch dazu einen dünnen, mageren, chronisch schlecht gelaunten Chemielehrer namens Hyslop. Er trug eine Pincenez-Brille, sah sehr asketisch und auch furchterregend aus. Neben Chemie lehrte er uns Physik. Nach einem Jahr seines Unterrichts hatte ich schier nichts gelernt. Meine Noten in seinen Fächern waren schlecht und die meines Bruders noch schlechter. Wir verstanden den Mann einfach nicht.

a) Mutters Gespräch mit dem Lehrer

Meine Mutter suchte eines Abends Mr. Hyslop auf und fragte ihn nach meinem Können. Der Lehrer gab einen positiven Bericht über mich: Ich sei immer höflich, aufmerksam, entgegenkommend und so weiter und so weiter.

„Warum schneidet denn mein Sohn in den Prüfungen so schlecht ab?“, fragte meine Mutter, die Lehrerin, den Lehrer.

„Das ist ein Mysterium“, antwortete er, es sei ihm unerklärlich.

Das war meiner Mutter zu viel. Sie kündigte der Schule – es handelte sich um eine Privatschule; der Staat hatte damals im Schulwesen noch kein Monopol. Sie entgegnete ihm, er und der Direktor seien offenbar untauglich. So viele Schüler seien von der Schule bereits gegangen. Mein Vater war mit Mutters Entscheidung einverstanden; denn man musste auch für die Schule Schulgeld bezahlen. Vater war der Meinung, wenn für das Schulgeld zu wenig geliefert wurde, sollte man kündigen. Was die Kinder in der frühen Jugend verpassen, könnten sie später kaum mehr einholen. Man lernt am schnellsten und am gründlichsten vor und in den Pubertätsjahren. John und Charles Wesley konnten mit zwölf Jahren zur Universität Oxford gehen und dort studieren, weil sie schon Latein, Griechisch, etwas Hebräisch und Französisch konnten. Sie hatten all das von ihrer Mutter gelernt. Dass die heutige Jugend mit zwölf Jahren nichts oder sehr wenig von Mathematik, Sprachen und Grammatik weiß, liegt nicht allein an den Kindern selbst, sondern wahrscheinlich daran, dass sie an Stimulusüberflutung (zu viel Eindrücke von den Massenmedien, sodass das Informationsspeicherungs- und Wiedergabesystem mit der Informationsflut nicht mehr fertig wird) leiden. Dazu kommt die Tatsache, dass auch die Lehrer an der gleichen Krankheit leiden – zu viel Informationsflut durch die Massenmedien und durch billige, minderwertige Literatur.

„Also“, meinten unsere Eltern, „schicken wir die Kinder auf ein Internat. Die Mädchen hatten auf einem Mädcheninternat mit guten Resultaten abgeschlossen. Lasst uns die Jungen auf ein Internat schicken, sonst werden sie nichts lernen und ihr Leben lang darunter leiden.“

Im Internat müssen die Schüler um 21.00 Uhr ins Bett gehen, um 7.00 Uhr morgens aufstehen, sich kalt waschen, im Sommer und Winter bei offenem Fenster schlafen. Gute Umgangsformen werden ihnen auch beigebracht. Die Lehrer werden mit „Sir“ angeredet und die Lehrerinnen mit „Ma'am“ (Madame). Man geht vor einem Lehrer oder vor einem Mädchen nicht zuerst durch eine Tür. Und das schwächere Geschlecht gilt als unantastbar. Die meisten englischen Jungen und Mädchen aus besserer Familie gehen mit zwölf bis 13 Jahren auf ein solches Internat (Public School), das übrigens sehr privat und gar nicht „public“ ist.

b) Taunton School

So wurde beschlossen, dass wir Taunton School in Somerset, Westengland, besuchen sollten. Taunton School ist eine Privatschule mit Internat, in die damals etwa 700 Jungen aller Altersgruppen von drei bis achtzehn Jahren untergebracht waren. Die ganz kleinen Kinder wurden in einem Extra-Haus namens „Thone“ gepflegt. Warum gingen die Kinder so jung ins Internat? Der Grund war, dass England damals ein großes Kolonialreich war, das mit „Führungskräften“ versehen sein musste. Das Klima in diesen Teilen dieses Kolonialreiches war für Kinder ganz ungeeignet, so dass die Kinder dort nicht aufwachsen konnten. Oft gab es in solchen Kolonialgebieten überhaupt keine Schulen, die auf die englischen Colleges und Universitäten vorbereiteten. Die Beamten des englischen Kolonialreiches waren also auf Internate wie Taunton School, besonders auf Thone Junior School für die Drei- bis Neunjährigen, angewiesen. Es war oft ergreifend zu beobachten, wie diese Kinder, drei Jahre und darüber, Sonntag für Sonntag hinter den größeren Jungen zur Kirche marschierten. Meist wurden sie in kleinen Gruppen von fünf bis zehn Jungen von einer älteren Lehrerin an der Hand geführt. Noch ergreifender waren die Szenen, die sich so oft wiederholten, wenn die Eltern für drei bis fünf Jahre lang wegfahren mussten. Man konnte damals nicht in ein paar Stunden nach Indien fliegen und dann zum freien Wochenende – mitten in jedem Trimester gab es ein solches freies Wochenende – die Kinder besuchen. Während dieses Wochenendes durften die Eltern, die in der Nähe wohnten, ihre Kinder besuchen oder sie nach Hause nehmen. Die ganz kleinen Kinder kannten ihre Eltern gar nicht mehr, wenn diese sie nach drei bis fünf Jahren besuchen kamen ...

Mütter standen dann vor ihren eigenen Kindern, die keine Ahnung hatten, wer oder was Eltern waren. Dort haben mein Bruder und ich gelernt, was es bedeutet, eine Familie und Vater und Mutter hinter sich zu wissen. Die „Thone-Kinder“ konnte man immer erkennen, wenn sie später durch die „Middle-“ und „Senior-School“ gingen. Es war irgendwie auf ihren Gesichtern geschrieben: „Ich bin ein unterprivilegiertes Kind; ich kenne keine Familie.“ Als unsere eigenen Kinder in die Pubertät kamen, standen wir vor ähnlichen Problemen. In der Schweiz durften sie nicht Medizin studieren; als Ausländer konnten sie kein schweizerisches medizinisches Diplom erwerben, nur ein Fakultätsdiplom, das sie weder in der Schweiz noch im Ausland zu irgendeiner medizinischen Praxis berechtigt hätte. Deshalb entschieden wir uns, sie alle, auch unsere Tochter, mit 13 oder 14 Jahren nach England in ein Internat zu senden. Wenn sie bis zum Pubertätsalter in ihrer eigenen Familie erzogen worden sind, lernen sie im Internat Vater und Mutter und die Familie mehr schätzen, als wenn sie nie von der Familie fort waren. Die meisten europäischen Kinder können es mit 16 oder 17 Jahren kaum erwarten, bis sie von zu Hause wegziehen und ein eigenes Zimmer bekommen. Unsere Kinder hängen viel mehr an ihrem Zuhause. Sie kommen gern wieder nach Hause, um wieder „Kind“ sein zu dürfen, obwohl sie alle längst Herr Doktor bzw. Frau Doktor sind.

Im heutigen Internat, so wie unsere Kinder ihre Internate kennen lernten, ist die Situation ähnlich wie damals vor 50 Jahren, als ich im Internat war – aber aus ganz anderen Gründen. In jedem Internat findet man heute noch Kinder, die „unterprivilegiert“ sind, weil sie keine Familie mit Vater und Mutter kennen. Nicht aber, weil England ein Kolonialreich ist, sondern weil England ein Land für Ehescheidungen geworden ist. Im Internat findet man die Kinder aus geschiedenen Ehen. Vater und Mutter können sich nicht mehr vertragen, haben zwei oder mehr Kinder. Was soll mit ihnen geschehen, die jetzt nicht mehr erwünscht sind? Das Zuhause wurde vor der Nase der armen Kinder aufgelöst. Kein Zuhause ist mehr vorhanden, von wo aus die Kinder zur Schule gehen können. Man stopft sie deshalb in irgendein Internat zur „Lösung“ des Problems. Das Resultat ist aber gleich, ob die Scheidung oder das Kolonialreich die Ursache ist. Es steht auf den Gesichtern dieser „unterprivilegierten" Kinder buchstäblich geschrieben: „Ich kenne die Wärme einer Familie, eines Vaters oder einer Mutter, die mich wollen, nicht."

Wir haben unseren Kindern sehr betont beigebracht, dass man sich solcher armen Kinder annehmen muss und darf. Die meisten Internate führen Doppelzimmer, – wenigstens in den höheren Altersgruppen. Der Senior in einem solchen Zimmer darf seinen Zimmerkameraden wählen. So wählten unsere Kinder oft „unterprivilegierte" Kinder und zeigten diesen die Familienliebe, luden sie zum Beispiel über Weihnachten zu uns nach Hause ein. Die Sommerferien wurden auch nicht vergessen, denn niemand wollte solche Kinder; sie waren auch oft schwierig, weil sie unter Komplexen verschiedenster Art litten. Solche Kinder sind also zu uns auch über Weihnachten nach Hause gekommen, haben bei uns Skifahren gelernt, sind mit der Familie im Sommer zelten gegangen. Wir kennen durch die Internate eine Menge solcher Kinder, die uns jetzt noch als ihre Eltern ansehen. Einer bat uns in einem Brief förmlich, ob er uns von jetzt an „Dad und Mum" nennen durfte. Eine Anzahl sind durch diesen Familienersatzdienst bewusste Christen geworden. Einer hat in letzter Zeit den Schritt in die Ehe getan – er fand ein gläubiges Mädchen, und die beiden wollten eine Familie gründen, die das bietet, was sie selbst nie als Kinder erfahren konnten.

2. Das Leben im Internat

Taunton School war ursprünglich eine Schule, die nicht der anglikanischen Staatskirche angehörte. Sie war also mit anderen Worten eine freikirchliche Schule. Wir als Familie hatten mit der anglikanischen Kirche etwas Mühe, sodass Mutter die Meinung vertrat, wir Jungen sollten alle Aspekte des religiösen Lebens, kirchliche und freikirchliche, erfahren.

Einige Lehrer in Taunton waren bewusste Christen, die meisten aber leider nicht. Die Mehrzahl der Jungen kam nicht aus christlichen Häusern. Sie waren damals eher die Söhne höherer

Beamter des Britischen Commonwealth, patriotisch stolz, aber leider oft faul. Also, kurz gesagt, Snobismus konnte in solchen Internaten böse Ausmaße annehmen. Heute ist diese Gefahr weniger groß, aber sie ist immer noch vorhanden.

3. Ordnung im alten Internat

In unserem Internat wurde immer sehr darauf geachtet, dass Ordnung herrschte. Man wurde spartanisch erzogen: keine Teppiche, zum Beispiel im Schlafzimmer, nur Betonböden. In den großen Schlafräumen standen oft zwölf oder dreizehn Betten, alle auf dem unbedeckten Betonboden. Die Fenster standen Tag und Nacht offen, auch bei kältestem Frost. Gewaschen wurde sich jeden Morgen kalt. Die Waschzimmer waren ungeheizt. Einmal die Woche gab es unter Aufsicht eines Hausmeisters ein heißes Bad – sechs Badewannen in einem Badezimmer mit Betonboden. Wohl deshalb klagt kein Engländer – das heißt kein echter Engländer – je über Zug in einem Zimmer. In der Eisenbahn sind es nur die „Parvenüs" oder die Ausländer, die klagen: „Es zieht." In englischen Internaten wird man abgehärtet! Eine frische Brise im Schlafzimmer ist gesund – es zieht doch nie! Luft muss man haben, sonst kann man nicht atmen! Deshalb sind die englischen Kamine wohl so gebaut, dass sie „Luftzug" im Zimmer erzeugen! Die Vorhänge in einem Zimmer müssen durch Windzug direkt wehen, wenn ein echter Engländer glücklich sein soll.

Als mein Bruder und ich das erste Mal ins Internat fuhren, brachten uns Vater und Mutter zum Bahnhof nach Reading. Dort wurden wir in den 10.45 Uhr Expresszug nach Taunton verfrachtet, und fertig war die Operation. Wir wussten gar nicht, was auf uns wartete, kannten die Schule absolut nicht, waren nie in Taunton gewesen. Wir fanden einige Jungen im Zug, die das gleiche Reiseziel hatten. Sie fuhren auch ins Internat. Vom Bahnhof in Taunton wurden wir vom Vizedirektor selbst, Mr. Record, abgeholt, der uns militärisch zusammenstellte, sodass wir gruppenweise – etwa 30–50 Jungen pro Gruppe – ins Internat marschieren mussten. Der Weg betrug vielleicht vier Kilometer, die wir mit Gepäck unter dem Arm hinter uns brachten. Einmal dort angekommen, wurden wir vom Vizedirektor persönlich „sortiert". Hast du Verwandte hier gehabt? Wie alt bist du? Hast du Geschwister? Bist du jemals vorher in einem Internat gewesen? Was für Krankheiten hast du gehabt? Dann wurden wir einer „Matrone" – einer älteren Dame – übergeben, die dafür sorgte, dass wir ein Bett für die Nacht bekamen, einen Schrank für unsere Sachen hatten und einen Platz am Tisch fürs Abendessen – ein Butterbrot ohne Belag und eine Tasse einer unbeschreiblichen Mischung, die man „Stingo" nannte – bekamen.

Einen wichtigen Punkt darf man an dieser Stelle nicht vergessen: Jeder Junge musste eine mit Schloss abschließbare Holzkiste besitzen, in der er seine „Goodies", Essbares, eingeschlossen aufbewahrte. Diese Kiste war mit einem Hängeschloss und Riegel versehen. Während der Schulpause morgens und mittags durfte er zu seiner Kiste gehen, um etwas Gutes zum Essen zu holen. Diese Kisten gehören zum Internat wie Wasser zum Fischleben. Meine Kinder besitzen ihre Kisten oben im Estrich immer noch. Sie sind Besitztümer, auf die kein Schüler verzichten möchte. Wenn ein Junge die Kiste eines anderen ausraubte, was sehr selten vorkam, war dieses Vergehen wirklich sehr gravierend.

4. Erste Eindrücke im Internat

Nachdem mein Bruder und ich am nächsten Tag den großen Gebäudekomplex des Internats ausgekundschaftet hatten, waren wir nicht sehr beeindruckt, denn draußen bestand fast alles aus Fußballspielplätzen. Spielplätze für Cricket, Hockeyplätze etc., und innen in den Gebäuden sah alles nach Massenlagern aus. Gar nichts Privates war zu finden. Dazu noch gab es allerlei Plätze, die reserviert waren. Die Terrassen vor dem Internat waren nur für Lehrer und Schulsprecher. Alles war sehr elitär – und wir waren nur Neuankömmlinge, die viele Pflichten und wenig Rechte hatten. Man fühlte sich ständig beobachtet, ob man irgendwie dabei war, eine Regel zu übertreten oder nicht. Während wir alles auskundschafteten, kam eine Gruppe von älteren Schülern auf uns zu und sagte mit ganz erster Miene, dass es Pflicht für alle Neuankömmlinge sei, alle Schulsprecher unaufgefordert bei ihren richtigen Namen laut zu grüßen. Wir sagten, wir könnten das nicht tun, denn wir kennten nicht einmal die Namen der Schulsprecher.

„Wir wollen euch helfen", sagten sie ernst, „der Große dort auf der Terrasse, der mit den leuchtend roten Haaren und den fast weißen modernen Hosen, der ist Hauptschulsprecher der Schule und geht gerade auf der Terrasse auf und ab, was sein Privileg ist. Ihr geht jetzt hinüber zu ihm, wenn ihr Strafe vermeiden wollt, und ruft ihn Leuchtturm als Vorschriftsgruß zu. Dann habt ihr ihn beim Namen gegrüßt, und er wird euch nicht bestrafen dürfen. Aber seine Terrasse ja nicht betreten!"

Nun, wir wussten schon, dass man keinen Lehrer und keinen Schulsprecher mit Spottnamen ansprechen durfte. Und es kam uns merkwürdig vor, dieser Name für einen Rothaarigen! Er ging mit einigen anderen auf der privilegierten Terrasse auf und ab, sodass er Zeugen gehabt hätte, wenn wir von fern „Leuchtturm" gerufen hätten. So bedankten wir uns sehr höflich für die freundliche Auskunft und sagten, wir würden morgen die amtliche Begrüßung vorschriftsmäßig durchführen, wenn wir ganz sicher seien, dass er wirklich so hieß. So dumm waren mein Bruder und ich nicht. Ein Schmähname wie Leuchtturm als Gruß hätte uns sechs Hiebe mit der Peitsche gekostet, denn der Rothaarige war bekannt als arrogant und humorlos. So lernten die älteren Schüler des Internats die Neuangekommenen kennen und merkten bald, ob sie etwas Grips hatten oder nicht. Wehe dem Jungen, der von Natur aus gutgläubig war, er wurde von den meisten so gehänselt, bis sie es ihm ausgetrieben hatten.

5. Disziplin und Erziehung im alten Stil

Morgens, pünktlich um 7.00 Uhr, wurden wir von einer großen Handglocke draußen auf der Wiese geweckt. Der alte Gärtner ging durch die Häuser und schwang die große Glocke hin und her, sodass jeder (theoretisch) wach wurde. Der Mensch ist aber zur Gewöhnung verurteilt, denn oft hörte ich die Glocke nicht. Aber die anderen weckten einen dann, denn sie mussten auch aufstehen. Um 7.20 Uhr stand der Hausmeister oben an der großen Treppe unseres Hauses und rief laut „Tallyho“ (das ist der Ruf eines Jägers, der gerade einen Fuchs wittert). Mit diesem Ruf stürzten dann alle „Jäger“, d. h. Jungen, ihm nach die Treppe hinunter. Wer mit seiner Toilette nicht fertig war, wenn der Hausmeister die Tür zum Saal schloss, war zu spät. Wer in dem Saal noch an seinem Schlips oder Kragen herumarbeitete, der galt auch als zu spät gekommen. Wer ein schmutziges Hemd anhatte, der galt auch als – nach dem Gesetz der Meder und Perser – zu spät gekommen. Das Zuspätkommen zum morgendlichen Appell wurde bestraft. Die Namen aller Jungen wurden alphabetisch aufgerufen, und jeder musste mit „adsum“ (ich bin zugegen, in Latein) antworten. Es kostete damals zwei Schläge mit der Rute, wenn man nicht antwortete. War man feige, konnte man unter Umständen die zwei Schläge in 200 „Zeilen“ umtauschen lassen, was bedeutete, dass man 100- oder 200-mal schreiben musste: „Ich darf nicht zu spät zum Appell auftauchen“ oder „Ich muss mich für den Appell richtig und rechtzeitig anziehen“. Aber man zog meist die Rute vor. Es war eben ehrenvoller!

Bei Mädchen gebrauchte man damals die Rute selbstverständlich nicht, dafür waren sie eben Mädchen!

Schulen, die die Rutee abschafften, schafften sie ab, weil sie Mädchen statt Jungen hatten. So hieß es unter den Jungen, Disziplin dieser Art schadet nicht, solange man gute, gerechte Schulmeister finden konnte, um das System zu verwalten. Sobald aber verweichlichte, ungerechte Lehrer auftauchten, ging es nicht mehr. Gerade solche wurden brutal, sodass das System auseinanderzufallen drohte.

6. Miseren des Internatslebens

Unter der Aufsicht von Mr. Record, dem Vizepräsidenten des Internats, hatte ich mit Latein und Französisch nie wieder Mühe gehabt. Disziplinarisch war Mr. Record, den wir „Chew“ nannten, weil er immer mit dem Mund arbeitete, eisern. Aber er war ein frommer, gerechter Mann, den wir alle respektierten. Jeden Sonntagmorgen inspizierte er persönlich alle 700 Schüler, die geschlossen in die Stadt zu den verschiedenen Kirchen marschierten. Die Eltern entschieden, welche Kirchen besucht wurden. Mr. Record merkte sofort, ob ein Kandidat für den Kirchgang ein weißes oder ein nicht mehr ganz weißes Hemd trug. Ob sein schwarzer Schlips bekleckert war. Ob sein Taschentuch weiß war. Oft verlangte er aufs Geratewohl, dass das Taschentuch während des Vorbeimarsches vorgezeigt werden musste. Weh dem Jungen, der keines hatte oder der ein Taschentuch hervorzog, das nicht so aussah wie eine Reklame für Waschpulver. Ein solcher Kirchgangkandidat musste aus den Reihen hervortreten, ein frisches Taschentuch holen, während die ganze Schule ungeduldig auf ihn wartete. Solche Schüler waren nicht populär. So wirkte Mr. Records Disziplin förderlich – die Jungen sorgten letzten Endes selbst für Ordnung!

Obwohl unser Direktor Mr. Record den Beinamen „Chew" trug, wehe dem Schüler, der mit Kaugummi oder ähnlichen Scheußlichkeiten im Mund erwischt wurde! Wer in der Klasse kaute, spielte direkt mit seinem akademischen Schicksal. Was man im Mund hatte, war eine rein private Angelegenheit, wovon andere gar nichts merken durften.

Andere „Wehen" unseres Internats folgten schnell: Wehe dem Jungen, der mit Händen in den Hosentaschen mit einem Lehrer – oder sonst einer reifen Person – sprach. Wenn ein solcher über so wenig Feinfühligkeit verfügte, bekam er zuerst eine Reihe von bissigen, verschleierten Bemerkungen, die ihn höflich auf seine Salonunfähigkeit aufmerksam machen sollten. Wenn er aber derart stumpfsinnig war, dass er gar nichts merkte – solche gab es schon damals – konnte er mit der Zeit eine direkte, scharfe Bemerkung erwarten: „Zieh die Hände aus der Tasche, wenn du mit älteren und auch besseren Personen sprichst!"

Dreimal im Jahr bekamen alle Eltern über ihre Kinder ein Schulzeugnis – direkt nach Hause geschickt. Nicht nur die akademische Leistung des Schülers wurde beurteilt, sein allgemeines Verhalten und sein Fortschritt in der Entwicklung von „Schliff" wurde schriftlich mit entsprechenden Beweisen festgehalten.

Frechheit war ein schwerwiegendes Vergehen, besonders älteren Menschen gegenüber.

In der Schulkapelle, wo im Sommer morgens und abends ein Gottesdienst vom Schuldirektor oder von einem Pfarrer abgehalten wurde, wurde sehr auf Benehmen geschaut. Anständig gekleidet musste man sein – man trug eine Schuluniform, damit die Schüler sich nicht gegenseitig wegen Bekleidung „die Augen ausstechen konnten". Jungen können nicht minder eitel sein bezüglich Bekleidung als Mädchen! Wehe dem Jungen, der vor Gott mit den Händen in der Hosentasche betete, oder sonst erschien! Eine Beleidigung der Majestät Gottes!

Hängt die heutige Formlosigkeit und Undiszipliniertheit mit dem Zerfall unserer ganzen westlichen Gesellschaft zusammen? Ich meine ja! Denn man empfindet vor nichts Respekt, weder vor Menschen, noch vor Gott, noch vor dem Alter. Alles ist erlaubt. Auch das, was sich nicht schickt. Die Konsequenzen liegen heute vor unseren Augen.

Damit möchte ich gar nicht gesagt haben, dass diese spartanische Erziehung nie fehlschlug. Es gibt Menschen, die unreformierbar sind, und solche gab es auch bei uns im Internat. Es gab bei uns im Taunton viel Unsittlichkeit. Die älteren Schüler brachten oft lose Mädchen ins Internat – sie gaben sie als Kusinen oder andere Verwandte aus. Die Gesprächsthemen in den Schlafzimmern waren meist sexueller Art. Schmutzige Witze waren oft die Regel, obwohl es edle Schüler gab, die nicht mitmachten. Solche galten oft als prüde.

Ich kenne christliche Internate, für die diese negativen Aussagen kaum gelten. Aber in den rein säkularen Schulen ist Unsittlichkeit oft die Regel. Solche kann ich deshalb nicht empfehlen. Wir haben unsere Kinder auf christliche Internate geschickt, da war die Atmosphäre besser. Die Gefahr in solchen christlichen Internaten ist die einer Treibhausatmosphäre: Gesetzlichkeit und auch Heuchelei können in solchen Internaten, die wohl einen christlichen Direktor hatten, wo aber auch nichtchristliche Lehrer mitwirkten, auftreten. Da konnten die Kinder selber die Unterschiede zwischen Christen und Nichtchristen sehen und sich selbst ihre eigene Meinung bilden. Da waren die christlichen

Lehrer oft wirkliche Lichter in einer Welt, die zum großen Teil nicht christlich war. Auf diese Weise wurden sie auf die wirkliche Welt, wo Christen in einer nichtchristlichen Welt leuchten müssen, vorbereitet.

7. Einige Vorteile des Internats

Das Internat hatte, neben all diesen zum Teil negativen Überlegungen, doch große Vorteile. Obwohl das Internat meine lieben Eltern sehr teuer zu stehen kam – und das in der Zeit (1930–1934) der großen Depression – wurde man dort viel weniger als zu Hause von der Schularbeit abgelenkt. Man fing um 7.00 Uhr morgens mit dem Waschen und Aufstehen an. Kapelle 7.30-8.00 Uhr. Frühstück 8.00–8.30 Uhr. Unterricht 9.00–13.00 Uhr. Mittagessen 13.15–13.45 Uhr. Pause bis 14.00 Uhr, dann Unterricht bis 16.30 Uhr. Danach Spiele – Fußball, Rugby, Football, Hockey (im Winter), Cricket (im Sommer). Dies war alles obligatorisch. Leistung in Sport galt vielleicht noch mehr als akademische Leistung. Danach folgten die Hausaufgaben, die unter Aufsicht in einem großen Saal von 19.30–21.30 Uhr zu erledigen waren. Während wir die Hausaufgaben erledigten, bekamen wir das Abendessen: Butterbrote mit ein wenig Käse, Marmelade oder Marmite (ein Hefeextrakt) plus eine Tasse Kakao – ein undefinierbares Gemisch von Wasser, Milchpulver, Zucker und Kakao. Um 22.00 Uhr ging es ins Bett für die Älteren, für die Jüngeren eine halbe Stunde früher. Um Punkt 22.30 Uhr war Licht aus. Alle Lichter in den Schlafzimmern mussten dann gelöscht werden, alle Gespräche verstummten – und wehe dem Jungen, der mit Radiokopfhörern unter den Bettdecken heimlich Radiomusik oder sonst etwas hörte. Ein Junge in jedem Schlafzimmer war für die Einhaltung dieser Verordnung verantwortlich, und man durfte ihn nie hintergehen!

Kapitel V

ATHEISTISCHE AUSSAAT

1. Der Kirchenstreit in England

Während mein Bruder und ich im Internat lebten, tobte der Kirchenstreit in England. Zur Zeit der Reformation unter Heinrich VIII. sagte die anglikanische Kirche dem Katholizismus ab. Der englische König Heinrich VIII. wollte dem Papst von Rom nicht untertan sein, denn der Papst machte Heinrich mit seinen vielen Frauen (mit Recht) Mühe.

Nun, Heinrich war kein besonders frommer Mann, im Gegenteil. Er wollte die Doktrin der Kirche in England nicht ändern, sondern nur ihre politische Struktur und Hierarchie. Die römische Hierarchie passte nicht in sein Konzept, obwohl ihm theoretisch ihre Doktrin recht war. Die Machtpolitik des Papstes ärgerte den stolzen englischen König. Deshalb machte er sich zum Papst, indem er den anglikanischen Erzbischof von Canterbury einsetzte. In der Lehre jedoch blieb fast alles beim Alten. So lehrt heute noch die anglikanische Kirche – zumindest nach ihrem Gebetsbuch zu urteilen – zum Beispiel die römisch-katholische Doktrin der Kindertaufe. Die anglikanische Kindertaufe bringt den Täufling angeblich ins Himmelreich, er wird dadurch von neuem geboren. Die römisch-katholischen Doktrinen der Kirche blieben unter Heinrich VIII. fast beim Alten. Auch wenn die Evangelikalen innerhalb der anglikanischen Kirche Englands es bestreiten, dass ihre Kirche eine katholische Säuglingstaufe lehrt, steht diese unbiblische Doktrin heute noch in jedem Gebetsbuch. Die kontinentale lutherische Landeskirche steckte in ähnlicher Lage.

Nun, der Kirchenstreit hatte mit all diesen Problemen nichts zu tun. Diese wurden durch die wirkliche Reformation Englands durch die späteren Reformatoren Charles und John Wesley, George Whitfield und später Spurgeon angegriffen. Der Kirchenstreit von 1925–1935 ging einzig und allein ums Geld – ein Problem, das auch die heutige Kirche – besonders auf dem europäischen

Kontinent – plagt. Die anglikanische Staatskirche, deren Oberhaupt der König (bzw. die Königin) ist, kennt keine Kirchensteuern. Das Land wurde mit einem so genannten Zehnten belegt. Jeder Landbesitzer hatte mit dem Kauf seines Landes der Kirche alljährlich einen Barbetrag zu entrichten. Früher wurde dieser Zehnte in natura eingezogen – der Pfarrer hatte seine eigene Scheune, wo er seinen Weizen, die Kartoffeln, das Stroh etc. unterbrachte. In späteren Jahren wollte der Pfarrer nichts mehr in Naturalien annehmen und verlangte den Gegenwert in Bargeld. So wurde des Pfarrers Arbeit erleichtert. Aber es gibt immer noch überall in England alte Scheunen bei dem Pfarrhaus, die heute für andere Zwecke benutzt werden – als Tanzhallen zum Beispiel.

Ganz gleich ob der Landbesitzer sich zur anglikanischen Kirche bekannte oder nicht: Die Tatsache, dass er ein gewisses Stück Land besaß, verpflichtete ihn zur Entrichtung des Zehnten an die anglikanische Kirche.

Oft besaßen Methodisten, Freikirchler und sogar Atheisten Land, das sie dann verpflichtete, den Zehnten an die anglikanische Kirche zu entrichten. Dadurch gab es sehr viel Ärger. Die anglikanische Kirche ist enorm reich und besitzt oder besaß viele Bergwerke und große Elendsviertel in London und anderen Städten.

Solange man Geld leicht verdient, zahlen die meisten Leute – auch wenn es sich um ungerechte Angelegenheiten handelt. Als aber die große Depression 1929 heranrückte, wodurch die Farmer und andere Landbesitzer „knapp bei Kasse" waren, fing man an, diese kirchliche Steuer nicht mehr entrichten zu wollen. Die Farmer mussten Landknechte entlassen, weil sie nicht über das Geld verfügten, ihre Löhne nebst dem Zehnten zu bezahlen. Wenn es hieß, entweder „John" und „Harry" zu entlassen oder den Zehnten abzugeben, weigerten sich viele Farmer, das Geld an die Kirche zu bezahlen.

Die anglikanischen Kirchen waren sowieso überall fast leer – Gottesdienstbesucher bestanden oft aus dem guten Pfarrer, dem Organisten und dem Kirchendiener. Die Predigten dauerten höchstens zehn Minuten, der Pfarrer war meist liberal – dafür hatten die theologischen Fakultäten der Universitäten, vornehmlich Oxford und Cambridge, gesorgt. Die Kirchen liberaler Pfarrer waren und sind noch meist leer, und das war auch in unserer Gegend der Fall.

2. Die große Depression 1929–1932

Jeden Tag zogen arbeitslose, vom britischen Heer entlassene junge Männer an unserer Farm vorbei. Oft liefen täglich durch unsere Ortschaft 100–200 junge heruntergekommene Männer und bettelten uns an. Sie liefen von einem „Workhouse" zum anderen, um ein Bett für die Nacht zu finden. Ein „Workhouse" war ein Heim für arbeitslose Menschen, die obdachlos waren. Sie mussten ein Pensum an Arbeit leisten – Garten umgraben oder Unkraut jäten; dafür bekamen sie ein Essen und ein Bett für die Nacht. Alles war sehr primitiv, aber besser, als im Straßengraben zu schlafen. Vater hatte kein Geld zum Verschenken – wenn man ihnen Geld gab, verschwendeten sie es oft für Alkohol, was verständlich war, denn sie wollten ihr Elend eine Zeit lang vergessen. Es handelte sich meist um junge Männer, die im Ersten Weltkrieg für England gekämpft und ihr Leben aufs Spiel gesetzt hatten. Solche entlassenen Soldaten waren oft bitter gegen den Staat und die Gesellschaft im Allgemeinen, weil sie so schlecht behandelt wurden. So gab ihnen mein Vater, wo er nur konnte, kurzfristige Arbeit, Essen und ein Bett für die Nacht, wofür die meisten dankbar waren.

Mein Vater stand auf dem Standpunkt, dass die anglikanische Kirche eine tote Organisation sei, die für ihren Leerlauf viel zu viel Geld schluckte. Er hatte bestimmt nicht Unrecht, und als er aufgefordert wurde, den Zehnten zu bezahlen, erklärte Vater, dass er lieber diesen armen Arbeitslosen als der Kirche helfen würde. Meine Mutter als gläubige Frau, die eine praktizierende Christin war, schwebte also zwischen zwei Loyalitäten. Sie war aber gerecht, sah, dass die Kirche für den wahren Glauben ein direktes Hindernis darstellte – und unterstützte Vater. Wir Kinder waren natürlich gleicher Meinung, denn wie sollte ein Pfarrer, der oft das nicht glaubte und auch nicht vorlebte, was er bloß um des Geldes willen predigte, armen Arbeitslosen das Essen aus dem

Mund nehmen? Nun, Vater und viele andere benachbarte Farmer bezahlten den Zehnten einfach nicht. Die Konsequenz war vorauszusehen.

Die Kirche musste für die Gehälter der Pfarrer aufkommen, sonst mussten sie und ihre Familien auch hungern! Die reichste und begütertste Kirche des Landes brauchte also Geld und schickte prompt den örtlichen Versteigerer (Betreibungsbeamten) mit der kirchlichen Behörde in jedes Haus, um den Zehnten mit der Gewalt des Gesetzes zu holen. Sie bekamen aber kein Geld, nichts war vorhanden. Daraufhin wurden die Möbel, die Betten, die Tische, das Besteck – kurzum alles, was die Familie besaß – öffentlich versteigert.

3. Versteigerungen

Am festgelegten Tag kamen die Farmer und das Publikum in unser Haus, um zu erkunden, was diese inzwischen verhasst gewordene Kirche im Namen Christi unternehmen würde. Der Versteigerer pries zuerst etwa den Küchentisch an und sagte, dass er etwa 30 DM wert sei. Er bat dann um feste Angebote. Es folgte eine tödliche Stille. Niemand machte irgendein Angebot, denn die anwesenden Farmer waren unsere Freunde aus benachbarten Gütern, die später am gleichen Tag an die Reihe kommen würden, weil auch sie ihren Zehnten nicht bezahlt hatten. Daraufhin drängte der Versteigerer auf Angebote. Ein Farmer bemerkte dann spöttisch, dass der Tisch einen Kratzer in der Mitte aufwies, der Preis sei zu hoch!

„Was bieten Sie mir dafür?“, fragte der Versteigerer verärgert.

„Höchstens einen Pfennig“, antwortete der Farmer mit sehr ernster Miene.

„Aber der Tisch ist doch gut“, antwortete der Beamte, „weitere, aber bitte seriöse Angebote?“

Wieder trat tödliche Stille ein. Einige Gesichter wiesen ein leichtes Grinsen auf.

„Ja“, äußerte sich nach einer Weile ein anderer Farmer, „der Kratzer ist doch schwerwiegend, ich biete zwei Pfennige. Ich verdoppele das Angebot, was Sie als seriös anerkennen müssen, Herr Versteigerer."

Letzten Endes erhielt der arme, aber harte Versteigerer drei Pfennige für den Küchentisch. Der Farmer bezahlte feierlich auf der Stelle den Betrag, bestand auf eine amtliche Quittung, dass der Tisch ihm jetzt zur freien Verfügung gehöre. Dann schritt er feierlich zu meiner Mutter und schenkte ihr zur freien Verfügung ihren schönen Küchentisch.

So ging die ganze Truppe durch das Haus und versteigerte alles, was wir im Haus hatten – Stühle, Besteck, Vorhänge, Teppiche, Tassen, Teller und Uhren. Auch Betten und Bettleinen wurden nicht verschont. Im Laufe dieser Arbeit wurden die Gesichter immer fröhlicher – aber das Gesicht des Versteigerers wurde immer dunkler. Mit solcher Solidarität hatten er und die Kirche nicht gerechnet – dass die Farmer die Quittung den ursprünglichen Besitzern zurückgeben und voneinander in der Notlage nicht profitieren wollten. Er kassierte an diesem Nachmittag vielleicht zwei oder drei Reichsmark für unseren ganzen Haushalt.

Aber wer zuletzt lacht, lacht am besten, sagt ein Sprichwort. Und so war es an diesem Nachmittag. Als die ganze Truppe des Versteigerers aus dem Haus über den Hof ging, um Vaters Auto zu versteigern, entstand plötzlich ein riesiger Tumult. Die jungen Männer sprangen entsetzt über die Zäune, die Damen schrien laut auf, und der Versteigerer flüchtete mit einem Sprung in die obere Scheune – vier bis fünf Sprossen auf einmal die Leiter hinauf. Warum aber dieser Tumult, das plötzliche Geschrei und diese Hast? Solche Agilität sieht man doch recht selten bei einem Beamten, der sich seiner Würde immer sehr bewusst ist! Es dauerte gar nicht lange, bis man die Ursache dieses buchstäblich sprunghaften Benehmens des Staatsbeamten und seiner Gefolgschaft erkannte; denn der Bulle aus dem Stall, Kopf nach unten und Schwanz wie eine Fahnenstange nach oben, raste auf die Gruppe zu! Ein Farmer, ein guter Freund von uns, hatte einen starken Sinn für groben Humor und war unbemerkt in den Stall geschlichen. Dort hatte er unseren bösen, wilden Bullen losgebunden. Nie war das unserem Bullen je passiert, dass er frei herumlaufen durfte! Man führte ihn immer an einer Kette und einem Stab durch den Nasenring umher. Sich seiner neu gefundenen Freiheit freuend, raste er auf den Versteigerer und seine Gruppe zu. Im Bruchteil einer Sekunde verschwanden alle Menschen; und der Farmer, der sich diesen Spaß erlaubt hatte, zeigte sich grinsend auf der anderen Seite des Hoftores – selbst in absoluter Sicherheit.

Der Versteigerer konnte aus seinem Versteck im Heuboden der Scheune nicht herunterkommen, um Vaters Auto zu versteigern. Er musste kläglich dort oben warten, bis wir den Schweizer gefunden hatten, den der Bulle kannte und dem er auch gehorchte. Eine Zeit lang ließ sich aber dieser Schweizer nicht finden. Merkwürdig! Dann kam er ganz gelassen aus einer anderen Scheune herausgeschlendert, ging langsam auf den Bullen zu und legte den Stab an seinen Nasenring, während er beruhigend zu diesem gefährlichen Tier sprach. Er führte ihn zurück zum Stall und befestigte ihn. Erst dann wagte es der Versteigerer, vom Heuboden herunterzukommen. Irgendetwas von seiner Autorität schien verdunstet zu sein. All die Farmer waren jetzt allerbester Laune und gratulierten meinem Vater, und er bedankte sich bei ihnen und streichelte seine Quittungen.

Aber die Arbeit des Nachmittags war noch nicht zu Ende, denn der Versteigerer entschied, dass es bereits zu spät sei, mit der Versteigerung des Autos fortzufahren. Er schritt auf die Scheune zu, in der sein schönes Auto untergestellt war. Aber oh weh, oh weh! Er erkannte sein Auto gar nicht mehr. Irgendjemand war offenbar in die Hühnerhäuser gegangen, um dort Federn und Mist zu sammeln. Und irgendjemand hatte zur gleichen Zeit flüssigen, warmen Teer, womit man gerade zu der Zeit die Straße vor dem Gut geteert hatte, über das ganze Auto gegossen und oben darauf die Federn gestreut, die hartnäckig festklebten. Man nannte dieses spezielle Verfahren, Autos zu verzieren, teeren und federn, eine Ehre, die jederzeit denen widerfahren konnte, die einer besonderen Ehre wert betrachtet wurden.

Merkwürdigerweise war die Polizei, die von Ferne zugeschaut hatte, auch nicht mehr zu sehen. Die Armen, sie mussten in einer Ortschaft arbeiten, die aus lauter Farmern bestand. Es wäre sicher für ihre polizeiliche Gesundheit nicht gerade günstig gewesen, sich hier einzumischen, wo man sich gelungene Späße erlaubte und niemand ernstlich zu Schaden gekommen war. Die ganze Grafschaft lachte über diesen „aktiv-passiven" Widerstand gegen die Ungerechtigkeit der Kirche. Alles entwickelte sich mit äußerst gutem Humor – ohne tierischen Ernst aufkommen zu lassen! Englischer Humor spielt sich oft so ab!

4. Konsequenzen der Versteigerung

Nun, was macht man in solchen Fällen? Die Kirche war eine staatliche Einrichtung. Der Staat setzte die Bischöfe ein, sammelte für die Kirche den Zehnten ein und war eins mit der Staatskirche. Wenn die Staatskirche Bankrott geht, muss der Staat dafür aufkommen. Das Geld, das die Kirche als Zehnten nicht eintreiben konnte, musste also von Vater Staat aufgetrieben werden. Vater Staat fühlte sich direkt betroffen, hatte aber Angst, die bedrängten Farmer unnötig zugunsten einer toten Kirche zu verärgern. Was konnte er tun? Ganz einfach! Man musste die Kirche sicherer finanzieren. So wurde schnell ein neues Gesetz verfasst und mit Blitzgeschwindigkeit durchs Parlament geschleust, um die Frage des Zehnten für alle Zeiten zu regeln. Der Zehnte wurde zu einer Staatssteuer für die Staatskirche gemacht und diese Steuer wurde mit polizeilicher Staatsmacht – wie die Einkommenssteuer – bar eingetrieben. Die Landbesitzer, die es so wollten, konnten ihren Zehnten mit einer Kapitalabfindung ein für alle Male abzahlen. Wer diese Regelung nicht anerkennen wollte, der leistete der Staatsmacht Widerstand und wurde als Steuerverweigerer für schuldig erklärt. So gewann der Staat diese Auseinandersetzung, indem sich die Kirche mit der Staatsmacht identifizierte. Und die Staatskirche verlor für immer in England die Berechtigung, zu behaupten: „Mein Reich ist nicht von dieser Welt" (Joh 18,36). Diese Handlungsweise in einem finanziell bedrängten Lande blieb natürlich nicht ohne Konsequenzen bei uns. Schon bevor wir ins Internat kamen, hatten wir beschlossen, dass diese Kirche zum größten Teil ein Humbug ist und dass kein Mensch, der denkt, religiös sein kann. Wir verwechselten Christsein mit Religiosität – oder Frommsein und Staatsmacht mit moralischer

Autorität. So bildeten wir uns ein, dass wir Atheisten seien, denn diese Kirche war für uns eine Heuchelei und nur ein Deckmantel für Unrecht. Es ist eine besondere Güte Gottes, dass wir später Christen wurden, trotz all dieser negativen Erfahrungen.

Im Internat entschied ich mich, weil ich mich dort in der Schule gut entwickelte, in Oxford oder Cambridge zu studieren. Aber damals stand Oxford direkt unter dem Einfluss der Kirche. Die meisten Stipendien stammten aus kirchlich gebundenen Quellen. Es war deshalb vorteilhaft für mich, wenn ich mich kirchlich konfirmieren ließ. Ich war als Säugling in der anglikanischen Kirche getauft worden, sodass ich konfirmiert werden konnte. Ich ließ mich im Internat konfirmieren! Der arme Pfarrer, der uns konfirmierte, war etwas schwerhörig, aber ein Gentleman in jeder Hinsicht. Wir erzählten ihm während des Unterrichts unpassende Witze, die er erst zu spät erkannte, um uns rechtzeitig unterbrechen zu können. Ich lernte aber nichts vom Christsein. Als ich von dem Bischof von Taunton konfirmiert wurde, konnte ich nicht einmal die Zehn Gebote aufsagen. So beging ich den Frevel, zum ersten Mal in Taunton als Atheist das Abendmahl zu feiern, und zwar um akademischer Vorteile willen. Ich stand vollkommen im Unglauben – und wurde ohne ernsthafte Prüfung konfirmiert. Welche Verantwortungslosigkeit seitens einer Kirche, die eine offene Bibel besitzt und doch nicht benutzt!

5. Der Herr Pfarrer bekommt eine höhere Berufung

Um diesen Abschnitt über Kirche und Zehnten abzuschließen, müssen wir noch eine kleine Begebenheit, die mit der Kirche zu tun hat, beschreiben. Wir hatten im Pfarrhaus in Cholsey einen sehr lieben, milden Pfarrer. Er war kränklich, er litt an einer Art Darmkrebs.

Er predigte einmal die Woche etwa zehn Minuten (selten länger) und gehörte der „Middle Church" (zwischen den Evangelikalen und Anglokatholiken) an. Sein Kirchenbesuch war äußerst schwach – zehn bis 15 Menschen an einem Sonntag –, denn seine Predigten waren langweilig und irrelevant. Er führte fast keine

Hausbesuche durch. Da die meisten Bewohner seiner Pfarrei auf dem Land arbeiteten und die Kirche mit ihrer Politik der Zwangseintreibung des Zehnten sehr unpopulär war, wurde die Situation des armen Pfarrers im Dorf sehr bedenklich.

Eines Tage meldete sich der Pfarrer überraschend zum ersten Besuch bei uns. Der Grund dieses Besuches war nicht seelsorgerlich – das geschah wohl nie und wäre auch bei uns unerwünscht gewesen. Nein, er wollte sich bei uns verabschieden! Wir luden ihn um 17.00 Uhr zum Teetrinken. Der arme kranke Mann tauchte pünktlich bei uns auf und wurde von meiner Mutter willkommen geheißen. Die Lage war geladen, denn auch mein Vater gesellte sich dazu, um den Pfarrer zu verabschieden.

Nach einiger Zeit fragte mein Vater, wo der Pfarrer hingehen wollte. Der Pfarrer antwortete überfromm, er habe eine höhere Berufung erhalten. Mein Vater wollte wissen, wo diese Berufung läge. Aber der Pfarrer wollte nicht mit der Sprache herausrücken. Mein Vater ließ nicht locker, bis der Pfarrer die neue Ortschaft, wo er tätig sein würde, beim Namen nannte. Die Ortschaft lag nicht weit von uns. Vater, als Mitglied des Gemeinderats, war gut orientiert und wusste, dass die neue Pfarrei doppelt so hoch dotiert war wie die Pfarrei unserer Ortschaft. Es entstand in der Familie eine peinliche Stille, denn der Ort war wegen der reichen Pfarrei allgemein bekannt. Schließlich bemerkte mein Vater sehr laut und deutlich, er nehme an, der Herr habe den Pfarrer sicher dorthin berufen. Da würde er, der Herr, diese Berufung sicherlich reichlich segnen. Aber, sagte mein Vater sarkastisch, er vermute, der Herr hätte lange und laut rufen müssen, wenn die Dotierung dort nicht doppelt so hoch gewesen wäre wie in Cholsey.

Daraufhin stand der Pfarrer auf und verabschiedete sich höflich. Er tat mir wirklich leid, denn er war ein lieber, aber leidender Mann, der sich in einer äußerst peinlichen Situation befand.

Als konfirmiertes Mitglied der anglikanischen Kirche mit guten schulischen Noten stand mir die Universität Oxford offen. Damals mussten die Eltern die Studien ihrer Kinder finanzieren, was eine starke Familienzugehörigkeit förderte. Man wusste, dass die Eltern finanziell Opfer auf sich nahmen, um den Kindern eine gute Ausbildung zu sichern. Viele Studenten waren ihren Eltern dafür von Herzen dankbar. Noch dazu nutzten sie jede Sekunde des Semesters, um vom Geld der Eltern im Studium zu profitieren.

Kapitel VI

DER ERNST DES LEBENS BEGINNT

1. Erste Prüfungen im Internat

Weil die finanzielle Lage im Lande so drückend und das Internat so enorm teuer war, entschied ich mich, mein „School Certificate" (bei uns heißt das mittlere Reife) schneller als vorschriftsmäßig zu absolvieren.

1930 fing ich meine Ausbildung im Internat an und sollte meine mittlere Reife im Sommer 1933 absolvieren. Ende 1931 entschied ich mich jedoch, meine mittlere Reife bereits im Dezember 1932 zu probieren. Und der Direktor der Schule meinte, wenn ich das Examen im Dezember 1932 nicht bestünde, ständen mir nur noch zwei Trimester Zeit zur Verfügung, um mich auf den Sommer 1933 vorzubereiten. Deshalb bestand er darauf, dass ich mich tagsüber auf das Examen Sommer 1933 mit den normalen Klassen vorbereitete, abends aber durfte ich privat und mit anderen älteren Schülern für das im Dezember 1932 stattfindende Examen studieren. Weil jene Schüler im Sommer 1932 durchs Examen gefallen waren, mussten sie es im Dezember wiederholen und arbeiteten dafür. So hatte ich zwei Curricula zur gleichen Zeit durchzuackern.

Dezember 1932 rückte heran. Ich war wirklich schlecht vorbereitet, denn die Lehrer waren über Experimente dieser Art (zwei Curricula auf einmal, einmal mit und einmal ohne Lehrer) kaum begeistert. Letzten Endes, wenn es mir gelänge, würden die Lehrer als überflüssig gelten, da ich mich ohne Lehrer vorbereitete!

Die letzten Monate hatte ich wirklich Tag und Nacht an beiden Curricula (sie waren jedes Jahr verschieden: einmal Milton, einmal Shakespeare, einmal Coleridge, einmal Molière, einmal Goethe und die deutschen Philosophen) geschuftet. Kurz vor dem Examen wurde ich krank und in die Klinik der Schule eingeliefert. Dort hatte ich endlich etwas Ruhe, für Dezember zu arbeiten, wie ich wollte! Ich ließ das Curriculum für 1933 ganz fallen und konzentrierte mich ausschließlich auf das Examen von Dezember 1932. Direkt vom Bett stand ich auf und begab mich (allerdings sehr wacklig) in den Prüfungssaal.

Als Deutsch drankam, wurde ich – wie üblich – schriftlich und mündlich geprüft und war so schwach und heiser, dass ich bei der mündlichen Prüfung nur flüstern konnte.

2. Die große Überraschung und ihre Folgen

Als die Resultate für Dezember bekannt wurden, konnte ich meinen Augen nicht trauen – ich hatte mit Auszeichnung bestanden. Auf der Stelle wurde ich befördert und gehörte von einem Tag zum anderen nicht mehr zur Junior School, sondern kam in die sechste Klasse, wo man sich auf das „Higher Certificate“ (das Abitur) vorbereitete.

Die schnelle Beförderung wurde mir mit der Zeit peinlich, denn andere wurden neidisch: Ein Junior wird so schnell zum Senior befördert! Das gab böses Blut. Mein Bruder wollte nicht studieren und kehrte nach Hause zurück, um sich dort für die Landwirtschaft ausbilden zu lassen. So war ich allein im Internat und vermisste meinen Bruder. Man konnte es den meisten Jungen natürlich nicht erklären, warum ich die Examina so früh absolvierte, denn viele von ihnen stammten aus dem kolonialen Beamtentum. Ihre Eltern hatten gesicherte Gehälter und wussten deshalb nichts von der Not der selbstständigen Berufe.

3. Konkurrenz zwischen Internaten

Die schulische Leistung eines Internats variiert von Internat zu Internat. Es besteht auch ein Wettbewerb zwischen den verschiedenen Internaten. Eltern wählen die Internate nach ihrer Leistung – schulisch oder sportlich – aus. Einige Schulen sind für ihre Leistung auf sportlichem Gebiet bekannt, andere für ihre Leistung auf schulischen Gebieten, und es gibt sogar eine Spezialisierung in Sport und schulischen Fächern. Taunton war für die Geisteswissenschaften und für Rugby-Football bekannt. Diese Tatsache hatte für mich unvorhergesehene Folgen. Als ich plötzlich in die Unterprima befördert wurde, entschied ich mich für das Studium der Naturwissenschaften. Und dann kam für mich die große Überraschung: Die Schule verfügte über keine Lehrer, die uns die Naturwissenschaften unterrichten konnten. Geisteswissenschaftler gab es in Hülle und Fülle, aber keine Naturwissenschaftler! Der Biologielehrer war ein alter, politisch aktiver Kommunist, der an seinem Lehramt kaum interessiert und hoffnungslos veraltet auf seinem Gebiet war. Auch in Chemie und Physik fehlten die Lehrkräfte. Diese Fächer konnte man sich selbst nicht unterrichten wegen der vielen praktischen Experimente, die man selbstständig nicht durchführen konnte.

Bei der mittleren Reife hatte ich es gut geschafft, vielleicht würde es mir gelingen, das Abitur auch selbst zu erarbeiten. So lernte ich beinahe zwei Jahre lang die Textbücher einfach auswendig. Aber die mikroskopische Arbeit und die chemischen Synthesen waren ein ganz anderes Kapitel; die kann man ohne persönlichen Unterricht nie meistern.

Als der große Tag des Examens in Bristol kam und ich die ersten Fragen las, wurde mir bewusst, dass ich keine Chance hatte.

Sogar die Sprache der Fragen war mir vollkommen fremd, denn ich hatte alte Examensfragen nie vorher durchgenommen! Das Resultat war vorherzusehen: Ich fiel durch.

Kapitel VII

AUF UND AB IN MEINER AUSBILDUNG

1. Die akademische Karriere beginnt

Die Schule war sehr teuer. Da sahen meine Eltern ein, dass meine mittlere Reife als Eintrittsexamen für Oxford genügen würde, denn ich hatte ein „Honours Certificate mit Auszeichnung" vorzuweisen. Oxford käme etwas teurer als das Internat, aber in Taunton hätte ich meine Zeit nur verloren. So sprach Vater mit seinem Freund Professor Chattaway, der Chemie-Professor im Queens College Oxford und ein Logenbruder meines Vaters war. Dieser leitete alles für mich in die Wege, damit ich in Oxford studieren konnte. Die zwei Jahre im Internat waren absolut verlorene Zeit gewesen – teure, verlorene Zeit. Ich hätte alles in einem Jahr in Oxford besser erledigen können. Wie freute ich mich, als die richtigen Vorlesungen in Oxford anfingen! Die Qualität war unvergleichlich besser als das, was ich im Internat gehört hatte. Noch dazu wurde es mir ermöglicht, in meinem ersten Jahr jeden Tag von zu Hause nach Oxford mit dem Auto zu fahren, um Auslagen zu vermeiden, bis ich mein „Erstes Öffentliches Examen" in den Naturwissenschaften abgelegt hatte.

Ich wurde in St. Edmund Hall, einem College der Universität Oxford immatrikuliert und studierte unter Professor Gavin de Beer, Professor E. B. Ford, Professor Robert Robinson, Professor Chattaway und anderen. Professor de Beer gab hervorragende Vorlesungen in Evolution und Zoologie. Er war Franzose, sprach ein vollkommenes Englisch und war ein führender Atheist, Evolutionist und Darwinist. In späteren Jahren siedelte er nach London zur Royal Institution um. Er war aber sehr intolerant und hatte die Neigung, Menschen zu verachten, die nicht genau so dachten wie er. Ford war begeisterter Genetiker und sein Lieblingstier war *Drosophila melanogaster* – die Fruchtfliege. Sein Leben lang arbeitete er „Landkarten" von den Chromosomen der Fruchtfliege aus. Professor Chattaway war der liebe Onkel im Hintergrund, der über mich wachte. Professor Robert Robinson, der Organiker, stand auf der Höhe seines Rufes im Labor in South Parks Road und besaß dort ein ausgezeichnetes Team von Chemikern.

Nach einem Jahr hatte ich alles, was ich im Internat versäumt hatte, nachgeholt und bestand mein „Erstes Öffentliches Examen“ der Universität Oxford mit „Gut“. Danach stand mir das Recht zu, Residenz in St. Edmund Hall (College) in Oxford aufzunehmen.

Mein Examinator in Allgemeinwissen auf dem Gebiet der Geschichte des Mittelalters war C. S. Lewis. Er war ein strenger Examinator und bestand darauf, dass Studenten sich klar und genau in ihrer Muttersprache ausdrücken konnten. Viele Studenten fürchteten ihn deswegen. Fing ein Student an, zu stottern und zu stammeln beim Versuch, C. S. Lewis' Fragen zu beantworten, unterbrach er ihn: „Mein Herr, bitte hinausgehen und Ihre Gedanken ordnen und zurückkommen, wenn Sie mir eine gut gegliederte und klare Antwort geben können!“

Andererseits war C. S. Lewis wegen seiner ausgezeichneten Vorlesungen unter Akademikern und Studenten berühmt und wurde respektiert. Immer wenn C. S. Lewis sonntags predigte, war die Kirche überfüllt, im Gegensatz zu den gewöhnlich leeren Kirchen.

2. Die große Depression noch einmal

Es war im Jahr 1933. Ganz Europa war noch einmal in einer schlimmen Krise, England erging es nicht besser. Hitler wurde in Deutschland gewählt, und die Aufrüstung fing an, obwohl alle Nationen bankrott waren. Neville Chamberlain gelangte an die Macht in England – ein Mann, der von Hitler total manipuliert wurde, der mit einem Stück Papier in der Tasche von München nach London zurückkehrte und in die Welt hinausposaunte, er habe den Frieden in der Tasche. In dieser Zeit begann ich meine Studien in Oxford. Mein Vater sagte nicht viel. Aber Mutter berichtete uns, dass Vater die Finanzen für unsere weitere Ausbildung nicht finden konnte. Meine Rechnungen ruinierten die Farm. Wir sollten neue Maschinen kaufen, um Arbeitskräfte zu ersetzen, die aber zu teuer waren. Ganze Schafherden verkaufte Vater ohne ein Wort, um für die Ausbildung seiner Kinder aufzukommen. Die Bank fing an, keine Kredite mehr fürs Gut gewähren zu wollen – die Defizite waren bereits ganz und gar offensichtlich.

Unsere Arbeiter wurden jeden Freitagabend ausgezahlt. Jeder kam zum Bürofenster meines Vaters, um seinen Lohn nebst Überstundengeld zu erhalten. Es waren gute, treue Leute, die ihre Löhne erhalten mussten, denn sie hatten auch ihre eigenen Verpflichtungen. Die meisten hatten Kinder. Eines Freitagabends, kurz vor 17.00 Uhr, wandte sich Vater mit einer ergreifenden Bitte an mich: Könnte ich für heute sein Bankier werden? Die Bank gebe ihm kein Geld mehr für die am Abend fälligen Löhne. In einer halben Stunde würden die Arbeiter vor seinem Fenster erscheinen, um ihren Lohn zu erhalten. Sowohl er als auch meine Mutter hatten keinen Schilling mehr, womit sie hätten zahlen können. Nun, mein Bruder und ich hatten jede Woche Taschengeld bekommen (damals etwa 50 Pfennig), und dieses Geld hatten wir seit Jahren immer gespart. Mutter erzog uns zur Sparsamkeit. So holten Walter und ich unsere Ersparnisse aus der Sparbüchse und schenkten sie unserem Vater, der damit die ganzen fälligen Arbeiterlöhne gerade noch bezahlen konnte. Was waren wir alle froh, dass das Problem für eine Woche wenigstens gelöst war.

Aber was dann? Nächste Woche mussten wieder die Löhne ausgezahlt werden. Obwohl die Ernte schon verkauft war, hatten die Käufer kein Geld zur Bezahlung. Bis die Kornhändler bezahlten, konnte Vater keine Löhne mehr bezahlen, kein Kerosin für die Traktoren kaufen und auch keine Kolonialwaren für den Haushalt. Ende der Woche bat mich mein Vater, ihm noch einmal finanziell zu helfen, aber ich hatte kein Geld mehr; Walter, mein Bruder, auch nicht. Täglich zogen an der Farm Hunderte von jungen arbeitslosen Männern vorbei, die um Arbeit und etwas zu essen bettelten. Die Lage war trostlos und schier verzweifelt. Was war nun Vaters Plan? Würde ich, bitte, Folgendes versuchen: Ich sollte mit einem Bankscheck für ihn nach Reading zur Bank fahren, dem Bankmanager die Situation erklären und ihn um Hilfe bitten, bis die Kornhändler die Ernte bezahlten. Auf Vater hörte der Manager nicht mehr. Vielleicht würde er auf ein halbes Kind hören. Das Vorhaben war Vater äußerst peinlich, aber die Verzweiflung trieb ihn.

Das war eine schwere Aufgabe, aber vielleicht würde ein Jüngling Erfolg haben, wo ein Mann abgelehnt wurde. Alle Leute bettelten um Kredite, und die Banken mussten hart sein, um zu überleben. So übernahm ich diese unangenehme und peinliche Aufgabe, denn wir waren stolze Landleute, die gewohnt waren, niemandem etwas schuldig zu sein. Soweit ich mich jetzt nach 60 Jahren entsinnen kann, saß eine Kassiererin hinter dem Bankschalter, als ich zögernd auf sie zukam. Ich zeigte ihr den Scheck, erklärte, dass es bald Freitag (Zahltag) sei, dass wir viel Weizen verkauft hätten, dass aber die Zahlung dafür noch nicht eingetroffen sei. Sie hörte genau zu und verschwand. Nach einer für mich ewigen Wartezeit kam sie wieder. Ach Wunder aller Wunder – diesmal lächelte sie und sagte, die Sache komme schon in Ordnung, denn sie habe gerade telefonisch erfahren, dass der Getreidehändler den Scheck für das Getreide an Vater abgeschickt hatte! So kam ich Halbjüngling mit vollen Taschen triumphierend nach Hause. Was waren meine Eltern und meine Geschwister über diesen Erfolg froh! Ich fing langsam an, einen Ruf als Finanzgenie zu bekommen!

Aber die familiäre finanzielle Situation war auch für mich persönlich untragbar. So konnte mein Vater nicht weitermachen. Ich durfte ihm keine weiteren Spesen mit meiner Ausbildung auferlegen. Ich müsste eine Alternativlösung für meine Ausbildung finden. Oxford war zu teuer. Ich müsste eine billigere Universität finden ... oder aber aufs Studium überhaupt verzichten und Geld verdienen.

3. Gewichtige Entscheidungen

Wir wohnten zwischen Oxford, der Kreisstadt von Oxfordshire, und Reading, der Kreisstadt der Grafschaft Berkshire. Reading hatte eine junge Universität, die die meisten Disziplinen außer Medizin und Theologie anbot. So ging ich dorthin, um mich zu erkundigen. Dabei stellte es sich heraus, dass diese Universität mich mit Freuden aufnehmen würde – ich kam ja von der Universität Oxford und hatte meine Examen dort mit Erfolg abgelegt. Sie boten mir einen Diplom-Kursus in den Naturwissenschaften an, und der Kursus würde etwa ein Drittel so viel Geld kosten wie in Oxford. Ohne meinen Eltern ein Wort davon zu sagen, immatrikulierte ich mich in Reading und fing gleich im September 1934 an. Die Vorlesungen und die Professoren waren sympathisch – meist jüngere Menschen, die Karriere machen wollten. Einige besaßen schon ihre FRS („Fellowship of the Royal Society", die höchste Ehre der akademischen Welt Englands), und ich kam sehr gut voran, obwohl ich besonders am Anfang die Atmosphäre von Oxford sehr vermisste.

Im Jahre 1936 bestand ich dann meinen B.Sc. (General = „Bachelor of Sciences") in drei Fächern und 1937 bestand ich meinen B.Sc. (Hon. Chem.) mit „Gut". Dieses Diplom entspricht ungefähr einem Staatsexamen auf dem europäischen Kontinent.

Was aber weiter? Wollte ich in das Lehramt, dann müsste ich ein weiteres Diplom erwerben; was noch ein Jahr kosten würde. Dann erst wäre ich diplomierter Sekundarschullehrer gewesen. Die Aussicht, Lehrer zu werden, begeisterte mich gar nicht, obwohl meine Mutter Lehrerin war – und zwar diplomiert in Reading. Meine Eltern und ich berieten lange über meine Zukunft.

Im Herzen wollte ich Naturwissenschaftler und Forscher werden, besonders wenn ich die Biologie mit der strukturellen organischen Chemie verbinden könnte. Ich sprach mit dem Professor der organischen Chemie Dr. A. K. Mills, der bei Freunden in Heidelberg promoviert hatte. Mills kannte mich gut und war mein Tutor (jeder Student in den englischen Universitäten bekommt einen Professor über sich gesetzt, der in seinem Fach über den Fortschritt seines Protegés zu wachen hat).

Ein Tutor wacht aber nicht nur über den akademischen Fortschritt, er achtet auch auf die Charakterentwicklung seines Schützlings. Wie mein Tutor mir selber kundtat, sei er da, um mich auf allen Gebieten von der Ehe bis zur Mathematik zu beraten. Darin liegt ein großer Unterschied zwischen den britischen und kontinentalen Universitäten. Die kontinentalen Universitäten bilden einen Studenten rein akademisch aus und haben nicht darüber zu befinden, ob ein Mensch charakterlich-moralisch fähig ist, Arzt, Rechtsanwalt oder Apotheker zu werden. Wenn ein Krimineller oder ein Drogenhändler Apotheker werden will, das sei seine private Sache – wenn er einmal seine Approbation hat. Die Universität habe nur darüber zu urteilen, ob der Kandidat sein Fach kennt. Wenn er das Fach kennt, dann besteht er sein Examen. Das englische System geht davon aus, dass ein Akademiker als ganzer Mensch Akademiker sein soll. Nur ein guter Mensch soll zum Beispiel Richter werden und nur ein integrer Mensch darf Arzt werden. Aber kein Psychopath darf zum Beispiel Apotheker werden. Darüber muss der Tutor wachen – über den ganzheitlichen Menschen.

Nun, all das ist in der Theorie sehr gut – wenn man wirklich gute Professoren aufweisen kann. Wenn aber Materialisten oder Egoisten die Lehrstühle innehaben – was bei der heutigen Entwicklung der Gesellschaft sehr oft der Fall ist –, dann versagt auch das Tutoren-System oft recht kläglich. Ich hatte das große Glück, in Oxford und auch in Reading ausgezeichnete Tutoren zu haben.

Da fragte ich also meinen Tutor, welchen Berufsweg ich, seiner Meinung nach, für die Zukunft einschlagen sollte. Er meinte, dass ich die Gabe der Pädagogik besitze, dass aber das Schullehramt nichts für mich sei, es würde mich, seiner Meinung nach, intellektuell nicht befriedigen. Er kannte mich sehr gut. Seine Frau war eine Deutsche, die er während seiner Zeit in Heidelberg unter Professor Karl Freudenberg kennengelernt hatte. Ab und zu sprachen wir Deutsch miteinander – ich hatte angefangen, die deutsche Sprache zu studieren –, was übrigens die anderen Professoren nicht schätzten. Hitler war 1933 an die Macht gekommen, sodass das englische Volk den Deutschen gegenüber sehr feindlich eingestellt war.

Als mein Tutor und ich über die Zukunft berieten, sagte er plötzlich, er habe noch eine Stelle für einen Ph. D.-Studenten offen. Würde ich mich dafür interessieren? Zwei Forschungsprobleme, für Doktorarbeiten geeignet, könnte er mir anbieten. Es wären theoretische Fragen großer akademischer Tragweite. Er könnte auch – Wunder aller Wunder – mir noch dazu ein kleines Stipendium von 150 DM pro Jahr (!) – so reich war ich nie gewesen – anbieten. Nun, 150 DM damals waren etwa so viel wert wie 15.000 DM heute! Ohne viel zu überlegen, sagte ich gleich zu – fuhr zu meinen Eltern nach Hause und brachte ihnen die gute Nachricht. Was waren Vater und Mutter froh! Aber das war nicht das Ende! Gleich danach sollte ich an einer Konferenz in Aberdeen (BAAS = „British Association for the Advancement of Science“) teilnehmen. Um die Hotel- und Reisespesen zu decken, bot mir mein Tutor in diesen dürren Zeiten ein Stipendium von 15 DM an! So wurde ich Doktorand in der physikalisch-organischen Chemie. Es war im Jahr 1938, und Hitler hielt ganz Europa in Atem. Neville Chamberlain war zu sehr Gentleman, ja zu naiv, um Hitler zu durchschauen. Er glaubte, was Hitler sagte! Gerade diese letzte Naivität trug dazu bei, dass der Zweite Weltkrieg mit seinen verheerenden Folgen ausbrach.

4. Anfang der synthetischen Arbeit in bewegter Zeit

Mittlerweile begann ich mit dem ersten Forschungsprojekt in der chemischen Synthese, an dem ich sechs Monate ohne Erfolg arbeitete. Ich hatte aber mit kniffeligen Problemen etwas Erfahrung gesammelt, sodass die Zeit nicht ganz verloren war. Mein Tutor schlug deshalb vor, dass ich das zweite Problem in Angriff nehme, denn dieses Problem war bedeutend verheißungsvoller.

So fing ich mit der asymmetrischen Synthese verschiedener Alpha-Aminosäuren an, die die Basis für die Bildung gewisser optisch aktiver Ketone bildeten. Diese Arbeit mit Kleinstmengen optisch aktiver Substanzen ging, nachdem ich einmal die exakte Methodik ausgearbeitet hatte, sehr gut und flott von der Hand. In ganz kurzer Zeit synthetisierte ich Reihen von reinen optisch aktiven Ketonen, die als die Basis der Methodik für die Messung des Elektronenschubs in einem konjungierten Molekül dienen sollten. Die Arbeit gedieh schnell und gut bis zum Kriegsausbruch im September 1939. Ich hatte bereits ein Jahr am Problem gearbeitet und mein Chef war von der Arbeit begeistert.

5. Kriegsausbruch 1939

Im Herbst 1939 marschierte Hitler in Polen ein. England und Frankreich erklärten Hitler den Krieg. Die Universität wurde auf Kriegsbasis umgestellt, und viele Professoren rückten zum Militär ein. Wir, die wir blieben, mussten das ganze Gebiet von Reading gegen die befürchteten Angriffe, so gut wir konnten, sichern. Wir hatten Muster der verschiedenen Giftgase für Vergleichszwecke hergestellt – eine oft sehr heikle Angelegenheit –, und mittlerweile arbeitete ich an meiner Dissertation Tag und Nacht. So verging das erste Jahr des Krieges 1939–1940 mit synthetischer Arbeit, Gasschutzarbeit und Feuerwehrdienst.

Als dann während des Sommers 1940 Hitler Frankreich, Holland, Belgien, Dänemark und auch Norwegen einnahm, wurde die internationale Lage sehr, sehr ernst. England hatte die europäischen Häfen für Nachschub verloren. Hitler dagegen musste von jetzt an mit Waffengewalt ganz Europa bis nach Russland hinein unterdrücken, was ihn viel Energie und Soldaten kostete. Im September 1940 versuchte er, England auf dem Luftweg zu erobern, verlor aber so viele Flugzeuge (am 15. September 1940 etwa 180 Flugzeuge), dass er den Versuch aufgeben musste – was verhängnisvolle Folgen für den ganzen Krieg mit sich brachte.

Erst als England endlich die wirklichen Zwecke und Ziele Hitlers erkannte – dass er es fest im Sinn hatte, auch die Britischen Inseln mit zu erobern –, rüstete sich das Land wirklich ernsthaft zum Krieg. Bis 1940 war es der „Phoney War" (der unwirkliche Krieg) gewesen. Jetzt wurde es todernst. Churchill wurde zum Premierminister gewählt, und Weltherrschaftsziele der Nazis wurden dem Volk dargelegt. Hitler hatte alle diese Ziele in seinem *Mein Kampf* sehr klar und detailliert – prophetisch – beschrieben, aber die meisten Deutschen und auch die meisten Europäer nahmen Hitlers beschriebenen Plan einfach nicht ernst. Die Deutschen glaubten damals, dass Hitlers Diktatur die Lösung der Weltprobleme bringen würde. Erst als die Tyrannei vor der eigenen Tür stand, erwachten die Engländer. Aber um ein Haar zu spät! Wenn die USA nicht geholfen hätte, wären England und deshalb auch Europa verloren gewesen.

6. Die Evakuierung der Universitäten 1940

Das Resultat all dieser Schreckensereignisse war für uns die Evakuierung der Universitäten. Mir wurde eine Stellung in der Industrie in Nordostengland angeboten. Wegen der katastrophalen Lage willigte ich ein und musste mein gedeihendes, florierendes Laboratorium in der Universität aufgeben. Aber ehe ich die Universität verließ, erwirkte ich vom Senat der Universität, dass ich meine Dissertation in der Industrie zu Ende führen durfte. Ich hatte die meisten Synthesen bereits mit Erfolg durchgeführt und die optischen Messungen mit dem Polarimeter abgeschlossen. Es blieben nur noch viele Mikroanalysen, die ich dann in Stockton-on-Tees, meiner neuen Heimat, zu Ende führen durfte.

Im September 1940 nahm ich den Zug nach Stockton-on-Tees. Durch London konnte man nicht fahren, weil die Stadt täglich von der Luft aus bombardiert wurde. Aber später bin ich oft des Nachts durchgefahren. Die Situation war schlimm. Tausende und Abertausende von Menschen mieteten Plätze auf den Bahnsteigen der Untergrundbahnen und der „Tubes" (Tiefuntergrundbahnen), wo sie monatelang in aller Öffentlichkeit schliefen. Die Bahnen verkehrten die ganze Nacht weiter, störten aber die Schläfer nicht. Sie waren so daran gewöhnt.

Nach einer Bahnfahrt von über zehn Stunden – man musste das Land durchqueren, weil man London vermeiden musste – landete ich in Stockton-on-Tees, wo ich die nächsten vier Jahre in der chemischen Industrie als professioneller Forscher arbeiten würde.

Kapitel VIII

ÜBERWINDUNG MEINER ATHEISTISCHEN AUSBILDUNG IN SCHULE UND UNIVERSITÄT

1. Der deutsche Freund

Einige Entwicklungen persönlicher Art, nach meiner Zeit im Internat und vor der Universitätszeit, möchte ich nun schildern, um ein genaueres Bild meines Werdeganges darzustellen.

Die materialistische Ausbildung in der Schule – besonders das Lehren der Evolution, als ob es ein Faktum der Naturwissenschaft sei – führte mich dazu, Atheist zu werden. Dieser Schritt geschah, als ich im Internat war. Meine gläubige Mutter war darüber erschüttert, dass meine teuer erworbene Ausbildung auf diese Weise ausartete. Vater war Freimaurer und sagte nicht viel. Er glaubte an einen Gott. Die Kirche verachtete er, und die anglikanische Kirche verwechselte er mit dem Christentum. Aber an Gott glaubte er.

Persönlich war ich sehr unglücklich. Die vielen Kämpfe im Internat und die wirtschaftliche Lage bedrückten mich. Zu dieser Zeit trat ein junger Deutscher als Schüler ins Internat nach Taunton ein. Er hieß Heinz Winkelshoff, war rothaarig, sehr selbstdiszipliniert und sprach gutes Englisch. Bald waren wir befreundet. Er lud mich zu sich nach Hause in den Westerwald ein. Ich verbrachte einige Wochen Ferien während des Sommers 1933 in Deutschland und lernte etwas Deutsch. Dort lernte ich andere deutsche Familien kennen. Der Sohn einer dieser Familien steckte damals in finanzieller Not. Die Familie besaß ein Herren- und ein Damenkonfektionsgeschäft. Die nationalsozialistische Partei lud diesen Sohn ein, SS-Mitglied zu werden, dann könnte man ihm die Alleinvertretung für Parteiuniformen für den Bezirk übertragen. Ein solcher Schritt würde ihm helfen, aus seinen finanziellen Schwierigkeiten herauszukommen. Daraufhin wurde er SS-Mann, und sein Geschäft blühte auf.

Im Jahre 1936 lud er mich noch einmal in den Westerwald ein, und ich nahm die freundliche Einladung an. Die Lage in der Partei hatte sich sehr zugespitzt. Eines Nachts bekam dieser Sohn den Befehl, einzurücken, um einen geheimen SS-Befehl zu erfüllen. Eine ganze Gruppe von SS-Männern sollte eine Aufgabe ausführen, die den Transport eines Autos erforderte. Für diese Aufgabe würde von der Partei ein PKW geliefert werden. Die Schwierigkeit bestand darin, dass niemand in dieser auserlesenen Gruppe Auto fahren konnte. Da fragte mich mein Freund, ob ich bereit wäre, das Autofahren für die Gruppe zu übernehmen. Ich fragte nach dem Zweck der nächtlichen Fahrt, die mir höchst verdächtig schien.

Einige Stunden später kam der Sohn des Hauses, der SS-Mann war, sehr bedrückt und niedergeschlagen nach Hause. Er habe seinem Parteichef gesagt, ich sei eventuell bereit, das Auto zu fahren, worauf der Chef wütend geworden sei, ihn einen Dummkopf genannt habe, da doch alle wüssten, dass ich Engländer sei, und kein Ausländer an wichtigen SS-Missionen beteiligt sein dürfe. Ich ging natürlich nicht mit.

Es war die Kristallnacht, in der so viele jüdische Synagogen zerstört wurden – und die SS-Gruppen hatten die Zerstörung der Synagogen durchgeführt. Mein Freund machte trotzdem weiterhin mit, obwohl er von vielen Seiten gewarnt worden war. Dieses schreckliche Ereignis zerbrach ihn. Er marschierte später im Krieg mit den SS-Truppen in das Baltikum, und dort fiel er. Wir wissen nicht, wo sein Grab liegt.

2. General Frost

Nach dieser Zeit zog ein junger englischer General in unsere Gegend in Berkshire und kaufte sich an der Themse einen schönen großen Bungalow. Er war der jüngste englische General der britisch-indischen Armee und war mehrere Jahre an der Nord-West-Grenze zwischen Indien und Afghanistan stationiert gewesen. Als dieser jüngste General der britischen Streitkräfte etwa 45 Jahre alt wurde, fand er durch das Zeugnis anderer Christen und durch das Lesen der Bibel den Weg zum persönlichen Glauben an Christus. Kurz gesagt, er wurde auf spektakuläre Weise Christ. Er hatte viel

Hartes und Schweres im Leben gesehen, war nicht emotional, sondern ein echter Soldat: geradeaus, furchtlos, intelligent und grundehrlich.

Innerhalb kürzester Frist entschied er sich, die restlichen Jahre seines Lebens besser zu verwenden als in seinem Beruf als Soldat. Er wollte, wie er sich ausdrückte, nicht mehr sein Leben für den König in London einsetzen, sondern für Christus, den König der Ewigkeit, der sein Leben hingegeben hatte für ihn! So ließ er sich früh pensionieren und kaufte das Haus an der Themse, ganz in unserer Nähe. Dort baute er eine kleine Kapelle auf seinem Rasen – weil es damals keine lebendigen Gemeinden in unserer Nähe gab – und hielt jeden Sonntag Vorträge. Überall, wo er eingeladen wurde, hielt er Andachten – in Kirchen, Freikirchen und neutralen Sälen. Er hatte sehr schnell Zulauf, denn bei uns in der Nähe gab es auf diesem Gebiet keinerlei Konkurrenz!

Meine Mutter ging zu seinen Vorträgen und wurde gesegnet. Mutter lud dann ihre Schwester (Tante Addie) ein, die dadurch gläubig wurde. Dann gesellte sich eine meiner Kusinen dazu, die viel Schweres im Leben erfahren hatte. Auch sie wurde gläubig. Meine Mutter lud mich ein, sie dorthin in das Haus des Generals zu begleiten. Ich erklärte aber, dass ein Student der Universität Oxford nicht zu einer evangelistischen Versammlung gehe – nicht einmal, wenn ein General spricht! Mutter klagte ihre Not dem General persönlich, der kryptisch entgegnete, wenn Mohammed nicht zum Berg kommen wolle, dann müsse der Berg zu Mohammed gehen! Er lud mich zum Tee zu sich nach Hause ein. Nun, wenn ein Student von einem General nachmittags zum 5.00-Uhr-Tee eingeladen wurde, musste er hingehen, sonst war er nach den damaligen englischen Höflichkeitsregeln nicht mehr salonfähig, sondern gesellschaftlich durchgefallen. Ich musste also wohl oder übel hingehen.

An einem schönen Nachmittag fuhr ich zu „Watersmeet" (so hieß sein Haus an der Themse) und wurde freundlich empfangen. Wir spielten Tennis, ruderten auf der Themse und tranken vorschriftsmäßig Tee mit der Familie. Nach dem Teetrinken führte mich der General in sein Studierzimmer, um privat mit mir zu sprechen. Er fragte mich, ob ich Christ sei. Ich antwortete, dass ich überzeugter Atheist, obwohl getauft und konfirmiert, sei. Er sagte, er sei überzeugter Christ. Er wisse, dass Christus für seine Sünden gestorben und auferstanden sei. Da lachte ich ihn und seine Naivität aus und fragte ihn, wie er als gebildeter Mann an die Märchen der Bibel glauben könnte. Christus bekannte sich zum Beispiel zum Schöpfungsbericht der Bibel. Kein gebildeter Mensch könne heute an so etwas noch glauben. Adam und Eva als Personen gab es nie, sie waren keine historischen Menschen. Christus aber glaubte an die Mythen der Bibel und verwechselte Geschichte mit Mythen. Nun, wenn Christus wirklich Gottes Sohn gewesen wäre, hätte Er nie Wahrheit mit Unsinn und Mythen verwechselt.

Im Laufe der Entwicklung unserer Unterhaltung sagte ich ihm, dass Darwins Theorien harte Fakten der Geschichte und der Naturwissenschaften seien, die Welt und die Biologie seien durch Zufall und natürliche Auslese zustande gekommen. Natürliche Auslese und Mutationen hätten dann die Entwicklung der Amöbe bis zum Menschen verursacht. Die Idee eines intelligenten Schöpfers sei höchst unwissenschaftlich, selbst die Theologen glaubten das heute nicht mehr. Gottesbeweise gebe es nicht, Feuerbach und andere hätten das längst bewiesen. Seine (des Generals) Religion sei ungebildete Fantasie und sein Glaube konzentrierte Einbildung!

Der gute ehrliche General, der eigentlich gar nicht ungebildet war, schaute mich eher traurig als böse an, gab zu, dass er von Naturwissenschaft so gut wie nichts wisse, und bekannte, dass er mit mir (dem eingebildeten jungen Studenten) nicht vorwärts kam. Gegen 23.00 Uhr verabschiedete ich mich von ihm. Ich war überzeugt, dass ich ihn gebührend geschlagen hätte. Seine Frau, Mrs. Frost, war eine wahre Lady. Nachher sagte sie mir, dass sie mich für untragbar eingebildet hielt und sie ihrem Mann geraten habe, mich aufzugeben. Ich sei für diese Dinge nicht reif, ich sei absolut hoffnungslos unbekehrbar.

Aber der treue mutige General besaß eine Waffe, die ich nicht kannte. Er verstand das inbrünstige Gebet. So betete er drei volle Wochen für mich. Erst als er volle Gewissheit hatte, dass Gott mich ihm „geschenkt" hätte, lud er mich noch einmal zum Tee ein. Er war in mancher Hinsicht wie Samuel Hebich, der deutsche Missionar, der vor Jahren unter britischen Soldaten in Indien arbeitete. Hebich besuchte kein Haus und lud niemanden zu sich ein, bis er vorher im Gebet die Gewissheit bekommen hatte, dass er den Sieg errungen hatte. Auch der General lud mich erst dann nochmal zu sich ein.

Diesmal hatte ich natürlich keine Bedenken gegen den Besuch. Das Haus an der Themse war schön, der Tennisplatz angenehm. Das Rudern gefiel mir. Und mit dem General wurde ich im Argumentieren leicht fertig. Er verstand praktisch nichts von der Wissenschaft, ich könnte ihn jederzeit leicht zum Schweigen bringen. Ich schäme mich heute noch, wenn ich an meine Unverfrorenheit einem bewährten General gegenüber denke. Die akademische Ausbildung hatte diesen Geist der Überheblichkeit in mir direkt gezüchtet, sodass ich nicht fähig war, einzusehen, wie unweise, ja wie naiv ich handelte und dachte.

Als wir mit dem Tennisspielen, mit dem Rudern und mit dem Teetrinken fertig waren, gingen wir wiederum auf sein Studierzimmer, um unter vier Augen miteinander zu sprechen. Er war ein sehr gütiger Mann – obwohl er als General auch bestimmt auftreten konnte. Diesmal gebrauchte er aber eine ganz andere Strategie mit mir, wie es einem guten General geziemte. Er begann nämlich diesmal nicht mit Naturwissenschaft, wo er mir unterlegen war, sondern mit Lebensführung, Charakterbildung und Selbstdisziplin.

Auf dem Gebiet war er mir natürlich überlegen. Denn innerlich war ich sehr frustriert, Motivierung fehlte mir, oft war ich verzweifelt und auch schlecht gelaunt. Er als General hatte gelernt, „Nein zu sich selbst zu sagen“, (wie der Herr Jesus Christus sagte: „Will mir jemand nachfolgen, der verleugne sich selbst und nehme sein Kreuz auf sich“ (Mt 16,24; Mk 8,34; Lk 9,23)). Nun, der General, der mit mir in seinem Studierzimmer saß und seine Zeit für mich opferte, war ein lebendes Vorbild der Jüngerschaft Christi. Er sagte „Nein“ zu sich selbst und „Ja“ zu Ihm und Seinem Willen, und zwar von ganzem Herzen. Die Einstellung seines ganzen Lebens spiegelte sich in seinem ganzen Auftreten, es leuchtete in seinen Augen und in den lieben, aber auch strengen Runzeln und Falten seines Gesichtes.

Die ganze Persönlichkeit des Generals – nicht nur seine Worte und seine Argumentationsweise – wirkte auf mich ein, während er mit mir sprach. Seine Worte beeindruckten mich, und sein ganzes Wesen unterstrich jedes Wort. Was er sprach, das war er. Was er sagte, das lebte er vor. Ich als Naturwissenschaftler konnte hohe Worte sprechen, aber dahinter, hinter meinen Worten, stand herzlich wenig. Ich war hohl, er war solide. So machte er mir klar, dass meine Sünde – die Übertretung der ewigen Gesetze Gottes – mich charakterlich kaputt machte. Die Kraft Gottes in der Vergebung der Sünde in seinem Leben strömte in sein inneres Wesen hinein, sodass Christus ihn stark machte. Diese Kraft brauchte ich. Offenbar hatte er mich gern, sodass er mir die unverblümte Wahrheit sagte. Gerade das zu tun, braucht viel Liebe, Geduld und Ausdauer. Und diese Liebe, Ausdauer und Geduld brachte er in reichlichem Maße auf.

Nach einem langen Gespräch fragte er mich direkt, ob ich diese Vergebung und deshalb auch diese Kraft in meinem Leben brauchte? Die Antwort war kristallklar: „Tausendmal Ja." Dann fragte er mich, ob ich die Vergebung Gottes in Christus in meinem Leben haben wollte. Was sollte ich da antworten? Die Antwort für jeden ehrlichen Menschen war „Ja".

„In dem Falle", sagte er, „gehen wir beide auf die Knie, um Seine Vergebung durch Christi Tod und Auferstehung zu erbitten."

Er sprach immer so unmittelbar von seinem Verhältnis zu Christus, der sein ständiger Begleiter war, dass er unwiderstehlich war!

So beugten wir zusammen in seinem Studierzimmer die Knie, und er betete laut für mich. Als ich an die Reihe kam, konnte ich kein Wort über die Lippen bringen, der stumme Geist hatte mich erwischt! Wie sollte ich mit Ihm sprechen und zu Ihm beten wollen, an den ich nicht glaubte? Dann fragte mich der General, ob ich glaubte, dass Jesus Christus in ihm, in seinem (des Generals) Herzen wohne. Ich konnte natürlich nicht anders sein als ehrlich und sagte, dass der Geist Christi offenbar in ihm wohne. Die nächste Frage war, ob ich den gleichen Geist in meinem Herzen haben wollte. Woraufhin ich entschieden „Ja" antwortete. Dann sagte er, dass ich nur darum bitten müsse, wenn ich ganz ehrlich sei. Denn Christus gäbe immer dem, der da bittet!

Der General gab mir absolut keine Seelenmassage, wie es so viele Evangelisten heute tun, nur um Resultate und Statistiken für ihre Missionsgesellschaften zu erzielen. Er sprach zu mir wie von Mann zu Mann. So fühlte ich mich wohl bei ihm, was dafür sorgte, dass ich letzten Endes um Vergebung meines Versagens und meiner Sünden betete. Ich war sehr bald imstande, diese Vergebung im Glauben bewusst anzunehmen. Denn ich wusste, dass Christus mich erhört hatte und dass ich einen Vertrag mit dem Herrn Jesus geschlossen hatte. So stand ich wieder auf, und der General gab mir die Hand und dankte spontan für Gottes Erhörung meines Gebetes.

Aber der treue Mann war noch nicht fertig. Er las mir die Bibelstelle vor, in der geschrieben steht, dass, wer im Herzen glaubt, errettet ist, und wer mit dem Munde bekennt, selig ist (Röm 10,10). Er fragte mich, ob ich im Herzen glaubte, was ich bejahen konnte. Aber seine zweite Frage war anders. Er fragte mich, ob ich bereit sei, Christus mit dem Munde zu bekennen? Ich war erstaunt, denn das hatte ich, meinte ich, mit dem Mund, und zwar durch das Gebet, getan.

„Nein", sagte er, „ich meine vor Menschen bekennen."

Das sei kein Problem, meinte ich; wenn ich vor Gott bekennen kann, dann kann ich auch vor Menschen bekennen. Der General war aber skeptisch, er sei ein Pragmatiker, sagte er, er wolle die Praxis sehen, ehe er eine Aussage wage.

„Lassen Sie uns ganz praktisch werden", sagte er. „Wie wäre es, wenn Sie jetzt in die Küche gingen, um meiner Frau und meinen Kindern, das zu sagen, was Sie jetzt vor mir bekannt haben?"

Ich zögerte natürlich, denn seine Kinder waren teilweise älter und teilweise in meinem Alter und Mrs. Frost, obwohl sie eine perfekte Lady war, hielt von mir etwas Distanz. Das merkte ich. Als Frau erkannte sie das Wesen anderer Menschen schneller als die meisten Männer! Sie hatte sozusagen so viel Menschenkenntnis, dass ich nicht wusste, wie ich sie nehmen sollte! Die zwei Töchter ebenso. Der Sohn war ein junger Offizier und hatte für Akademiker wenig Zeit oder Sinn.

„Ist es denn wirklich nötig, der Familie in der Küche über meine privaten Erfahrungen Bericht zu erstatten?", fragte ich.

„Nein“, antwortete er, „aber so werden Sie nie Soldat Christi werden. Sie sind eigentlich viel zu feige! Wir lernten beim Militär, aufs Wort hin zu gehorchen. Sie haben das wahrscheinlich nie getan! Und deshalb werden Sie die Verheißung von Römer 10,10 auch nicht erfahren – die Seligkeit des unkomplizierten Bekenntnisses mit dem Mund – dessen, was man im Herzen glaubt!“

Nun, ich wollte vor einem solchen General kein Feigling sein – besonders vor seiner Familie nicht. Kurz entschlossen klopfte ich deshalb an die Tür der Küche und bekannte mit meinem Mund, was ich im Herzen glaubte nach dem Wort Gottes. Im Augenblick dieses Aktes des Gehorsams meinem eigenen Gewissen gegenüber, erfüllte sich das Wort Gottes in meinem Geiste. Das Bekennen mit dem Mund, die Überwindung der eigenen Scheu, des eigenen Stolzes und der eigenen Furcht brachte verheißene „Seligkeit“. Meine Gerechtigkeit hing mit meinem Glauben im Herzen zusammen, während freimütiges Bekennen mit dem Mund mit der „Seligkeit“ des Herzens gekoppelt war.

Von dem Tag an fing ich an, bewusster Christ zu werden, obwohl ich sehr viel zu lernen hatte! Die intellektuellen Schwierigkeiten in Bezug auf Adam und Eva hinsichtlich der Evolutionslehre, der Zuverlässigkeit der Bibel waren noch keineswegs gelöst! Wenn aber die Bibel voller wissenschaftlicher Irrtümer war, wie kam es, dass Christus, der Sohn Gottes, an diesen Irrtümern festhielt? Das war das eigentliche Problem für mich. Heuchelte Er? Denn als Sohn Gottes, der das Universum, Himmel und Erde und alles, was darin lebt, erschuf, müsse Er doch gewusst haben, auch als Mensch, dass das, was Moses in Genesis 1-3 schrieb, den Tatsachen – den wissenschaftlich-historischen Tatsachen – nicht entsprach! Ich besprach diese Probleme sehr oft mit dem General. Aber er konnte mir nicht helfen. Er meinte, dass ich „nur glauben“ müsse, dann würde alles zurechtkommen! Trotzdem gab er mir eigentlich indirekt die Lösung zu allen Problemen dieser Art, indem er bemerkte, dass, wenn ich Christus und Seinem Wort vertrauen würde, auch wenn ich es rein mit dem Verstand nicht verstehen würde, Gott mir Leute in den Weg schicken würde, die in der Lage seien, mir die nötigen wissenschaftlich stichhaltigen Lösungen zu geben.

Und so ist es in meinem Leben auch gekommen. Ich musste fleißig und lange weiterstudieren, bis mir die Antworten klar wurden. Die Probleme verdunsteten nicht von selbst! Aber ich bat Gott täglich darum, mir Menschen zu schicken, die die Lösungen zu meiner Problematik kannten. Ich kam mit Professor Rendle-Short, Professor der Chirurgie an der Universität Bristol, zusammen. Wir waren sofort auf der gleichen Wellenlänge. Als bewusster Christ beschäftigte er sich eingehend mit der Bibel und auch mit den neuesten naturwissenschaftlichen Theorien. Er war theistischer Evolutionist, weil ihm die chemischen Kenntnisse, die die Evolution nach Darwin zunichte machen, nicht vertraut waren. Durch ihn lernte ich die „Gap-Theorie" kennen, wonach eine Pause zwischen dem ersten und zweiten Vers von Genesis vorliegen soll. Gott hatte, nach dieser Theorie, eine Welt vor unserer jetzigen Welt erschaffen, die dann durch den Fall Luzifers vernichtet wurde. Nach dieser Urvernichtung erschuf Gott unsere heutige Welt von neuem, und zwar in sechs Tagen.

3. Professor Rendle-Short

Nun, diese Theorie scheint einige Probleme der geologischen Zeitalter zu lösen, aber die theologische Evidenz der „Gap-Theorie" und die paläontologischen Tatsachen decken sich nicht. Wir besitzen keine Evidenz für diese zweite Spätschöpfung. Professor Rendle-Short war selbst eher dazu geneigt, zu meinen, dass Gott die Evolution nach Darwin heimlich gelenkt habe – er neigte, wie gesagt, zur theistischen Evolution – oder zu progressivem Kreationismus. Es war umsonst, dem feinen alten Professor klarzumachen, dass die Grundbasis der Evolutionstheorie in der schöpferischen Tätigkeit von Zufall und nicht in Intelligenz liegt. Wenn Gott nun alles durch Zufall erschuf, arbeitete Er nicht mehr mittels Intelligenz. Aber die Bibel lehrt eindeutig, dass alles durch Plan und Intelligenz zustande kam! Ich konnte mit ihm in diesem Punkt (Evolutionslehre) nicht einig werden, denn Intelligenz arbeitet immer dadurch, dass sie den Zufall ausschaltet und nicht als Arbeitsbasis benutzt. Intelligenz vernichtet effektiv den

Zufall. Wenn man aber Gottes Intelligenz zu Zufall herabsetzt, braucht es gar nicht lange, bis man die Persönlichkeit und die Intelligenz Gottes auch herabsetzt, ja, verachtet.

General Frost selbst stand auf dem Standpunkt, dass der ewige Gott auf wunderbare Art und Weise in die Dimension der Zeit hineinbrach, um dort plötzlich Sein ganzes in der Ewigkeit konzipiertes Schöpfungswerk in sechs buchstäblichen Tagen entstehen zu lassen. Natürlich, die Naturwissenschaftler nahmen den General in diesem Punkt nicht sehr ernst. Und der General kannte die Sprache der Naturwissenschaftler nicht. Sein Standpunkt war, dass das Wort Gottes fester ist als das ganze Universum: „Himmel und Erde werden vergehen, aber meine Worte werden nicht vergehen" (Mt 24,35, Mk 13,31, Lk 21,33). Die Bibel als Gottes Konzept und Wort wird für immer bestehen, und zwar lange nachdem Himmel und Erde vergangen sind.

4. Lasst Probleme reifen!

Dieses und andere Probleme habe ich in Gedanken über 50 Jahre behalten. Ständig habe ich daran gearbeitet und auch eine Anzahl Bücher darüber geschrieben. Erkenntnisse kommen blitzschnell, wachsen aber und meist wachsen sie langsam. Wenn man nach den neu gewonnenen Erkenntnissen praktisch zu leben versucht, geschieht es gemäß meiner lebenslänglichen Erfahrung, dass Gott einem immer mehr und ergänzende Erkenntnisse dazu anvertraut. Wenn man aber die schon vorhandenen, gottgegebenen Erkenntnisse leugnet oder ihnen untreu ist, dann hört das Wachstum an Erkenntnis und Verständnis auf. Er vertraut uns nicht mehr Seine Geheimnisse an. Man wächst nicht mehr in der Gnade und der Erkenntnis des Herrn. Dies sind meine Erkenntnisse. Über 50 Jahre habe ich sie erfahren. „Wer im Geringsten treu ist, ist auch in vielem treu" (Lk 16,10), sagt die Heilige Schrift. Wer treu ist in kleinen Erkenntnissen, wird größere erhalten. Deshalb wird theologisches Studium an sich keine großen Erkenntnisse bringen. Indem man die Grunderkenntnisse der Bibel nachzuleben versucht, wachsen weitere Erkenntnisse heran. Gott vertraut mehr Weisheit an – wie Er es bei Daniel, dem Propheten, tat. Daniel war gegenüber dem Gesetz Moses und den Essensvorschriften treu – diese Erkenntnisse über das Gesetz und Diät beachtete er. Deshalb vertraute ihm Gott so viel Einsicht (und Intelligenz) an, dass er nach Nebukadnezars Prüfmethode als zehnmal weiser galt als alle anderen Schriftgelehrten im Lande. Das Prinzip ist heute noch gleich – so wie es im Alten Testament war, so ist es auch im Neuen Testament der Fall.

General Frost liebte das prophetische Wort der Bibel und predigte oft darüber. Diesen prophetischen Aspekt des christlichen Lebens verstand ich als junger Christ gar nicht. Das Gleiche galt für die theologischen Fragen – wie die Frage des freien Willens und der ewigen Erwählung. Ich las Paul Humburg darüber (ob ein freier Wille mit ewiger Erwählung zu vereinbaren ist) und profitierte davon. Aber wie könnte der Mensch einen wirklich freien Willen besitzen, wenn Gott ihn von der Ewigkeit her zum Heil bestimmt hatte? Humburg meinte, dass die parallelen Lehren erst in der Ewigkeit vereinbart werden. Ich las deshalb sehr viel und lernte die guten Autoren beim General kennen. Aber Klarheit hatte ich in vielen Fragen noch nicht. Ich lernte vom General gründlich das eine Prinzip: Wo du einmal Klarheit hast, da handle und lebe danach, sonst wirst du deine Klarheit verlieren. Was dir aber nicht klar ist, das befiehl Ihm an, mit der herzlichen Bitte zu Gott um Klarheit. Lies und behalte im Herzen das Wort, auch wenn du mancherlei nicht verstehst. Das andere überlege in deinem Herzen, bis Gott dir Erleuchtung schenkt. So bin ich über 50 Jahre praktischer Student des Wortes Gottes geworden. Je mehr man lernt und tut, desto größer wird die daraus resultierende Erkenntnis.

5. Mein Bruder Walter stirbt

Kurz nach dieser Zeit fand auch mein Bruder zum Herrn Jesus Christus – ebenfalls durch den General. Er hatte mancherlei Schwierigkeiten, las aber lange Zeit treu in seiner Bibel und kam mit unter Gottes Wort. Als aber der General weiterzog, fand er nicht die richtige Gemeinschaft und wurde im Glauben kalt. Ich war nicht mehr zu Hause. Später, als wir in Norwegen wohnten, kam er uns mit seiner ganzen Familie besuchen und nahm immer am Bibellesen teil. Vorher wohnten wir in Genf, später dann in Wheaton, in den USA, und dann in Ankara, in der Türkei. Außer in Ankara kam er uns immer besuchen. In „The Bible Church", Wheaton, bat er, ob er am Abendmahl teilnehmen dürfte, und nahm auch daran teil. Dort machte er einen wirklich neuen Anfang. Aber es fehlte ihm zum inneren Wachstum eine örtliche Gemeinde, in der Gegend von Wantage, wo er seine Farm hatte. Er machte bis zu seinem tragischen Tod mit 58 Jahren wenig Fortschritte im Glauben – soweit wir erkennen konnten. Walter war ein treuer Bruder und Mensch. Weil er an Gallenschmerzen litt, ließ er sich an der Universitätsklinik „Radcliff Infirmary" in Oxford untersuchen. Der Arzt schlug ihm eine Gallenblasenoperation vor. Er wurde dort ohne Zwischenfälle operiert. Aber bald traten starke Schmerzen in der Wade auf – ein sicheres Zeichen einer beginnenden Thrombose. Nach der Operation wurde er von keinem Arzt und nicht einmal mehr von einer ausgebildeten Krankenschwester besucht oder gepflegt. Er lag im Krankenhaus, hatte Schmerzen; ohne jegliche Hilfe und mit all seinen Flaschen, Tropfapparaten und Schläuchen taumelte er allein zur Toilette, kollabierte dort und starb allein.

Sein Tod wurde uns durch die Schweizer Polizei in Einigen um 4.00 Uhr morgens durchgegeben. Gleich darauf flogen wir nach London und begaben uns zur Klinik in Oxford. Ich bat um ein Gespräch mit dem Chirurgen, der mit seinem Rolls-Royce gerade eingetroffen war. Er weigerte sich, mit mir zu sprechen, und sandte seinen jüngsten Assistenzarzt, um mich abzufertigen. Es stellte sich heraus, dass mein Bruder tatsächlich seit der Operation und der Narkose nie – nicht ein einziges Mal – irgendeinen Arzt oder irgendeine Krankenschwester gesehen hatte. Als ich mit meinen Nachforschungen anfing, stieß ich auf die abgrundtiefe Ineffizienz der englischen Staatsmedizin. Niemand fühlte sich verantwortlich – wie beim Staatswesen schlechthin! Ich musste meine Oxforder Nachforschungen bei irgendeinem Ministerium in Oxford (nicht im Krankenhaus) anfangen, das überhaupt keine Ahnung davon hatte, was im Oxforder Krankenhaus passierte! Es war unmöglich, irgendeine verantwortliche Person ausfindig zu machen. Denn in dieser Staatsklinik wurde nicht einmal die primitivste medizinische Disziplin oder Ordnung respektiert. Selbst die Patientenstatistiken waren nicht geführt. Letzten Endes sprach ich mit dem verantwortlichen Chirurgen – dem schon erwähnten sehr berühmten, steinreichen Mann –, der mir mitteilte, dass der Vorfall eine Handlung Gottes, höhere Gewalt also, sei. Ich machte ihn darauf aufmerksam, dass es eine sehr schwer wiegende Angelegenheit sei, Gott für unsere eigene unverantwortliche organisatorische Schlamperei verantwortlich zu machen.

Wir konnten meinen Bruder nicht zurückbringen. Seine Frau und fünf Töchter waren wie wir alle absolut erschüttert. Aber mein Bruder war für immer von uns gegangen, und wir fühlten uns sehr einsam. Er war mein einziger Bruder und Schulkamerad gewesen. Gottes Wege sind oft ganz unerforschlich. Wir können nur anbetend sagen, dass wir „nachher verstehen werden" (Joh 13,7), was wir hier und jetzt nicht begreifen können.

Kapitel IX

FREIMAUREREI UND CHRISTENTUM

1. Was mein Vater glaubte

Nachdem ich Christ geworden war, versuchte ich, meinen Vater und seinen freimaurerischen Glauben besser zu verstehen. Vaters Einstellung, wie ich bereits erwähnte, war, dass er die wahre Religion für Männer gefunden habe. Wir dagegen hätten die Religion für Frauen und Kinder angenommen. Aber er äußerte nie etwas Spezifisches über seinen Glauben. Das dürfen Freimaurer nicht. Sie sind durch Eide zur absoluten Schweigsamkeit verpflichtet. Besonders die britischen Freimaurer sind sehr verschlossen. Sie dürfen für ihre Logen auch keine Werbung durchführen, dürfen niemanden direkt einladen, Freimaurer zu werden. Sie kennen die Bibel – besonders das Alte Testament – gut. Wenn man sie direkt fragt, was sie glauben, geben sie nie eine wirklich informationsreiche Antwort. Aber für das Evangelium Christi interessieren sie sich meist nicht. Gottes Sohn ist für sie nur ein guter Mensch, nicht unser Schöpfer, der für uns am Kreuz starb. Mein Vater war in dieser Hinsicht keine Ausnahme. Mit Mutter ging er zur Kirche – ab und zu und wenn der Pfarrer ein Logenbruder war.

Man muss bedenken, dass viele anglikanische Pfarrer Freimaurer sind. Zur Zeit Oliver Cromwells in England ging die Parole um, dass man die „Priester Baals" ausrotten soll. Als Schulkinder haben wir dieses Wort nie verstanden, denn Oliver Cromwell wurde uns als Politiker hingestellt, der ein religiöser Fanatiker und Fundamentalist war. Später habe ich durch meine Studien des Freimaurertums verstehen gelernt, was Oliver Cromwell mit diesem Ausspruch unter „Priester Baals" sagen wollte. Er meinte damit anglikanische und andere Pfarrer, die Freimaurer waren. Denn der Name Baals kommt in den Namen der Gottheit der Freimaurer vor. Sie rechnen sich selbst (die Freimaurer) zu den alten babylonischen Mysterien, weil der Logen-Ritus zu den uralten Kulten heidnischer babylonischer Herkunft gehörte, obwohl er mit alttestamentlichen Zitaten angefüllt ist.

Aber eine gewisse sichere Auskunft über Vaters Glauben konnten wir nie ermitteln. Mutter las ihm 40 Jahre lang jeden Abend im Bett aus der Bibel vor. In den ersten Jahren ihrer Ehe drehte sich Vater von ihr weg, als sie zu lesen anfing, aber in späteren Jahren bat er Mutter, ihm jeden Abend aus der Bibel vorzulesen. Ohne Mutters Bibellesen wollte er, als er alt war, nicht einschlafen. Er interessierte sich besonders für gewisse Stellen aus dem Alten Testament und schien sie gut zu kennen (z. B. Pred 12). Aber Mutter erfuhr nie, was Vater eigentlich glaubte. Sie wusste nur, dass er an den Herrn Jesus Christus als Sohn Gottes, der für unsere Sünden am Kreuz starb und auferstand, nicht glaubte. Ein solcher Glaube sei etwas für Frauen und Kinder, nicht aber für erwachsene Männer, pflegte er zu sagen. Er lächelte mitleidig über General Frost und über seinen Einfluss auf Mutter und ihre Söhne.

Um eine Unterhaltung mit anderen Menschen erfolgreich zu führen, muss man gemeinsame Interessen finden. Wir konnten aber auf dem Gebiet des Glaubens nichts Gemeinsames mit Vater finden, sodass es nur schwer zu einer vernünftigen Unterhaltung mit ihm über innere Dinge kam. Aber antireligiös – obwohl antianglikanisch – war er nicht und tat, wie wir immer wieder feststellten, unter Armen, Witwen und Waisen im Dorf heimlich viel Gutes. Aber an was glaubte er wirklich? Das war die große Frage für uns alle.

Ich hatte eine Tante in den USA, die gläubig war und die uns einmal besuchte. Sie war eine intelligente, fromme Dame, die über viel Wissen verfügte. Ich sprach anlässlich ihres Besuches bei uns über dieses Mysterium von Vaters Glauben, wobei sie mir verriet, dass sie bei sich zu Hause Bücher zu diesem Thema besäße. Man könnte jedoch diese Bücher nicht durch die öffentliche Post schicken, sie hätten die Angewohnheit, während des Transits in der Post spurlos zu verschwinden. Der Verlag, der die Bücher vor langer Zeit herausbrachte, sei mehrere Male auf mysteriöse Weise durch Brandstiftung zerstört worden, und der Besitzer sei auch auf unerklärliche Art und Weise verschollen. Sie würde mir aber die Bücher als versiegelten eingeschriebenen Brief – nicht als offene Drucksache – senden, wenn ich versprechen würde, sie sorgfältig und diskret aufzubewahren. Ich versprach ihr das, und nach einigen Monaten traf ein dicker R-Brief bei uns ein, der die versprochenen Bücher enthielt. Eins davon besitze ich heute noch.

In diesem Buch war der vollständige Schlüssel zum „Gebetsbuch" der Freimaurer enthalten. Vielleicht wissen einige meiner Leser von diesen Dingen nichts. Deshalb muss ich jetzt einiges vorwegnehmen. Onkel Frank und Vater lasen bei ihren Zusammenkünften bei uns – meist freitagabends – aus einem kleinen schwarzen Buch, das so aussah wie ein anglikanisches Gebetsbuch. Einige Male ließ Vater aus Versehen dieses Buch herumliegen, und wir Kinder waren neugierig und schauten hinein. Aber wir verstanden nichts – oder sehr wenig. Das Buch war zwar auf Englisch geschrieben, aber entscheidende Stellen in den meisten Sätzen enthielten nur Buchstaben – Konsonanten – und keine vollständigen Wörter, sodass man den Sinn nur dann verstehen konnte, wenn man die Bedeutung der Konsonanten kannte – so zum Beispiel die Buchstaben „J.B.O.", die Jahwe, Baal und Osiris bedeuten. J.B.O. ist der Name des Gottes der Freimaurer! Das Buch war, kurz gesagt, streng verschlüsselt, sodass der Uneingeweihte aus dem Text praktisch nichts herausholen konnte. Vater wurde aber böse, als er uns einmal beim Blättern in seinem Büchlein erwischte.

Am 13. Juni 1985 hörte ich auf Radio BBC 4 um 8.00 Uhr morgens von der BBC London einen Bericht über das Wesen der Freimaurer, herausgegeben von der methodistischen Kirche Großbritanniens. Ein methodistischer Pfarrer kommentierte den amtlichen methodistischen Bericht über Freimaurer und behauptete, dass die Freimaurerei eine Gefahr für Christen sei. Als Grund für diese Gefahr gab er an, dass die unterrichteten Freimaurer an einen Gott glauben, dessen Name bekannt sei. Dieser Name sei aus drei Religionen zusammengestellt. Zwei davon seien rein heidnisch und nicht christlich. Der dritte Name Gottes sei jüdisch. Der Interviewer bat ihn dann, diesen dreifachen Namen des Freimaurergottes zu nennen. Der Berichterstatter zögerte, aber der Radiointerviewer gab sich nicht zufrieden, bis der methodistische Pfarrer den Namen des Freimaurergottes nannte: „Jaobulon" – eine Zusammensetzung also von Jahwe, Bul oder Baal und On oder Osiris. In den Freimaurerbüchern wird dieser Name Gottes nur verschlüsselt in der Form von Buchstaben aufgeführt: als J.B.O. Freimaurerei ist also eine akute Form von Synkretismus, eine Verschmelzung von vielen Religionen, darunter heidnischen Religionen.

Zum ersten Mal in meinem Leben hatte ich gehört, wie der Freimaurergott beim Namen – und zwar öffentlich im Radio – genannt wurde; richtig genannt und auch ausgedrückt wurde. Freimaurer selbst dürfen den großen, geheimen Namen ihres Gottes nie allein aussprechen. Jeder Einzelne darf nur silbenweise den unaussprechlichen Namen aussprechen, sodass sie in Gruppen von drei Freimaurern, mit Händen einen Kreis bildend, anbetend gemeinsam den Namen leise silbenweise – jeder Freimaurer eine Silbe – aussprechen. Der erste Freimaurer sagt „Jao", dann kommt der zweite, der die Hände des ersten und des dritten Freimaurers hält und sagt „Bul". Der dritte, der anbetend und mit den Händen der anderen verbunden ist, sagt „On". Niemand darf den ganzen Namen Gottes allein aussprechen. Wer das tut, ist des Todes schuldig. So stehen die Freimaurer in Gruppen von drei, Hände haltend, in der Loge, und nur eine Gruppe von dreien darf den unaussprechlichen Namen silbenweise und gemeinsam über die Lippen gehen lassen.

Nun, die meisten Freimaurer wissen das alles nicht. Erst in den viel höheren Graden – wenn sie so weit kommen – lernen sie den Namen ihres Gottes kennen. Bis sie so weit sind, zählen sie schon zu den älteren, erfahrenen Freimaurern, die ihr Leben lang Eide geleistet haben, den unaussprechlichen Namen nie zu verraten, obwohl sie ihn jahrelang nicht kennen. Bei der echten Freimaurerei handelt es sich also um eine Verbindung der Gottheit „Jahwe" des Alten Testaments mit den zwei großen Gottheiten der Heiden „Baal" (Bul) und „On" (Osiris). Das ganze Alte Testament und das ganze Neue Testament verbieten gerade Synkretismus dieser Art, und zwar aufs Strengste. Es handelt sich also nach der Bibel um „Abgötterei".

In den höheren Graden der Freimaurerei, die nur eine ganz kleine Elite erreicht (zum Beispiel Königliche Arche im 33. Grad), lernt man diesen synkretistischen Namen kennen.

Die Eide, die die Freimaurer leisten müssen, schon vom neuesten Lehrling an, sind haarsträubend ... und absolut unchristlich. Bei der Einführung eines Mannes in die Loge muss dieser zuerst anfragen, ob man ihn aufnehmen würde. Er wird dann diskret geprüft. Ungelernte Leute von der Straße nimmt man nicht auf, sondern nur Menschen, die im Leben einen Status haben. Wird man in die Loge zugelassen, kann einem im Leben nicht viel Böses passieren, denn der Freimaurer verspricht, in geschäftlichen und beruflichen Angelegenheiten immer einen Logenbruder zu bevorzugen. Wenn zum Beispiel ein Freimaurer Richter und der Angeklagte vor ihm auch Freimaurer ist, kann letzterer das Freimaurer-Zeichen geben und sich auf Hilfe aus seiner Not seitens des Richters verlassen. Er braucht nur versteckt, mitten in der Unterhaltung, sodass ein Außenstehender es nicht merkt, auszusprechen: „Gibt es denn keine Hilfe für den Sohn einer Witwe?“ (Hiram, der König von Tyrus, war der Sohn einer Witwe und spielte im Logen-Ritus eine bedeutende Rolle.) Wenn ein Freimaurer diesen Hilferuf vernimmt, darf er nicht ruhen, bis er seinem Bruder in der Not geholfen hat. Ich wurde als ältester Sohn meines Vaters und meiner Mutter in dem Jahre geboren, in dem mein Vater Meister des Stuhles in der Loge war. Aus diesem Grund bin ich in der Freimaurersprache ein „Louis“. Ich hätte als Freimaurer besondere Rechte und Pflichten. Wäre mein Vater gestorben oder wäre er nicht in der Lage gewesen, für meine Ausbildung aufzukommen, so hätten die Freimaurer mich gratis ausgebildet. Obwohl man mich im Middlesex Hospital, als ich dort in der Krebsforschung tätig war, oft diskret aufforderte, in die Loge einzutreten, lehnte ich diesen Schritt als Christ immer entschieden ab.

Sind wir aber sicher, dass all diese Auskünfte den freimaurerischen Tatsachen entsprechen oder sind sie nur Märchen, die die Feinde des Freimaurertums erfunden haben? Man darf sich auf das Zeugnis von nur einer Quelle nicht verlassen. Man braucht die Bestätigung von möglichst vielen Seiten, sonst kann man sehr getäuscht werden. Es lag mir wirklich viel daran, meinen Vater innerlich zu verstehen, denn er war ein guter Mann, der besonders bei den Armen viel Gutes tat. Freimaurer im Allgemeinen sind oft vorbildlich in ihrer Lebensführung und moralisch sehr hoch stehend. Das war mein Vater ganz bestimmt, obwohl er nie den Namen Christi bekannte.

Um ganz sicher zu sein, dass meine Quellen echt waren, ging ich folgendermaßen vor. Ich nahm meine Bücher aus den USA über die Freimaurerei zur Hand und lernte die Entschlüsselung sorgfältig auswendig. Dann lernte ich auch den Ritus zur Initiation des Maurerlehrlings auswendig, d. h. die Fragen, die dem Eintretenden gestellt werden – und die Antworten, wenn er vor den verschlossenen Türen der Loge steht und anklopft. Dreimal klopft er an, nachdem man ihm die Augen mit einer Augenbinde verbunden hat, sodass er nicht sehen kann und seine Kleider ausgezogen hat. Er zieht dann eine besondere Hose mit nur einem Bein an und klopft. Jemand steht hinter ihm mit einem gezückten Schwert, die Spitze davon wird ihm immer wieder in den Rücken geschoben, sodass er weiß, dass er nicht zurück darf. Beim dreifachen Klopfzeichen antwortet es durch die Tür der Loge: „Wer geht da?"

Der Kandidat antwortet: „Ein armer Kandidat auf der Suche nach Licht!".

Die Tür geht dann auf und, mit dem Schwert im Rücken, wird der Kandidat, der natürlich nicht sehen kann, wo er ist, nach vorne gesteuert. Er merkt, viele Menschen sind um ihn herum. Er wird in die Knie gezwungen und das heilige Buch des Gesetzes wird ihm zwischen die gefalteten Hände geschoben. Wenn man die Bibel (d. h. das Alte Testament) so zwischen die gefalteten Hände nimmt, weiß jeder unterrichtete Freimaurer, was das zu bedeuten hat! Dann wird Satz für Satz der erste Eid, den er leisten muss, vorgelesen. Der Kandidat muss jeden Satz und jeden Teilsatz nachsprechen, obwohl die Silben, die er der Reihenfolge nach wiederholen muss, noch nicht sinnvoll sind. Ohne zu wissen, was der ganze Eid bedeuten wird, muss er alles silbenweise nachsagen, bis er mit den Aussagen fertig ist. Sehr kurz gesagt, der Kandidat schwört, dass er seine Zunge mit den Wurzeln ausreißen lassen und seine Leiche am Sand des Meeres begraben lassen will, wo Ebbe und Flut zweimal täglich fließen, wenn er die Geheimnisse preisgibt, die er jetzt erfahren wird. Das Lächerliche am Ganzen ist, dass er nach diesem fürchterlichen Eid kein nennenswertes Geheimnis erfährt. Erst viel später, im 33. Grad der königlichen

Arche und in anderen höheren Graden, erfährt er das wirkliche Wesen der Freimaurerei, darunter den unaussprechlichen Namen der „Gottheit". Die meisten jungen Freimaurer haben nicht die blasseste Ahnung davon, was sie in Wirklichkeit tun und getan haben. Erst nach vielen Jahren der abgründigsten Eidleistungen, wie ich oben zum Exempel zitiert habe, lernen sie Nennenswertes – zum Beispiel den Namen ihrer „Gottheit"! Deshalb behaupten viele junge Freimaurer, dass alles in der Loge mit dem Christentum zu vereinbaren sei. Denn dort in der Loge lernen sie viel aus dem Alten Testament auswendig – über den Bau des Tempels etc. – was alles harmlos zu sein scheint. Erst viel später erfahren sie, dass die Loge eine geheime Kammer im Tempel Gottes in Jerusalem darstellt, wo die Priester Gottes heimlich den Baalim dienen und Gott den Rücken kehren! Deshalb verlangte Oliver Cromwell in England die Schlachtung der Priester Baals: Er, Oliver Cromwell, wusste mancherlei, was man heute längst vergessen hat.

Nun, woher soll man all das wissen? Ich war noch nie in der Loge und haben den Ritus nie direkt gehört, noch beobachtet. Ich war damals jung und schäme mich heute über meine radikalen Methoden meinem Vater und meinem Onkel gegenüber. Ich hätte bestimmt mehr Ehrfurcht vor den Alten aufbringen müssen. Aber Jugend ist Jugend, und ich schäme mich in meinem Alter, dass ich auf solche Ideen kam. Ich bin nämlich folgendermaßen vorgegangen: Onkel Frank und Familie waren eines Abends zum Abendessen zu uns gekommen. Danach sollte Onkel Frank den Freimaurerritus mit Vater durchüben. Unsere Familie ging ins Bett und die anderen fuhren nach Hause. Ich aber blieb auf und las in einem Buch im Wohnzimmer. Vater und Onkel holten ihre kleinen Bücher (Gebetsbücher freimaurerischer Art) vor, lasen darin und sagten kein Wort, bis ich gegangen wäre. Aber ich ging nicht. So lasen sie für sich in ihren kleinen schwarzen Büchern weiter. Alles war mucksmäuschenstill. Die Uhr tickte, oben im Hause war es ruhig geworden. Ich fing ganz leise an, den Initiationsritus eines Freimaurerlehrlings zu rezitieren: „Klopf, klopf, klopf", „Wer geht da?", „Ein armer Kandidat auf der Suche nach Licht!" Ich sagte alles wortgetreu auf, genau, wie es verschlüsselt in den Büchern steht, aber ich sagte es natürlich ohne Verschlüsselung. Onkel und Vater schauten sich, offenbar bestürzt, an, sagten aber kein Wort. Dann schloss ich den etwa 20 Minuten dauernden Ritus mit dem schrecklichen Schlusseid ab – dass ich meine Zunge an der Wurzel herausreißen lassen und meine Leiche am Sand des Meeres begraben lassen würde, wo Ebbe und Flut zweimal täglich fließen, wenn ich je verraten würde, was ich jetzt erfahre. Dann hörte ich auf und saß stille über meinem wissenschaftlichen Buch. Ich machte absolut keinen Kommentar. Ich hatte nur den Ritus, den reinen Ritus, ganz leise, aber wortgetreu zitiert, nichts anderes.

Vater und Onkel schauten sich gegenseitig erschrocken an. Dann platzte mein Vater und rief aus:

„Du willst Christ sein und bist ein Dieb. Du hast mein Büchlein, mein schwarzes geheimes, privates Büchlein gestohlen."

„Nein", sagte ich, „du weißt, Vater, dass ich das nicht tun würde. Ich weiß aber, dass alles, was in deinem Büchlein steht, verschlüsselt ist. Ohne die Verschlüsselung kann ich es nicht lesen. Aber eins weiß ich jetzt für alle Zeiten, dass all das, was ich aufgesagt habe, in deinem schwarzen Büchlein stehen muss. Sonst hättet ihr nicht so reagiert. Stimmt das oder nicht?"

Die beiden alten Männer schauten sich immer noch erschrocken an. Mein Vater gewann sein Gleichgewicht zuerst wieder und sagte, dass sei absoluter Quatsch, er wisse nicht, wo ich dieses dumme Zeug, das ich rezitiert hatte, her hätte.

Ich wusste, dass der Freimaurer auf diese Weise zu reagieren verpflichtet war. Wenn ein Geheimnis des Ritus oder des Freimaurerglaubens herauskommt und jemand erfährt, was die Freimaurer wirklich glauben, ohne aber selbst Freimaurer zu sein, dann ist der Freimaurer durch Eid verpflichtet, die Wahrheit zu leugnen. Er muss behaupten, dass das, was man über Freimaurer erfahren hat, Unsinn ist.

So erwiderte ich den beiden Männern, dass ich auch diesen Eid zu lügen, wenn die Wahrheit herauskam, kannte. Dies bestärkte mich in meiner Überzeugung, dass sie beide unter Eid so zu reagieren hatten, sollte der Ritus herauskommen.

Bis ich aufstand, um ins Bett zu gehen, beteuerten beide Männer, dass der von mir rezitierte Text ihnen unbekannt sei. Woraufhin ich noch einmal fragte, warum mein Vater als erste Reaktion behauptet hätte, ich hätte sein Büchlein gestohlen, nachdem ich den ganzen Ritus rezitiert hatte? Wenn ich auf der falschen Spur gewesen sei, hätte er eine solche Beschuldigung nie gemacht!

Vater und Onkel Frank waren nach dieser Begebenheit besonders lieb und entgegenkommend zu mir – was ich nie verdient hatte. Und, wie ich erwartete (denn ich kannte die Eide, die sie geleistet hatten), versuchten sie, mich für die Loge zu gewinnen. Jedes Mal aber, wenn sie mir die Vorteile der Loge diskret vortrugen, machte ich sie darauf aufmerksam, dass kein Freimaurer, der wirklich echt ist, für die Loge versteckt oder öffentlich werben wird. Gerade das sei nach ihren eigenen Regeln und Eiden tabu. Sie hörten dann immer sofort mit ihrer diskreten Werbung auf!

Als ich aus Spaß und Ulk später in London meinen Chef, der wie die meisten führenden Leute in England Freimaurer war, hereinlegte, indem ich ihm so ganz nebenbei beim Verabschieden den Freimaurerhandgriff gab – ich kann mich als „Freimaurer ausweisen“ – schaute er mich erstaunt und treu an und sagte, dass er sich wirklich sehr freue, zu vernehmen, dass auch ich „einer von ihnen“ sei.

2. Glasblasen und Freimaurerei

Während des Krieges saß ich einmal in meinem Labor am Glasbläsertisch. Weil wir keine Glasbläser mehr im Labor hatten – sie waren alle in der Armee –, lernte ich Anfang des Krieges selbst das Glasblasen, und zwar bei einem Meisterglasbläser. Ich war für dieses Können dankbar, denn die heikle Mikroapparatur, die ich in der Forschung oft brauchte, konnte ich dann in kürzester Zeit selbst blasen.

Ich saß also am Glasbläsertisch und hatte gerade einen Mikrodestillationsapparat angefertigt. Diese Apparatur wies drei „doppelt versiegelte Fugen“ auf, die heikel anzufertigen sind. Im Krieg stand uns kein Plexiglas zur Verfügung, deshalb mussten wir alles in Sodaglas fabrizieren. Sodaglas bekommt beim Auskühlen leicht Sprünge. Das ganze Laboratorium schaute mir zu, denn der Apparat war ein Kunstwerk – sehr schön anzusehen. So hielt ich mein Kunstwerk in eine rauchende Flamme, um alles langsam und sicher auszukühlen. Ein sehr spannender Augenblick war das.

Der Vizechef des Labors, der mit uns im Labor arbeitete, war auch Freimaurer. Er ahnte, dass ich auf mancherlei Gebieten mehr wusste, als ihm angenehm war, aber ich sprach mit ihm nie über Freimaurerei. Er war etwas intolerant, hatte aber viel Schweres erlebt. Sein Haus wurde von deutschen Fliegern bombardiert und begrub ihn und seine Frau einen ganzen Tag, bis die Rettungsmannschaften das Paar herausholten. Er war deshalb ein Deutschenhasser. Ich behandelte ihn mit Seidenhandschuhen.

Nun, dieser Vizechef schaute beim Glasblasen spöttisch zu, er meinte, die Arbeit würde mir nie gelingen. Und sie war mir doch gelungen! Aber, was war das „Knack" mitten in der Flamme? Durch die doppelten Fugen entstand ein Sprung und dann „explodierte" das ganze Kunstwerk. Auf dem Tisch lagen lauter schwarze Scherben! Ich drehte mich um, holte eine Schaufel und einen Besen und fing an, alles wegzufegen und Ordnung herzustellen. Aber das spöttische Gesicht des Vizedirektors reizte mich, und mir kam ein Geistesblitz.

„Mr. L.", sagte ich, „ich komme mir vor wie der Prophet Serubbabel im Tempel, als er die Scherben des alten Tempels wegbürstete, um Platz für den Neubau zu machen."

Ich hatte mich natürlich auf den Freimaurerritus bezogen, bei dem Serubbabel in der Loge vorkommt. Er will den zerfallenen Tempel wieder aufbauen und räumt zuerst den alten Schutt weg – wie ich es auf dem Glasbläsertisch tat!

Der Vizedirektor drehte sich um und verschwand wie eine Rakete aus dem Labor! Er lief die Treppe hinauf zum Direktor, platzte in sein Zimmer hinein, wo zufälligerweise ein Kollege von mir stand, der sich mit dem Chef unterhielt. Der Vizedirektor platzte ins Zimmer, ohne zu sehen, wer zugegen war, und schrie laut:

„Sie müssen diesen Wilder-Smith sofort entlassen, er weiß viel, viel zu viel!"

Er nahm seine Freimaurerei sehr ernst – im Gegensatz zum Chef, der religiöse Angelegenheiten oberflächlich behandelte. Es geschah nichts!

Kapitel X

DER ZWEITE WELTKRIEG: DAS VERHÄLTNIS DES CHRISTEN ZUM STAAT

1. Forschungsaufgaben und ihre Folgen

Den ganzen Krieg über arbeitete ich als Forscher bei „Imperial Chemical Industries“ (I.C.I.) in Billingham, Stockton-on-Tees, an der Nordostküste Englands. Das Klima war hart und kalt dort oben. Der Ostwind blies so bitter, dass an einem Nachmittag die Temperatur leicht um 20 °C fallen konnte. Mit meinem ersten Gehalt kaufte ich deshalb einen sehr dicken Wintermantel, den ich immer noch besitze. Aber auf dem Fahrrad pfiff der Wind selbst durch diesen dicken Stoff. Die Ärmel des Mantels besaßen einen eingebauten „Windfang“, sodass der Wind bis zu den Schultern nicht durchdringen konnte – zumindest theoretisch! Nach dem milden Klima des Themsetals hatte ich Mühe mit dem rauen Klima und litt sehr oft an Grippe.

Ich wohnte den ganzen Krieg über in einem kleinen Zimmer, das zwischen der Gabelung von zwei Eisenbahnlinien lag – ein gutes Ziel für die regelmäßigen Besuche der Nachtbomber! Während die Bomben, die auf Billingham gezielt waren, fielen, mussten wir die Löscharbeiten in der Stadt und in der Fabrik durchführen. Oft wurden Tiere getroffen. Eines Nachts sah ich eine vor Bomben fliehende Katze. Sie schleppte etwas hinter sich her. Mit Schrecken stellte ich fest, dass es ihr eigenes Fell war, das durch die Gewalt der Explosion abgerissen worden war – sie war also sozusagen lebendig gehäutet worden. Eines Nachts leisteten wir Feuerwehrdienst in der Fabrik. Einige von uns standen vor dem Eingang des Bunkers, um nach Bomben Ausschau zu halten. Als es zu bunt wurde, kehrten wir wieder in den Bunker zurück. Nur Sekunden später platzte eine Bombe genau auf der Stelle, wo mein Kollege zuvor gestanden hatte.

Wenn die Bomber zu zahlreich wurden, wurde die Fabrik „abgeblasen“. Es handelte sich um eine Hochdruckfabrik, die Benzin, Ammoniak und Düngemittel fabrizierte. Wegen des hohen Betriebsdruckes war es riskant, den hohen Druck während eines Angriffs aufrechtzuerhalten. Deshalb öffnete man die Sicherheitsventile, um den Druck während eines Angriffs zu reduzieren. Das Geheule der Sicherheitsventile konnte man meilenweit in der Nacht hören – wie das Heulen aus der Hölle tönte es. Nachher brauchte es Stunden, bis die Fabrik wieder auf Druck kam und betriebsfähig war.

Die deutschen U-Boote versenkten zu dieser Zeit viele Schiffe, die Lebensmittel nach England bringen sollten. Als Ergebnis wurden Lebensmittel sehr knapp. Eine Zeit lang bekamen wir ein Ei im Monat, etwa 46 Gramm Fleisch und etwa 100 Milliliter Milch („blaues Wunder") am Tag zugeteilt. Wir aßen in der Kantine, sodass wir nie direkt hungerten, aber die Situation war ernst. Ich merkte eines Tages, dass ich Pyrrhöe (Eiterfluss im Gaumen) und lockere Zähne hatte. Der Zahnarzt wollte mir auf der Stelle alle Zähne ziehen. Ich beschloss, mich lieber selber zu behandeln, als alle Zähne ziehen zu lassen! Meine Behandlung war einfach und auch effektiv: Ich ging zu meiner Wirtin, die eine liebe Frau war, aber nicht übermäßig skrupulös, und teilte ihr mit, dass ich in Zukunft meine Milchration nicht als Kakaogetränk haben wollte, sondern als rohe Milch. Sie pflegte nämlich meine Milchration für eigene Zwecke zu verwenden und mir Kakao plus Wasser vorzusetzen. In einigen Monaten befestigten sich meine Zähne wieder und der Eiterfluss hörte von selbst auf. Ich besitze die meisten Zähne heute noch. Ab und zu schickte mir meine Mutter Eier von der Farm, obgleich dies strengstens verboten war! Mutter wusste, dass es mir gesundheitlich schlecht ging, und sagte, sie könnte diese kleinen Zuschüsse verantworten! Sie besaß eben Mut und eine eigene Meinung.

Ich arbeitete mit Stickstofftetraoxid, einer hellbraunen Flüssigkeit (weiß, wenn kristallin), die bei 21 °C kocht. Die Gase sind sehr giftig und die Flüssigkeit äußerst flüchtig. Es war aus diesem Grund schwierig, die Luft im Labor rein zu halten. Wir arbeiteten deshalb immer hinter Plexiglasscheiben, die durch starke Ventilatoren ständig entlüftet wurden. Unser Labor stand auf dem großen Rasen eines Landhauses, also nicht in der Fabrik, denn die Fabrik wäre zu gefährlich für Forschung dieser Art gewesen. Unsere Aufgabe bestand darin, neue Methoden und Techniken auszuarbeiten, um Doppel- und Dreifachbindungen direkt zu nitrieren und zu neuen aliphatischen Nitroverbindungen zu gelangen. Man hatte versucht, dieses Ziel vor meinem Kommen im Jahre 1940 zu erreichen.

Nun hatte der damals verantwortliche Chemiker derart zahlreiche heftige Explosionen im Labor verursacht, dass die Direktion diesmal einen Organiker einstellte, der mit potenziellen Feuerwerken dieser Art besser umzugehen verstand. Der Chemiker, der vor mir so viel Misserfolg hatte, wurde nach Sitte bei I.C.I. selbstverständlich befördert und war jetzt mein Chef geworden. Der arme Mann verstand von der organischen Chemie so gut wie nichts. Er war eben physikalischer Chemiker und jetzt Direktor der organischen Forschung! Wenn die Regierung (I.C.I. war damals fast die Regierung selbst) eine Aufgabe erhielt, suchte sie zwecks Lösung immer die Akademiker aus, die vom betreffenden Gebiet überhaupt keine Ahnung hatten! Wenn es ihnen dann misslang, wurden sie regelmäßig zu Direktoren befördert, um die jungen Leute zu beraten und zu dirigieren, die die Aufgabe lösen sollten, die sie vorher selbst nicht lösen konnten! Das nannte man bei uns die Hauptaufgabe der I.C.I.-Direktion: unfähige und ungeeignete Leute für die Forschung auszusuchen!

Die bisherige Forschung wurde immer bei 160-200 °C durchgeführt, und das Ergebnis war natürlich vorauszusehen! Die Bedingungen waren viel zu extrem, es gab jeden Tag kräftige Explosionen und das Produkt war immer ein undefinierbares Öl. Mein Chef kalkulierte dann mit Hilfe von komplexen Differenzialgleichungen, wie viel von den erwünschten Produkten in diesem undefinierbaren Öl vorhanden sein sollten! Die Bestandteile wurden nie charakterisiert, alles wurde mathematisch berechnet und nie chemisch untersucht. In Wirklichkeit stellten wir fast am ersten Tag fest, dass keine der erwünschten Produkte vorhanden waren, denn der Kochpunkt der erwünschten Produkte sollte bei etwa 100 °C bei 760 mm Hg. liegen. Die Produkte, die sie gefunden hatten, zeigten Kp. 90-100 °C bei 0,1 mm Hg. – ein kleiner Unterschied!

Bald aber hatten wir die richtigen Bedingungen für die gesuchten Reaktionen herausgefunden und diese lagen bei -40 °C im flüssigen N_20_4-Zustand und nicht in der Gasphase. Mit diesem frühen Erfolg öffnete sich eine ganze Reihe von neuen Substanzen, die für organische Synthese verheißungsvoll waren: nämlich die aliphatischen Alpha-Beta-Dinitroverbindungen und aliphatischen Beta-Nitro-Atherverbindungen. Wir konnten dann diese neuen Verbindungen gleich bei der Synthese neuer Verbindungen für medizinische Zwecke anwenden. Als Ergebnis dieser Arbeit – wir arbeiteten vier volle Jahre auf diesem Gebiet – entstanden etwa 40 Patentanmeldungen in der ganzen Welt und eine Reihe von Veröffentlichungen in führenden naturwissenschaftlichen Zeitschriften. Man kann diese Artikel in *The Journal of the Chemical Society Helvetica Chemica Acta* (meine Dissertation) und in anderen führenden Zeitschriften lesen.

Aber wir erwarben nicht nur Erfolg auf diesem neuen Gebiet der Chemie, es entstanden auch große medizinische Probleme. Mein Hauptassistent wurde langsam krank. Seine Krankheit wurde nicht gleich diagnostiziert, aber es stellte sich als subakute bakterielle Endokarditis heraus. Er war schon gesundheitlich schwach, als er kam. Zu bedenken ist, dass Penicillin damals noch in den Kinderschuhen steckte. Nach zwei bis drei Jahren auf unserem Gebiet im Labor wurde er ernsthaft krank und starb. Dann wurden andere krank. Letzten Endes wurde auch ich krank. Mein Blutdruck fiel derart, dass ich an orthostatischer Hypotension litt. Beim Aufstehen wurde mir schwarz vor Augen. Ich konnte keine Treppe besteigen und bekam sehr leicht Angina Pectoris, und noch dazu Ausschläge an den Fingerspitzen, die gar nicht heilen wollten, sodass ich nicht mehr arbeiten konnte.

Man schickte mich zum Hautspezialisten, der meine Finger mit Röntgenstrahlen heilte. Aber das Herz wollte nicht mehr mitmachen. Es stellte sich letzten Endes heraus, dass wir vier Jahre lang kleine Konzentrationen (ein Teil bis fünf Teile pro Million) Stickstofftetraoxid in der Laborluft eingeatmet hatten. Die starken Ventilatoren in unseren Plexiglasschränken hatten diese Gase sehr effizient hinausgepumpt. Aber diese Ventilatoren waren so stark, dass sie die gleichen giftigen Gase aus den

Plexiglaskammern wieder durch die Laborfenster ins Labor gesaugt hatten! So hatten wir die vier Jahre lang verdünnte Giftgase eingeatmet, bis mein Assistent, der schon geschwächt war, daran starb und andere krank wurden.

Meine Mutter erschrak, als sie mich zu dieser Zeit wiedersah. Ich hatte viel Gewicht verloren, konnte keine Treppe besteigen und war quasi ein alter Mann geworden. Man gab mir drei Monate Urlaub auf dem Gut im Sommer 1944, damit ich mich von dieser Vergiftung erholen konnte. Aber als Folge der Vergiftung habe ich seit dieser Zeit immer die Neigung zu Angina Pectoris behalten.

Nach drei Monaten berichteten die Ärzte, dass ich die Arbeit mit diesen Stoffen ganz aufgeben müsse, wenn ich wieder zu Kräften kommen wollte. Ich sei jetzt allergisch gegen Nitrite, Nitrate und Nitroverbindungen aller Art. Das könne man nicht mehr ändern. Ich müsse meine Forschung ganz umwerfen, sodass ich mit diesen Stoffen nicht mehr in Berührung käme.

So suchte ich gegen Ende des Krieges ein neues Arbeitsgebiet. Aber ehe wir auf dieses neue Kapitel meines Lebens eingehen, muss von einer ganz anderen Entwicklung berichtet werden. Die Militärbehörde wollte mich für militärische Zwecke ausbilden. Man brauchte mehr Soldaten, wollte mich aber nicht ausschließlich als Soldat oder Offizier benutzen, weil ich in der Forschung in ihren Augen nützlicher war. Diese Entwicklung hatte unerwartete Folgen.

2. Das Verhältnis des Christen und des Einzelnen zum Staat

Eines schönen Tages kamen Offiziere des „Home Guard“ (eine Armee für Heimatschutz – aus Soldaten und Offizieren, die im Beruf standen, aber in ihrer Freizeit abends und sonntags die Flugabwehr, Feuerdienst und andere militärische Pflichten ausübten) und wollten mich rekrutieren. Ich fragte diese Kollegen – sie waren meist Akademiker aus der Firma, für die ich arbeitete – was die Bedingungen für den zusätzlichen Dienst seien. Daraufhin zeigten sie mir ein langes Dokument für Offiziere dieser paramilitärischen Organisation. Ich erbat mir Zeit, das Dokument durchzulesen, denn ehe man irgendein Dokument unterzeichnet, musste man genau verstehen, wozu man sich verpflichtete – das hat mir mein Vater mit Nachdruck beigebracht.

Eine in diesem Dokument enthaltene Bedingung machte mich stutzig: Ich müsste mich verpflichten, alle Befehle der königlichen Hoheit oder des Königs selbst und seiner Offiziere bedingungslos und ohne Rückfragen sofort auszuführen. Ich fragte den verantwortlichen Offizier, was dieser Passus genau zu bedeuten hatte. Woraufhin er antwortete, dass es genau das bedeutete, was er sagte. Bedingungsloser Gehorsam sei doch die Grundbasis aller Armeen, die diese Welt kenne. In unserer Firma arbeiteten einige Kollegen an einem Projekt, das sehr geheim war. Es hieß „Tube Alloys" und stand für die Entwicklung der Atombombe. Ich war nicht dabei und vernahm nur Gerüchte darüber. Aber wir vermuteten, was im Gang war – vielmehr, wir ahnten allerlei. Niemand brauchte an diesem Projekt zu arbeiten, denn die Firma war eine zivile Einrichtung, und man konnte „Nein" sagen, wenn ein Projekt einem nicht gefiel oder gegen das Gewissen ging.

Ich fragte den Offizier, ob diese Verpflichtungen allumfassend seien – ob man zum Beispiel den Befehl bekommen könnte, eine etwaige Atombombe zu zünden, sodass die Welt durch eine Kettenreaktion untergehen würde. Damals war man nicht sicher, ob die Zündung einer Atombombe in der Atmosphäre oder im Wasser eine Kettenreaktion auslösen könnte, sodass die ganze Welt durch die Zündung einer einzigen Bombe zur Explosion kommen würde. Erst später fand man in der Praxis heraus, dass diese Kettenreaktion nicht stattfand, aber damals wusste man das nicht, und die Angst davor war deshalb groß. Man rechnete damals auch mit dem biologischen Krieg, sodass man neue Viren durch Modifikation alter Virusarten herstellen und dann auf den Feind loslassen könnte, die die ganze Menschheit töten könnten – so wie man es heute bei Genmanipulation fürchtet. Man sprach von all diesen Möglichkeiten, die damals Kriegsgeheimnisse waren.

„Ja", sagte der Offizier, „irgendjemand wird diese Kriegsmaßnahmen durchführen müssen, um den Krieg zu gewinnen, und wir müssen bereit sein, unseren eigenen freien Willen einzuschränken, damit wir zum Sieg kommen."

Ich entgegnete dann, er suche also Menschen, die bedingungslos und unter allen Umständen den noch unbekannten Willen eines anderen tun – er wolle über mein Leben eine Carte blanche haben mit meiner Unterschrift darauf. Dann zitierte ich das bekannte Gedicht aus dem berühmten *Charge of the Light Brigade*: „Ours not to reason why, ours but to do and die" („Es ist nicht unsere Aufgabe, nach dem Warum zu fragen, sondern zu tun und zu sterben").

„Niemandem außer Gott gebe ich eine solche Carte blanche über mein Leben, und Sie, Herr Kollege, sind nicht Gott."

Ich war bereit, als Zivilist zu dienen, wo ich „Nein" oder „Ja" sagen konnte. Ich sagte: „Sie nehmen mir mein Menschsein selbst, wenn ich zu allem *Ja* sagen muss, was Sie befehlen. Wenn ich als Soldat komme, muss ich im Prinzip mein persönliches Gewissen ausschalten, und dazu bin ich nicht bereit. Bei I.C.I. in der Forschung kann ich immer *Nein* sagen, weil ich einen Zivilvertrag besitze. Beim Militär bin ich bloß ein Zahnrad in einem Mechanismus. Ich möchte meine Freiheit als Mensch mit einem eigenen selbstständigen Gewissen behalten."

Der Offizier war sehr nett, entgegenkommend und gerecht. Er kannte mich im Zivilleben, meldete aber, was ich gesagt hatte. Im Laufe der nächsten Wochen wurde ich daraufhin vor Gericht vorgeladen. England führe Krieg gegen einen rücksichtslosen Diktator, der uns allen die Freiheit nehmen will, deshalb müsse man auf eigene Freiheit verzichten, um Hitler und seine Diktatur zu stürzen. Patriotismus verlange diesen Verzicht auf eigene Freiheit.

Nun, es war bekannt, dass ich erstens Deutsch sprach und zweitens, dass ich viele Freunde auf deutschem Boden hatte und drittens, dass ich Christ war. Man konnte leicht zu der Überzeugung kommen, dass ich aus politischen oder aus persönlichen Gründen handelte.

Der Richter war ein ziemlich rabiater Mensch und hörte wenig zu. Er fing mit patriotischen Tiraden an und meinte, dass jeder dachte, dass ich ein Feind des Landes sei. Ohne meine Verteidigung zu hören, lehnte er mein Gesuch ab, was bedeutete, dass ich, wenn ich mich nicht beim Militär als Offizier meldete, ins Gefängnis käme.

Was sollte ich machen? Es war Kriegszeit, und jedes Gesuch dieser Art war verdächtig, besonders weil ich oft auf dem europäischen Kontinent und in Deutschland gewesen war und dort viele christliche Freunde hatte. Meine Freunde waren fast alle Christen, und einige von ihnen dienten beim feindlichen Militär. Meine christlichen Freunde in Stockton rieten mir, mitzumachen, es handle sich nur um eine theoretische Möglichkeit, wirklich Böses zu tun; man solle dem Staat ruhig eine Carte blanche geben, wie meine Freunde in Stockton es getan hatten. Es fiel mir sehr schwer, eine korrekte Lösung zu dieser Frage zu finden. Denn Gefühle dürfen nicht allein maßgebend für eine Entscheidung in solchen Situationen sein, man muss versuchen, prinzipiell zu handeln und zu denken. Aber wie? Das war die Frage.

Ich entschied mich nach reichlicher Überlegung und Beratung mit anderen älteren Christen, dass das Wort der Schrift für mich maßgeblich sei: „Werdet nicht der Menschen Knechte (Sklaven)" (1. Kor 7,23). Man wollte mich in eine Lage bringen, in der ich wirklich der Menschen Sklave gewesen wäre – ich hätte alles ohne Murren oder Überlegung tun müssen, ganz gleich, um was es sich handelte (auch wenn es darum ging, Gottes Erde unbewohnbar zu machen). Heute besitzen wir gerade diese Möglichkeit, die Erde zu einer unbewohnbaren Wüste zu machen, obwohl Gott sie als Wohnstätte für Menschen erschuf. Ich wollte mir also meine Freiheit so weit wie nur möglich erhalten und nie, wo ich es vermeiden konnte, „der Menschen Sklave" werden. So appellierte ich gegen das erste ablehnende Urteil.

Viele meiner Kollegen kannten nun meine Situation und viele von ihnen waren keineswegs christlich gesonnen. Einige von ihnen waren direkt feindlich eingestellt gegen mich und gegen alles, was christlich war. Andere standen zu mir und zu meinen Prinzipien. Einige sahen ein, dass es nicht richtig sein konnte, von irgendeinem Menschen zu verlangen, dass er alles tut, was ihm andere befehlen. Aber es waren sehr wenige unter uns Akademikern, die bereit gewesen wären, gegen den Spruch des ersten Richters zu appellieren.

Kurz nach den sogenannten „Baedeker-Angriffen" seitens der deutschen Luftwaffe, wurde das Gericht in York, wo man Einspruch gegen ein Urteil einlegen konnte, von den Deutschen bombardiert. Die Luftwaffe hatte gerade zu dieser Zeit viele alte Städte Englands, die in Friedenszeiten als Touristenattraktionen galten, angegriffen und teilweise schwer zerstört. Kurz vor meiner zweiten Gerichtsverhandlung wurde York auf diese Weise angegriffen und schwer beschädigt. So war die Stimmung der Bevölkerung sehr bitter gegen die Deutschen – und, weil wir nicht zum Militär wollten, auch gegen die Angeklagten beim Gericht.

Als ich am Morgen der Gerichtsverhandlung in York ankam, war die Stadt während der Nacht von der Luftwaffe ziemlich schwer beschädigt worden und die Stimmung in der Bevölkerung entsprechend bitter. Über tausend Menschen hatten sich im großen Gerichtssaal eingefunden, um meine Verteidigung zu hören. Sie wollten sehen, ob ich nur ein „komischer Kauz" oder ein gefährlicher Krimineller und Verräter war. Vor den Verhandlungen erfuhr ich, dass es drei Richter geben würde, davon war der Oberrichter, der neutral sein sollte, Sohn eines gläubigen Bischofs. Die beiden anderen Richter vertraten das Militär und das Arbeitsministerium. Der Oberrichter war sozusagen der Vorsitzende, der für allgemeine Ordnung sorgte. Die beiden anderen wollten, dass so viele Leute wie möglich für ihre Auftraggeber (Kriegsministerium und Arbeitsamt) eintreten.

Der Oberrichter fragte mich genau aus, wie ich dachte, wie ich lebte, was ich tat etc. Er war ein sehr sympathischer Mensch und auch sehr fair. Von den anderen beiden konnte man das kaum behaupten. Sie konnten nicht verstehen, wie irgendjemand einen Augenblick zögern könnte, alle denkbaren Waffen gegen Hitler anzuwenden. Angesichts des Charakters Hitlers war das verständlich, denn dieser griff zu allen Mitteln. Aber der Oberrichter war anders, nichts brachte ihn aus der Ruhe, er bestand auf Prinzipien.

Er wollte wissen, ob ich Christ war und seit wann. Ob ich christlich tätig war und wo. Ob ich das Militär für unchristlich hielt. Ich gab ihm die entsprechende Auskunft, was vor 1000 Menschen, die nicht gerade freundlich gesonnen waren, gar nicht leicht war. Ich antwortete, ich sei genauso wenig gegen das Militär wie gegen die Polizei. Christus hat dem Staat das Schwert in die Hand gegeben, und ein Schwert ist eine potenziell tödliche Waffe. Ich verstehe in vielen Hinsichten die Staaten dieser Welt. Die Sünde würde ohne Schwert noch mehr überhandnehmen als jetzt. Aber genauso wenig wie jeder die Rolle des Polizisten übernehmen sollte, könnten nicht alle die Rolle des Soldaten übernehmen. Damit will man die Rolle der Polizei und des Militärs nicht verdammen. Cornelius war Offizier (in der Apostelgeschichte), und seine Soldatengebete wurden von Gott erhört. Aber es sei nicht die Aufgabe von allen, die Rolle des Polizisten oder des Offiziers zu spielen.

„Wenn ein Mann Richter ist, kann er nicht zur gleichen Zeit die Rolle eines Generals ausüben. Es gibt eine Arbeitseinteilung. Für mich gäbe es nur die eine Hauptschwierigkeit: Ich kann mich nicht von vornherein verpflichten, alles zu tun, was meine mir noch unbekannten Vorgesetzten von mir verlangen, ohne genau zu wissen, was sie verlangen werden. Wenn sie verlangen, dass ich die Erde unbewohnbar machen soll oder alle Menschen im bakteriellen Krieg untergehen sollen, werde ich stets *Nein* dazu sagen. Ich könnte deshalb nur bedingten Gehorsam leisten."

„Aber", meinte der Oberrichter, „wir können keine Armee auf dieser Basis führen. Wir müssen unbedingten Gehorsam verlangen. Wenn der Offizier sich nicht darauf verlassen kann, dass seine Leute gehorchen, wird er selbst gefährdet und machtlos."

Ich machte ihm klar, dass der Grund meines Hierseins gerade in diesem Punkt läge. Wenn man von mir das verlangte, was ich nicht tun konnte, käme ich vor das Militärgericht wegen Ungehorsams. Und in Kriegszeiten bedeutet das den Tod durch standesrechtliche Erschießung. Ich überlege, ehe ich irgendeine Verpflichtung auf mich nehme, sonst könnte meine Unüberlegtheit mich in Kriegszeiten das Leben kosten.

„Mylord" (so redet man einen englischen Richter an), „wenn Sie oder der König oder seine Behörde mich auffordert, etwas zu tun, was nach dem Wort Gottes verboten ist, nämlich zu sündigen, bin ich verpflichtet, Ihnen jetzt feierlich bekannt zu geben, dass ich mich weigern werde – mit Gottes Hilfe. Nicht einmal Gott wird einen Menschen zur Sünde auffordern. Das heißt, dass

Gott Seine Forderungen an uns beschränkt – Er verlangt nur das von Ihm Erlaubte. Warum sollen Menschen unbeschränkte Forderungen an uns stellen dürfen? Gott verlangt also nie eine Carte blanche von uns – wie Sie es bei mir tun möchten."

Der Richter wollte dann wissen, was ich tun würde, wenn meine Firma I.C.I. etwas von mir verlangte, was mit meinem Gewissen nicht zu vereinbaren sei. Ich sagte, dass ich dann meinem Vertrag entsprechend kündigen würde. Gerade das könnte ich bei der Armee nicht tun – kündigen: „Wenn Sie bei der Armee jedes Mal kündigen dürften, wenn man etwas Unerlaubtes von Ihnen verlangte, hätten Sie Bedenken, Soldat zu werden?"

Ich meinte, dass es, solange man bona fides wirklich und effektiv kündigen dürfte, ohne standrechtlich erschossen zu werden, dann wirklich keine Bedenken gäbe. Der Richter verstand mich gut, wir waren auf der gleichen Wellenlänge. Wo wirkliche Gewissensfreiheit ist, wo das Gewissen wirklich funktionieren darf, da darf man ruhigen Herzens mitmachen. Wo aber Zwang und Gewissensvergewaltigung prinzipiell vorliegen, da darf man freiwillig nicht einwilligen.

Der Oberrichter war zufrieden, nicht aber die beiden zu seiner Rechten und zu seiner Linken. Der Richter, der die Armee vertrat, äußerte sich erbost und meinte, so etwas sei subversiv und untragbar. Aber der Schlimmste war der Vertreter vom Arbeitsministerium, der mich zu beschimpfen anfing. Es sei bekannt, rief er aus, dass meine Firma I.C.I. Benzin für die Spitfires (Kampfflugzeuge) herstelle. Es sei auch bekannt, dass I.C.I. an anderen geheimen Arbeiten mitmache. Ich würde für diese Firma arbeiten, die so viel tue, was offenbar gegen mein Gewissen sei, und ich hätte nicht gekündigt. Ich sei ein erbärmlicher Heuchler. Alle, die meiner Überzeugung seien und für I.C.I. arbeiteten, seien ebenfalls Heuchler, die niemand ernst nehmen dürfe, sonst könne das Land sich gegen Diktaturen nicht mehr wehren. Eine halbe Stunde lang ließ er eine Tirade gegen mich los und wiegelte die Anwesenden auf. Ich war überzeugt, dass ich verloren hatte.

Aber genau dann geschah etwas, was niemand hätte vorhersehen können. Plötzlich stand mitten in dieser Tirade ein älterer Herr im Publikum auf und appellierte an den Vorsitzenden für

Ordnung und Stille. Der Richter erhob sich und bat seinen schimpfenden Kollegen um Ruhe. Letzterer hörte sofort auf, denn selbst in Kriegszeiten lieben durchschnittliche Engländer keine Schimpfreden gegen Angeklagte. Solche Reden stellen in seinen Augen einen Verstoß gegen Fairness dar. Der Richter bat um Stille, damit jemand vom Publikum seine überlegten Äußerungen vortragen könne. So etwas war gegen das Protokoll und nicht vorgesehen, schien mir aber eine sehr gute Methode zu sein, eine unsachliche Tirade abzuwürgen. Wir seien hier, meinte der Richter, um für das Recht zu sorgen und nicht, um Propaganda zu unterstützen. Jemand vom Publikum hätte sich gemeldet, der mehrere Stunden geduldig zugehört hätte – es sei jetzt sein Recht, zu Wort zu kommen. Es sei ihm erlaubt, seine sachgemäßen Beiträge zu diesem Fall vorzutragen.

Der ganze Saal war mucksmäuschenstill. So etwas war in der Geschichte eines Appellationsgerichts bisher nie vorgekommen. Der Herr, der sich jetzt erhob, war mir völlig unbekannt. Er war zwischen 45 und 55 Jahre alt, machte einen gediegenen Eindruck und sprach leise und mit dem Akzent Nordostenglands. Der Angeklagte kenne ihn nicht, bemerkte er, aber er habe ihn vier Jahre lang bei der Arbeit im Labor ungesehen beobachtet. Was er vor Gericht aussagte, entspreche genau seiner Lebensweise, fuhr er fort. Die Arbeit, die der Angeklagte in der Forschungsabteilung durchführte, sei reine organisch-physikalische Chemie und habe mit Kriegsführung überhaupt nichts zu tun. Der freiwillige Zeuge betonte noch einmal, dass ich ihn nicht kenne und keine Ahnung davon hätte, dass er für mich aussagen würde.

Der Richter, der die Tirade gegen mich gefeuert hatte, fragte mich dann, ob man meine Forschungen für Kriegszwecke benutzen könnte. Ich antwortete, dass man sie genauso gut in der Pharmakologie wie auch für Sprengstoffherstellung benutzen könnte. Da triumphierte dieser Richter noch einmal, als ob ich mich selbst verdammt hätte. Da fragte ich ihn, ob ich ihm eine indirekte Frage stellen dürfte. Spöttisch erlaubte er das. Die Frage war folgende: Es gab einmal einen Farmer, der Gerste anbaute. Seine Ernten waren gut, denn er war ein erstklassiger Farmer. Seine Gerste gebrauchte er jedes Jahr als Futter für die Kühe auf seinem

Gut, um Milch zu produzieren. Aber eines Tages kam das Land, in dem er wohnte, in Kriegsschwierigkeiten; es brauchte Azeton, um Sprengstoff für den Krieg herzustellen. So kam die Behörde zu unserem Farmer, nahm ihm seine Gerste weg und benutzte sie, um Azeton zu synthetisieren, das dann für Sprengstoff benutzt wurde. So baute der Farmer ursprünglich Gerste an, um Milch zu produzieren. Jetzt baute er aber Gerste an, die für Azetonproduktion benutzt wurde. Die Frage lautete also: Ist es Unrecht, Gerste anzubauen? Offenbar ist es gut, Gerste anzubauen, denn mit ihr kann man allerlei Gutes tun – Vieh füttern und Milch produzieren. Die wirkliche Frage muss anders formuliert werden, nämlich: Ist es Unrecht, Gerste so zu missbrauchen, dass man damit Azeton synthetisiert, um Sprengstoff für die Verstümmelung und Schlachtung von Menschen herzustellen? Das Erlangen von Know-how ist sicher gut, aber der Missbrauch von erlangtem Know-how für böse Zwecke ist sicher schlecht. Ich erlange Know-how mit meiner Forschung. Aus diesem Know-how kann man sozusagen „Milch" produzieren – oder auch „Sprengstoff". Die Leute, die Know-how missbrauchen, müssen die Verantwortung für ihren Missbrauch tragen, nicht derjenige, der das potenzielle nützliche Know-how lieferte. Die Verantwortung wird direkt und auch stufenweise getragen – wie beim Farmer mit seiner Gersteproduktion. Wenn andere mein Know-how missbrauchen, müssen sie die Verantwortung für ihren Missbrauch tragen – nicht ich. Atomenergie könne ebenso für gute Zwecke genutzt werden – oder auch, um die ganze Menschheit zu verderben. Die Schuld liegt beim Missbrauch des potenziell guten, aber an sich neutralen Know-hows. Für den Missbrauch seiner guten Gerste kann der Farmer nicht haften. Auf allen Gebieten des Lebens liegt die Situation ähnlich.

Der Oberrichter nickte, bestätigte, es sei so – und zu meinem Erstaunen wünschte er, dass England mehr junge Männer hätte, die moralische Angelegenheiten so im Sinne des wirklichen Rechtes deuten würden! Viele im Saal, die vorher offenbar gegen mich feindlich gesonnen gewesen waren, saßen still da, und einige nickten sogar mit dem Kopf. Dann machte der Richter seine Zusammenfassung: Es gab keine Geschworenen, der Richter und seine zwei Kollegen hatten zusammen im Einvernehmen miteinander das Urteil zu fällen, gegen das man keinen Einspruch erheben konnte. Das Urteil war wie das Gesetz der Meder und Perser – man konnte es, einmal gefällt, nicht mehr ändern.

Das Urteil war wirklich verblüffend. Ich konnte meinen Ohren nicht trauen, als es feierlich vorgelesen wurde: Der Angeklagte ist unschuldig, er stellt für den Staat keine Gefahr dar, er wird dafür sorgen, dass er für das Land nützlich ist. Er darf jegliche Arbeit verrichten und ausüben, zu der er geeignet ist, sonst kann er, wenn er es will, in seiner Forschung weiterarbeiten. Dem Urteil wurde applaudiert und ich war frei, in Kriegszeiten zu tun, was ich wollte!

Ich bedankte mich sehr herzlich bei den Richtern, vor allen Dingen beim Vorsitzenden. Die beiden anderen Richter sagten nicht viel, aber auch sie schienen zufrieden zu sein. Viele vom Publikum kamen nachher zu mir ans Podium und bedankten sich, dass ich das Problem der persönlichen Verantwortung so klar dargelegt hätte. Auch beim älteren Herrn, der mich mitten in der Verhandlung rettete, bedankte ich mich recht herzlich, denn ohne seine Hilfe wäre ich nie durchgekommen. Bis zum heutigen Tag habe ich seinen Namen nie erfahren, aber er war ein Angestellter bei I.C.I. Die Bibel lehrt uns, dass wir Anschauungsunterricht bieten, den Gott benutzt, um den Engeln Seine mannigfaltige Weisheit bei der Erziehung von Menschen darzustellen. Wir sind also ein Teil des Anschauungsunterrichts Gottes für die Engel. Wie Gott mit uns in dieser Welt umgeht, dient als Unterrichtsstoff bei Seinen Engeln (Eph 3,10)! Wie oft versagen wir in dieser Richtung.

Ich persönlich meine, ein Staat, der für die Gewissensfreiheit seiner Bürger sorgt, wie der britische Staat es bei mir und bei vielen anderen tat, ist aller Achtung und Treue wert.

Mitten in Kriegsnot der schlimmsten Art erhielt dieser Staat auch Recht und Ordnung aufrecht, sodass jeder Bürger wirkliche Gewissensfreiheit genießen konnte. Diese Einstellung brachte große Verantwortung für den Bürger mit sich, denn wenn ich trotz meines Bedenkens und meines Gewissens doch noch mitgemacht hätte, hätte ich allein die Schuld getragen. Ein Staat aber, der seine Bürger erschießt, weil sie echte Gewissensbedenken hegen, verdient die Treue seiner Bürger nicht. Dem Staat, der für wirkliche Freiheit sorgt, gebührt echter Patriotismus! Aber in einem solchen wirklich freien Staat ist der Bürger auch verpflichtet, ehrlich Farbe zu bekennen, sonst wird er leicht zum bequemen Heuchler. Deshalb bin ich dem britischen Staat von damals für diese Freiheit mehr als dankbar – in vielen Hinsichten sind andere Staaten sicher weniger vorbildlich, als der damalige britische Staat es war.

Durch die strikte Aufteilung und Trennung der Exekutive von Judikative und Legislative sorgten die Väter des angelsächsischen Rechtswesens für Gerechtigkeit dieser Art. Viele Staaten, besonders gewisse europäische Staaten, können prinzipiell eine solche Fairness in der Exekutive nie erreichen, besonders unter dem Code Napoléon nicht, denn in vielen solchen Staaten ist die Polizeimacht (als Exekutive) mit der richterlichen Macht in einer Abteilung zusammen. In solchen Staaten ist die Polizei selbst der Inbegriff des Rechts (der Auslegung des Legislativen), die der Polizei viel zu viel Macht in die Hände gibt und sie von der Zurückhaltung der Judikative befreit. Wenn die Polizei in England zum Beispiel eine Hausuntersuchung oder eine Präventiv- oder Untersuchungshaft durchführen will, muss sie in jedem Fall zuerst die Genehmigung dazu beim Richter einholen, ehe sie handeln darf. So sorgt man für Fairness – aber nie, indem man die Polizeimacht mit der Macht der Judikative zusammenlegt. Die drei Abteilungen der Staatsmacht (d. h. die Exekutive – die ausführende Macht, die legislative Macht – die gesetzgeberische Seite und die Judikative – die Auslegung des Gesetzes, d. h. die Richter) müssen, wenn Fairness und Gerechtigkeit aufrechterhalten werden sollen, so zueinander im Gleichgewicht eingestellt sein, dass die eine Abteilung die andere kontrolliert und korrigiert. Aber es ist falsch und verkehrt, wenn die Judikative (Justiz) und die Exekutive (Polizei) so wie im Code Napoléon funktionieren. Wenn Macht durch Recht gekoppelt ist, wird letzten Endes ein Polizeistaat dabei herauskommen. Es sind die absolut unabhängigen Richter (die Judikative), die für Fairness (die sprichwörtliche Gerechtigkeit) der angelsächsischen Staaten bürgen und immer gesorgt haben. Deshalb schützen diese Staaten ihre Richter und deren absolute Unabhängigkeit wie ihren Augapfel. Denn die

Richter zwingen die Polizei, das Gesetz (die Legislative) absolut zu respektieren. Macht (Exekutive) darf nie an Recht (Legislative) gekoppelt sein. Dieser Aspekt vom Staatswesen kann nicht überbetont werden, sonst wird Machtgier überhandnehmen.

3. Krebsforschung an der Universität in London

Nachdem die Ärzte verlangt hatten, dass ich meinen Beruf, beziehungsweise meine Branche der Forschung wechseln sollte, schaute ich mich natürlich nach anderen Möglichkeiten um. Eines Tages sah ich in einer wissenschaftlichen Zeitschrift ein Inserat vom Middlesex Hospital der Universität in London. Das Middlesex Hospital war und ist eine Klinik der Londoner Universität und treibt auf vielen Gebieten gute Forschung. In dem biochemischen Institut („Courtauld Institute") wurde das synthetische weibliche Hormon Stilböstrol, das früher bei Brust- und Prostatakrebsbehandlungen angewendet wurde, von Professor E. Dodds und seinen Mitarbeitern entdeckt. Jetzt wird die Substanz weniger benutzt, weil sie bestimmte Nebenwirkungen, darunter Krebs verschiedener Arten, auslösen kann.

Es hatte sich herausgestellt, dass man Brustkrebs und Prostatakrebs mit Stilböstrol in einigen Fällen erfolgreich behandeln konnte. Die Wirkung war aber nur palliativ, denn nach einiger Zeit wirkte das Hormon nicht mehr und der Patient wurde sozusagen gegen die krebshemmende Wirkung des Stilböstrol resistent. Am Anfang der Behandlung zeigte sich die Wirkung des Hormons oft frappant, aber mit der Zeit ließ die Wirkung nach, und der Krebs wucherte dann weiter. Das Middlesex Hospital suchte einen Biochemiker, der dieses Problem der Toleranzentwicklung dem Stilböstrol gegenüber untersuchen konnte – warum die anfänglich günstige Wirkung nicht anhielt und sie mit der Zeit nachließ. Der gesuchte Biochemiker sollte die Wirkungsweise des Hormons bei Patienten, die ansprechen, und die Wirkungsweise bei tolerant gewordenen („relapsierenden") Patienten untersuchen. Wenn man herausfinden könnte, inwieweit sich der Stoffwechsel des Hormons bei reagierenden Patienten vom Stoffwechsel tolerant gewordener

Patienten unterschied, könnte man eventuell den chemischen Bau des Hormons so umändern, dass der Stoffwechsel bei beiden Arten von Patienten gleich bliebe. Dann könnte man eventuell auch die tolerant gewordenen Patienten mit dem neuen, umgeänderten Hormon erfolgreich behandeln. So suchte man in dieser Universitätsklinik einen Organiker, der das Verhältnis vom Stoffwechsel zu chemischer Struktur untersuchen könnte, um diese Krebsforschung durchzuführen. Ich bewarb mich sofort und wurde vorgeladen. Vorher sollte ich meine Allergie und Krankheitsgeschichte genau beschreiben. Trotz der Tatsache, dass ich schon über drei Monate krank gewesen war, bot man mir die Position an und nach einigen Tagen Bedenkzeit nahm ich sie an und unterzeichnete den Vertrag mit der Universität als „Fellow". Jetzt war ich offiziell „Countess of Lisburne Memorial Fellow" an der Universität London, an dem „Courtauld Institute" der Universität.

Es war damals schwierig, ein Zimmer in London zu finden. Die Stadt hatte den ganzen Krieg hindurch Bombenangriffe erlitten, und sehr viel Militär beanspruchte alles, was es noch an Wohnraum gab. Ich musste deshalb ein permanentes Zimmer in einem Hotel mieten, das in Manchester Square der Wallace Collection gegenüber lag. Das Zimmer befand sich im obersten Stockwerk des Hotels. Die Besitzerin war eine ausgewanderte Deutsche, die recht oft im betrunkenen Koma unter dem Tisch lag. Oft musste ich nachts herunterkommen, weil die Bediensteten Angst um ihr Leben hatten.

Zum Kochen besaß ich einen Gasring und musste immer wieder einen Schilling in den Automaten werfen, um Wasser zu kochen oder das Zimmer zu heizen. Morgens frühstückte ich im Hotel, abends kochte ich selber. Ich aß nicht gerne im Restaurant, weil das Essen damals im Krieg schlecht und teuer war. In diesem Zimmer lebte ich fünf Jahre – so wie ich fast fünf Jahre in Stockton-on-Tees in einem Zimmer gewohnt hatte.

Manchester Square lag im Westen von London, nicht weit vom BBC-Gebäude. Jeden Morgen lief ich an der BBC vorbei ins Institut. Anlässlich dieses Spazierganges von etwa 20 Minuten inspizierte ich die Bombenschäden von der vorhergehenden Nacht. Es war zu der Zeit der V-1- und der V-2-Bombenangriffe.

Die V-1 waren echte fliegende Bomben, ausgerüstet mit einem Rückstoß- oder Rammmotor. Sie flogen nicht sehr hoch und waren vorprogrammiert, nach soundsoviel Kilometern abzustürzen. Die Kampfflieger flogen an sie heran, berührten deren Tragflächen mit ihren Tragflächen, sodass die V-1-Bomben sich umdrehten und nach Frankreich zurückflogen, um dort abzustürzen, statt in England. Die RAF-Piloten fingen sie halbwegs auf ihrem vorprogrammierten Flug ab, sodass sie in die entgegengesetzte Richtung flogen und ungefähr dort abstürzten, von wo aus sie losgeflogen waren. Die V-1 waren so programmiert, dass sie am Ende ihres Fluges mit Vollgas in den Boden hineinschossen. Als die vorprogrammierte Entfernung zurückgelegt worden war, sank die Nase der Maschine automatisch in Richtung des Bodens, sodass sie mit Vollgas dort hineinraste. Die plötzliche Änderung der Lage der Maschine relativ zur Erde verursachte, dass der Motor augenblicklich keinen Treibstoff mehr erhielt. Der Motor stotterte kurz vor dem Absturz einen Moment lang, um dann mit Vollgas in den Boden zu rasen. Wenn man dieses momentane Stottern hörte, wusste man, dass man nur noch einige Bruchteile einer Sekunde hatte, um sich in Sicherheit zu bringen! Im allgemeinen waren die V-1-Maschinen nicht sehr effektiv, denn man konnte sie zu wenig lenken, um bestimmte Ziele zu treffen. Die psychologische Wirkung war stärker – die Menschen, die sie nicht verstanden, gerieten schnell in Panik – die anderen nicht!

Die V-2-Waffe war anders. Sie wurde in die Stratosphäre als Rakete hochgeschossen und kam dann mit Ultraschallgeschwindigkeit auf ihr „Ziel" herunter. Von Lenken also war kaum eine Spur. Die Folge war, dass diese Raketen ohne jegliche Warnung eintrafen und dort explodierten, wo man sie gar nicht erwartete. Die V-1-Waffe sah man kommen, die V-2-Waffe nicht. Plötzlich gab es irgendwo eine Explosion und man ahnte nicht, wo sie herkam. Das Pfeifen und Heulen der Rakete hörte man erst nachträglich, nachdem die Explosion stattgefunden hatte – eine Folge der Ultraschallgeschwindigkeit.

Nach dem ersten Einsatz der V-2-Waffe versuchte die englische Regierung das Volk zu beruhigen, indem sie behauptete, dass eine Leuchtgasexplosion unter der Straße stattgefunden hatte. Aber

Lügen beruhigen selten, denn diese Lüge erklärte das nachträgliche Geheul der Rakete, nachdem sie explodiert war, nicht!

Eines Montagmorgens im Jahre 1944 kam ich spät ins Labor und fand alles in einem recht chaotischen Zustand vor. Die Fenster des Labors, fast alle, waren kaputt, die Türen weggefegt, und das Gebäude lag mitten in einem Knäuel von Feuerwehrschläuchen. In der Nacht hatte eine V-2 die Kirche, die einige Hundert Meter vom Middlesex Hospital entfernt lag, getroffen und vernichtet. Unser Tierhaus sah am schlimmsten aus, weil es im obersten Stockwerk unseres Institutes untergebracht war. Die Affenkäfige waren offen, die Mäuse und die Ratten waren aus ihren Behältern entkommen, die Meerschweinchen piepsten herum in den Trümmern. Die Katzen waren froh: So viele Mäuse und Ratten hatten sie ihrer Lebtage nie gesehen! Es brauchte Wochen, bis alles wieder in Ordnung war.

Bei der V-2-Waffe war jedoch die psychologische Wirkung die stärkste. Es gab nie irgendeine Warnung. Auf einmal, wie aus heiterem Himmel, wurde ein Gebäude getroffen und die Leute darin verschüttet oder getötet. Aber genau zielen konnte man mit der V-2 natürlich nicht. Es war klar, so würde man einen Krieg nie gewinnen. Denn Terror veranlasst den Terrorisierten zu noch stärkerem Widerstand. Als die V-1- und die V-2-Waffen entdeckt wurden, und noch bevor sie zum Einsatz kamen, entschieden sich die Alliierten, die Invasion Europas zu beschleunigen, um die Gefahr dieser Terrorwaffen zu bannen. In der Tat kamen sie nur während einer relativ kurzen Zeit zum Einsatz, denn die Abschussrampen in Nordfrankreich, Belgien und Holland wurden nach der Invasion im Sommer 1944 von alliierten Truppen besetzt. Für ernsthafte Forschung im Labor waren diese Zeiten nicht geeignet, es gab zu viel Ablenkung den ganzen Tag und auch die Nacht über. Wenn es gerade keine V-1-Attacke gab, kamen neue V-2-Angriffe: Trotzdem machten wir in der Krebsforschung in London relativ gute Fortschritte, die man heute noch in der Fachliteratur nachlesen kann.

Aber obwohl Hormone für die Behandlung von gewissen Arten von Krebs nützlich sein können, sind sie wahrscheinlich nicht die endgültige therapeutische Antwort auf Krebs.

Kapitel XI

ENGLAND NACH DER INVASION EUROPAS 1944

1. Die Arbeit unter den deutschen Kriegsgefangenen

Als die alliierten Truppen in Nordfrankreich landeten, ergaben sich Zehntausende der „Achsen-Truppen". Die vielen Gefangenen wurden zu einer echten Belastung von Eisenhowers Truppen. Überall in England wurden notdürftig Lager eingerichtet, um diese Flut von Gefangenen aufzunehmen. Alle Landsitze, die wegen der hohen Steuern oft jahrelang leer gestanden hatten, wurden schleunigst renoviert, um mit dieser neuen „Invasion" Englands fertig zu werden. Der alte Adel des Landes besaß große Landsitze. Als aber der Krieg kam, wurden die Steuern für solche Landsitze derart unerträglich, dass die Besitzer schier nicht mehr bezahlen konnten. Da kam die Steuerbehörde des Staates und versuchte, die Ländereien zu versteigern. Es fanden sich aber keine Käufer, denn fast alle waren bereits von finanziellen, steuerbedingten Lasten erdrückt worden, und den meisten Besitzern war es nicht mehr möglich, für Arbeitskräfte auf diesen großen Landsitzen aufzukommen. Die meisten jungen Leute dienten in der Armee, sodass diese großen Besitztümer und Ländereien leer blieben. Diese Situation erinnerte an die Politik des Staates in der früher beschriebenen „Zehnten"-Krise. Hier bekam der Staat allerlei Häuser und Ländereien als „Gewinn", musste sie aber leer stehen lassen. Der Staat tat das lieber, als die Steuern zu erlassen.

Die Jurisprudenz in England mag großzügig und vernünftig sein – wie im Fall der Kriegsdienstverweigerung. Wenn es aber um Geld und Finanzen geht, hört jegliche vernünftige Staatsführung auf. Da entpuppt sich der Staat als wahres Raubtier unvernünftigster Art. Der Staat gleicht hier einer Familie, die einmal gelernt hat, über ihre finanziellen Verhältnisse zu leben. Weder eine solche Familie noch ein solcher Staat kann es je wieder fertig bringen, innerhalb der gegebenen Verhältnisse zu leben. Keiner kann zurückschrauben. Beide machen weiterhin Schulden, bis die Schulden sie erdrücken. Private Familien haben schon längst diesen desolaten, chronischen Zustand erreicht. Was soll man von Politikern und Staaten schreiben! Die Staaten dieser Welt versuchen immer noch, durch kriminelle Inflation der Währung ihre Schulden ohne Liquidierung derselben verschwinden zu lassen! Das heißt, sie versuchen, durch Diebstahl (denn Inflation stellt nichts anderes als gemeinen Diebstahl dar), das Geld für die Bezahlung der Staatsschulden dem Privatbürger abzunehmen.

Viele Kriegsgefangene wurden in die USA und nach Kanada gesandt. Aber England beherbergte in der Nähe von London wohl eine Million Kriegsgefangene. Die englischen Offiziere, die diese Lager verwalteten, waren meist Männer, die in Hitlers Lagern gefangen gewesen waren und deshalb Erfahrung hatten. So verstanden sie die speziellen Probleme der Kriegsgefangenschaft und führten ihre Lager oft human und gut. Ausnahmen gab es natürlich. Das Essen war knapp, nicht nur für die Kriegsgefangenen, sondern auch für die Zivilbevölkerung Englands. Diese Knappheit verursachte in den ersten Monaten Unzufriedenheit. Aber die meisten Kriegsgefangenen waren froh, aus dem Schlachten und Morden herausgekommen zu sein.

Die größte Not dieser Kriegsgefangenenlager war nicht das mangelhafte Essen. Die meisten Kriegsgefangenen wussten nichts vom Schicksal ihrer eigenen Familien – ob sie lebten oder tot waren. Und wenn sie lebten, wussten sie nicht, wo sie sich aufhielten. Diese Ungewissheit brachte viel Stress mit sich. Väter wussten nicht, ob ihre Kinder und ihre Frauen oder Eltern lebten. Man kann die Moral in einer siegreichen Armee mit einigen Künsten aufrechterhalten. Aber in einer geschlagenen, in Gefangenschaft geratenen Armee verfliegt schnell jegliche Hoffnung. Die britische Behörde sorgte in einer drastischen Form dafür, dass die Gefangenen das wahre Wesen von Hitler und den Nazis erfuhren. Man zeigte ihnen Bilder von den Massenmordlagern, von den Verbrennungskammern und von den Versuchen an Menschen, die in den Ausrottungslagern durchgeführt wurden. Das Ergebnis war natürlich, dass diese Männer, die ihr Leben für Hitler aufs Spiel gesetzt hatten, teilweise erkannten, dass sie Betrogene waren – und teilweise alles als feindliche Propaganda abtaten. Mit all diesem Stress wurden viele nicht fertig. Sie wurden demoralisiert und desillusioniert. Sie fingen an, sich gegenseitig anzuklagen, sich gegenseitig zu beschimpfen und auch zu bestehlen.

Als der Mai 1945 herannahte und der Sieg der Alliierten in Europa proklamiert wurde, wollten nun all diese Männer natürlich sofort nach Hause, um ihre Angehörigen zu suchen. Aber Europa war ein Trümmerhaufen. Es gab sehr wenig zu essen in England, sodass die Behörde die Gefangenen nicht entlassen wollte. Man meinte, sie sollten beim Wiederaufbau mithelfen. Diese Tatsache brachte natürlich noch mehr Frustration und auch Verbitterung mit sich.

Wer sich unter den Gefangenen freiwillig dazu meldete, der konnte das Lager verlassen und in der Zivilwirtschaft gegen einen normalen britischen Lohn arbeiten. Die Gewerkschaften in England sorgten dafür, dass die Gefangenen genau den gleichen Lohn bekamen wie der britische Arbeiter, mit dem Unterschied, dass ihnen nicht alles gleich ausgezahlt wurde. Der nicht ausgezahlte Lohn wurde auf ein Bankkonto eingezahlt und dem Gefangenen bei seiner Rückkehr in die Heimat erstattet. So besaßen diese Männer etwas, womit sie in der Heimat wieder anfangen konnten.

Unter den SS-Gefangenen waren natürlich so gut wie keine Feldgeistlichen deutscher Sprache, die diesen Männern geholfen hätten, die Probleme jener Tage zu bewältigen. Unter den anderen Kriegsgefangenen lebten einige konservative Feldgeistliche, die wirkliche Seelsorger waren, aber solche waren selten. Liberale Theologie erzeugt nach meiner Erfahrung jener Tage meist keine guten Seelsorger in solcher Not. Und viele deutsche Pfarrer, die in Gefangenschaft gerieten, waren eben liberal. Dafür hatten die deutschen theologischen Fakultäten gesorgt. So herrschte unter diesen Millionen von Kriegsgefangenen große Sorge, Stress und Not mit viel zu wenig Seelsorgern, die wirklich helfen konnten, die Not zu lindern.

Die wenigen deutschen Feldgeistlichen, die mit in den Lagern saßen, wussten oft nicht, wie sie mit den eigenen Problemen fertig werden sollten: Auch ihre Frauen, Kinder und Verwandten wurden oft vermisst.

Zu dieser Zeit trat die britische Abteilung für religiöse Angelegenheiten mit der Frage an mich heran, ob ich bereit wäre, zu helfen, die Versöhnung zwischen den ehemals sich gegenseitig bekämpfenden Nationen zu fördern. Ich sollte es nicht vollamtlich, sondern neben meiner Forschungsarbeit tun.

Eine solche Arbeit konnte ich als Christ gut verantworten. Die Behörde beabsichtigte, mich zum Offizier zu machen – ich sollte Oberstleutnant werden und mit einer Uniform nach Deutschland reisen. Ich lehnte das ab, denn wenn ich als gut ernährter, gut geschützter britischer Offizier unter den hungernden, schutzlosen Menschen auftauchte, würde mich niemand ernst nehmen. Wenn ich dagegen als Zivilist ginge, ohne besondere Lebensmittelkarte und ohne Uniform, sei ich den Deutschen ein Deutscher geworden, dann würde man eher auf mich hören. Die Behörde zeigte für meine Argumentationsweise Verständnis. Jedoch tauchte eine große Schwierigkeit auf: Europa war ein militärisches Lager. Man konnte nur als Soldat hineinkommen. Zivilisten von außen verweigerte man den Zutritt. Ich schlug deshalb vor, man möge mir einen Zivilvertrag mit einem militärischen Rang ausstellen! Ich könnte mich dann militärisch ausweisen, sei aber kein Soldat! Die Grenzposten würden mich passieren lassen! Der freundliche britische Offizier war einverstanden, denn die Lage in Deutschland war katastrophal. Er händigte mir die Papiere mit dem Rang eines Oberstleutnants aus, dafür aber kein Gehalt und keine schützende Uniform. So fuhr ich Anfang 1946 mit einer Militärfähre über den Kanal und gelangte mit einem Militärzug bis nach Krefeld.

Ich werde den Anblick dieser Stadt damals nicht vergessen – verwahrlost, zertrümmert und zerbombt. Ich war mit hohen Offizieren des britischen Heeres im Zug gereist. Alle waren in „vollem Ornat“ sozusagen – Uniformen, Auszeichnungen und Medaillen glitzerten aus allen Ecken. Bedienstete wimmelten um mich herum, als ich in meiner Ecke im Zug in einem einfachen Anzug und Regenmantel saß. Ich war der einzige Zivilist unter Hunderten von Persönlichkeiten, die zu ihren Dienststellen reisten. Es gab eine merkwürdige Schwierigkeit, die ich, als ich meinen Plan ausarbeitete, nicht vorausgesehen hatte. Die hohen „Tiere“ fingen an, sich darüber zu wundern, dass ein bloßer, einfacher Zivilist mit ihnen reiste. Alles war doch für VIPs („very important persons“ = „sehr wichtige Personen“) reserviert, was hatte ein Zivilist im Regenmantel hier zu suchen?

Da flüsterte ein hoher Offizier, der mir gegenüber saß, man sollte doppelt so vorsichtig sein (ich konnte teilweise verstehen, was sie tuschelten), man würde es einem einfachen Zivilisten doch nie erlauben, mit VIPs zu reisen. Derjenige in der Ecke (= ich) sei wahrscheinlich viel wichtiger als sie alle, sonst könnte ich ohne Kennzeichen und ohne Uniform nie in einem Militärzug fahren. Man sollte nur aufpassen, ich hätte ganz bestimmt irgendwo eine höchst geheime Aufgabe! Als wir dann in Krefeld in den frühen grauen Morgenstunden ankamen, wurde mein Name durch den Lautsprecher ausgerufen: – Lt. Col. Wilder-Smith möchte sich sofort beim RTO-Office melden, das Privatauto des Generals (mit Chauffeur) warte auf ihn. Die hohen „Tiere“, die mit mir im Abteil erster Klasse saßen, schauten sich triumphierend und verständnisvoll an, als ich schnell aufstand: Es war also doch kein Irrtum, sie hatten Recht gehabt, er war ein hoher Geheimagent! Genau, wie sie es vermutet hatten!

Mit dem Auto des Generals fuhr ich also nach Köln, wo ich mich bei dem Stadtkommandanten meldete. Das Elend und die Not dort in Köln waren ganz unbeschreiblich. Ausgehungerte Menschen standen scharenweise um den zerbombten Bahnhof herum. Sie standen dort den ganzen Tag und warteten auf irgendetwas, was sie ergattern konnten. Man durfte nichts stehen lassen – nicht einen Augenblick. Es waren die Tage des „Kohlenklaus“. Das Ruhrgebiet musste täglich als Reparationen viele Tonnen Kohle nach Frankreich liefern. Es war sehr kalt – unter -25 °C, sodass die Menschen entsetzlich hungerten und froren. Der Stadtkommandant lud mich zuerst zu einem guten Essen ein, denn er war über meine Vertragsbedingungen informiert und bot mir an, einmal die Woche bei ihm persönlich essen zu dürfen, denn mein Magen war auf die damalige deutsche Kost – Erbsensuppe morgens, mittags und abends – nicht eingestellt. Frieren kann man, solange man nicht zur gleichen Zeit hungert! Hungern kann man auch, solange man nicht zur gleichen Zeit friert. Aber beides zusammen, das wäre zu viel auf einmal gewesen. Ab und zu stellte mir der Kommandant ein Militärauto zur Verfügung, damit ich nicht ganz unbeweglich war. Mit Hilfe dieses Autos holte ich ab und zu von Bauern, die ich kannte, Essen für mich und für meine hungernden Freunde in der Stadt. Der Chauffeur machte diese Expeditionen gerne mit; er war ein Deutscher und konnte sich so auch etwas Nahrung für seine hungernde Familie besorgen.

Ehemalige Kriegsgefangene, die mich in England kennen gelernt hatten, luden mich überall ein, in ihren Häusern und ihren zerbombten Kirchen und kaputten Sälen zu sprechen. Ich sprach oft in Kirchen, die noch kein Dach hatten. In einer Kirche fehlten seit einer Bombardierung beide Außenwände. Aber alle Kirchen, ganz gleich wie beschädigt, waren voll besetzt. Es gab damals einen großen Hunger nach dem Evangelium. Mein Amt der Versöhnung konnte ich gut ausüben – das Amt der Versöhnung nach all dem Morden und Dahinschlachten des Krieges. Dass ich persönlich mithungerte und mitfror – und nicht die Uniform des Siegers trug – half mir sehr. Die Leute gewannen in meiner Aufgabe schnell Vertrauen zu mir und oft noch dazu zu Christus, der mich zu dieser Art Arbeit gerufen hatte. Da ich keine Lebensmittelkarten besaß, mussten die deutschen Freunde ihre Lebensmittel mit mir teilen – meist handelte es sich um Erbsensuppe dann noch einmal zur Abwechslung Erbsensuppe! Die Deutschen hatten von dieser Kost längst Kugelbäuche bekommen. Um sich einigermaßen zu ernähren, mussten sie große Mengen von dieser Suppe essen – oder trinken. Mein Magen war nicht so ausgedehnt wie ihr Magen, sodass ich nicht ausreichende Mengen einnehmen konnte, um mich hinreichend zu ernähren. Deshalb tauchte vor lauter Kälte und Hungern wiederum mein alter Freund von I.C.I. auf – Angina Pectoris. Noch dazu hatte ich nur einen dünnen englischen Mantel – einen Regenmantel – zur Verfügung. In diesem Winter 1946 habe ich frieren und hungern gelernt.

2. Bayernjacke und der Rektor

Die Freunde, bei denen ich wohnte, hatten ihr altes Haus, das zerbombt war, zurückbekommen. Ich wohnte im Wohnzimmer, denn Platz war äußerst knapp. Sie waren gläubig, und wir kannten uns schon von Besuchen vor dem Krieg. Sie waren sogar bei uns auf der Farm in England zu Gast gewesen. Der Vater der Familie war ein Kriegsverletzter (ein Arm fehlte ihm) aus dem Ersten Weltkrieg – er wohnte mit seiner Frau und drei Töchtern in Köln. Jetzt wohnten nur zwei Töchter bei ihm, denn die älteste Tochter, die uns vor dem Krieg mit dem Vater auf der Farm in England besucht hatte, war von Köln nach Dresden versetzt worden. Dort wohnte sie, als die Engländer und die Amerikaner die Stadt von der Luft aus in einer Nacht vernichteten. Sie war in den Flammen spurlos verschollen. Die riesigen Brände erzeugten Sauerstoffmangel, sodass Tausende erstickten. So starb sie in den Flammen.

Während dieser Zeit meiner vorübergehenden Beurlaubung vom Labor in London festigte sich die Aufgabe der Versöhnung auf dem Kontinent. Mein Professor, obwohl ein Deutschenhasser, gab mir die Zeit frei, um diese Arbeit auszuführen, weil er mit den Politikern gut stand und ihnen helfen wollte.

Eines Tages berichtete mir der englische Stadtkommandant, er lege Wert darauf, die Universität Köln wieder aufzubauen und voranzutreiben. Ich könnte dem deutschen Rektor sicher behilflich sein und den Professoren dort in der Universität manchen guten Rat geben. Daraufhin traf ich mit dem Rektor eine Verabredung, ihn und die Fakultät an einem Nachmittag zu treffen, um die innere Organisation der Universität London darzustellen.

Am festgesetzten Tag aßen wir – bzw. tranken wir – unser Mittagessen (Erbsensuppe), als ich plötzlich die herankommende, selten verkehrende Straßenbahn hörte, die mich zur Universität transportieren sollte. Es gab tatsächlich zwei oder drei Straßenbahnen täglich, die immer überfüllt waren – die Passagiere bildeten, was wir damals eine „Traubenbildung“ nannten, um nur irgendwie mitfahren zu können: Sie hingen wie Trauben an der Seite heraus.

Als ich die Straßenbahn hörte, zog ich schnell meinen Regenmantel über meine gewöhnlichen Alltagskleider, um nur schnell mitzukommen. Es muss hinzugefügt werden, dass es zu dieser Jahreszeit im Hause derart kalt war – Holz und Kohlen besaßen wir nicht, und die Temperatur draußen war unter -25 °C –, dass ich mich genötigt fühlte, mir Extrakleidung zu borgen. Man hatte natürlich nichts, alles war im Krieg verloren gegangen. Doch oben in einem Schrank in einem dachlosen Zimmer fand man noch eine alte, von Motten angefressene Jacke, eine Jägerjacke. Die Jacke sah so aus wie die Kleidungsstücke, die die Bayern auf der Jagd tragen. Motten hatten interessante modische Veränderungen an der Jacke durchgeführt! Aber die Jacke war wenigstens aus Wolle, was bei dieser Kälte für mich maßgeblich war. Sie war sicher zwei Nummern zu klein, und der grüne Jägerhut mit entsprechendem Federschmuck fehlte, doch sie war warm. So hatte ich diese Bayernjacke angezogen, und darüber zog ich schnell meinen Regenmantel, um für zusätzliche Wärme zu sorgen. Alle im Hause hatten sich über mein Aussehen lustig gemacht, aber das machte mir nichts, die Jacke war zwar nicht schön, dafür aber warm. Die anderen Bewohner des Hauses sahen übrigens nicht besser aus als ich, da gab es also keinen wirklichen Grund zum Lachen.

Diese Jacke hatte ich leider vergessen auszuziehen, als sich die Straßenbahn näherte. Ich stürzte aus dem Hause in die Straßenbahn und wurde prompt von der Menge der Passagiere fast platt gedrückt. Da erinnerte ich mich daran, dass ich unter meinem schmutzigen Regenmantel die Jacke trug. In der Universität im Büro des Rektors könnte dieses Kleidungsstück etwas Aufsehen erregen! Was sollte ich machen? In der Straßenbahn konnte ich kaum atmen, geschweige denn meine Jacke ausziehen. Ich hatte keine andere Wahl: So wie ich war, musste ich zur Universität weiterfahren, ganz gleich, ob ich es wollte oder nicht.

Als die Straßenbahn nach einer fast endlosen Fahrt vor der Universität anhielt, strömten zahlreiche Passagiere, halb zerdrückt, aus dem stickigen Wagen heraus. Ich strich mich ein wenig zurecht, sah aber wirklich nach einer solchen Sardinenfahrt und in derartiger Kleidung nicht salonfähig aus! Der Krieg war gerade zu Ende gegangen, niemand wird besser aussehen, dachte ich! Damit tröstete ich mich. Es war bitterkalt, etwa -25 °C, sodass es mir sicher nicht eingefallen wäre, meinen Mantel oder meine Jacke auszuziehen. Bei dieser Kälte hätte so etwas unweigerlich eine

Lungenentzündung hervorgerufen. Also, mutig voran! Ich bestieg die große Treppe vor dem Hauptgebäude und gelangte zu den Haupttoren oben. Erstaunlicherweise öffneten sie sich von selbst, denn ein Diener stand an einem kleinen Fenster im Tor, erkannte die Besucher und öffnete die Tore rechtzeitig. Ich präsentierte meine Visitenkarte, und er las: Dr. Wilder-Smith, Countess of Lisburne Memorial Fellow der Universität London. Der Diener machte eine tiefe Verbeugung und führte mich direkt ins Büro des Direktors.

Der Rektor saß hinter einem riesengroßen Schreibtisch in seinem Büro. Als der Diener an der Tür stand und meinen Namen – so gut er ihn aussprechen konnte – ausrief, blickte der Rektor auf, zögerte, stand auf, hieß mich willkommen und bat mich, näher zu treten. Offenbar war er über meine Bekleidung erstaunt, wenn nicht dazu noch befremdet.

In England gilt ein alter schmutziger Regenmantel als vornehm, besonders wenn er fettig ist – ungefähr so wie die schmutzige, dreckige, fettige Lederhose in Bayern als ein Echtheitssymbol gilt.

Der Rektor erklärte, dass die ganze Fakultät in einem Nebensaal auf meinen geschätzten Besuch wartete. Damit öffnete er eine Tür, die zu einem großen Nebenzimmer führte, wo 30–40 vornehm gekleidete Männer mit ihren festlich geschmückten Damen saßen. Die Damen waren sogar teilweise in langen Kleidern und die Herren im Frack. Sie waren um einen großen ovalen grünen Tisch gruppiert und unterhielten sich, als ich eintrat. Alle erhoben sich. Als sie mich erblickten und der Rektor meinen Namen ausrief, meinte ich, einen leichten Schatten in den Gesichtern dieser vornehmen Gesellschaft feststellen zu können. Könnte ein derart erbärmlich aussehender junger Mann tatsächlich der wichtige Gast von der Londoner Universität sein?

Im Zimmer selbst schlug mir eine Welle sehr heißer Luft entgegen. Ich fing zu schwitzen an. Der Rektor merkte dies. Die Militärregierung hatte der Universität eine besondere Zuteilung von Kohlen bewilligt, damit sie mit dem englischen Gast aus der Universität London einen netten Nachmittag verbringen konnten. Dann trat der Rektor auf mich zu und wollte mir aus dem fettigen Regenmantel heraushelfen.

„Hier im Saal“, sagte er, „ist es viel zu warm. Sie müssen ablegen, sonst werden Sie eine Lungenentzündung bekommen.“

Ich protestierte – ich dachte an meine unter dem Regenmantel versteckte Jacke mit den Mottenlöchern.

„Es wäre mir lieber, nicht abzulegen“, antwortete ich unbeholfen! Aber der Rektor bestand auf seinem Vorhaben.

Nun, ich war ja ein wenig erkältet und sagte es auch, deshalb wollte ich lieber meinen Mantel anbehalten.

„Nein“, sagte der Rektor. „Sie werden eine Lungenentzündung bekommen, wenn Sie hier in diesem heißen Saal schwitzen und dann wieder bei dieser Kälte hinausgehen müssen.“

Mit diesen Worten kam er von hinten auf mich zu und half mir aus dem Regenmantel! Und somit kam die Bayernjacke zum Vorschein – samt allen Mottenlöchern, den zerschlissenen Taschen und verblichenen grün-gelben Farben! Noch dazu war die Jacke, wie gesagt, mindestens zwei Nummern zu klein für mich. Man hörte direkt, wie diese vornehmen Männer mit ihren festlich geschmückten Damen förmlich den Atem anhielten. So stand ich hilflos da, vor dieser vornehmen, speziell zu meiner Ehre feierlich angezogenen Gesellschaft. Ach, dass die Erde sich öffnen und mich lebendig verschlingen würde, das war mein innigster Wunsch!

Als mich der Rektor für den Vortrag über die Organisation der englischen Universitäten einführen wollte, blieb ihm buchstäblich die Spucke weg – er fand seine Worte nicht! Mir ging es auch nicht besser! Wie würden sie, lieber Leser, einen Vortrag vor einer Gesellschaft halten, die sich die schönsten Feierkleider ausgesucht hat, um den Vortragenden zu ehren, der aber selbst schlimmer gekleidet ist als ein Bettler?

Der Vortrag war sicher der schlechteste, den ich je gehalten habe! Ich spürte, wie die Damen die Mottenlöcher in meinen Taschen zählten und wie die Herren schätzten, wie viele Nummern zu klein mir meine Bayernjacke war. Humor, Schliff, Selbstsicherheit und Redegewandtheit waren vollständig weg. Höflich blieben sie alle, obwohl sie nicht viel Sinn für Humor in dieser Situation besaßen. Bei meinen Freunden in der Stadt waren wir alle ungefähr gleich schäbig gekleidet gewesen, sodass meine Kleidung dort nicht besonders auffiel. Da konnte einer nicht besser als der andere sein.

Oft habe ich über diese Begebenheit nachgedacht und auch meine Lehre daraus gezogen: Hier unter Menschen sind wir alle Sünder, einer mehr oder weniger. Wie wird das aber sein, wenn wir vor Gott und Seiner Herrlichkeit erscheinen müssen? „Und wie den Menschen gesetzt ist, einmal zu sterben, danach aber das Gericht" (Heb 9,27). Ich hatte vor dieser vornehmen Gesellschaft nur den einen Wunsch, meine Jacke auszuziehen und etwas Richtiges anzuziehen, dann hätte ich für mich sprechen können, aber so blieben mir die Worte im Hals stecken! Welch ein Bild von Christus und von uns, der uns unsere unflätigen Kleider selbst auszieht und uns Hochzeitskleider schenkt. Welch große Erlösung in einer solch verlorenen Situation, wenn wir vor Gott erscheinen müssen. Ich freue mich, dass Christus mich nicht nur zur Hochzeit bei Seinem Kommen eingeladen hat, sondern darüber, dass Er mir die passenden „Kleider" dazu schenkt! Auf Erden unter Menschen sind wir mit unseren unflätigen Kleidern (unsere eigenen Werke) gut genug, und niemand unter uns fällt auf. Dort vor Ihm wird es aber ganz anders sein, und dann werden wir für Seine Feierkleider (Seine uns zugesprochenen Werke) dankbar sein. Das Schönste bleibt, dass man solche göttlichen Feierkleider jetzt schon in Anspruch nehmen darf, dass der Christ dieses große Geschenk schon genießen darf.

3. Der Kohlenklau

Wie wir schon erwähnt haben, waren diese Tage des Winters 1946 Tage des sogenannten Kohlenklaus. Der Winter 1946 war bitter, entsetzlich kalt. Die Deutschen hatten selbst im Ruhrgebiet größte Mühe, für die Heizung ihrer zerbombten Häuser irgendwelche Heizmaterialien zu bekommen. Kohlen wurden im Ruhrgebiet gefördert, aber unter den Reparationsgesetzen mussten die Deutschen viele Wagenladungen Kohle täglich nach Frankreich liefern, und diese Reparationen schluckten fast die gesamte Produktion des Ruhrgebiets.

Jeden Tag fuhren über die Rheinbrücke in Köln lange, beladene Güterzüge voller Kohlen nach Frankreich. Die Brücke beim Bahnhof Köln (in der Nähe des Kölner Doms) war mit diesen Güterzügen stark überlastet. Sie war nach der Zerstörung provisorisch wieder aufgebaut worden. Die Züge, vom Rheintal kommend, der französischen Grenze entgegen, mussten einen ziemlich starken Höhenunterschied überwinden. Bei Frost und Eis im Winter konnten die Dampflokomotiven die langen, schwer beladenen Güterwagen oft kaum bewältigen. Man hörte, wie die Lokomotiven ins Gleiten und Rutschen kamen. Die Folge war, dass Männer und Frauen auf die Güterwagen der sehr langsam vorwärts fahrenden Züge kletterten und aus den fahrenden Wagen Kohlen herausschleuderten, die die Böschung hinunterrollten. An den Böschungen standen andere Männer mit Schubkarren, Leiterwagen und sogar alten Kinderwagen, luden die Kohlen auf und transportierten sie nach Hause. An einer sehr steilen Böschung kamen die Züge besonders langsam vorwärts, weil die Lokomotiven keinen festen Griff auf den Schienen bekommen konnten, denn man hatte die Schienen flüchtig mit Öl und Fett beschmiert. Die Lokomotiven kamen oft zum Stillstand. Die Güterwagen waren fast leer, bevor der Zug den Berg überwunden hatte. So kam es vor, dass leere Kohlenzüge in Frankreich eintrafen, was die Franzosen natürlich sehr ärgerte.

Als ein Freund mir den „Kohlenklau" an einem Nachmittag zeigte, fragte ich ihn, was die uniformierten Männer, die an beiden Seiten der Schienen standen und die Waffen trugen, zu bedeuten hätten. Er lachte und sagte, sie seien Polizisten, die geschickt worden waren, um den „Kohlenklau" zu unterbinden. Merkwürdig war die Tatsache, dass diese Polizisten alle von der Bahn direkt wegschauten, ihre Rücken waren alle zur Bahn und zu den Zügen gekehrt. Mein Freund lachte noch einmal herzlich, dann wurde er ernst und meinte, dass es doch gut war, dass diese Polizisten wenigstens ein Herz hatten; auch sie vermochten das Elend des frierenden und hungernden Volkes nicht mehr anzuschauen. Noch dazu kam die Tatsache, dass auch sie (die Polizisten) und ihre Kinder zu Hause froren. Sie bekamen alle einen Prozentsatz der Beute, vorausgesetzt, dass sie die Operation nicht beeinträchtigten!

Was sollte man zu einer solchen Abmachung angesichts der unsagbaren Not sagen? Die Militärbehörde, die ich kannte, wusste sehr wohl um den Kohlenklau, aber unternahm angesichts des Elends nichts dagegen! Sie ließ lieber leere Züge nach Frankreich fahren – die Not war auch ihnen über den Kopf gewachsen.

4. Die Kriegsgefangenen-Arbeit – Rückblick

Wir gehen jetzt zeitlich einige Schritte zurück, damit wir die Zusammenhänge und die Wurzel dieser Versöhnungsarbeit besser verfolgen können. Ehe ich 1946 zum ersten Mal nach Deutschland eingeladen wurde, hatte ich unter deutschen Gefangenen gewirkt. Dies hatte die Militärbehörde dazu bewegt, mich in die Britische Zone in Deutschland einzuladen.

Als der Krieg in Europa gewonnen worden war, befanden sich in England zahlreiche Kriegsgefangene, die aus den meisten Nationen Europas stammten. Alle, die mit den Nazis gekämpft hatten, alle die in deutschen Uniformen gefangen genommen wurden, kamen in Gefangenenlager. Im besetzten Teil Russlands hatten die Nazis auch Russen gezwungen, für die Wehrmacht zu arbeiten. Teilweise durch Tricks und teilweise durch ehrliche Werbung tauchten nun überall in den Lagern Russen, Franzosen, Italiener, Finnen und Norweger auf, die in deutschen Uniformen gefangen genommen worden waren. Daraufhin fing die große Arbeit der Sortierung dieser Soldaten an, denn von jetzt an wollten selbst die Deutschen nicht mehr deutsch sein, sondern irgendeiner anderen Nationalität angehören.

Wie wir schon feststellten, gab es zu wenig Geistliche in der Wehrmacht, um mit der überaus großen Not dieser Lager fertig zu werden. Dazu kam die Tatsache, dass die Feldgeistlichen bei der Repatriierung bevorzugt wurden. Die Not der zerbombten Heimat war so groß, dass man die Pfarrer zuerst nach Hause schickte. Dadurch wurden die Zurückgebliebenen noch stärker benachteiligt. Einige dieser Gefangenen arbeiteten auch bei uns im Krankenhaus, wo ich Forschung betrieb, um Fenster zu putzen und um Böden zu reinigen. Sie meldeten sich freiwillig, um etwas Geld zu verdienen und aus der Langeweile der Gefangenschaft herauszukommen. Jeden Morgen, wenn die Truppe von Deutschen ans Krankenhaus heranmarschierte, wartete an einer Ecke eine kleine Gruppe Juden und spuckte sie an. Sie riefen ihnen Schimpfworte auf Deutsch nach. Die Situation dieser Menschen war wirklich schwer. Die SS-Leute meldeten sich seltener zur Arbeit; man betrachtete sie als zu gefährlich, obwohl viele keine überzeugten Nazis waren. Ihre zerschlissenen SS-Uniformen aber verrieten sie.

Einige christliche Freunde in Cholsey – wo Vaters Farm lag – sahen ihre Wut, und wir beschlossen, etwas zu unternehmen. Wir fragten uns, ob es nicht richtig wäre, diese Gefangenen in ihrer Gefangenschaft – in ihren Lagern – zu besuchen, wie der Herr Jesus Christus uns auffordert, das zu tun. Zu Hause in Cholsey hielt ich mich zu einer kleinen Gemeinde der sogenannten Offenen Brüder. Tausende von Kriegsgefangenen arbeiteten in der Nähe in der Landwirtschaft, sodass ihre Not in dieser Gegend sehr groß war. Obwohl niemand in der Gemeinde – außer mir – Deutsch sprach, suchten wir den Kommandanten eines Lagers in Didcot auf und baten um die Genehmigung, deutsche Bibelstunden und Vorträge zu halten.

Nun, seine Gefangenen saßen Abend für Abend herum, hatten nichts zu tun, sorgten sich die ganze Zeit um ihre Familien und Verwandten. Da wäre Ablenkung irgendeiner Art sicher willkommen. Ich persönlich hatte fünf Jahre lang kaum ein Wort Deutsch gesprochen, hatte aber die Lutherbibel jeden Tag fleißig gelesen und Texte daraus auswendig gelernt, sonst hätte ich die Sprache sicher vergessen. So fingen wir in diesem Lager an, Bibelarbeit und Vorträge zu halten. Die Männer kamen aus Neugierde. In einem Lager in der Nähe von Oxford war der Kommandant selbst entschiedener Christ und begrüßte die Idee von Vorträgen und Bibelarbeit freudig. Oft kamen dort etwa 1000 Mann zu einem Abendvortrag. Propaganda war nicht nötig, spontan strömten sie in die Säle, in denen ich sprach. Man muss noch hinzufügen, dass mein Deutsch damals nicht gut war, denn ich sprach biblisches Lutherdeutsch – das war das einzige, was ich damals kannte. Aber gerade dieses Lutherdeutsch faszinierte die Männer. Es war reines Deutsch und kein Dialekt, das gaben sie zu!

Einmal sprach ich über den sterbenden Schächer am Kreuz – den sterbenden Mann, der den Heiland am Kreuz beschimpfte und dabei die Zusage des Paradieses, ohne irgendein gutes Werk tun zu können, erhielt. Die harten Männer hörten fasziniert zu, als ich die Kreuzigung und ihren Zweck schilderte. So etwas hatten sie nie gehört. Ein Mann aus dem Sudetenland kam danach zu mir mit Fragen. Er hatte die innere Bedeutung der Geschichte – dass Christus uns durch Seinen Tod Vergebung und Heil schenken kann und will – sehr gut verstanden.

„Aber“, sagte er mir, „eins müssen Sie bedenken, damals gab es keine Tschechen“ (er wusste nicht, was ein Schächer ist)!

Die Militärbehörde lud uns dann im Laufe der Zeit ein, überall in den Lagern zu dienen. Viele Männer fingen an, in ihren Bibeln zu lesen. Eine ganze Anzahl wurde gläubig und fing an, unter ihren Kameraden Christus zu bezeugen. Zusammen mit den Gemeinden der Offenen Brüder wirkten wir dann in St. Albans bei Mr. O. C. Hartridge. Dort wurde eine große Anzahl gläubig und bat um die neutestamentliche Taufe. Diese öffentlichen Taufen stifteten viel Segen in den Lagern. Im Lager bei Harpenden arbeiteten wir mit ähnlichen Resultaten. Danach betreuten wir Kriegsgefangene in Didcot, wo es ein SS-Lager gab, in Woking und in Oxford. Viele Männer, besonders die SS-Männer, wussten wirklich nicht, was für ein Buch die Bibel darstellt. Ich hatte in jenen Tagen viele vor mir, die nicht einmal den Namen Jesus Christus kannten – für solche war der Name einfach ein Spottname und nichts mehr.

Im Laufe der Zeit gewannen wir so viel Vertrauen seitens der Kriegsgefangenen und auch der Militärbehörde, dass diese es uns erlaubten, Autobusse in die Lager zu schicken, um die Gefangenen zu uns in die Gemeinde zu bringen. Oft gab es drei bis vier Busladungen in unserer kleinen Gemeinde. Ich weiß, dass der bekannte Evangelist aus Altenkirchen, Westerwald, Anton Schulte, durch eine ähnliche evangelistische Tätigkeit der Offenen Brüder in Schottland zu Christus fand. Jetzt leitet er das Missionswerk „Neues Leben“ in Deutschland. Diese Arbeit damals brachte also hundertfältig Frucht mit sich.

Diese Zeiten waren geistlich gesehen froh und fruchtbar, obwohl die äußere Not im Lande nach dem Krieg groß war. Lebensmittel waren streng rationiert. Was sollte man mit all diesen heimatlosen jungen Männern anfangen? Wir wollten sie nach dem Gottesdienst nicht direkt ins Lager zurückschicken, sondern ihnen ein wenig ungezwungene christliche Gemeinschaft bieten. Wir entschlossen uns also, alle, die den Gottesdienst besucht hatten, zu uns nach Hause einzuladen. Die Einladung wurde nach dem Gottesdienst bekannt gegeben, und wie ein Mann nahmen sie alle an. Sie freuten sich, endlich einmal unter jungen fröhlichen Menschen sein zu dürfen.

Diese Regelung brachte für die Hausfrauen ein ernstes Problem mit sich. Sie wollten Tee und Kuchen anbieten, wie man das nach den Gemeinschaftsstunden zu tun pflegte. Aber wo sollten sie für so viele junge Männer so viel Tee, Kuchen, Butter und Brot hernehmen? Das Ergebnis war, dass jede Familie einen Teil der eigenen Ration opferte. Als aber buchstäblich Hunderte von diesen innerlich und äußerlich Verwahrlosten bei uns in der Gemeinde auftauchten, standen wir da, wie die Jünger vor den 5000 hungernden Menschen zur Zeit Christi. Sollten wir sie leer nach Hause schicken? Viel Essbares besaßen wir nicht, also beteten wir. Nach dem Gebet klingelte das Telefon. Es meldete sich ein Kolonialwarengeschäft in Wallingford. Der Besitzer kannte uns gut. Wir kauften immer bei ihm ein. Er war kein bewusster Christ, aber ein lieber netter Mann. Es war Samstagabend nach der Bibelstunde. Viele waren gekommen, um mit uns die Bibel zu lesen, und wussten, dass wir kein Brot, keine Butter und keinen Belag mehr im Haus hatten. Nun, sprach der Inhaber dieses Kolonialwarengeschäftes in Wallingford am Telefon, es sei Samstagabend und er habe im Laden eine Menge Brot übrig. Er könne es nicht verantworten, all dieses Brot alt werden zu lassen. Er würde uns das Brot ohne Marken verkaufen – unter diesen Umständen sei diese Handlungsweise erlaubt und gesetzlich in Ordnung. Er wusste sehr wohl, dass wir nichts Ungesetzliches tun würden.

Wir sandten einen kleinen Wagen zum Kolonialwarengeschäft, und der Inhaber packte uns das Auto voll bis zum Dach mit Brot.

„Aber was machen Sie mit dem Brot, ist bei Ihnen Butter oder Margarine vorrätig, um sie darauf zu streichen?“

Wir standen verlegen da, denn wir besaßen nichts dergleichen. Er fragte nicht weiter und erschien mit einem großen Korb voller Butter zurück – es handelte sich sicher um mehrere Kilogramm, so viel Butter hatten wir jahrelang nicht gesehen.

„Diese Butter“, sagte er, „ist überdatiert. Wenn Sie sie nicht nehmen, wird sie ranzig. Sie können sie etwas billiger von mir und auch ohne Marken haben.“

Auch das war unter diesen Umständen erlaubt. So nahmen wir dankend die Butter und das Brot, beides ohne Rationierungsmarken, aber gegen Geld entgegen. Wir waren sehr froh, auf diese Weise die „Fische und die Gerstenbrote“ zu erhalten. Wir zahlten und bedankten uns herzlich. Aber er schien einen Moment abwesend zu sein, dann sagte er: „Was haben Sie für Belag für die Butterbrote?“

Wir schauten uns wiederum verlegen an und sagten nichts.

„Warten Sie einen Augenblick“, sagte er und verschwand in seiner Vorratskammer. Nach einigen Minuten tauchte er mit einer riesigen Kiste voller Marmeladengläser auf.

„Diese sind auch überdatiert, aber gut“, sagte er. „Ich darf sie deshalb ohne Marken verkaufen.“

Wir rechneten ab – er gab uns einen tüchtigen Mengenrabatt, denn er wusste, was wir mit diesen Lebensmitteln anfingen – und fuhren triumphierend mit der Beute nach Hause.

Einige der gläubig gewordenen Gefangenen waren über die Ernährungslage bei uns in der Gemeinde unterrichtet und beobachteten mit Freude, wie Gott für Seine Kinder, die Seinen Willen tun wollten, sorgte. Diese und andere Gebetserhörungen stärkten sie im Glauben, denn sie erkannten die Realität des erhörlichen Betens. Aber einige, die noch nicht so weit waren, konnten es einfach nicht fassen, was sie mit eigenen Augen sahen. Sie fragten sich, warum die Freunde der Gemeinde der Offenen Brüder diese Arbeit unter den ehemaligen Feinden taten. Ein junger Gefangener, der die ganze Tätigkeit der Gemeinde beobachtet hatte – aber erst später gläubig wurde –, kam eines Abends zu mir mit der Frage: „Warum tun Sie diese Arbeit? Sie haben von den

Deutschen und den Nazis nur Böses erfahren! Warum tun Sie Gutes? Ist es nicht wahr, was viele, die heute Abend hier sind, im Lager offen behaupten, dass Sie ein Agent der britischen Regierung sind und dass Sie uns eigentlich nur ausspionieren wollen?"

Diese jungen Menschen konnten es nicht begreifen, warum man Gutes tat – besonders denen gegenüber, die Böses getan hatten. Ich fragte daraufhin diesen jungen Mann, der ein Namenschrist war, was der Herr Jesus Christus meinte, als Er Seine Jünger aufforderte, ihre Feinde zu lieben. Böses mit Gutem zu vergelten und die hungernden Feinde zu speisen? Ich zeigte ihm die Stellen in der Bergpredigt, in denen diese Gebote stehen, und las sie ihm vor. Dann bat ich ihn, die Stellen selbst laut vorzulesen, was er tat. Dann fragte ich ihn, was dies bedeutet: die Feinde zu lieben, wenn der Feind hungert, ihn zu speisen und Böses mit Gutem zu vergelten? Er schaute mich fassungslos an. Es war ihm endlich ein Licht aufgegangen.

Die Bedeutung dieser Stellen wurde ihm klar. Und ich fragte ihn, wie er handeln würde, wenn Gott, sein Schöpfer, ihn auffordern würde, seine Feinde zu lieben, und wenn sie hungern, sie zu speisen, und Böses mit Gutem zu vergelten? Was würde er tun, wenn Gott vom Himmel her ihn aufforderte, so zu handeln? Der Schatten eines Lächelns huschte über sein Gesicht, als er ein einziges Wort als Antwort gab: „Gehorchen".

„Haben Sie persönlich irgendetwas dagegen, lieber Freund, wenn wir tun, wie Sie selbst tun würden, nämlich gehorchen?"

„Ach", sagte er, „jetzt verstehe ich, der Glaube ist nicht einfach eine religiöse Angelegenheit, die unverpflichtend im Herzen hockt. Er ist ein Gegenstand des Gehorsams, sonst glaubt man in Wirklichkeit nicht."

Er hatte verstanden, was Jesus meinte, als Er sagte: „Wenn jemand mich liebt, so wird er mein Wort halten" (Joh 14,23). Etwas später kam dieser junge Mann zu einem lebendigen Glauben an den Herrn Jesus Christus als Gottes Sohn.

Diese Arbeit übten wir von 1945 bis 1950 aus, bis die meisten Kriegsgefangenen repatriiert worden waren. Als nun diese Männer in die Heimat zurückkehrten, fanden sie oft traurige Verhältnisse vor. Obwohl einige Kirchen und Gemeinschaften lebendig waren, waren viele tot – sie glaubten nicht an das Wort der Bibel, oder das Wort der Bibel war für sie persönlich nicht verbindlich. Der Glaube ohne Werke war tot, genau wie der Apostel Jakobus schreibt. Da schrieben viele der gläubig gewordenen Männer von der Heimat aus an mich nach London und luden mich ein, dort in ihrer Heimat so weiter zu evangelisieren, wie wir es in den Lagern getan hatten. Ich fuhr, so oft ich konnte, um solche Einladungen von Männern, die ich kannte, anzunehmen. Oft predigte ich in Kirchen, die voll waren, aber keine Dächer hatten. Ich erinnere mich an eine Kirche in der Nähe von Köln, die weder vorne noch hinten Wände hatte – der Wind pfiff während des Gottesdienstes durch das ganze Schiff. Damals störte eine solche Kleinigkeit die Menschen nicht. Sie hungerten nach der guten Botschaft der sterbenden Liebe des Heilandes, und wo diese Botschaft möglichst unkompliziert, aber gediegen verkündigt wurde, da füllten sich Säle und Kirchen.

Mittlerweile herrschte Churchill nicht mehr über England, sondern Mr. Attlee, der Chef der Labour Partei. Als direkte Folge erholte sich England weniger gut vom Krieg als Deutschland, obwohl letzteres Land den Krieg verloren hatte. Deutschland besaß Adenauer, der sehr konservativ war. Mit Erhardt als Finanzminister brachte er das so genannte Wirtschaftswunder zustande. Während meines Besuches 1946 in Deutschland hörte ich folgenden Witz: Bei einer Konferenz zwischen der Besatzungsmacht und der deutschen Behörde fragte ein englischer Offizier, wie lange die Deutschen brauchen würden, um zur Normalität zurückzukehren. Der Deutsche sagte, dass diese Frage präzisiert werden müsse, ehe er eine sachliche Antwort geben könne. „Denn“, sagte er, „wenn sie (die Engländer) uns bei der Normalisierung des Staates und der Wirtschaft helfen, werden wir in 20 Jahren kaum Fortschritte gemacht haben. Wenn sie aber uns die Probleme zu lösen überlassen, dann werden fünf bis sechs Jahre genügen!“ So schätzten die geschlagenen Deutschen die Labour-Regierung Attlees mit Recht ein.

Warum aber all das? Die Antwort ist leicht zu erraten. Ich verdiente als Fellow an der Universität London gut, konnte aber mit dem verdienten Geld wenig anfangen. Man durfte zum Beispiel kein Geld ins Ausland mitnehmen. Wenn ich mich richtig erinnere, erlaubte man uns, im Jahr etwa 150 DM mit ins Ausland zu nehmen. Nun, mit etwa 150 DM Spesengeld für das Ausland pro Jahr konnte man nicht viel anfangen – der Betrag wurde in den Pass eingestempelt, sodass man das Gesetz schwerlich umgehen konnte. Vor der deutschen Währungsreform konnte man nicht erwarten, dass die Deutschen Vorträge und Evangelisationen selbst finanzierten. So verdiente ich Geld in London, das ich auf dem Kontinent ausgeben wollte. Und gerade das Finanzieren der kontinentalen Arbeit wurde mir von Mr. Attlee nicht erlaubt. Bis zum Jahr 1949 kam ich durch. Wir gebrauchten das verdiente Geld, um Pakete nach dem Kontinent zu schicken, Reisen zu organisieren und Christen vom Kontinent nach England einzuladen. Aber jedes Mal, wenn wir für die Arbeit in Deutschland Geld brauchten, war eine Reihe von Bestimmungen zu überwinden. Letzten Endes beschloss ich, Arbeit auf dem Kontinent zu suchen, vorzugsweise in der Schweiz, weil die Währung dort die härteste der Welt war und man sie gebrauchen konnte, wie man wollte. Aber wie sollte man einen solchen Plan verwirklichen? Die Idee der EWG war noch nicht reif und die Grenzen zwischen jedem Land – besonders hinsichtlich der Finanzen – hoch. Wie dieser Plan verwirklicht wurde, braucht ein Kapitel für sich.

Kapitel XII

DIE AUSWANDERUNG AUS ENGLAND

1. Wie ich meine Frau traf – und sie mich

Ein schweizerischer Evangelist namens G. R. Brinke besuchte während des Jahres 1948 die Christen in England. Er hatte gehört, was unter den deutschen Kriegsgefangenen geschah, und wollte diese Armut mit eigenen Augen gesehen haben und auch behilflich sein. So luden wir Herrn Brinke zu uns ein und freuten uns über die brüderliche Gemeinschaft mit ihm. Er war sozusagen auf der gleichen Wellenlänge wie wir. Brinke war gebürtiger Deutscher, aber eingebürgerter Schweizer und stammte aus den Kreisen der Offenen Brüder. Auch andere Schweizer kamen zu uns um diese Zeit, um uns zu unterstützen, darunter war Karl Neuhaus. Er half tüchtig mit und war bei uns, sozusagen, eine „frische Brise“ in seiner unbeschwerten, fröhlichen Art.

Als Ergebnis dieser Verbindung mit der Schweiz wurde ich kurz darauf in die Schweiz eingeladen. Die erste schweizerische Gemeinde, die ich damals kennenlernte, war die Freie Evangelische Gemeinde in Thayngen an der deutsch-schweizerischen Grenze. Ein ehemaliger Heilsarmee-Offizier war der dortige Prediger (Voegelin), der viel Sinn für Evangelisation hatte. Im Laufe dieser Reise begegnete mir ein alter Engländer namens Eoll, der in Zürich bei seinem Schwiegersohn wohnte. Er schlug mir vor, ich sollte in die Schweiz übersiedeln, um die jetzt offenen Türen auf dem Kontinent zu nutzen. Die Schweiz sei zentral, die Währung sei hart und ich würde beim Reisen weniger Zeit verlieren. Er kenne, sagte er, einen wohlhabenden christlichen Industriellen in der Schweiz, der jemand Fähigen suche, um die Forschung seiner Pharmaabteilung zu übernehmen. Herr Eoll nahm mit seinem Freund, dem Industriellen, telefonisch Kontakt auf, stellte mich in der Zentralschweiz vor, sodass ich sofort eingeladen wurde, um diese christlichen Freunde kennenzulernen.

Sie waren äußerst gastfreundlich und lieb zu mir und nahmen mich wie ihren eigenen Sohn auf. Der Hausherr hatte seine Frau verloren und eine Haushälterin hatte die vier Töchter erzogen. Diese war nicht gerade die Person, die er wirklich suchte, aber sie führte den Haushalt bis zum Tod der ersten Frau. Nachher heiratete der Industrielle eine zweite, jüngere Frau, die so gastfreundlich wie eine eigene Mutter war.

Nach all diesen Reisen im Jahre 1948 kehrte ich nach London zurück und arbeitete weiterhin an meiner Forschung. Da wir gute Fortschritte machten, war mein Professor, E. C. Dodds, sehr zufrieden und ließ mich oft beurlauben, um meine Versöhnungsprojekte weiterzuführen. Er wusste, dass die britische Behörde diese Aufgabe als wichtig einschätzte und machte mir deswegen keine Schwierigkeiten.

Im Laufe des Frühjahrs 1949 erhielt ich vom deutschen Zweig „Jugend für Christus" eine Einladung nach Frankfurt am Main, um Vorträge im Bereich der Studentenarbeit durchzuführen. Nun, ich war natürlich mit Studentenarbeit gut vertraut, denn 1946 hatte ich bei der Gründung der Studentenmission in Deutschland (SMD) geholfen. Fritz Laubach, der damals in Marburg Theologie studierte, lud mich nach Marburg ein, wo ich den Studenten oft von Professor Klaus Bultmanns Pult aus das Evangelium verkünden durfte. Günter Dulon und Uli Wewer aus Wuppertal, zusammen mit dem verlobten Paar Zittelmann und Schwöbel, setzten sich in Marburg voll für die Studentenarbeit ein. Als SMD-Team evangelisierten wir in Ehringshausen, wo es während der Heuernte unter den Bauern eine Art Erweckung gab. Die Bauern, ihre Frauen und Kinder sangen während der Heuernte auf den Feldern zum Lob Gottes. Ich weiß noch, wie die damaligen SMD-Studenten über mich entrüstet waren, weil ich meinte, man dürfe während der Erntezeit in einem Bauerndorf nicht evangelisieren; es sei nicht realistisch, zu erwarten, dass die Bauern in den Evangelisationssaal kommen würden, während die Ernte draußen auf dem Feld wartete. Die damaligen SMD-Studenten meinten, dass die Bibel sie auffordere, zu jeder Zeit – zur Zeit und zur Unzeit – die unerforschlichen Reichtümer Christi zu verkündigen. Als ich feststellte, dass ich den Geist in ihnen dämpfte, willigte ich doch ein und half mit. Viele erinnern sich heute noch daran – an die Erweckung in Ehringshausen!

Im Laufe der SMD-Arbeit wurde ich mehrmalig nach Frankfurt am Main eingeladen – das erste Mal im Winter 1946. Da fuhr ich bei eisiger Kälte (-20 °C) in einem offenen amerikanischen Lastwagen von Fritzlar aus, wo ich bei den Amerikanern Vorträge gehalten hatte, nach Frankfurt. Dort wurde ich am Bahnhof abgesetzt, und der Laster fuhr weiter, ohne zu erkunden, ob und wann Züge fuhren. Leider fuhren keine Züge den Rhein entlang Richtung Köln, erst in den Morgenstunden. Der Bahnhof war hoffnungslos überfüllt, Hotels gab es keine, und für die Amerikaner besaß ich keinen Pass, der mir Unterkunft verschafft hätte. Da stand ich mit Hunderten von anderen Menschen die ganze Nacht bei -20 °C in der Nähe einer Dampflokomotive, um etwas Wärme abzubekommen. Das war die längste und auch die kälteste Nacht meines Lebens! Bis zum Morgen hatte ich einen kräftigen Angina-Pectoris-Anfall – und hatte keine Medikamente dabei, um den Anfall abzuwenden.

Im Jahre 1949 erhielt ich die schon erwähnte Einladung von „Jugend für Christus“, in Frankfurt Vorträge zu halten. Der Saal, der uns angeboten wurde, war der Saal der Nord-Ost-Gemeinde in Frankfurt – diese Kirche war eine Personalgemeinde und die Mitglieder waren beschäftigt, das zerbombte Kirchengebäude wieder aufzubauen. Sie verrichteten diese Arbeit selbst – Steineklopfen, Wegräumen des Schuttes, alles wurde selbst und ohne bezahlte Arbeiter durchgeführt, wie das damals oft der Fall war. Das Ergebnis war eine schöne lebendige Gemeinde – auch wenn der Gemeindesaal dürftig war. In dem amerikanischen Zweig von „Youth for Christ“ in Frankfurt diente ich zu gleicher Zeit – die Deutschen und die Amerikaner arbeiteten harmonisch zusammen.

Abend für Abend war der Nord-Ost-Gemeindesaal brechend voll – junge Menschen aus allen Kreisen kamen zusammen. Ich sprach über wissenschaftliche Aspekte des Genesisberichtes und zeigte, dass keine Widersprüche zu den Naturwissenschaften bestanden. Jeden Abend brachte ich die evangelistische Anwendung der besprochenen Erkenntnis. Ich stellte während dieser Vorträge fest, dass allabendlich drei hübsche junge Damen, Schwestern, in einer der vorderen Reihen saßen. Sie passten sehr genau auf und zeigten keine Neigung, dabei einzuschlafen. Ich wählte manchmal ausgefallene Texte aus Büchern der Bibel, die die meisten oberflächlichen Leser der Bibel nicht fanden – Bücher wie Nahum, Obadja, Haggai und Esra. Nun, wenn man vorne auf dem Pult steht und die Zuhörer bittet, einen Text aus einem solchen Buch zu lesen, findet man sehr schnell heraus, wer seine Bibel ernsthaft liest. Meine diesbezüglichen Beobachtungen zeigten mir schnell und auch eindeutig, dass diese drei jungen Damen ihre Bibel gut kannten! Es stellte sich auch heraus, dass sie nicht nur sehr hübsche, gebildete junge Damen waren, offenbar waren sie dazu überzeugte Christen. Ich erfuhr im Laufe der Abende, dass ihre Mutter die Frau Pfarrer selbst war und ihr Vater natürlich der Herr Pfarrer der Gemeinde.

Ich war schon über 30 Jahre alt und immer noch Junggeselle. Meine Mutter sorgte sich um mich, denn sie meinte, dass ich „komisch" würde, wenn ich viel länger Junggeselle bliebe. Das „kritische Alter" hatte ich ihrer Meinung nach schon längst erreicht! Sie war der festen Überzeugung, dass es nicht gut ist, wenn der Mann (oder die Frau) allein bleibt. Es sei wichtig, dass man sich nicht nur gegenseitig liebt, hegt und pflegt, man müsse sich auch gegenseitig erziehen und zurechtweisen, wo das nötig ist. Meine Antwort an meine Mutter war immer die gleiche: Besser nicht heiraten, wenn man die Frau, ohne die man nicht leben kann, noch nicht gefunden hat! Sie meinte, dass ich mich mehr bemühen müsste.

Ein junger Mann hat eine schwere Aufgabe zu bewältigen, wenn er auf diesem Gebiet Fortschritte machen will. Er muss zuerst den Namen der jungen Dame, die ihn interessiert, erfahren – keine so leichte Aufgabe, wenn man etwas unbeholfen ist, sich in einem fremden Land befindet und sich nicht blamieren will. In gehobener Gesellschaft pflegte man es nicht, so zu tun wie in den USA – ein „Dating" mit einer jungen Dame war undenkbar. Man lud die junge Dame höchstens in die Familie ein. Beim „Dating" lädt der junge Mann die junge Dame in irgendein Restaurant ein. Dort unterhalten sie sich und entscheiden, ob sie zueinander passen. Eine solch plumpe Methode wollte ich nie wählen, es klingt zu sehr nach Kuhhandel. Darüber hinaus kann ein Mädchen sich viel leichter verstellen als ein Mann. Die Atmosphäre eines Restaurants oder einer Tanzhalle ist künstlich.

In einem Restaurant wird man bedient, was im Leben selten der Fall ist. Im Leben muss man selbst dienen. Auf dem Tanzboden ist man gut gekleidet, die Manieren aller sind besonders geschliffen und man gibt sich große Mühe, einen guten Eindruck zu machen. Im Leben sind diese Verhältnisse oft nicht gegeben. Ich wollte eine eventuelle zukünftige Partnerin im Leben sehen, nicht im Restaurant unter künstlichen Verhältnissen! Wollte sehen, wie sie mit ihrer Mutter, mit ihrem Vater und mit ihren Geschwistern umgeht. In der Familie sieht man, ob sie (oder er) wirklich das lebt und vorlebt, was man im Herzen zu glauben vorgibt. Die Familie ist die wirkliche Basis, nicht nur des sozialen Lebens, sondern auch des Glaubenslebens. Politiker, die Gesetze erlassen, die familienfeindlich sind, sind Feinde des Glaubenslebens.

Nun, ich wurde in die Verhältnisse der Pfarrfamilie in Frankfurt am Main eingeladen. Alle drei Töchter waren nicht nur hübsche junge Damen, sie waren gläubig und pflegten offenbar ein herzliches, echtes Verhältnis zu ihrem Vater und ihrer Mutter – auch zu der Hausgehilfin. Was ich dort in Bezug auf ihr Familienleben sah, beeindruckte mich sehr. Aber als etwas erfahrener Wissenschaftler und Christ darf man sich auf einer Auslandsreise von einer hübschen jungen Dame nicht einfach umwerfen lassen! Es ist wohl weiser, etwas abzuwarten, ehe man sich entscheidet, ob man diese Richtung verfolgen soll! Ich betete deshalb viel über diese Angelegenheit und kam zu folgendem Schluss: Ich würde jetzt bei diesem Besuch gar nichts verlauten lassen und meine Neigung nicht zeigen. Wenn aber Gott es so lenkte, dass ich noch einmal nach Frankfurt eingeladen würde, dann wüsste ich, dass diese Begegnung eine Führung Gottes sei.

Diese Entscheidung war gar nicht leicht zu treffen, denn eine Tochter der Familie Gottwaldt – so hieß die Pfarrfamilie – war schon verlobt, was man sehr gut verstehen konnte! Es war die jüngste Tochter. Ich hielt die Tochter, für die ich mich interessierte, für die jüngste. In diesem Punkt hatte ich mich getäuscht, denn sie war tatsächlich die mittlere Tochter und ihr Name war Beate.

So reiste ich nach England in mein Laboratorium zurück und arbeitete weiter in London. Im Laufe des Sommers erhielt ich aus heiterem Himmel einen Brief von „Jugend für Christus" in Frankfurt. Man fragte an, ob ich nicht noch einmal nach Frankfurt kommen könnte, um dort Vorträge zu halten, denn die Frankfurter Jugend sei aufgeschlossen für meine Art der Botschaft. Ich schrieb zurück, dass ich während meines Urlaubs kommen könnte, die einzige Bedingung sei, dass man mich irgendwie unterbringt. Es kam die Antwort, man hätte für mich Unterkunft gefunden, wo, sagte man mir jedoch nicht!

Als ich dann im Spätsommer in Frankfurt eintraf, wurde ich gleich zu meiner Unterkunft geführt – ich war ja schon gespannt, wo diese sein würde! Und ... Wunder aller Wunder ... es war im Studierzimmer des guten Herrn Pfarrer Gottwaldt! Mehr Platz gab es in ganz Frankfurt nicht! Das Wohnungsamt erlaubte den Pfarrern ausnahmsweise, ein Studierzimmer zu besitzen, sonst hätte nicht einmal diese Pfarrfamilie die Möglichkeit gehabt, einen Gast aufzunehmen. So zog ich gerade dort ein, wo ich sein wollte – sozusagen im Nest selbst!

Nach den Abenden sprachen wir in der Familie oft bis sehr spät in die Nacht hinein. Wir unterhielten uns über Prophetie, über Fortschritte in der Krebsforschung, über Freimaurerei und über die Aussichten, einen neuen Krieg zu vermeiden. Damals war das politische Verhältnis zu Russland sehr angespannt. Die Lage um Berlin und um die Ereignisse, die zur Luftbrücke führten, waren alle höchst aktuell. Wir sprachen über moderne Wissenschaft und ihr Verhältnis zum Alten Testament und auch über die Offenbarung des Alten und des Neuen Testaments und ihre Lehren für uns in der heutigen Welt. Im Laufe der Woche lernten wir uns gegenseitig gut kennen.

Alles, was ich sah, bestätigte meine tiefe Überzeugung, dass ich Beate um ihre Hand bitten sollte. Die große Schwierigkeit bestand darin, dass die junge Dame derart schüchtern und zurückhaltend war, dass ich absolut keine Ahnung hatte, ob sie meine Hand nehmen würde. Es ist schön und gut, sich in ein hübsches Mädchen zu verlieben, aber es ist schwer, wenn man gar nicht weiß, ob diese Gefühle erwidert werden. Von mir aus war es jetzt klar, dass ich sie um ihre Hand bitten sollte. Aber ob es von ihr aus und ihrer Familie auch so klar war, das war die große Frage. Sie gab mir absolut keinen Anhaltspunkt! In den Tagen dort in der Familie kam ich nie zu mehr als „Guten Tag, Fräulein Gottwaldt“ und „Sind Sie heute sehr beschäftigt?“ Sie hatte immer Vorlesungen im Institut für Kirchenmusik, wo sie Musik studierte, oder sie hatte gerade eine Orgel irgendwo entdeckt, damit sie üben konnte. So viele Instrumente waren während des Krieges zerstört worden, dass es mit dem Orgelstudium und mit dem Üben auf diesem Instrument schwierig war. Sie war viel unterwegs. Aber abends kam sie immer zu den Vorträgen! Sie nahm auch an all den Diskussionen teil. Sie half ihrer Mutter immer fleißig. Sie zeigte auch einen feinen Sinn für Humor, aber mit ihr allein zu sein oder mit ihr allein zu sprechen – nein, da hatte ich gar keinen Erfolg.

Eines Abends, als wir in der Familie zusammensaßen und irgendein Thema besprachen, unterhielt ich mich mit dem Herrn Pfarrer, der eine Frage gestellt hatte. Als ich mitten in der Unterhaltung ganz plötzlich tief in einer Beweisführung steckte, schaute ich aus irgendeinem Grund in ihre Richtung, wie sie zwischen ihren beiden Schwestern saß. Und ich ertappte sie dabei, wie sie mich prüfend ansah. Für den Bruchteil eines Augenblickes trafen sich unsere Blicke – ich erinnere mich noch heute daran, als ob es gestern gewesen ist! Und gerade in diesem Blick meinte ich, etwas mehr als nur bloßes Interesse zu sehen. Aber sicher konnte ich nicht sein, ich hatte ja nie privat mit ihr gesprochen. Aber ich verließ mich auf diesen einen Blick allein, der nur den Bruchteil einer Sekunde dauerte und der ganz spontan war.

Der letzte Abend in Frankfurt kam. Am nächsten Tag sollte ich nach Hof an der Grenze der russischen Zone verreisen. Ich hatte immer noch keine Verständigung mit Beate erzielen können. Ich kam zu keinem privaten Wort mit ihr! Wir saßen bis 23.00 Uhr zusammen in der Familie. Der Ort des Gespräches war natürlich das Studierzimmer des Herrn Pfarrers, sodass ich nicht ins Bett gehen konnte, bis das Studierzimmer geräumt wurde. Zuerst verabschiedeten sich die Töchter mit ihrer Mutter. Der Letzte der ins Bett gehen wollte, war der Herr Pfarrer selbst, der immer dafür sorgte, dass ich alles hatte, was ich benötigte. So waren wir einige Augenblicke allein zusammen im Studierzimmer. Als er sich erhob, um eine „gute Nacht" zu wünschen, sagte ich ihm, ich hätte gerne eine Frage an ihn gerichtet. Er schien sehr erstaunt zu sein, kam wieder ins Zimmer zurück und schaute mich fragend an. Was könnte das wohl für eine Frage sein? Ich war sehr verlegen, denn man muss bedenken, dass ich gänzlich im Dunkeln tappte. Ich wusste nicht einmal, ob Beate noch frei war. So erklärte ich, es handle sich um seine Tochter Beate – einfach nüchtern und sachlich und doch sehr peinlich: „Inwiefern?", fragte er hilflos, wie Väter oft hilflos sind!

„Ja", stammelte ich, noch verlegener als am Anfang (und das war schon maximal verlegen), ob er etwas dagegen hätte, wenn ich um Beates Hand bitten würde. Jetzt kam der gute Vater zum Vorschein, der seine geliebte Tochter schützte.

„Ja", sagte er, „haben Sie denn irgendeine Abmachung mit Beate? Haben Sie mit ihr darüber gesprochen?"

„Nein", sagte ich, „ich konnte nie eine Gelegenheit finden, um zwei Worte mit ihr allein und privat zu wechseln. Sie ist doch so schüchtern!" Dann fügte ich in letzter Verzweiflung hinzu, dass ich nicht einmal wisse, ob sie überhaupt noch frei oder ob sie schon verlobt sei! Weil sie aber so schüchtern sei, wollte ich ihn, den Vater, zuerst fragen, denn ich möchte sie in keiner Weise verletzen.

Nein, sagte ihr Vater, er wüsste von nichts, nichts von irgendeinem Verhältnis, was Beate beträfe. Er wüsste wirklich von nichts, fügte er nachdenklich hinzu. Dann stand er auf, als ob er gänzlich in seinen Gedanken verloren sei. Nach einigen Augenblicken sagte er: „Ich will sie fragen, und morgen gebe ich Ihnen ihre Antwort." Er verabschiedete sich sehr freundlich und verschwand.

Man kann sich wohl denken, dass ich jene Nacht nicht viel schlafen konnte! Aber andere im Hause konnten auch nicht viel schlafen, denn der Vater besprach die Situation sofort mit seiner Frau, und am nächsten Morgen gingen beide Eltern zu ihrer

Tochter und sprachen mit ihr darüber. Beate, die Hauptbetroffene, antwortete, sie wolle sich die Sache gut überlegen. Die jüngste Tochter, die schon verlobt war und immer pfiffig und schalkhaft war, erklärte, sie habe schon immer gemeint, dass die beiden ein Pärchen gäben. Dann rieten die Eltern, dass Beate gut überlegen müsste, dass ich Engländer sei, was mit sich bringen würde, dass sie sich von ihrer Familie trennen müsste. Sie würde eine andere Sprache sprechen müssen und sich in meine Familie integrieren. Auf der Plusseite der Verbindung sei, dass ich eine ungebrochene Stellung zur Heiligen Schrift hätte, was beim Vater und auch bei der ganzen Familie eine sehr wichtige Rolle spielte. Aber auf der anderen Seite, die ganze Familie sei lutherisch. Ich sei ein überzeugter Offener Bruder. Da würden wir alle diese Dinge anhand der Bibel durchsprechen müssen, ehe wir zu einer endgültigen Entscheidung kämen.

In der vorhergegangenen Nacht, als sie noch nichts von der Anfrage wusste, hatte Beate einen Traum – sie hat selten Träume gehabt und gibt auch nicht viel auf sie. Aber diesen seltsamen Traum hat sie nie vergessen können. Im Traum wurde sie mit vielen Situationen im Krieg und Frieden konfrontiert, und bei jeder Situation wurde sie im Traum gefragt, ob sie mit diesem Engländer unter solchen Umständen zusammenleben könnte. „Eigenartig“, dachte sie, als sie vom Traum erwachte, „wie kann ich nur solch einen Traum haben?“

Nachdem mein Mann so liebevoll ausführlich unsere Verlobung geschildert hat, möchte ich hier von meiner Seite nur wenige Worte hinzufügen. Ich war gerade 21 Jahre alt. Gemäß der Heiligen Schrift und der Erziehung und dem Vorbild meiner Eltern war es mir klar, dass ich nie einen ungläubigen Mann heiraten würde. Bewusst war ich bisher auf keine nähere Freundschaft mit jungen Männern eingegangen; denn meine Mutter hatte uns Töchtern einen sehr guten Rat gegeben, den ich jedem jungen Mädchen weitergeben möchte, weil er sich nach 41-jähriger Erfahrung und Beobachtung als wahr bestätigt hat. Dieser Rat meiner Mutter war: „Jede Liebelei nimmt einen Teil von der großen echten Liebe hinweg. Deshalb wartet und bewahrt euer Herz für den einen, euch von Gott bestimmten Mann auf!“ Wir sahen täglich vor Augen, wie glücklich und einig unsere Eltern zusammenlebten und sich bis zuletzt von Herzen liebten. Sie hatten beide in der Jugend den gleichen Rat befolgt, den sie uns weitergaben.

Ich bin überzeugt, dass unter vielen anderen Gründen der heutigen unzähligen Familienkatastrophen auch der Grund eine Rolle spielt, dass durch Verausgabung in mehreren Liebesverhältnissen vor der Ehe der Mensch häufig nicht mehr zu der einen großen Liebe fähig ist, die durch dick und dünn zusammenhält und darin wächst.

Damals, mit 21 Jahren, war ich mit meiner Frau Musica so glücklich, dass ich anderen gegenüber wiederholt erklärt hatte: „Ich werde nicht heiraten! Ich heirate mein Cello."

Und nun kam dieser junge liebenswürdige Engländer in unser Haus, der ein überzeugter Christ und dazu ein Gentleman war! Sollte meine Liebe doch nicht allein der Musik gehören? Ich zog mich zurück. Und dann kam der Traum und direkt danach die völlig unerwartete Anfrage. Plötzlich wurde mir klar, dass Gott in Seiner Güte zu mir durch den Traum gesprochen hatte und mich hatte vorbereiten wollen.

Am nächsten Morgen hatten wir viel zusammen zu besprechen. Beate gab mir ihre Antwort. Seit Jahren ist sie nun meine Frau und treue Begleiterin auf all meinen vielen Wanderungen auf verschiedenen Kontinenten gewesen. Nie haben wir eine bessere Tagesarbeit geleistet. Als ich es an einem Abend wagte, ihren Vater um ihre Hand zu bitten, ohne zu wissen, ob sie überhaupt frei war oder ob sie mich nehmen würde, tat ich die beste Arbeit und war es das beste Wagnis, seitdem ich Christ geworden war! Die Wahrheit eines englischen Spruches habe ich ein für alle Male gelernt. Der Spruch lautet: „A faint heart never won a fair lady!" (Ein zaghaftes Herz gewann nie eine hübsche, feine [= „fair"] Dame!).

Die geplante Reise nach Hof konnte ich ohne Komplikationen ein klein wenig verschieben. Ich tat es, damit wir Zeit hatten, mancherlei zu besprechen und uns rein persönlich näher kennenzulernen. Dann musste ich verreisen. Von Kreiensen aus, als ich auf einen Zuganschluss wartete, schrieb ich meiner Verlobten den ersten Brief. An meinem Geburtstag, am 22. Dezember 1949, verlobten wir uns öffentlich. Seit meiner Bekehrung zu Christus als Student hatte ich keinen wichtigeren, glücklicheren Schritt in meinem Leben getan.

2. Wichtige Entscheidungen

Jetzt schien es also ziemlich klar, dass meine Berufung mich zum europäischen Festland führen würde ... wenigstens die ersten Schritte würden dort sein. Da entschieden wir uns, zuerst meine Eltern auf der Farm in England zu besuchen. Mein jüngerer Bruder Walter war schon verheiratet und hatte drei Kinder. Da würden meine Mutter und mein Vater meine Auserwählte kennenlernen wollen. Meine Mutter und mein Vater waren beide schon alt und wollten es noch erleben, dass ich mich irgendwo niederließ.

Als meine Verlobte und ich vor den wohl bekannten Toren der Farm standen, eilte meine alte Mutter mit ausgestreckten Armen uns entgegen und hieß uns willkommen. Sie schloss meine Auserwählte gleich ins Herz (wer könnte das nicht tun) und begegnete ihr mütterlich und fürsorgend. Mein Vater, der immer kühl war (trotz des rotblonden, jetzt grauen Schnurrbartes), inspizierte die neu in die Familie Kommende sozusagen von der Ferne. Er war nicht unfreundlich, eher neutral, bis er sicher war und seine eigene Meinung gebildet hatte. Er liebte die Deutschen entschieden nicht, war aber immer bereit, Ausnahmen zu machen! Er hieß Beate also höflich willkommen. Er nannte sie immer Beattie. Gleich erfuhr er, dass sie eine bewusste Christin war – das hatte er ja immer vermutet, die junge Dame, die meine Frau würde, müsste doch selbstverständlich Christin sein, das wusste er.

Er beobachtete Beate sehr genau, sah, wie sie still Mutter zur Hand ging. Keine Arbeit war ihr zu viel. Sie hatte gute Umgangsformen. Sie half Mutter beim Stopfen, Abwasch, Staubsaugen, sie unterhielt sich unaufdringlich mit ihm, sprach über seine Interessen, hatte auch keine Mühe mit der Sprache. Sie spielte schön Klavier und kannte die britische Geschichte. All das merkte er genau. Mein Vater war im besten Sinn des Wortes ein Mann, das heißt, für Damen hatte er einen ausgeprägten Sinn. Er wusste sehr wohl, wie sich eine hübsche, gebildete Frau verhielt. Er liebte „Mannweiber“ und „emanzipierte“ Frauen absolut nicht, er verabscheute solche „Spezies“. Eine feminine, bescheidene und hübsche Dame – eine solche erkannte er mit der Zeit immer an. Aber auch solche mussten meinen Vater zuerst gewinnen. Im Laufe einiger Wochen fing bei Vater das langsame „Schmelzen“ des Eises an. Wer konnte gegen Beates Wärme auf die Dauer resistent sein?

Dass das „Tauwetter“ angefangen hatte, wussten wir durch eine an sich kleine Begebenheit.

Jeden Morgen kurz vor 7.00 Uhr bekam Vater seine Tasse Schwarztee ans Bett. Er trank viel Schwarztee, aber die wichtigste Tasse des Tages war die um 7.00 Uhr morgens im Bett. Dieser Tee musste ganz nach Vorschrift gebraut werden, sonst schmeckte er meinem Vater nicht. Der Teetopf musste gründlich mit kochendem Wasser vorgewärmt werden. Dann musste der Teetopf innen trocken sein – das kochende Wasser musste ausgeleert werden, und dann trocknete er von selbst. Dann füllte man so viele gehäufte Teelöffel, wie man Tassen Tee haben wollte, in den Teetopf, plus einen zusätzlichen Teelöffel voller Tee. Dann kam eine halbe Tasse kochendes Wasser oben auf den Tee im Topf. Die Mischung musste drei Minuten ziehen. Danach füllte man Wasser nach, das gerade angefangen hatte, zu kochen, je nachdem wie viele Tassen man gießen wollte. Zwei Minuten warten, erst dann durfte man den Tee ausschenken. Es war ein echter Ritus, den man beachten musste.

Nun, meine Mutter zeigte meiner Verlobten all diese wichtigen Geheimnisse, sodass sie überaus schnell Tee-Expertin wurde. Eines Morgens brachte sie um 7.00 Uhr meinem Vater seinen Tee ans Bett. Er schaute etwas misstrauisch in den neuen Tag hinein, probierte aber höflichkeitshalber die angebotene Tasse. Ein Lächeln erhellte sein ganzes Gesicht, dann sagte er mit ganzer Überzeugung: „Oh, das ist aber ein guter Tee, meine Liebe!“ Das Eis war endgültig geschmolzen, meine Beate hatte den etwas spröden alten Herrn absolut gewonnen. Von jetzt an hieß es immer „my Dear“, wenn er mit ihr sprach, vorher nicht. Aber wer konnte ihrer zarten, aber auch vernünftigen Art widerstehen?! Wenn ein solches Tauen bei Vater geschah, musste es doch bei allen geschehen, denn Vater war sozusagen eine harte Nuss (im guten Sinne des Wortes). Wenn er keinen Widerstand mehr leistete, wer sollte Widerstand leisten?

Zu dieser Zeit bekam ich von einem wohlhabenden Fabrikanten eine Einladung, in die Schweiz zu ziehen, um ihm in der Forschung in seinem Betrieb zu helfen. Er bot uns ein Chalet mit einer netten Wohnung an, das wir nach unserer Hochzeit beziehen konnten. So besuchten meine Verlobte und ich den Fabrikanten in der Schweiz, um die Pläne zu klären. Ich wollte jedoch meine Vortragstätigkeit neben meiner Forschung fortsetzen. Da der Industrielle ein bewusster Christ war, hatte er volles Verständnis dafür. Er hoffte sogar, dass ich in seiner Gemeinschaft auch helfen würde, denn sie war ziemlich gesetzlich und brauchte etwas „frische Luft".

So vereinbarten wir, dass wir die unmöblierte Wohnung im Chalet für eine Nominalmiete von CHF 100 monatlich nehmen würden. Ich würde etwa ein Drittel des normalen Gehaltes für zwei Drittel der normalen Arbeitszeit erhalten – ich würde also 20 Tage im Monat arbeiten, zehn Tage seien dann für evangelistische Arbeit zur freien Verfügung. Dafür bekäme ich etwa CHF 400, abzüglich Miete CHF 100 = CHF 300 im Monat. Aber für alle verwertbaren Erfindungen und Entdeckungen, die seine Firma auswerten könnte, würde er mir ein angemessenes Honorar zahlen. Wir meinten, auf diese Weise auf etwas Gehalt verzichten zu können, sodass wir später, wenn die Forschung gut gerate, ein unabhängiges Einkommen zur Verfügung haben würden. Diese Überlegung, dass man auf etwas verzichtet, um zukünftige Freiheit zu gewährleisten, hat sich auch bewährt. In einigen Jahren war ich selbstständig genug, finanziell gesehen, um eine Position als Privatdozent an der Universität Genf zu übernehmen. Aber am Anfang unserer Ehe war es, finanziell gesehen, für meine Frau und mich schwer, denn wir mussten alles kaufen, was ein junges Ehepaar braucht. Es war unser Prinzip, keinerlei Schulden zu machen. So kauften wir nur das, was wir bar bezahlen konnten. Unser Fabrikant bot uns wiederholt Darlehen an, aber wir lehnten sie freundlich ab. Die ersten Monate unserer Ehe schliefen wir auf einer einfachen Couch – nicht auf einer Doppelcouch, sondern auf einer ganz schmalen Couch, die wir immer noch in unserem Haus in Einigen als Andenken aufbewahrt haben.

3. Die Vorbereitung auf die Hochzeit

Jetzt begeben wir uns wieder zeitlich einige Schritte rückwärts, um einen Überblick zu bekommen. Die internationale Lage war damals so, dass wir beide wünschten, die gleiche Nationalität und den gleichartigen Reisepass zu besitzen. Meine Frau hätte deutsch bleiben können, doch verursachten verschiedenartige Pässe beim Reisen oft Mühe. Die Devisenbestimmungen waren für Deutsche sehr strikt und unangenehm.

Einmal reisten wir beide als Verlobte in die Schweiz und passierten den Zoll in Basel. Ich besaß einen britischen Pass, meine Verlobte reiste noch mit ihrem deutschen Pass. Der Zoll achtete streng darauf, dass die neue D-Mark (es war direkt nach der Währungsreform) nicht in die Schweiz kämen. Als Engländer musste ich durch eine bestimmte Zollkontrolle gehen und Beate, als Deutsche, durch eine andere. Wir wollten uns auf der anderen Seite der Kontrolle wiedertreffen. Aber sie erschien nicht. Ich wartete und wartete, doch sie kam nicht mehr zum Vorschein. Deshalb konfrontierte ich den Zollbeamten und fragte, was da los sei. Ich war ärgerlich über diese Schikane, denn nichts anderes als Schikane war es.

Die Ursache war aber leicht zu erklären. Beate hatte mir, nachdem wir aus dem Zug ausgestiegen waren, ihr Portemonnaie gegeben, weil ich das ganze Geld bei mir haben wollte – die Bestimmungen waren für mich leichter als für die Deutschen. Oben im Schweizer Bahnhof hatte man eine Beobachtungsstelle eingerichtet, von der aus man alle Passagiere unbeobachtet kontrollieren konnte. Der Beamte hatte beobachtet, wie Beate mir das Portemonnaie gab – sie tat es ganz offen, was ihr Recht war –, und hegte den Verdacht, dass wir etwas aus Deutschland hinausschmuggeln wollten. Mich durfte er als Engländer nicht kontrollieren, deshalb kontrollierte er sie, als sie allein durch die

Kontrollstelle hindurchging. Man hatte sie bis auf die Haut untersucht und beteuerte ihr immer wieder, dass sie jetzt, ehe man ihr die letzten Kleidungsstücke wegnahm, immer noch beichten könnte, was sie schmuggeln wollte, ohne bestraft zu werden! Sehr erstaunt waren sie, als sie tatsächlich gar nichts fanden.

Mit dem verantwortlichen Beamten trieb ich dann ein wenig mehr als Seelsorge und fragte ihn, ob er nie ein wenig Psychologie gelernt hätte. Man solle die Opfer dieser Art Schikane zuerst genau ansehen! Es war doch klar, dass ein solches Gesicht nie etwas Unrechtes oder Kriminelles tun würde. Er sah, dass ich das Portemonnaie entgegengenommen hatte, warum kontrollierte er mich nicht? Die Antwort war, er hatte Angst, so etwas zu wagen, weil er meinen blauen Pass erspäht hatte. Aus diesem und anderen Gründen entschieden wir uns für eine gemeinsame Nationalität, ein gemeinsames Bürgerrecht.

4. Glaubensüberlegungen

Als meine Freunde bei den Offenen Brüdern erfuhren, dass ich eine lutherische Frau heiraten wollte, schüttelten die meisten von ihnen mit Nachdruck den Kopf. Aber nicht nur das: Als die Lutheraner hörten, dass die Tochter eines lutherischen Pfarrers einen Offenen Bruder – also einen Freikirchler – heiraten wollte, hatten auch sie Stoff, über den sie reden konnten. Wir würden die innere Gemeinschaft, die für jede christliche Ehe eine „conditio sine qua non" ist, nie erlangen. Doch sie irrten sich.

Es war gar nicht so, dass ich ein „sturer" Freikirchler war, ich hatte auch nach meiner Bekehrung viel in Staatskirchen gedient und ich wurde ja in der anglikanischen Staatskirche erzogen, die lehrmäßig fast katholisch ist. Die anglikanische Kirche praktiziert die Kindertaufe und die Konfirmation ähnlich wie die Lutheraner und die Katholiken. Die Praktiken der Staatskirchen waren mir gut bekannt. Meine Verlobte und ihre Familie dienten in Staatskirchen und auch in Freikirchen und Gemeinschaften. Für sie alle, wie auch für mich, war eine echte biblische Bekehrung zu Christus die Hauptsache und nicht irgendeine Kirchenmitgliedschaft. Die ganze Familie hatte immer Gemeinschaft mit den Offenen Brüdern gepflegt. Hudson Taylor und George Müller (beide Offene Brüder) waren für sie Vorbilder christlichen Lebens. Diese beiden Männer waren sogar die Gründer der Bewegung, die man Offene Brüder nennt.

So hatten wir schon von Beginn an sehr viel Gemeinsames auf den meisten Gebieten unseres Glaubens. Aber klar war es, dass aufgrund unserer verschiedenartigen christlichen Erziehung früher oder später Fragen auftauchen würden. Fragen zur Taufe, zum Abendmahl, zur Konfirmation, das Verhältnis von Werken zum Heil, würden sicherlich zur Sprache kommen. Wie sollte man sie lösen? Die Ehegemeinschaft ist eine sehr tiefgehende Gemeinschaft. Da sollte man Einmütigkeit erreichen können, wenn man gemeinsam all den Stress des Lebens meistern will. Man kann solche Einmütigkeit nie erzwingen, das war uns klar. Meine Frau konnte nicht einfach sagen, sie unterstütze mich in all meinen Überzeugungen, wenn sie in Wirklichkeit selbst nicht davon überzeugt war.

Warum taufen die Offenen Brüder anhand des Neuen Testaments keine Säuglinge, sondern nur Menschen, die nachweislich eine Bekehrung erfahren haben? Warum empfangen sie am Abendmahlstisch ausschließlich die, die bewusste überzeugte Christen sind und die ein entsprechendes Leben führen möchten? Warum tauft der Lutheraner Säuglinge und behauptet dabei, dass sie durch die Säuglingstaufe Glieder des Reiches Gottes werden? Warum darf nur derjenige, der in ihrer Gemeinschaft als Säugling getauft wurde, konfirmiert werden? Ist diese Konfirmation biblisch begründet? Glauben die Offenen Brüder an die sogenannte „Vollinspiration" der Heiligen Schrift, was viele Theologen der Landeskirchen und auch der Freikirchen heute ablehnen?

Wir hatten diese und viele andere Probleme prinzipiell zu lösen, ehe wir es wagten, die Ehe einzugehen. Denn wir trachteten nach echter Erkenntnisgemeinschaft. Wir wollten (und wollen) alles in unserer Ehe im Sinn des Geistes Gottes lösen. Wir glaubten und glauben, dass Gottes Wort Geist ist. „Die Worte, die ich zu euch geredet habe, sind Geist", sagte der Sohn Gottes (Joh 6,63). Wenn wir also im Geist der Eintracht Gottes leben wollten, müssten wir zwangsläufig alles nach dem biblischen Wort in unserer Ehe einrichten. „Trachtet aber zuerst nach dem Reich Gottes und nach Seiner Gerechtigkeit, und dies alles wird euch hinzugefügt werden“ (Mt 6,33) war unser Prinzip, das wir in unserer Ehe in die Praxis umsetzen wollten und wollen. Aber wie geschieht all das in der Praxis?

Beate und ich kamen zum Schluss, dass ein Paar in unserem Fall am besten so vorgehen sollte: Wenn Fragen der Doktrin und der Praxis auftauchen – zum Beispiel ob man ein Kind als Säugling taufen soll oder nicht – wollten wir die Entscheidung für unsere Handlungsweise durch ein gemeinsames Studium der Praxis und der Lehre der Bibel anhand einer guten Konkordanz treffen. Wir wollten altbekannte Traditionen außer Acht lassen und versuchen, herauszufinden, wie die Apostel gehandelt und gedacht haben, und dann einmütig danach handeln. So setzten wir uns oft zusammen, nahmen eine Konkordanz zur Hand und suchten zuerst alle betreffenden Bibelstellen. Es gab ja damals noch nicht Bibelkonkordanzen-Software. Nachdem wir alle Bibelstellen, die Auskunft über das betreffende Problem erteilen, gelesen hatten, versuchten wir anhand der Urtexte, zu klären, was sie aussagen. Wir beteten dann über die so gewonnenen Erkenntnisse und versuchten ernsthaft, diesen Erkenntnissen entsprechend unsere Ehe zu führen. Die Praxis des Wortes Gottes sollte unser Eheleben kennzeichnen.

Mein zukünftiger Schwiegervater als gläubiger Pfarrer war mit dieser Lösung sehr zufrieden, meine Schwiegermutter auch. Denn sie waren alle eine Familie des einen Buches und hatten wegen ihrer biblischen Einstellung auch in ihrer Kirche viel auf sich genommen. Sie waren also froh darüber, dass wir uns gemeinsam entschieden hatten, den biblischen Weg zu gehen. Für heutige verlobte Paare können wir keinen besseren Weg und Rat empfehlen. Gemeinschaft in der Ehe wird durch Wachstum in der Praxis und Erkenntnis des Wortes Gottes erreicht. Der erste Johannesbrief lehrt uns, wenn wir im „Licht wandeln“ (und das Wort Gottes ist unser Licht), so werden wir miteinander echte Gemeinschaft erleben. Wir haben gerade diese Gemeinschaft unser ganzes Eheleben hindurch erlebt.

So wuchsen wir während der Monate der Verlobung innerlich zusammen. Und je mehr wir uns innerlich näher kamen und zusammenwuchsen, desto schöner wurde unsere Gemeinschaft. Wir freuten uns mehr und mehr aneinander. In den Familienferien fuhren wir mit den Eltern in die Schweizer Alpen und unternahmen gemeinsame Bergwanderungen. Einige Male wählten wir das Tessin als Ferienort und freuten uns an der damaligen italienischen Kultur und an den Gondeln auf dem Lago Maggiore (heute gibt es sie nicht mehr)! All das ist jetzt kaum mehr im Tessin zu sehen – die alte italienische Kultur starb relativ schnell aus. Die italienische Schweiz wurde praktisch zu einer deutschen und einer deutsch-schweizerischen Kolonie, sodass selbst die italienische Sprache gefährdet wurde. Jetzt unternimmt die Schweiz viel, um die italienische Sprache und Kultur zu erhalten. Als wir dann an Beates 22. Geburtstag, dem 17. September 1950, Hochzeit feierten, wählten wir San Nazarro am Lago Maggiore im Tessin als Ziel unserer Hochzeitsreise. Aber mehr dazu im dritten Teil „Gemeinsames Leben“.

Zusatz von Beate:
Vor der Hochzeit gab mir meine Mutter zwischen all den äußerlichen Vorbereitungen mit ihr und unserer treuen Marthel (Haustochter) allerlei gute Hinweise für das zukünftige Leben zu zweit, die mir bis heute eine Hilfe sind. Einen davon möchte ich hier wiedergeben, weil er mir besonders wichtig scheint. So sagte sie mir: „Beate, um in der Ehe glücklich zu werden, muss man sich zweimal verheiraten. Das erste Mal sagt man *Ja* zueinander, weil man so verliebt ist, dass man an dem anderen keinen Fehler sieht. Wenn man eine Zeit zusammenlebt, merkt man bald, dass der andere auch Fehler hat – wie man selbst auch. Dann muss man noch einmal bewusst zu ihm mit allen seinen Fehlern und Schwächen vor Gott *Ja* sagen und ihn in Liebe so akzeptieren, wie er ist.“

Teil II

BEATE WILDER-SMITH
(GEB. GOTTWALDT)

Kapitel I

FAMILIE

1. Die Verwandtschaft

Breslau in Schlesien, damals Deutschland, ist meine Geburtsstadt. Meine Mutter stammte aus einem alten Geschlecht von Pfarrern, Lehrern und Industriellen. Mein Vater, ebenfalls Pfarrer, kam aus einem sehr musikalischen Haus mütterlicherseits. Meine Großmutter – mit Wiener Blut in sich – spielte gut Klavier, improvisierte gern und komponierte hin und wieder. Leider starb sie sehr früh, sodass wir von ihrer liebenswürdigen graziösen Art nur durch Erzählen wissen. Mein Großvater väterlicherseits kam aus einer sehr tüchtigen Handwerkerfamilie, die wirtschaftlich mit ihren fünf Kindern sehr genau rechnen musste, um durchzukommen. Da der Vater sehr früh starb, fiel ein großer Teil der Verantwortung für die Familie auf meinen Großvater, der ein verantwortungsbewusster Sohn war. Er verdiente, wo er konnte, als Schüler Geld nebenbei, um der Mutter in dem Familienunterhalt zu helfen, und verschaffte sich selbst mit Fleiß, Arbeit und Begabung eine gute höhere Schulbildung. Er arbeitete dann in der höheren Postverwaltung. Seine Haupteigenschaft, an dic ich mich mit meinen beiden Schwestern erinnern kann, war, anderen eine Freude zu machen, und darin war er sehr erfinderisch. Er wohnte nach seiner Pensionierung jahrelang bei uns im Haus und begleitete uns auch mehrmals in die Ferien, die er uns mit seinen originellen Ideen und dem Wunsch und den Mitteln, Freude zu bereiten, immer sehr verschönte.

Von frühester Jugend an veranstalteten unsere Eltern in unserem großen alten Zehn-Zimmer-Pfarrhaus Musikabende, Künstlerabende, Dichterlesungen und Vortragsabende, die unsere Jugend unsagbar bereichert und verschönt haben. Ich brachte ja meine Jugend mit meinen Schwestern, Rosemarie und Christiane, während des Hitlerregimes und des Zweiten Weltkrieges zu – mit all dem damit verbundenen Stress, so dass unser heiles, frohes Familienleben ein Paradies inmitten der Hölle darstellte. In diesem Paradies konnten wir uns Kraft und Ausdauer für den Alltag holen.

2. Kraschnitz und die Anstalt für Geisteskranke und Geistesschwache

Meine ersten Erinnerungen reichen zurück in die Zeit, als mein Vater (1933–1937) Leiter einer Diakonenanstalt in Kraschnitz, Schlesien, war. Die Diakone wurden nach biblischen Prinzipien zum Dienst in Gemeinden und an Kranken ausgebildet. Ein großer Teil von ihnen arbeitete später in einer christlichen Anstalt für 700 Geisteskranke und 700 Geistesschwache in Kraschnitz, die von einem gläubigen Adeligen, Graf von der Recke, gegründet worden war und in der geistig Behinderte in vorbildlicher christlicher Liebe gepflegt wurden. Unsere Familie ging gern die Behinderten besuchen, die besonders an meinem Vater hingen, weil er mit ihnen scherzte; eine Anzahl von ihnen waren echte frohe Christen. Mehrere von ihnen, obwohl behindert, waren auf verschiedene Weise begabt: kunstgewerblich, schauspielerisch, musikalisch und im Memorieren. Einer der jungen Männer, Lothar, kannte sein ganzes Gesangbuch auswendig. Fragte man ihn: „Welches Lied steht auf Seite 111?“, antwortete er sofort: „Welch ein Freund ist unser Jesus.“ Aber auch umgekehrt konnte er antworten.

Ein Junge von etwa zwölf Jahren war ein brillanter Kopfrechner, der selbst komplizierte Rechenaufgaben lösen konnte. Andere, musikalisch begabt, spielten Musikinstrumente, und wieder andere spielten talentiert ihre Rollen in Theaterstücken zu Weihnachten oder sonstigen festlichen Anlässen. Bewundernswert war es immer wieder, mit wie viel Liebe und Hingabe sich die Diakone und Diakonissen ihren Pflegebefohlenen widmeten. So erzählten sie ihnen auf verständliche Weise die biblischen Wahrheiten und Geschichten. Das Wunderbare war, dass viele dieser Behinderten ein kindliches Vertrauensverhältnis zu ihrem Heiland hatten und darin glücklich lebten.

So führte mein Vater uns manchmal zu einem etwa 30-jährigen Mann, der in einem schön zurechtgemachten Korbbett lag. Er hatte weder Arme noch Beine – oder nur sehr verstümmelte – und konnte nur liegen. Aber er hatte Besucher, die gerne kamen, denn er hatte ein strahlendes Wesen und einen festen Glauben, der ihn glücklich und zufrieden machte, trotz seines schweren Loses. Die Pfleger liebten ihn, und er wurde manch einem niedergeschlagenen „Gesunden" zum Trost.

Die Behauptung vieler heutzutage, dass das Leben solcher Behinderter nicht lebenswert sei, stimmt einfach nicht. Viele von ihnen leben ein frohes, erfülltes Leben innerhalb ihrer Einschränkungen, von denen wir lernen und uns erziehen lassen können. Leid und Not im Leben, ganz gleich welcher Art, ist uns von Gott gesandt, um zu lindern und zu helfen, wo wir können. Wo wir es nicht können, dient es zu unserer Prüfung und Erziehung, die wir mit Gottes Hilfe und Kraft zu akzeptieren lernen wollen.

In dieser Anstalt lebte auch einige Jahre lang eine alte Gräfin, die sich jeden Tag zu einer bestimmten Zeit feierlich anzog, dann zum Bahnhof spazierte und dort Hunderten von Soldaten und Offizieren die Parade abnahm. Sie nahm den Salut entgegen und machte all die feierlichen Formalitäten durch, obwohl nicht eine einzige Person zugegen war. Sie lebte in der Fantasie altvergangener Zeiten und bildete sich in ihrer Vorstellung alles nur ein.

3. Der Abtransport der Behinderten

Einige Jahre später zog unsere Familie von Schlesien nach Pommern, wo mein Vater eine Stadtgemeinde übernahm. Dort erfuhren wir später durch Bekannte, dass die Nazis sich der Geisteskranken und Behinderten entledigen wollten. Sie setzten einen Tag fest, an dem alle Insassen der Anstalt ein Examen abzulegen hatten: Sie mussten Rechenaufgaben lösen, Diktate schreiben und eine Anzahl von Fragen beantworten, die dann ausgewertet wurden. Eine Prüfungskommission entschied dann, dass nur die Behinderten mit den besten Zensuren in dem Heim bleiben durften. Alle anderen, die schlechter abgeschnitten hatten, wurden in Eisenbahnwagen geladen, in ein Lager abtransportiert und vergast. Erschütternd war es, dass viele Kranke ahnten, wohin sie abtransportiert wurden. Eine bekannte Diakonisse erzählte uns Jahre später von diesem grausamen Geschehen. Einige der gläubigen Abtransportierten unter ihnen begannen, die ihnen lieb gewordenen christlichen Lieder zu singen und trösteten am Bahnhof die Schwestern, die ihre Tränen nicht zurückhalten konnten: „Weint nicht um uns! Wir wissen, wohin wir gehen. Wir werden bald in der Ewigkeit bei Jesus sein!" Was für tapfere Christen waren sie doch! Als wir diese schrecklichen Nachrichten erfuhren, brach es meinen Eltern fast das Herz.

Doch noch andere Bilder aus meinen frühen Jugendjahren haben sich fest in mein Gedächtnis eingeprägt.

4. Stehlen und Konsequenzen

Meine jüngere Schwester Christiane und ich – wir waren etwa drei und vier Jahre alt – saßen auf dem Rasen der Gartenanlagen vor dem stattlichen Haus und berieten, was wir spielen sollten.

Unsere ältere Schwester, gerade im ersten Schuljahr, arbeitete noch an ihren Hausaufgaben im Haus. Es war Herbst, und die Weintrauben am Haus waren reif zur Ernte. Obgleich der Rebstock auf unserer Seite des Hauses wuchs, gehörte er der Diakonenanstalt und nicht uns. Wir hatten selbst einen schönen großen Garten mit Blumen, Obst und einem Schwimmbecken – allerdings keine Weintrauben. Unsere Augen bewunderten die herrlichen Trauben.

„Eigentlich sollten auf unserer Seite des Hauses die Weintrauben uns gehören und nicht Lachmanns", begann eine von uns das Gespräch.

„Das finde ich auch. Ich glaube, wir könnten mit gutem Gewissen einige davon kosten", antwortete die andere, obgleich uns beiden mächtig das Gewissen schlug. Wir wussten genau, dass es nicht richtig war, fremdes Obst zu nehmen. Nicht weit von uns stand ein umgestülpter Zinkeimer, mit dem wir manchmal spielten. Wir schauten uns vorsichtig um, wir wollten doch nicht ertappt werden, und eilig pflückten wir zitternd zwei oder drei schöne Trauben. Da hörten wir plötzlich die Verandatür aufklinken. Blitzschnell verschwanden die Weintrauben unter dem Zinkeimer, auf den wir uns setzten, um ganz sicher zu sein. Unsere ältere Schwester Rosemarie war mit den Schulaufgaben fertig. Fröhlich sprang sie uns entgegen, um mit uns zu spielen. Scheinheilig begrüßten wir sie von unserem Sitz aus. Plötzlich hielt sie inne, starrte auf unseren Eimersitz:

„Woher habt ihr denn diese Weintrauben?"

In der Eile hatten wir die Weintrauben nicht vollständig unter dem Eimer verstecken können. Es schauten noch einige Beeren an der Seite des Eimers heraus. Betroffenes Schweigen. Meine älteste Schwester hatte ein sehr zartes, empfindsames Gewissen. Sie ahnte, was geschehen war:

„Kommt, wir gehen zusammen zur Mutti!" Schwer betroffen folgten wir. Und dort, bei unserer Mutter, kam dann alles ans Licht. Es half keine Ausrede. Natürlich wurde festgestellt – was wir im Innersten genau wussten –, dass wir Unrecht getan hatten, dass wir gestohlen hatten.

Unsere Mutter tat nun das einzig Richtige in so einer Situation. Sie nahm uns zwei Reumütige an der Hand und ging mit uns zur Hausmutter der Diakonenanstalt, Frau Lachmann, der wir unsere Tat bekannten und um Verzeihung baten. Wie erleichtert fühlten wir uns doch! Aber jetzt folgte etwas sehr Beschämendes: Die gute Hausmutter überreichte uns eine Schale voll der schönsten Weintrauben, schüttelte freundlich unsere Hände und sagte: „Wenn ihr wieder einmal Appetit auf Weintrauben habt, kommt lieber gleich zu mir." An diesem Tag lernte ich eine Lektion fürs Leben, die ich nie wieder vergaß! Abends beim Schlafengehen brachten wir im Gebet die ganze Angelegenheit vor unserem Schöpfer in Ordnung.

5. Der Schlittschuhteich

Eines unserer liebsten Wintervergnügen in Kraschnitz war Schlittschuhlaufen auf einem großen, tiefen Teich außerhalb des Ortes, nicht weit von der Windmühle mit ihrem fleißigen, rundlichen Müller Schnecke. Was für eine Freude war es, auf der großen spiegelglatten Fläche graziös herumzuflitzen, zusammen mit all den Freundinnen!

Nur einen Teil des Schlittschuhteiches hatten uns unsere Eltern streng verboten: den Teil, an dem regelmäßig von Arbeitern Eis gehackt wurde und deshalb ein riesiges gähnendes Wasserloch gurgelte. Die mächtigen Eisbrocken, die hier den ganzen Winter über gehackt wurden, wurden in Erdhöhlen aufgehoben und später zum Kühlen von Lebensmitteln und Weinkellern an Geschäfte, Hotels und Privatleute verkauft. Obgleich die Eisfläche bei weitem groß genug für uns zum ausgedehnten Schlittschuhsport war, zog es uns wie magnetisch und unwiderstehlich in die Nähe der Eishacker und der gefährlichen offenen Wasserstelle. Mit gegenseitigen Ermahnungen und Erinnerungen an das elterliche Verbot hatten wir bis jetzt den Verlockungen dieses magnetischen Feldes widerstehen können.

Nun geschah es eines Winternachmittags, als wir drei Schwestern mit unseren Freundinnen und Bekannten wieder einmal Schlittschuh fuhren, dass wir eine besonders große Eisscholle in der Ferne auf dem eisfrei gehackten See schwimmen sahen. Ein uns bekannter älterer Nachbarjunge sprang mit einem Satz auf die Scholle und forderte alle, die mutig seien, auf, zu ihm auf die Scholle zu kommen und auf dem Wasser herumzutreiben. Ein oder zwei „Mutige“ folgten dem Aufruf auf die Eisscholle. Als er uns erblickte, lud er uns auch zu dem Abenteuer ein.

Wir beratschlagten zusammen, dann begaben wir uns auf unseren Schlittschuhen an den Rand des Wassers und Christiane, meine jüngere Schwester, sprang mit den angeschnallten Schlittschuhen (damals wurden alle Schlittschuhe an hohe Schnürschuhe mit einem besonderen Schlüssel angeschraubt – es gab kaum die heutigen gleich am Schuh fixierten Schlittschuhe) auf das Eisfloß, das sich vom Ufer schwimmend entfernte. Doch es zeigte sich, dass jetzt zu viele auf der Eisscholle standen, denn sie fing rapide an zu sinken, während der Abstand vom Ufer immer größer wurde. Meine kleine Schwester auf den Schlittschuhen war wohl die Jüngste auf dem sinkenden Eis. Den zwei anderen „Mutigen“

gelang mit Mühe – allerdings waren sie ohne Schlittschuhe – der Sprung zurück auf das eisige „Festland".

Eine furchtbare Angst packte Rosemarie und mich: Konnten wir Christiane retten? Unser Gewissen schlug an. Hätten wir doch auf das Verbot der Eltern gehört! Wenn Christiane etwas passierte, könnten wir unseren Eltern nie wieder in die Augen schauen. Uns wurde ganz jämmerlich zumute. Da sah Rosemarie einen langen Stock auf dem Eis herumliegen. Flink ergriff sie ihn, streckte das andere Ende Christiane auf das untergehende Eisfloß hinüber und rief:

„Halte dich fest und spring, wir ziehen!"

Christiane klammerte sich an den Stock, und nach vielem Locken und Zureden wagte sie den Sprung. Mit einem Schlittschuh erreichte sie gerade noch das feste Eis, mit dem anderen Bein und Teilen des Körpers landete sie im Wasser, doch wir alle zogen und und arbeiteten, bis wir sie endlich triefend nass im Sicheren hatten.

Doch die Gefahr war noch nicht vorbei! Klitschnass im eisigen Wind holte man sich sehr schnell eine Lungenentzündung. Glücklicherweise befand sich unter der Freundesschar der Müllerssohn, Paul Schnecke, der uns freundlich nach Hause an den mollig warmen Kachelofen einlud, wo Christiane sich wärmen und trocknen durfte und die gute Müllersfrau uns warmen Tee anbot.

Als wir dann zwei Stunden später nach Hause kamen, galt es, manches zwischen uns und unseren Eltern in Ordnung zu bringen. Im Abendgebet baten wir dann auch unseren himmlischen Vater um Vergebung unserer Schuld und dankten für die freundliche Bewahrung und Hilfe in der Gefahr, die wir durch unseren Ungehorsam verursacht hatten. Unsere Eltern hatten uns von klein auf beigebracht, jeden Abend vor Gott den Tag zu überdenken, alle bösen Taten des Tages zu bekennen und bei Menschen und Gott um Vergebung zu bitten. Wie gut ließ es sich dann mit einem gereinigten Gewissen einschlafen!

Kapitel II

AUSBILDUNG

1. Schulische Erziehung: Lehrer aller Art

Von Anfang an bemühten sich meine Eltern, uns drei Töchtern – wir waren altersmäßig dicht aneinander – eine gute, vielseitige Erziehung und Ausbildung zu geben. Da wir jahrelang im Haushalt zwei junge Mädchen zur Hilfe hatten, konnte meine Mutter neben ihrer Arbeit als Pfarrfrau der Ausbildung ihrer Töchter erhebliche Zeit widmen.

Beide Elternteile waren musikalisch. Noch ehe wir zur Schule kamen, kauften sie uns eine Viertelgeige, und Mutter lehrte uns die Anfänge des Violinenspielens und des Notenlesens mittels bunter Noten und bunt gefärbter Violinensaiten, was uns das Erlernen erleichterte. Auch die ersten Jahre unseres Klavierunterrichtes erhielten wir bei unserer geduldigen Mutter, bis wir in das Alter kamen, wo Kinder besser bei fremden Lehrern lernen und üben. Als wir in die Teenjahre kamen, spezialisierte sich Rosemarie auf dem Klavier, Christiane auf der Violine und ich auf dem Violoncello. Wir bildeten unseren eigenen Familienchor und sangen gern mehrstimmig klassische Chorwerke zusammen, oft mit der meisterhaften Klavier- oder Orgelbegleitung meines Vaters. Oder wir veranstalteten Volksliederabende. An Weihnachten oder zu Geburtstagen begleiteten wir oft unseren Vater bei seinen Kranken- und Altenbesuchen und sangen Choräle und geistliche Lieder.

Mit sechs Jahren trat ich in die Grundschule in Kraschnitz ein und mit zehn Jahren in die Oberschule (Gymnasium) in Gollnow. Da Gollnow nur eine Kleinstadt mit 13000 Einwohnern war, besaß sie nur ein Knabengymnasium, die Barnim-Oberschule. Damals, zu Hitlers Zeiten, gab es bei uns das Gesetz, dass Mädchen die ersten zwei Jahre nicht am Lateinunterricht der Schule teilnehmen durften. Wenn sie aber privat zu Hause Latein lernten und das Pensum und den Anschluss schafften, durften sie in den höheren Semestern am Lateinunterricht der Schule wieder teilnehmen und darin auch das Abitur ablegen. Da wir alle studieren wollten und dazu das volle Abitur in allen Fächern mit Latein Voraussetzung war, erteilte unser Vater uns und einigen Freundinnen den nötigen Lateinunterricht zu Hause, wobei es oft recht vergnüglich zuging. Da wir nur eine kleine Gruppe waren, lernten wir schneller als in der Schule. Später wurde dann dieses Gesetz aufgehoben, sodass wir früher zum Lateinunterricht der Knabengruppe zurückkehren konnten.

Unser Klassenlehrer in der Sexta war ein bemerkenswerter Mann, den wir alle liebten und gleichzeitig fürchteten. Er war streng, aber gerecht, strafte hart, jedoch nicht grausam und lobte, wo es verdient war. Einmalig an ihm war seine außerordentliche Lehrgabe, obgleich er als einziger Lehrer – aber einer der besten – kein „richtiger" Akademiker war, sondern nur in einem Seminar seine Ausbildung erhalten hatte. Er lehrte Deutsch, Mathematik, Biologie und Religion. Hatte man die Grammatik und das Kopfrechnen bei ihm gelernt, vergaß man dies ein Leben lang nie wieder! Wie oft war ich ihm im späteren Leben dafür dankbar. Als Mensch war er uns ein Vorbild. Er war diszipliniert und selbstlos. Er liebte seine Schüler, hatte Zeit und Rat für persönliche Anliegen der Schüler und war ein überzeugter Christ, was er auch in der Hitlerzeit mutig bekannte, obgleich es ihm manchen Verweis einbrachte. Auch einen ausgesprochenen Sinn für Humor besaß Herr Gehrke.

Zu der Botanikstunde musste jeder Schüler immer eine vollständige Pflanze mit Wurzeln mitbringen, die wir dann gemäß Blüte, Blättern und Wurzeln identifizieren und klassifizieren mussten. Fast nie hatten wir es erlebt, dass Herr Gehrke eine mitgebrachte Pflanze nicht kannte, obwohl wir uns bemühten, die ausgefallensten Spezies vorzuweisen.

Deshalb ersannen wir einen Plan, um ihn doch einmal in Verlegenheit zu bringen. Mit viel Mühe und Geschick bastelten wir eine Pflanze zusammen, deren Blüte, Blätter und Wurzel je von einer verschiedenen Pflanze herstammten, aber sehr echt aussah.

Herr Gehrke nahm dieses seltene Stück in seine Hand und beäugte es von allen Seiten: von oben, von unten, nahm die Brille ab, um noch besser sehen zu können, und schüttelte perplex den Kopf.

„Diese Pflanze ist mir neu. Sie scheint auch in keine Klassifikation recht zu passen. Ehe ich euch sagen kann, wie sie heißt, muss ich in meinem Buch nachschlagen."

Wir alle grinsten. Ihm war nicht ganz wohl bei der Sache, doch sagte er nichts mehr und nahm die Pflanze mit nach Hause. Nächste Stunde tauchte er lachend bei uns auf:

„Ihr habt mir mit eurer unbekannten Pflanze einen guten Streich gespielt! Das Kunstwerk war so gelungen, dass ich den Scherz erst zu Hause bemerkte."

In seiner Religionsstunde machte er uns die Bibel und ihre Wahrheiten lieb. Er legte uns wiederholt ans Herz, auch in diesen Zeiten (Drittes Reich unter Hitler) treu den Kindergottesdienst zu besuchen, damit er uns ein Fundament für das Leben geben würde. Wenn wir das jeweilige Pensum des Semesters gemeistert hatten – er paukte mit uns, bis auch der Letzte alle Grammatik- und Interpunktionsregeln, das kleine und große Einmaleins, die mathematischen Grundsätze und Regeln im Schlaf auswendig wusste –, dann las uns Herr Gehrke in den letzten Unterrichtsstunden vor den Ferien als Belohnung Geschichten aus einem gelben Buch „Spione" vor. Das waren die spannenden Lebensgeschichten großer Spione verschiedener Länder, die uns Kinder von zehn, elf Jahren enorm fesselten. Wir freuten uns schon Wochen vorher darauf und strengten uns an, unser Lernpensum früh genug zu schaffen. Diese Spionagegeschichten imponierten mir damals dermaßen, dass ich jahrelang den Wunsch hegte, auch einmal ein großer Spion zu werden!

Wir hatten aber auch andere Lehrer an unserer Schule: Ein Studienrat für Geschichte und Deutsch – ein überzeugter, charakterloser Nazi – bespitzelte die Schüler mündlich und in ihren Aufsätzen über die politische Meinung der Eltern und zeigte sie dann an. Er verriet auch Juden und Halbjuden in unserer Stadt, sodass diese verschwanden. Kein Schüler konnte ihn leiden, da er launisch und ein schlechter Lehrer war, der sich über alles Heilige lustig machte. Er hat meiner zartbesaiteten älteren Schwester manche Not bereitet.

Dann unterrichtete eine Studienrätin, Fräulein Dr. F., an unserem Gymnasium, die aus Stettin zugezogen und ein Unikum war. Sie stellte sich den Eltern folgendermaßen vor:

„Ich bin Fräulein Dr. F., Doktor bitte, denn ich habe viel Zeit und Geld geopfert, um meinen Doktortitel zu erwerben. Ich unterrichte Deutsch, Englisch und Französisch. Ich spiele Klavier (was sie ausgezeichnet tat), rezitiere und tanze solo! Na, und was wollen Sie noch mehr?“ Sie lebte mit ihrem alten Vater zusammen, den die nicht ganz einfache, selbstbewusste Dame mit rührender Liebe und Hingabe pflegte.

Unseren Musikunterricht erhielten wir von einem fähigen Musikdirektor und Kapellmeister, der uns früh und gut in die Fundamente und Regeln der Harmonielehre, Musikgeschichte und des Chorsingens einführte. Musik war sein Leben. Als er mein und meiner Schwestern Interesse und Begabung für Frau Musica entdeckte, nahm er sich viel Zeit und gab sich Mühe, uns weiterzubilden. Bei ihm setzten wir unsere Klavierstunden fort. Er beschaffte mir ein Dreiviertel-Cello (ich weiß nicht, woher, in dieser Kriegszeit, zu der man nichts bekam) und unterrichtete mich darauf. Dazu bildete er mit uns drei Schwestern und einer musikalischen Freundin ein Blockflötenquartett. Darüberhinaus veranstaltete er mit uns auf verschiedene Art – instrumental und vokal – klassische Musikabende in unserem Städtchen.

Vervollkommnet wurde unsere musikalische Ausbildung dann noch durch zwei kompetente Stettiner Künstler: die Pianistin Suske Fromm und den Cellisten O. Philipp. In späteren Jahren war ich Schülerin der Frankfurter Cellistin Ilse Bernatz.

Eine ältere Deutsch-, Französisch- und Englischlehrerin in Gollnow verwandelte sich charakterlich in den letzten Jahren der Hitlerzeit dermaßen, dass sie in ihren Deutschstunden ihre Schüler und Schülerinnen jedes Mal, wenn sie das Wort „Barmherzigkeit“, „Mitleid“ oder „Erbarmen“ benutzten, zurechtwies: „Unser Volk muss hart und stolz und siegreich sein. Deshalb müssen diese Worte aus dem deutschen Wortschatz ausgemerzt werden und dürfen nicht mehr gebraucht werden.“

2. Kartoffeleinsätze im Krieg

Sie war die gleiche Lehrerin, die als Aufsicht mit uns Mädchen zweier Schulklassen zum Kartoffel-Ernteeinsatz auf ein großes Landgut geschickt wurde. Weil die männlichen Gutsarbeiter als Soldaten in den Krieg eingezogen worden waren, wurden für die Ernte Schulklassen eingesetzt. Unsere Lehrerin bewohnte auf dem Gut ein kleines Zimmer, in das sie nur durch unser Zimmer (drei Kameradinnen und ich) gelangen konnte, weil es keinen direkten Zugang vom Korridor besaß. Da sie uns oft tagsüber geärgert hatte, indem sie steif auf dem Feld stehend, ohne einen Finger zu krümmen, hinter uns arbeitenden Mädchen ständig herrief: „Beate, dort liegt noch eine Kartoffel; Gerda, schau mal zurück, du hast noch eine kleine Kartoffel hinter dir nicht aufgehoben; Ute, beeil dich; Ursula, bück dich mal schnell, du hast noch eine vergessen!“, wollten wir es ihr einmal heimzahlen.

Immer wieder huschten auf dem Feld Mäuse ängstlich aus ihren Löchern, um vor der Erntemaschine zu flüchten. Es war uns nicht entgangen, dass „die Spinne“ (der Spitzname der Lehrerin) diese kleinen Vierbeiner nicht besonders gern hatte – ja, dass ihr davor gruselte. Als eines Tages solch eine Maus in die Kartoffelerntemaschine geriet und dabei getötet wurde, hoben wir sie heimlich in einer Tüte auf und nahmen sie abends mit nach Hause.

Wie gewöhnlich plauderte „die Spinne“ abends noch ein bis zwei Stunden mit den Gutsverwaltern, ehe sie sich in ihr Zimmer zurückzog. Diese Zeit nutzten wir, um die tote Maus in ihrem Bett zu verstecken. Dann gingen wir vier Mädchen ins Bett und drehten das Licht aus. Als sie dann leise durch unser Zimmer ging, „schliefen“ wir natürlich alle schon tief. Sie betrat ihr Zimmer, wir spitzten die Ohren. Wir warteten alle auf den Schrei, sobald sie ins Bett ging. Doch kein Mucks! Nach zehn Minuten ging die Tür auf, wir hörten mit einem hölzernen Kleiderbügel etwas auf dem Fußboden herumkratzen, und dann flog mit einem Schwung eine Maus in unser Zimmer und ... die Tür klappte zu. Weder sie noch wir wechselten je ein Wort über diese Mäuseangelegenheit. Wir waren enttäuscht, dass unser Streich keine stärkere Schreckwirkung ausgelöst hatte.

Ein anderes Mal wurden wir zur Kartoffelernte einem anderen Bauern zugeteilt. Ich erinnere mich an die nächtliche Reise vom Zielbahnhof zum Bauerndorf im Pferdewagen. Wir waren wohl fünf oder sechs 14-jährige Oberschülerinnen und wurden von zwei jungen leutseligen Burschen abgeholt. Ich saß neben einem der beiden. Es war ein weiter Weg, der meist durch Wald führte, die Nacht war pechschwarz. Plötzlich wurde der Jüngling zudringlich und legte seinen Arm um mich. Ich verbat mir das und holte zur Wehr blitzschnell mit meinem Ellbogen aus und versetzte ihm mit einem Stoßgebet im Herzen einen tüchtigen Stoß, sodass er zurücktaumelte und rief:

„Oh weh, jetzt seh ich aber die Sterne funkeln!"

Von da an benahm er sich anständig. Es waren sicher die uns umgebenden Gebete der Eltern, die uns vor vielem bewahrten.

In Hermelsdorf wurde ich einem Bauern zugeteilt, der dann jeden Tag mit mir auf das Feld fuhr. Er führte die Kartoffelbuddelmaschine mit seinem Gaul und ich, das Stadtmädchen, sammelte von morgens bis abends die Kartoffeln und füllte sie in Körbe und Säcke. Ich musste mich sehr beeilen, um mit dem Bauern und seinem Gaul Schritt halten zu können. Eine Zeit lang half noch eine zweite Schülerin, die später wegen Unwohlseins von ihrer Mutter heimgeholt wurde. Wir beide schliefen mit der Tochter des Hauses in einem Zimmer, das man nicht abschließen konnte. Die Burschen des Dorfes interessierten sich sehr für die jungen Oberschülerinnen aus der Stadt und klopften abends an unsere Fenster oder versuchten gar, in unser Zimmer einzudringen – wovor wir uns fürchteten und was uns sehr zuwider war. Wir waren von zu Hause sehr behütet und hatten nicht das geringste Interesse an solchen Affären.

Um uns zu schützen und die Tür fest zu verschließen, banden wir deshalb eine starke, dicke Schnur von der Türklinke um den breiten Kachelofen in der Ecke und wickelten die Schnur dreimal um den Ofen herum. So konnten wir sicher in unserem Zimmer schlafen. Unsere besorgten Eltern waren verwundert, dass die Bauersleute sich nicht mehr um unser Wohl bekümmerten und nur über unsere Angst lachten.

3. Einquartierung (Oberst Tortorella)

Während der Kriegsjahre mussten wir auf Anweisung des Wohnungsamtes allerlei Leute in unser grosses Pfarrhaus aufnehmen. Viele Mütter mit Kindern aus den Großstädten wurden wegen der endlosen Bombenangriffe auf diese Gebiete evakuiert und im Osten einquartiert. So wohnte bei uns eine liebe, ängstliche und blasse Frau mit ihren zwei Kindern, die aus den Bombennächten Stettins geflüchtet war. Ihr Mann war Soldat an der Front. Sie hatte manche Angst um ihren Mann und in den Bombennächten durchgemacht und öffnete sich in unserem Haus ganz der christlichen Botschaft.

Dann hatten wir Mutters antikes schönes Zimmer mit den roten Plüschpolstermöbeln an eine Flakhelferin abtreten müssen. Außerdem lebte in unserem Fremdenzimmer ein italienischer Oberst der Carabinieri, ein sehr edler, gebildeter Herr, ein echter Römer. Hitler hatte einen Teil der italienischen Offiziere und auch Soldaten nach 1944 nach Deutschland transportieren lassen, damit diese ihm nicht in den Rücken fielen und sich mit den Engländern und Amerikanern verbündeten. Oberst Tortorella hing sehr an seiner Familie und litt stark unter der Trennung von ihr. Er ängstigte sich besonders um seinen ältesten Sohn, der auch eingezogen worden war und von dem er keine Nachricht hatte. Abends standen wir Töchter oft Wache auf der Straße und an der Haustür, während unsere Eltern mit Oberst Tortorella und dessen Freund, Major Vita, heimlich den streng verbotenen englischen Sender abhörten, der regelmäßig die Liste der gefangen genommenen Italiener durchgab. Wie erleichtert war unser Freund, als er erfuhr, dass sein ältester Sohn in englischer Gefangenschaft sicher war. Wir dankten zusammen Gott dafür.

Fast täglich gab unser italienischer Gast uns drei Töchtern Italienischunterricht, während wir ihm Deutsch beibrachten. Sonst war unsere Umgangssprache zwischen ihm und unserer Familie Französisch. Da er ein guter Pädagoge und ein perfekter Gentleman war, lernten wir schnell, nicht nur die italienische Sprache, sondern auch über Sitten und Umgangsformen, Kunst und Kultur des Landes. Von seinem temperamentvollen Burschen lernten wir manchen guten italienischen Witz. Er war ein guter Sänger und sang uns besonders an Weihnachten seine italienischen Weisen vor. Oberst Tortorella und sein Freund waren tiefgläubige Katholiken, mit denen wir zusammen beten und innere Gemeinschaft pflegen konnten. Sie gehörten mit der Zeit fast zu unserer Familie.

4. Der Turmwächter von Gollnow

Unser altes wohlhabendes Hansestädtchen Gollnow an der Ina – Nebenfluss der Oder – besaß ringsum vor der Stadt riesige Wälder. Da ein Feuer unsagbaren Schaden anrichten konnte, hatte die Stadt von alters her einen Turmwächter angestellt, der ganz oben im Kirchturm, unter der Spitze des hohen Turmes, sein Kämmerlein mit Fenstern in alle vier Himmelsrichtungen hatte. Von dort beobachtete er Tag und Nacht die ganze Umgebung, und wenn er etwas Verdächtiges erspähte, läutete er die eigens dafür bestimmte Glocke – später hatte er ein Telefon. Wir Pfarrtöchter besuchten mit Vorliebe den alten Turmwächter in seiner eigenen Welt. Er war von der übrigen Welt wie abgeschnitten und schaute von dort oben die Welt ganz anders an. Er kannte jedes Haus, jeden Baum, jedes Wetter, jeden Vogel und brachte uns manche Lebensweisheit bei. Es brach ihm fast das Herz, als im Krieg die alten schönen Glocken abtransportiert wurden, weil man das Metall für den Krieg brauchte. Ein Kirchturm ohne volles Geläut war für ihn ein Anachronismus.

5. Camilla Meyer kommt – der Zirkusplatz

Einmal allerdings wurde der zurückgezogen lebende Turmwächter ganz aus seiner Ruhe gebracht. Es geschah nämlich etwas, was das ganze Städtchen auf den Kopf stellte: eine fahrende Zirkusgruppe mit der Akrobatin Camilla Meyer erschien in Gollnow. Schon tagelang vorher wurde auf dem großen freien Platz außerhalb der Stadt, auf dem die fahrenden Leute immer ihre von Pferden gezogenen Wohnwagen, die Zirkuszelte, Karusselle, Schießbuden und Achterbahnen aufbauten, alles für die große Sondervorführung vorbereitet. Zur Vorbereitung gehörte auch der Besuch einiger Zirkusmänner beim Turmwächter, die mit dessen Erlaubnis in sein Reich eindrangen und ein dünnes, aber starkes, zwei bis drei Kilometer langes Seil oben von einem seiner Turmfenster über die Ziegeldächer der unzähligen Häuser bis zum Zirkusplatz spannten.

Nun kam der große Tag. Fast die ganze Stadt schaute zu: Die meisten vom überfüllten Zirkusplatz, andere hingen aus den Fenstern. Da unser Pfarrhaus direkt neben der Kirche stand, konnten wir Kinder alles beobachten. Eine kleine Akrobatengruppe, in der Mitte Camilla Meyer, betrat die Kirche und kletterte die Hunderte von Stufen den Kirchturm hinauf. Plötzlich öffnete sich das Fenster oben beim Turmwächter, zwei Beine kamen zuerst zum Vorschein und danach eine zierliche Frauenfigur, die einige Lederriemen unter den Armen um den Körper geschnallt hatte, woran vorne beim Kinn ein kleines Rad befestigt war. Dieses Rad wurde auf das Seil eingespurt. Mit Schwung und graziös ausgebreiteten Armen flog nun Camilla Meyer am Seil unter dem Jubel und Erstaunen der Schaulustigen vom Kirchturmfenster durch die Luft über die ganze Stadt hinweg bis zum Zirkusplatz, wo sie von der heftig applaudierenden Menge stürmisch empfangen wurde. Noch lange nachher war dieser „Sprung aus dem Kirchturmfenster über die Stadt hinweg“ das kleinbürgerliche Gespräch des Tages.

Der Zirkus- und Turnplatz vor dem Ort beherbergte die verschiedenen Gäste, von denen leider manche unter Hitler unmenschliche Behandlung erlitten. Es waren Zigeuner, fahrende Scheren- und Messerschleifer, Hausierer und Musikanten. Auf dem gleichen Platz waren aber auch die zahlreichen Wohnwagen, Vorführungszelte und Menagerien des damals sehr bekannten Zirkus Hoppe stationiert. Besonders sehenswürdig war bei diesem Zirkus die Hohe Schule der rassigen Reitpferde.

Die Besitzerin stattete meinem Vater eines Tages mit ihrem etwa 16-jährigen Sohn einen Besuch ab. Ihre Bitte war, sie wollte ihren Sohn gern zu meinem Vater in den biblischen Unterricht schicken und später konfirmieren lassen. Wegen des Herumreisens musste der Unterricht individuell arrangiert werden. Mein Vater hatte Freude an dem Sohn, der für geistliche Dinge aufgeschlossen war und auch fleißig lernte.

6. Missionsfeste und Missionsprinzipien

Ein besonderes Erlebnis innerer und äußerer Art stellten für uns immer die jährlichen Missionsfeste dar, zu denen wir mit unseren Eltern in die pommerschen Dörfer fuhren. Vater hielt meist die Festansprache, danach folgten die Berichte der einzelnen Missionare. Von weit und breit strömten zu Fuß, mit dem Fahrrad und per Kutsche oder Pferdewagen die Gläubigen mit ihren Familien herbei, um von den Missionsarbeiten in den verschiedenen Erdteilen zu hören, für die sie regelmäßig beteten und auch finanzielle Unterstützung leisteten. Oft fassten die großen Scheunen, die im Sommer für diese Zusammenkünfte festlich geschmückt bereitgestellt waren, kaum die fröhlichen Menschenmengen. Für die Jugend gab es gleichzeitig besondere Veranstaltungen mit Missionsberichten, Spielen und Singen. Wie brannte uns das Herz für die wichtige, oft harte Arbeit der treuen Missionare und für die afrikanischen, japanischen und chinesischen Christen, die ihren Glauben unter großen Opfern manchmal sogar mit der Hingabe des Lebens bezeugten. Wenn heute wiederholt propagiert wird, dass diese Völker keine Missionierung brauchen, weil sie mit ihren Göttern und Religionen viel zufriedener und glücklicher wären als mit dem Evangelium der Christen, das ihnen als Fremdreligion von europäischen und amerikanischen Missionaren aufgezwungen würde, so ist das einfach nicht wahr. Viele von ihnen sehnen sich danach. Denn:

a) Die meisten heidnischen Völker leben in Furcht und zittern vor Dämonen und bösen Mächten, denen sie zeitlebens ausgeliefert sind und die sie mit Opfern zu beschwichtigen versuchen, weil sie keine Lösung des Problems haben.

b) Keine Religion außer dem Christentum bietet in dem Evangelium eine Lösung des Sündenproblems vom Menschen an. Der Muslim zum Beispiel hofft, dass er Allah beschwichtigen und dazu bewegen kann, ein Auge zuzudrücken gegenüber seinen Sünden, was letztlich zur „Bakschisch-Gesellschaft" führt. Wenn Allah sich so manipulieren lässt, ist er nicht gerecht, nicht wahr oder nicht allwissend. Er verliert die Eigenschaften eines heiligen, allmächtigen Gottes. Das Christentum dagegen bietet durch den Sühnetod Jesu Christi, den sündlosen Sohn Gottes – Teil der Dreieinigkeit –, eine vollkommene Lösung der Sündenfrage, wobei Gott der Gerechte, der Heilige, der Allmächtige und allwissend Liebende ist und bleibt.

c) Viele nichtchristliche Völker anderer Erdteile besitzen eine Vorstellung von dem großen unsichtbaren Schöpfergott. Die meisten Völker, die die Uroffenbarung eines Schöpfergottes haben, erwarten mit Sehnsucht die verloren gegangene Botschaft eines erlösenden gnädigen Gottes und bewillkommnen deshalb das christliche Evangelium als die gottgesandte Heilsbotschaft.[1]

Diese Missionsfeste, bei denen wir von Befreiungen von Menschen hörten, die unter Angst vor Dämonen gezittert hatten, keine Lösung für ihre Sünden finden konnten und sich nach einer Befreiung gesehnt hatten und nun ein frohes, erlöstes Leben ohne Angst führen konnten, spornten uns zu treuerem Gebet und Liebe für diese Menschen an. Nachmittags gab es dann im Garten an langen Tischen und Holzbänken Kaffee und Kuchen. Ich sehe noch die Waschkörbe voll Pflaumen- und Apfelstreusel- und Mohnkuchen, alles selbst gebacken von den fleißigen, treuen Bauersfrauen. Die geistlichen Gespräche, die offenen Fragen und die frohe Gemeinschaft sind mir unvergesslich geblieben.

---

[1] Siehe Korea, Burma etc., vgl. Don Richardsson, *Ewigkeit in ihren Herzen*, Bad Liebenzell (Verlag der Liebenzeller Mission) 1983.

Kapitel III

AUFSTIEG DER NAZIS

1. Die Suppenküche

Die Jahre vor dem Zweiten Weltkrieg waren in Deutschland turbulente Zeiten, die mit der Depression um 1929 herum unsagbares Elend mit sich brachten – besonders in den Großstädten. Tausende, ja Millionen von Menschen waren arbeitslos und bitterarm, litten unter Hunger und Kälte und hausten in menschenunwürdigen Wohnstätten, in Kellern, Ruinen und dunklen Hinterhöfen. Viele starben – andere siechten dahin aufgrund von Unterernährung sowie ungesunder und schmutziger Behausungen. Das Verbrechen blühte.

Unter so viel Elend und Leiden wird der Mensch oft bitter, frustriert und rebellisch, und ein großer Teil dieser armen Menschen wandte sich dem Kommunismus zu und erhoffte sich von daher bessere Lebensbedingungen. Während dieser traurigen schweren Jahre war mein Vater, Wilhelm Gottwaldt, lutherischer Pfarrer in einem der ärmsten Arbeiterviertel Berlins. Tag und Nacht quälte ihn das Elend der Menschen um ihn herum. „Wie konnte man da nur helfen?" Denn Hilfe brauchten diese verzweifelten Menschen – sowohl geistliche als auch materielle.

Aber wo anfangen, die Not war schier endlos. Meine Eltern und die Christen der Gemeinde richteten im Gemeindesaal eine Suppenküche ein, wo arbeitslose und arme Menschen einen Teller warme Suppe erhielten. Gleichzeitig gab man ihnen eine kurze christliche Botschaft und bot ihnen Liebe und Gemeinschaft an. Mein Vater begann dann in seiner riesigen Großstadt-Gemeinde, Hausbesuche durchzuführen. Jede Woche besuchte er eine bestimmte Anzahl von Gemeindemitgliedern – viele von ihnen hatten in ihrem Leben nie oder nur selten eine Kirche betreten –, Haus für Haus treppauf, treppab; er scheute keine Mühe, ihnen nachzugehen. In diesen Häusern gab es keine Fahrstühle, jede Stufe musste erstiegen werden, oft waren es Tausende pro Tag!

Mit der Zeit gewannen die Menschen Vertrauen zu ihm und zeigten ihm ihre inneren und äußeren Nöte, Ängste und Probleme auf, und er versuchte, ihnen sowohl innerlich als auch äußerlich zu helfen.

Auch meine Mutter begleitete ihn manchmal auf diesen Besuchen. Sie besaß ein warmes, gütiges Herz und konnte in ihrer praktischen Art manch einem Menschen helfen. Sie besaß die Gabe des Zuhörens und war eine ausgezeichnete Seelsorgerin. Sie beschäftigte arbeitslose Menschen mit Reparaturen und anderen Arbeiten in unserem Haus und bezahlte und beköstigte sie dafür. Eine Zeit lang stellte sie auf diese Weise einen arbeitslosen Tischler, Herrn Niemann, an, um Tische und Stühle zu reparieren und für uns Kinder Spielsachen zu basteln. Meine Mutter unterhielt sich viel mit ihm über seine Nöte, über den Sinn und die Ungerechtigkeiten des Lebens. Er war zuerst verbittert und hatte sich den Kommunisten angeschlossen. Er wollte inmitten solch eines Elends nichts von einem Gott der Liebe wissen. Mutter konnte ihn in seiner Verbitterung verstehen, erklärte ihm dann aber, dass die heutige Welt ein Resultat der Abkehr des Menschen von Gott durch alle Zeitalter hindurch sei. Gott habe den Menschen mit einem freien Willen zum Guten oder zum Bösen erschaffen, der Mensch habe zu oft das Böse gewählt, unter dessen Konsequenzen auch die Unschuldigen vorläufig mitleiden müssten, bis Gott, nachdem Er so lange mit Geduld auf die freiwillige Umkehr des Menschen wartet, Recht schaffen wird. Gott liebt jeden Einzelnen, und wenn wir Ihm nachfolgen, sorgt Er für uns wie ein Vater in jeder Situation des Lebens.

Nach einigen Wochen oder gar Monaten wurde aus dem verbitterten, hasserfüllten Atheisten ein freundlicher, aufgeschlossener Christ, der ein wirksamer Zeuge für Jesus unter seinen alten kommunistischen Arbeitskameraden wurde.

Mein Vater wagte sich in diesen angespannten Zeiten allein in all die Hinterhöfe der Elendsviertel, in die selbst die Polizei sich oft nicht allein und unbewaffnet hintraute. Er wurde nie belästigt, denn man kannte ihn dort und achtete ihn.

Jahre später erzählte Vater uns einmal, wie er damals regelmäßig einen Tuberkulosekranken besuchte, der jahrelang in einem dunklen stickigen Kellerraum lag, die feuchten Wände voller Schimmel. Als Tür diente ein von der Decke hängender fadenscheiniger Vorhang. Dort lag er auf seinem Lager, allein, Tag für Tag. Jeden Morgen brachte ihm ein Nachbar etwas zum Essen. „Weil es so düster war, musste ich meinen Weg die dunklen Kellertreppen hinuntertasten, zog den Vorhang zur Seite und suchte nach der ausgezehrten Hand meines kranken, hustenden Freundes. Da lag er und wartete auf meinen Besuch und freute sich, wenn wir miteinander sprechen konnten, wenn ich ihm aus dem Wort Gottes vorlas und wir zusammen im Gebet mit Gott sprechen konnten. Er war mir und anderen ein Vorbild in der Art, wie er sein Leiden trug."

Und es gab unzählige ähnlicher Fälle, sodass jede Hilfe nur ein Tropfen auf dem heißen Stein war.

2. Die Nazis kommen!

Es war deswegen teilweise verständlich, dass Adolf Hitler im Jahr 1933, als er lautstark jedem einzelnen Deutschen Brot und Arbeit versprach, mit solch einer großen Mehrheit gewählt wurde. Natürlich vergaßen viele – gewollt oder ungewollt – nach dem Preis und Ziel seiner Politik zu fragen.

Beide waren klar und deutlich Hitlers Buch *Mein Kampf* zu entnehmen. Aber wer las schon dieses Buch? Die allerwenigsten, obgleich es jedes junge Paar zur Hochzeit vom Standesamt geschenkt bekam. Die Hauptsache war den meisten: Brot und Arbeit – so schnell wie möglich. Und dieses Versprechen wurde dann auch von Hitler eingelöst, indem er für den Krieg rüstete und Autobahnen baute.

Ich glaube, dass in irgendeiner Weise, wenn auch nicht immer so krass, jeder Mensch in seinem Leben einmal vor die Existenzfrage und Entscheidung gestellt wird: Brot, Arbeit, Karriere, Wohlstand, Leben oder innerste Überzeugung, Wahrheit, absolute Werte, Armut, Demütigung usw., was dann oft mit größtem Verzicht und Opfern, ja, manchmal sogar mit dem Verlust des Lebens verbunden ist. Es sind immer nur ganz wenige, die

die zweite Alternative wählen, obwohl die meisten im Innersten wissen, was die richtige Entscheidung wäre. Es fehlt uns an Charakterfestigkeit.

3. Gollnow

Den größten Teil meiner Kindheit verbrachte ich mit meinen Eltern und zwei Geschwistern in einer kleinen Hansestadt in Ostdeutschland in Pommern. Gollnow lag inmitten schöner Kiefernwälder. Die alten historischen Häuser waren von der malerischen breiten Stadtmauer mit Türmen und eindrucksvollen Stadttoren umgeben. An einer Seite der Stadtmauer floss die Ina, ein Nebenfluss der Oder, die zu Hansezeiten von Handelsschiffen befahren war. Im Zentrum der Stadt, am mit Katzenkopfsteinen gepflasterten Marktplatz, stand die majestätische, in Ziegelsteingotik erbaute Kirche, in der mein Vater regelmäßig predigte. Daneben lag unser altes, geräumiges Pfarrhaus mit seinen dicken Steinwänden, immer offen für Gäste und Hilfesuchende. Unsere Familie lebte glücklich zusammen, und unsere Eltern umgaben uns mit Liebe. Sie waren uns echte Vorbilder, die einander in Liebe und Hochachtung begegneten. Maßstab unseres Familienlebens war die Heilige Schrift, die Bibel, nach der alles – nicht gesetzlich, sondern in liebendem Gehorsam gegenüber dem Wort Gottes ausgerichtet war.

Inmitten dieser glücklichen Kindheitsjahre brach der Zweite Weltkrieg aus. Die meisten Pfarrer wurden zum Militär eingezogen. Da mein Vater an einem Herzklappenfehler litt, wurde er nicht in den Militärdienst berufen und konnte zu Hause bleiben, musste aber dafür eine Anzahl anderer Kirchengemeinden betreuen, die durch die Einberufung zum Militär pfarrerlos geworden waren. Ich glaube, es waren neben der Gollnower Stadtgemeinde in etwa neun oder zehn Landgemeinden. Da zu der Zeit alle Autos für den Krieg eingezogen und vom Militär gebraucht wurden, reiste er zu den Gottesdiensten im Sommer mit Pferd und Wagen, im Winter mit dem Pferdeschlitten, kutschiert von unserem treuen Herrn Grund, der seine Pferde striegelte und pflegte, dass das Fell nur so glänzte. Jeden Sonntag ging die Reise in aller Frühe los, damit die Runde zu all den verschiedenen Kirchen geschafft werden konnte. Im Winter hüllten sich meine Eltern in dicke Pelzmäntel, Pelzmützen und warme Decken ein. Wenn der pommersche Winter zu kalt daherblies, mussten auch noch Fußsäcke und heiße Kastaniensäcklein zum Wärmen herbei. Meine Mutter fuhr regelmäßig mit, weil sie in mehreren Dorfkirchen die alten mechanischen Pfeifenorgeln spielte. Als wir Töchter jünger waren, blieben wir oft – besonders bei den bitterkalten Wintertemperaturen – mit unserem Kindermädchen zu Hause. Später fuhren wir gern mit, um beim Blasebalgtreten an der Orgel zu helfen, was so anstrengend war, dass wir es meist nach kurzer Zeit gern wieder geübteren Blasebalgtretern überließen.

Es war ein verzaubertes Märchenland um uns herum, wenn wir im tiefen Schnee durch die schweigenden Wälder dahinglitten, während die zarten Glöckchen an den Pferdegeschirren leise läuteten. Wie ein Kunstwerk aus weißer Spitze lag der Schnee auf den Tannenzweigen, in tausend Farben glitzerten die Schneekristalle in der Sonne. Man hatte den Eindruck, der Schlitten mit den graziösen Pferden flog gewichtslos durch den Winterzauber, immer begleitet von dem fortwährenden Klingeln des zarten Geläutes. Man konnte als Kind so schön dabei träumen. Es tat uns fast leid, wenn die Reise zu Ende war, doch in den alten, gemütlichen Dorfkirchen begrüßte uns immer – trotz der Tatsache, dass die Kirchen völlig ungeheizt waren – eine treu wartende Menschenmenge. Wie eifrig lauschten sie dem Wort Gottes! Trotz der Drohungen der Nazis, die gegen echtes biblisches Christentum waren, ließen sich diese treuen Leute, meist Bauern, nicht einschüchtern und standen fest zu ihrer Kirche und dem Worte Gottes. Einige der Dorfschullehrer waren stramme Nazis, die ihre Schüler aufforderten, nicht den Kindergottesdienst zu besuchen; doch sie hatten nicht viel Erfolg. Sie versuchten, die Kinder einzuschüchtern, indem sie sie im Schulunterricht aufstehen ließen und sich über sie lustig machten, aber die meisten machten sich nichts daraus. Der Gottesdienst in den Dörfern wurde von vielen besucht, was den Nazis natürlich ein Dorn im Auge war. In einem großen Dorf, Hakenwalde, versuchten sie eine Zeit lang, in einem mobilen Kinowagen – genau zur Gottesdienstzeit

– spannende Filme zu zeigen, um die Bevölkerung von der Kirche fortzulocken, doch vergeblich. Das Reisekino musste geschlossen werden, weil sich praktisch kein Zuschauer einfand.

Einmal jährlich hielt mein Vater eine mehrtägige Evangelisation in unseren Dorfgemeinden ab. Allabendlich fuhren dann meine Eltern und die älteren Chor- und Posaunenchormitglieder aus der Stadt, die mithalfen, mit Pferdewagen in die Dörfer, während wir Jüngeren fröhlich, oft singend, mit Fahrrädern durch die Wälder dorthin radelten. In den Dörfern brachen Erweckungen auf; an manchen Abenden strömten bis zu 50 Prozent der Dorfbewohner (Babys und Alte inklusive) herbei. Es bestand ein Hunger nach Gottes Wort und viele Menschen erkannten ihre Sünden und bekehrten sich zu Jesus. Wenn man zur Erntezeit durch die Felder ging, konnte man die guten alten Erweckungslieder hören, die von den auf dem Felde Arbeitenden gesungen wurden.

Wir hatten viele Gäste und Besucher in unserem Pfarrhaus. Neben Freunden und Verwandten kamen, besonders in den späteren Kriegsjahren, viele Verängstigte, Belastete und mit Schuld Beladene zu meinen Eltern. Manchmal wussten wir Kinder nicht einmal, wer sie waren: Es war zu gefährlich, es zu wissen. Meine Eltern nahmen sich immer Zeit für Hilfesuchende, ganz gleich, ob es sich um verängstigte und von den Nazis gehetzte Juden, um Frauen, deren Männer oder Söhne an der Front gefallen waren oder vermisst wurden, um Flüchtlinge, die Obdach oder Rat, eine Mahlzeit oder Medikamente brauchten, oder um Soldaten und Flakhelferinnen, die in unserer Nähe stationiert waren und christliche Gemeinschaft und Nestwärme suchten, handelte. Es kamen auch Nazis, denen die Last ihrer Übeltaten und Schuld zu groß wurde.

Eine solche Dame aus sehr hoher Position kam schwer belastet zu uns, um ihre Missetaten zu bekennen und loszuwerden. Es war ihre Aufgabe gewesen, den hohen Adel und die Großgrundbesitzer in Ostdeutschland zu bespitzeln. Da sie selbst zum hohen Adel gehörte – der größte Teil des Adels war gegen Hitler –, vertraute man ihr in ihren Kreisen.

„Ich kann nicht mehr schlafen", bekannte sie, „mein schlechtes Gewissen verfolgt mich überall. Meine Freunde vertrauten mir, und ich verriet sie. Ich kann es nicht länger aushalten, diese Schuld mit mir herumzutragen. Kann ich je davon befreit werden? Kann mir je vergeben werden? Meine Schuld klagt mich beständig an. Oh, dass Gott mir vergeben könnte!"

Mutter und Vater sprachen ernst und lange mir ihr. Nach langem Ringen fand sie Gottes Vergebung und Frieden. Da sie ihre Spitzelarbeit nicht weiter verrichten wollte, musste sie mit unbekanntem Ziel verschwinden.

4. Der Krieg rückt näher

Gegen Ende des Krieges, als klar wurde, dass für Deutschland der Krieg verloren war und die russische Armee anfing, in Ostpreußen einzudringen, tauchten die ersten Flüchtlinge auf, die nicht nur ihr Haus und alles Eigentum verloren hatten, sondern oft auch auf der Flucht von ihren Familien getrennt worden waren und keine Ahnung hatten, wo diese nun waren.

Ein lutherischer Pfarrer aus einer der Nachbarstädte klingelte, einige Tage bevor wir selbst flüchten mussten, an unserer Haustür. Er war in seinen Talar gekleidet und trug in seiner Aktentasche nur Bibel und Agende. Wir konnten kaum glauben, was er uns erzählte:

„Gestern wurde ich zu einer Beerdigung aufs Land gerufen (etwa 20 Kilometer von Naugard, wo er wohnte). Ein Bauer holte mich dazu mit seinem Pferdewagen ab. Die Beerdigung war gerade zu Ende, als wir vor dem Dorf heftiges Schießen hörten. Die Dorfbewohner fürchteten sich so sehr, dass sie sich weigerten, mich wieder nach Naugard zurückzukutschieren. Ich begann, nach Hause zu laufen. Nach etwa einer Stunde tauchten vor mir plötzlich zwei große Panzer auf. Ich hob meine Hände hoch und wartete. Die Panzer hielten an. Ein russischer Offizier und einige Soldaten kamen auf mich zu und sprachen mich an. Ich zeigte auf meinen Talar und das goldene Kreuz auf meiner Bibel und versuchte, ihnen zu erklären, dass ich von einer Beerdigung kam. Ich stellte mich vor mit dem Wort „Pope". Der Offizier verstand offensichtlich etwas Deutsch. Er nahm meine hochgehaltenen

Hände herunter und sprach zu mir in gebrochenem Deutsch: „Pope, Väterchen, nix Arm hoch. Nur Soldaten Arm hoch!“ Dann gab er mir zu verstehen, dass ich nicht nach Naugard nach Hause gehen könne, weil dort schon stark gekämpft wurde. Ich konnte in der Richtung den Himmel von Feuer und Rauch verfärbt sehen. Die Russen zeigten mir die einzige offene Straße in noch deutsches Gebiet. Die gesamte andere Umgebung war bereits von den Russen eingenommen.

Er übernachtete in einem Dorf und erschien dann am nächsten Mittag vor unserer Tür. Seine große Sorge und Angst galt seiner Frau und seinen Kindern. Waren sie noch in der kämpfenden, brennenden Stadt oder waren sie geflohen? Leider konnte ihm niemand eine Antwort geben.

5. Nazitaktik berührt unsere Familie

Eines Tages erhielt mein Vater einen eigenartigen Brief mit der Post. Es handelte sich um einen politischen Schimpfbrief. Gewöhnlich schrieb man in jenen Zeiten nicht solche Schimpfbriefe, auch wenn man in Not und Verzweiflung war. Es war viel zu gefährlich, Briefe wurden regelmäßig geöffnet und zensiert. In diesem vertraulichen Brief beklagte man sich über die Ungerechtigkeiten des Regimes und bat meinen Vater um seine Unterstützung im Kampf dagegen. Mein Vater hatte aufgrund der Tonalität des Briefes gleich den Verdacht, dass der Brief nicht echt war. Das musste ein gefälschter Brief sein! Er redete mit meiner Mutter darüber, und beide kamen zu der inneren Überzeugung, dass sie etwas unternehmen sollten. Vater händigte daraufhin noch am selben Tag den Brief der Polizei aus.

Kaum hatte er das Haus verlassen, klingelte es an unserer Haustür: Parteivertreter begehrten Einlass und suchten nach dem verdächtigen Brief. Hätten sie diesen bei uns gefunden, wäre mein Vater verhaftet worden. Sie wollten einen Grund finden, um ihn zu verhaften, denn jedermann wusste, dass unsere Eltern keine Hitlerfreunde waren. Andererseits war Vater bei der Bevölkerung so beliebt, dass ihm niemand ohne triftigen Grund und eindeutigen Beweis etwas anhaben konnte. Deshalb hatten seine Gegner einen gefälschten Brief in unser Haus geschickt. Aber Gott hatte ihn so klar gewarnt, dass er der gestellten Falle entrinnen konnte. Niemals sonst in seinem Leben hätte er einen Brief der Polizei überliefert, der Gedanke wäre ihm nie gekommen.

6. Osteinsatz für uns Mädchen

Während der ersten Kriegsjahre war das deutsche Heer an allen Fronten siegreich. Was wäre wohl das Resultat gewesen, wenn Hitlers Armee ganz Europa oder gar die ganze Welt erobert, also sein ultimatives Ziel erreicht hätte? Man braucht nur *Mein Kampf* zu lesen und weiter zu extrapolieren. Wehe jedem, der sich nicht hundertprozentig zur Parteilinie hielt, wehe den überzeugten Christen, Juden und auch anderen Rassen außer der nordischen Rasse! So war es letzten Endes ein Segen, dass der Krieg verloren ging.

Doch vorher wurde noch alles versucht, um die verzweifelte Situation zu retten. Man zog selbst 16-Jährige und Männer bis zum Alter von 60 Jahren zum Militär ein. Sogar Frauen wurden für gewisse Aufgaben einberufen. Ich war gegen Ende des Krieges gerade 15 Jahre alt und besuchte die Oberschule, als wir eines Mittags im Sommer in unserem Briefkasten eine bestürzende offizielle Mitteilung vorfanden: Unsere Haustochter, Martha, meine jüngere Schwester, Christiane, und ich wurden aufgefordert, am nächsten Morgen am Bahnhof zu erscheinen mit Kleidung für drei Wochen und etwas Proviant. „Nichterscheinen wird bestraft!" Was bedeutete dieser Befehl? Was hatte man mit uns vor? Keiner hatte die geringste Ahnung. Eines war offensichtlich: Jeder hatte dem Befehl Folge zu leisten. Nach Überwindung des ersten Schocks versuchten meine Eltern vergeblich, den Zweck dieser Einberufung ausfindig zu machen. Vater rannte von einer Behörde zur anderen, um uns von dieser zweifelhaften Verpflichtung zu befreien – doch vergeblich. Befehl war Befehl.

Am nächsten Morgen brachten uns unsere Eltern zum Bahnhof. Dort hatte sich schon eine große Menge Mädchen, Frauen,

Jungen und auch einige alte Männer angesammelt: alle genauso unwissend wie wir. Leute von 14 bis 55 Jahren, Männer sogar noch älter, waren einberufen worden. Christiane war 14 und ich 15 Jahre alt. Wir alle wurden in einen langen Zug geladen und ostwärts transportiert.

Nach stundenlangem Reisen hielt der Zug. Die große Menge wurde in verschiedene Gruppen eingeteilt und in getrennte Lager gebracht. Zu unserer Freude durften Christiane und ich im gleichen Lager mit etwa 200 Mädchen bleiben. Wir wurden auf einen großen Gutshof im Heuboden über den Viehställen untergebracht, auf den man mittels zweier wackeliger Leitern gelangte. Der Heuboden war sehr leicht gebaut – nur für Heu und nicht zur Unterbringung so vieler Mädchen –, und so passierte es, dass ein Mädchen mit einem etwas schweren Schritt durch den Fußboden bis unter die Arme einbrach. Glücklicherweise landete sie nicht auf dem Bullen, der direkt darunter im Stall auf sie wartete.

Wir richteten uns unsere „Heubetten" auf dem dünnen Zementboden so schön wie möglich her. Die Lagerführerin teilte uns bald mit, dass der Zweck unserer Einberufung in den Osten der war, Panzergräben sowie Geschützstellungen zu schaufeln. Jeden Tag mussten wir acht Stunden arbeiten, ausgenommen jeden zweiten Sonntag. Für uns Töchter aus wohl behütetem Haus war solche Arbeit zuerst sehr ungewohnt! Die sanitären Anlagen waren äußerst primitiv: Eine lange, über einen offenen Graben gelegte Leiter diente als WC. Als Waschvorrichtung gab es für alle 200 Mädchen eine einzige primitive Pumpe im Pferdestall. Später kam noch ein mit Wasser gefüllter Jauchewagen dazu, aus welchem das Wasser in einen langen Trog floss, in dem wir Mädchen uns waschen konnten. Eine 17-jährige Rotkreuzschwester sorgte für unser gesundheitliches Wohl.

Ende September, Anfang Oktober begann es im Osten schon recht kalt zu werden. Wegen der Kälte zogen wir uns nachts mehr Kleider an als tagsüber. Wie man es unter diesen primitiven Verhältnissen nicht anders erwarten konnte, breiteten sich Läuse und Krätze aus. Meine Schwester und ich wickelten uns nachts ganz fest in unsere Decken ein aus Angst davor, dass die Läuse auf dem Heu nachts zu uns krabbeln konnten. Die Post war streng zensiert, und es war verboten, Eltern oder Bekannten unsere Adresse oder die wahren Zustände mitzuteilen.

Ich erinnere mich lebhaft, wie eines Tages, als ich gerade von der Arbeit in mein Heunest zurückgekehrt war, plötzlich lautes Schreien, dann Weinen und Schluchzen an meine Ohren drang. Schnell lief ich zur Öffnung des Heubodens und gewahrte ein Knäuel von Mädchen unten im Hof, die miteinander kämpften.

„Was ist los?“, rief ich hinunter.

Eines der Mädchen antwortete: „Elsbeth schrieb ihrer Mutter nach Hause, dass sie hier Hunger habe und bat ihre Mutter, ihr etwas zum Essen zu schicken. Ihr Brief wurde geöffnet und gelesen. Jetzt wird sie für Verbreitung falscher Gerüchte (die aber wahr waren) bestraft.“

Später erfuhr ich von Elsbeth selbst, dass man sie geschlagen und dabei ihre Brille zerschlagen und die Bluse zerrissen hatte.

Wir arbeiteten täglich mit Schaufel, Spaten und Pickel. Die Panzergräben wurden vier Meter tief und viereinhalb Meter breit gegraben. Die meisten von uns Mädchen waren die schwere Arbeit nicht gewohnt, wir waren ja zum Teil noch Schulmädchen, die aus behüteten Elternhäusern kamen.

Während der ersten Tage unseres Osteinsatzes brach eines Nachts plötzlich eine Epidemie aus. Aus allen Ecken des Heubodens hörte man Stöhnen und Klagen; der größte Teil der 200 Mädchen krümmte sich vor Schmerzen, einige wurden ohnmächtig, einzelne bekamen Schreikrämpfe. Gefährlich wurde es, als alle 200 Mädchen sich zur Bodenluke und die zwei schmalen geländerlosen Leitern hinunterdrängten, um frische Luft zu bekommen. Mitten in der Nacht lagen die kranken Mädchen in Schmerzen über den ganzen mit Katzenkopfsteinen gepflasterten Gutshof verstreut, einige bis unter die herumstehenden Fuhrwerke. Als man mich die halbe Leiter hinuntergedrängt hatte, wurde ich auch bewusstlos und fiel nach unten in die Tiefe – glücklicherweise in die Arme eines Soldaten, der wohl gerade zu einem geheimen Stelldichein mit einem Mädchen des Lagers gekommen war. Der Verkehr zwischen beiden Geschlechtern war, wie man sich vorstellen kann, recht rege, da die verschiedenen Lager in erreichbarer Nähe lagen.

Obwohl uns anfänglich mitgeteilt worden war, dass unser Osteinsatz hinter der Front drei Wochen dauern würde, benachrichtigte man uns von Zeit zu Zeit, wir hätten unseren Dienst dem Vaterland freiwillig einige Wochen länger zur Verfügung gestellt. Von diesem „freiwilligen" Angebot erfuhren wir immer erst hinterher – in Wirklichkeit waren wir natürlich nie gefragt worden.

Zu dieser Zeit des Osteinsatzes hatten meine Schwester und ich uns noch nicht persönlich für Christus entschieden. Trotzdem war es in der oft so schmutzigen Atmosphäre für uns ein Bedürfnis, so oft wie möglich zu einem verlassenen Strohhaufen zu gehen und in Gottes Wort zu lesen sowie zu beten. Wir lernten dort erst mit Bewusstsein, unser Elternhaus und die Bibel zu schätzen.

Mein Vater lag unterdessen schwer herzkrank zu Hause, und einige Male stand er dicht vor dem Tode. Das war eine äußerst schwere Zeit für meine Mutter, denn sie musste darauf gefasst sein, Vati oder jemanden von uns zu verlieren. Endlich wurden wir wieder nach Hause entlassen. Das war ein frohes und dankerfülltes Wiedersehen.

Kapitel IV

DIE FLUCHT

1. Innere Vorbereitung

Aber es dauerte nicht lange, bis die russische Front immer schneller an uns heranrückte. Wir hatten nie angenommen, dass es bei uns einmal zur Flucht kommen könnte. Und wenn es so weit käme, dass die Russen bis zu uns vorstoßen würden, wollten wir so lange bleiben, wie Arbeit in der Gemeinde und unter den Kranken für uns da war. Wir hatten nie daran gedacht, dass die Stadt zwangsweise evakuiert und verteidigt werden würde. Während dieser Zeit kam oft ein gläubiger Soldat in die Gottesdienste meines Vaters und auch in unser Haus. Dieser sagte uns, als wir über die damalige Lage sprachen, im Falle einer Flucht sollten wir zu seinen Eltern in die Lüneburger Heide flüchten. Wir nahmen dieses freundliche Angebot nicht so ernst, weil wir ja nicht fliehen wollten.

Unsere Wohnung in Pommern war sehr schön, und wir hatten ziemlich alles, was wir uns wünschen konnten. Vor allen Dingen hatten wir eine Anzahl sehr wertvoller Musikinstrumente und Möbelstücke, und selbstverständlich hatten wir an diesen weltlichen Gütern unsere Freude. Bis kurz vor der Flucht wäre es uns unerträglich und unmöglich erschienen, mit nichts auf der Straße zu stehen und all das Schöne einfach zurückzulassen. Aber ungefähr einen Monat vorher, als eine Flucht für uns eine unreale Angelegenheit war, sagte unsere Mutti eines Tages aus sich heraus, dass das Haus mit all dem darin Enthaltenen für sie keine Bindung mehr bedeutete und, wenn nötig, könnte sie alles verlassen, wenn es Gottes Wille sei. Zurückschauend merken wir, dass Gott in unserer lieben Mutter vorgearbeitet hatte, weil die Flucht für sie als Hausfrau am schwersten war.

2. Der Stichtag

In der Nacht vom 4. März auf den 5. März heulten in unserer Stadt alle Sirenen, und wir hörten in der Nähe Schüsse. Schnell sprangen wir aus den Betten, herunter auf die Straße, um uns zu informieren. Da sahen wir schon überall aufgeregte Menschen mit Koffern und Handwagen herumlaufen. Kinder schrien, Männer und Frauen schimpften, müde Soldaten schlichen herum und endlose Kolonnen schlecht bewachter Gefangener zogen durch die finstere Stadt.

„Habt ihr nicht die Sirenen gehört? Das war das Zeichen zum Flüchten. Die Russen sind vor der Stadt, beeilt euch!“, rief ein Soldat.

Aber wir wollten doch gar nicht fliehen. Die einen zogen mit vollgepackten Handwagen aus der Stadt, andere kamen entmutigt wieder nach Hause und erzählten, dass die Straßen verstopft seien von Soldaten, Flüchtenden, toten Pferden, zerbrochenen Wagen und fliehenden Militärautos. Nur eine Brücke über die Oder in der ganzen Umgebung war noch frei, die anderen waren entweder von den Russen besetzt oder gesprengt, und diese eine Brücke war überfüllt. Überall herrschten unbeschreibliches Chaos und verzweifelte Angst. Einen Mann, der vollkommen verwirrt war, sahen wir durch die Straßen rennen, zwei Hüte auf dem Kopf, eine Geige unter dem Arm und eine kleine Aktentasche in der anderen Hand – sonst nichts, nicht einmal einen Mantel hatte er an zu dieser eisigen Jahreszeit. Im Laufe des Tages hieß es, alle hätten die Stadt zu verlassen, denn sie sollte verteidigt werden. Nun zogen alle zu Fuß los. Einige ganz Alte und Kranke wurden auf den sich zurückziehenden SS-Autos abtransportiert. Gegen Mittag war die Stadt fast menschenleer. Da erkannten wir, dass wir keine Aufgabe mehr in der Stadt hatten, denn die ganze Gemeinde meines Vaters war schon geflohen. Jeder von uns nahm ein bis zwei Koffer in die Hand und einen Rucksack auf den Rücken, so zogen wir zu Fuß los. Wie sind wir jetzt Gott so dankbar, dass wir damals flüchteten. Als wir eine Strecke hinter der Stadt waren – man kam wegen Tieffliegern und Überfüllung auf den Straßen nur sehr langsam vorwärts –, nahm uns auf viel Bitten ein SS-Lastauto mit.

3. Der SS-Mann

Und auf diesem Auto geschah etwas Schreckliches. Im Laufe des Gesprächs erfuhren die SS-Leute, dass mein Vater Geistlicher war. Ein SS-Mann, der angetrunken war, versuchte meinen Vater durch Anspielungen einzuschüchtern – „ich kriege ihn schon in diesem Gedränge, auch wenn er vom Wagen herunterspringt" usw. – aber mein Vater reagierte nicht darauf und blieb die ganze Zeit still. Nach einer Weile zog der Soldat seine Maschinenpistole und spielte damit herum, um uns Angst zu machen. Plötzlich machte er sich auf und zielte auf meinen Vater, obwohl viele Leute im Auto waren. Wir warfen uns dazwischen und riefen flehentlich zu Gott, Er möge uns helfen. Im gleichen Augenblick kamen einige russische Tiefflieger dicht über unser Auto hinweggebraust und schossen auf das Gedränge. Alle Autos, ja der gesamte Verkehr, blieben sofort stehen. Wir konnten diese ganz unerwartete, aber sehr praktische und prompte Hilfe Gottes ausnutzen und andere Soldaten zu Hilfe rufen, die dem betrunkenen SS-Mann die Waffe aus der Hand rissen und ihn vorne neben den Fahrer verfrachteten. Das war offensichtlich der Eingriff Gottes gewesen und die sofortige Erhörung unserer Gebete.

4. Der letzte Zug

Nach einer Strecke Fahrt hielt das Auto in einem kleinen Dörfchen, in dem ein Sammelplatz für die sich zurückziehenden Soldaten war. Wir stiegen aus. Nur einige Kilometer entfernt lag eine Stadt, die wir so gerne noch erreicht hätten, um vielleicht mit den letzten Zügen mitzukommen. Aber dass wir gerade in einem so kleinen Dorf abgesetzt wurden, wollte uns gar nicht passen. Wir waren etwas missmutig, nur mein Vater sagte: „Gott wird wissen, warum wir gerade hier absteigen mussten." Wir erfuhren, dass der Ort sogar einen kleinen Bahnhof besaß, und am nächsten Tag gingen wir morgens dorthin, um zu sehen, ob vielleicht doch noch ein Zug zu erwischen sei. Gerade in dem Augenblick fuhr wohl der letzte Güterzug, den man noch retten wollte, in den

Bahnhof ein. Nachdem wir unser Gepäck schnell geholt hatten – wir hatten den Zugführer dazu bewegen können, einige Minuten zu warten – stiegen wir in den einzigen Personenwagen des Zuges ein. Wir waren die einzigen Passagiere des Zuges, was ein Wunder war in diesen Zeiten der überfüllten Flüchtlingszüge. Der Zug sollte eine kleine Strecke in die Richtung fahren, die wir einschlagen wollten. Nun geschah wiederum etwas Wunderbares. Als der Zug in die Stadt einfuhr, in der wir hätten aussteigen müssen, wurde plötzlich die Route des Zuges geändert, und er fuhr ein Stück weiter in die von uns gewünschten Richtung, sodass wir noch etwas weiter mit diesem Zug fahren konnten. In dem Ort, wo wir dann hätten aussteigen müssen, geschah das Gleiche – wieder wurde der Zug umgeleitet, und wir konnten noch einige Stationen im gleichen Zug bleiben. Dies wiederholte sich mehrere Male. Bald erkannten wir Gottes Hand in diesen Umlegungen, und wir konnten Ihm als Familie von ganzem Herzen für diese Erleichterung danken.

Letztendlich mussten wir doch aussteigen. Wie wir weiterkommen würden, war uns nicht klar, denn es fuhren auch weit hinter den Kampfgebieten kaum noch Züge, höchstens ab und zu Militärzüge oder überfüllte Flüchtlingszüge, die meist monatelang unterwegs waren, weil sie immer wieder auf tote Gleise geschoben wurden. Während wir noch auf der letzten Station warteten, kam ein voll besetzter Militärzug in den Bahnhof eingefahren. Eine Menge Soldaten wurde aus einem Viehwagen herauskommandiert. Der Schaffner rief: „Der Zug wird umgelegt und fährt jetzt in Richtung Schwerin!“ Das war ja gerade unsere Reiseroute! Schnell stiegen wir in den leer gewordenen Wagen und gelangten nach längerer Zeit in ein Städtchen in der Lüneburger Heide, ganz in der Nähe unseres Zieles. Jedoch verlief diese wunderbare Reise nicht ganz ohne Unannehmlichkeiten. In der Nacht wurden mir meine zwei Koffer gestohlen. Zwischen diesem Städtchen und unserem Endziel verkehrte zur Friedenszeit eine Kleinbahn, die aber wegen Tieffliegergefahr schon lange Zeit nicht mehr in Betrieb war. Aber wir hatten so viele Wunder erlebt, dass wir mutig wurden und trotzdem zum Kleinbahnhof gingen. Als wir dort ankamen, stand ein Postwagen mit einer kleinen Lokomotive davor. Er fuhr zum ersten Mal seit Wochen und wahrscheinlich das letzte Mal vor Kriegsende. Wir stiegen ein und kamen wohlbehalten in das Dorf, in welches wir wollten. Nur drei Tage waren wir unterwegs auf der Flucht gewesen, während andere Wochen, ja Monate gebraucht hatten. Wir können nicht sagen, wie dankbar wir waren und sind für die gute Hand Gottes über uns. Aber auch bei denen, die lange Zeit unterwegs waren, hat Gott zweifellos viele Wunder gewirkt und Seinen Kindern eine Gelegenheit gegeben, anderen zu helfen und ein Trost zu sein. Wir begreifen immer noch nicht die gütige Hand Gottes, die gerade uns nur eine so kurze Probe auferlegt hat.

5. Unangemeldete Gäste

Nun, wir kannten die Leute nicht, zu denen wir wollten. Wie sollten wir es anderen Menschen, denen wir fremd waren, zumuten, eine sechsköpfige Familie ins Haus aufzunehmen?

Dazu wussten wir nicht, ob sie schon mit Flüchtlingen belegt waren, denn die ganze Gegend war von Flüchtlingen überfüllt. Es war natürlich unserer Mutti am peinlichsten, und lange Zeit haben wir auf dem Bahnhof beratschlagt, wie wir das anfangen wollten.

Schließlich wagten es mein Vater und meine jüngste Schwester, zu den Bauersleuten zu gehen, während der Rest der Familie auf dem Bahnhof blieb. Es wäre ein zu erdrückender Anblick für die Bauern gewesen, wären wir gleich alle sechs auf einmal aufgetaucht! Als Vati und meine jüngste Schwester den Bauernhof ausfindig gemacht hatten, kam ihnen aus der Tür der alte Bauer entgegen, reichte meinem Vater die Hand und fragte:

„Sind Sie Herr Pfarrer X?“

Erstaunt bestätigte das mein Vater.

„Aber woher kennen Sie mich, wir haben uns doch nie gesehen!“

„Ja“, antwortete der Bauer, „meine Tochter (die Gattin des Soldaten, der uns in Pommern so oft besucht hatte) träumte letzte Nacht, dass Sie flüchten müssen und dass Sie zu uns kommen.

Deshalb hat sie ihre kleine Wohnung für Sie und Ihre Familie hergerichtet. Meine Tochter zieht mit ihrem kleinen Sohn zu uns."

So hatte Gott für uns den Weg gebahnt und die Leute vorbereitet. Sonst geben wir gewöhnlich wenig auf Träume, aber wir müssen eingestehen, dass wir, besonders unsere Mutti, für diesen einen Traum der Tochter des Bauern unsagbar dankbar waren. So hatte Gott Mutters Gebet, die Leute auf irgendeine Art vorzubereiten, erhört. Dort in dieser Wohnung blieben wir bis zum Einzug der Engländer, die sie dann beschlagnahmten. Wir mussten in einen Gemeindesaal übersiedeln, wo wir äußerst primitiv ein ganzes Jahr lang gehaust haben. Unsere verschiedenen Räume, die wir uns dort einrichteten, hatten Wände, die aus flatternden Landkarten bestanden, durch die wir den einen großen Raum eingeteilt hatten. Leider waren wir nicht die einzigen Bewohner des Saales. Alles, was sich regt und webt, wohnte gemeinsam mit uns unter einem Dach. Mit viel Mühe, Insektenpulver und Rattengift hatten wir endlich den Saal für uns erobert. Die Wunden und Narben dieses Kampfes wies die Familie lange Zeit auf!

6. Wie man an Klaviere und Möbel kommt!

Zu unserer großen Freude entdeckte Mutter neben anderen nützlichen Gegenständen ein altes Klavier, versteckt unter dem Schutt des bombardierten Teils des Gebäudes. Wir alle machten uns daran, diesen kostbaren Fund auszugraben, in der Hoffnung, dass das beschädigte Klavier noch brauchbar war. Zuerst reinigten wir es von außen und innen. Es bedurfte allerlei Reparaturen: Viele Saiten waren gerissen und einige Tasten beschädigt. Meine Mutter war nicht nur eine gute Organistin, sondern auch eine ausgezeichnete Mechanikerin und Instrumentenbauerin. Mit viel Talent, Fleiß und „Gewusst-wie" reparierte und renovierte sie diesen alten Kriegsinvaliden zu einem Klavier, das wir hinterher lange gebrauchten. Da unser „Wohnzimmer" ungewöhnlich groß war in jener Zeit der engen Wohnverhältnisse, fingen meine Eltern an, Abendveranstaltungen für Flüchtlinge und Einheimische zu organisieren, um ihnen über die schweren Zeiten hinwegzuhelfen. Eine Anzahl von Flüchtlingen hatte im Osten große Höfe oder Landgüter besessen – Ostpreußen war das Land der großen Landbesitze –, und nun saßen sie verarmt, oft verachtet und verzweifelt, eng zusammengedrängt in kleinen Zimmern und mussten mit Menschen mit ganz anderen Gewohnheiten und aus anderen Verhältnissen zusammenleben. Sie mussten ihr Leben neu anfangen, was für die älteren der großen Landbesitzer und Bauern nicht leicht war. Gleicherweise war es schwer für die Westdeutschen, ihr Haus mit fremden Menschen teilen und so eng mit ihnen zusammenwohnen zu müssen. Manchmal konnten die Landbesitzer aus dem Osten, die an ihre Freiheit und ein großzügiges Leben gewöhnt waren, eigenwillige, schwierige Nachbarn sein.

So gab es immer wieder Spannungen zwischen Flüchtlingen und Einheimischen – keiner konnte so recht die Lage des anderen verstehen. Vater musste sich als Pfarrer und Flüchtlings-Vertrauensmann die Klagen beider Seiten anhören, vermitteln und zu helfen versuchen. So ließ Vater eine große hölzerne Tafel auf dem Marktplatz errichten mit dem Spruch: „Einer trage des anderen Lasten, und so erfüllt das Gesetz des Christus“ (Gal 6,2). Sowohl viele der Einheimischen als auch der Flüchtlinge waren gottesfürchtige Menschen, die sich den Spruch zu Herzen nahmen. Dann besuchte Vater jede Familie des Dorfes und hörte sich ihre Probleme an. Wo er helfen konnte, tat er es. Bald gewann er das Vertrauen der Bevölkerung.

Meine Eltern organisierten auch Abendveranstaltungen verschiedener Art in unserem einfachen Flüchtlings-Landkarten-Heim, wozu sie von beiden Seiten so viele Leute wie möglich einluden, damit diese sich gegenseitig besser kennenlernten. Je nach Thema luden wir verschiedene Gäste ein. So baten wir einmal einen Tenorsänger, der auch geflüchtet war, einen klassischen Liederabend zusammen mit meinem Vater, der ihn auf unserem reparierten Klavier begleitete, zu gestalten. Ein anderes Mal hielt ein Tierarzt aus dem Osten einen humorvollen Vortrag über „Tiere als Patienten“. Dann sprach ein begabter Holzschnitzer, der sich gerade von einer monatelangen Tuberkulose erholt hatte, über die Kunst der Holzschnitzerei, wobei er eine Anzahl seiner schönen Kunstwerke vorführte. An einem Abend gaben wir drei Schwestern, begleitet am Klavier von unserem Vater, einen Volksliederabend bei Kerzenlicht. Viele der geladenen Gäste hätten nie eine Kirche betreten, und doch öffnete manch einer sein Herz, wenn Vater jedes Mal den Abend mit einem Bibelwort und einigen persönlichen Worten schloss. Einige von ihnen wurden Christen und gute Freunde.

7. Die Engländer ziehen ein!

Nicht lange nach unserer Ankunft in Neuenkirchen rückten die westlichen alliierten Truppen immer näher heran. Die Amerikaner, die Engländer, die Kanadier, die Franzosen und die Belgier nahmen Deutschland schnell ein. Der Krieg war hoffnungslos verloren, und bald gab es keine richtige Kriegsfront mehr. Und doch wollten Hitler und seine Leute bis zum letzten Mann kämpfen.

Eines Tages hörten wir das Donnern der Kanonen und das Knattern der Maschinengewehre ganz in unserer Nähe – nur einige Kilometer entfernt. In der folgenden Nacht zogen ununterbrochen Soldatenverbände und Truppenüberreste in jämmerlichem Zustand auf dem Rückzug durch unser Dorf. Viele von ihnen waren Slawen, die nicht einmal Deutsch sprachen. Sie waren von Russland, Polen oder anderen Ostländern während des Krieges verschleppt und gezwungen worden, für die Deutschen zu kämpfen. Zur gleichen Zeit flogen amerikanische und englische Bomber und Tiefflieger über unser Gebiet und griffen wiederholt an.

Wegen der ständigen Gefahr verließen wir in der Nacht das Dorf und suchten in den umliegenden Wäldern Schutz. Es war eine unruhige Nacht; keiner wusste, wie es weiterging und ob er den nächsten Morgen noch erleben würde. Gefahr lauerte von oben und rings um uns herum.

Am nächsten Morgen wurde es plötzlich im Dorf ganz still und leer – keine durchziehenden Truppen, kein Schießen (nur ganz in der Ferne) – und doch schien die Luft schwer und geladen mit einer unheimlichen Spannung und einer Ahnung nahender Ereignisse.

Wenn doch die alliierten Truppen einziehen würden, dachte ein jeder, dann gäbe es kein Kämpfen und kein Blutvergießen auf irgendeiner Seite!

Nach zwei oder drei ruhigen Tagen zog eine müde, bedrückte Gruppe deutscher Soldaten mit einem düster blickenden Offizier in Neuenkirchen ein. Bereitwillig wiesen die Dorfbewohner ihnen den schnellsten und sichersten Rückzugsweg; doch der Offizier wurde sehr zornig und schrie: „Wir sind hergekommen, um bis zum letzten Mann den Ort zu verteidigen! Rückzug kommt nicht infrage!“ Er befahl den Soldaten, Schützenlöcher zu graben und alles für den Kampf vorzubereiten.

Da hatten die Dorffrauen eine hervorragende Idee. Sie sahen die erschöpften, niedergedrückten und hungrigen Soldatengesichter, und sie wussten, wie hoffnungs- und sinnlos erneutes Kämpfen und Töten war. Deshalb luden sie alle Soldaten samt Offizier zu einem warmen Mittagsmahl ein und fingen ganz langsam und gemächlich an, ein gutes Essen für diese Männer zu kochen, die Tage, ja Wochen keine richtige warme Mahlzeit gehabt hatten. Die Frauen opferten die Lebensmittel von ihren eigenen Rationen und bereiteten alles mit Liebe vor. Manch eine dachte wohl dabei an ihren eigenen Mann oder Sohn, der auch Soldat war, irgendwo in der Ferne, an einem unbekannten Ort. Sie hofften, dass unterdessen die englischen Truppen ohne Widerstand in das Dorf einmarschieren würden. Aber sie irrten sich. Die Soldaten hatten ihr gutes Mahl noch nicht beendet, als der Befehl kam: „Jedermann in seine Kampfstellung!“ Der traurige, verzweifelte Ausdruck auf den kampfmüden Soldatengesichtern berührte unser Herz.

Nach kurzer Zeit begann das Schießen am Dorfeingang. Alle Dorfbewohner flüchteten in ihre Keller. Die englische Elitetruppe „The Desert Rats“, die so effizient gegen General Rommel in Nordafrika gekämpft hatte, besetzte das Dorf innerhalb einer halben Stunde mit ihren Tanks. Die Tanks rollten so lautlos in das Dorf, dass wir sie erst bemerkten, als ich aus dem kleinen Kellerfenster hinausspähte und sie vor unserem Haus stehen sah, mit dem Kanonenrohr direkt auf uns gerichtet. Aber es war keine Zeit, die von mir heimlich vorbereitete weiße Fahne aus dem Fenster zu hängen, denn in dem Augenblick wurde schon die Kellertür aufgerissen und eine bedrohlich aussehende Maschinenpistole auf uns gerichtet. Ein riesiger englischer Soldat in seiner Khaki-Uniform hielt sie in seiner Hand, während er uns alle schweigend musterte. Meine älteste Schwester sprach ihn an: „Wir sind alle Zivilisten." Er und ein zweiter Soldat, ebenfalls mit einer gezückten Maschinenpistole, durchsuchten das ganze Haus. Als sie keinem Soldaten und keinem Widerstand begegneten, redeten sie freundlich mit uns und ließen uns aus dem Keller heraufkommen.

„Sie dürfen das Haus mehrere Tage nicht verlassen und auch nicht näher als zwei Meter an das Fenster herangehen. Zuwiderhandelnde werden erschossen."

Sie waren korrekt und freundlich und rieten uns, unsere Armbanduhren und Schmuck vor den nachfolgenden Truppen zu verstecken, unter welchen sich zweifelhafte Charaktere befänden – besonders unter den französischen Kanadiern und Polen. Und tatsächlich kamen uns bei den nachfolgenden Hausdurchsuchungen von manchmal undurchsichtigen Personen in den verschiedenen Uniformen einige Wertstücke abhanden. Etwas später erkannten wir – nach beendetem Kampf – durch das Fenster eine Reihe von deutschen Soldaten, die die Dorffrauen vorher beköstigt hatten. Sie waren jetzt Kriegsgefangene, aber glücklich, dass der Krieg jetzt für sie vorbei war. Die Engländer behandelten sie nicht schlecht, doch stand ihnen eine lange und harte Gefangenschaft bevor, in Lagern auf freiem Feld, zusammen mit Zehntausenden anderer Kriegsgefangener. Eine Anzahl starb an Hunger, Kälte und Krankheit – Nahrungsmittel waren damals in vielen europäischen Ländern knapp.

Ein Soldat und ein Zivilist wurden während der Kämpfe um Neuenkirchen getötet. Ein englischer Offizier bat meinen Vater, seinen Talar anzuziehen – es war ihm erlaubt, das Haus zu verlassen, wenn er als lutherischer Pfarrer gekleidet und erkennbar war – und die zwei Toten zu begraben. Er besuchte ebenfalls einen verwundeten Dorfbewohner.

Während der ersten Tage der Besetzung war natürlich kein Geschäft geöffnet, und kein Deutscher durfte auf die Straße. Da Lebensmittel schon lange vorher knapp gewesen waren, waren unsere Vorräte bald aufgebraucht. Jeden Tag sahen wir, wie die englischen Fronttruppen ihre neuen Lebensmittelrationen in Büchsen ausgeteilt bekamen: Fleisch, Fisch, Gemüse, Kekse, Butter, Käse, Marmelade und Milchpulver. Wenn sie ihre neuen Rationen erhielten, legten sie meist die nicht gebrauchten alten Lebensmittelbüchsen irgendwo ins Freie und fuhren mit ihren Tanks darüber. Doch einige der freundlicheren Engländer legten sie auf einen besonderen Platz neben die Straße und ließen sie dort unberührt und versiegelt liegen. Sie wollten die kostbaren Lebensmittel nicht vernichten und wussten, dass die Deutschen Hunger hatten. Wir sahen einen Büchsenhaufen nicht weit von unserem Haus entfernt liegen. Aber was konnte man tun? Wir durften das Haus nicht verlassen. Martha, unsere Haustochter, die ein sehr mutiges Glied unserer Familie war, hatte einen blendenden Einfall. Sie winkte einen englischen Soldaten mit seinem geladenen Maschinengewehr heran und überredete ihn, sie mit geladenem Gewehr sicher zu dem Haufen Lebensmittelbüchsen zu geleiten. Er war freundlich und marschierte, sie getreulich beschützend, hinter ihr her, während sie all die kostbaren Vorräte einsammelte. Wie dankbar waren wir für all die guten Leckerbissen, von denen wir manche jahrelang nicht gesehen hatten! Wie treu sorgte doch unser himmlischer Vater für uns! Als Martha das Haus mit den Armen voller seltener Delikatessen betrat, hielten wir gleich einen richtigen Festschmaus, obgleich diese Nahrungsmittel uns eine Zeit lang über Wasser halten mussten; deshalb rationierten wir sie streng.

An einem der ersten Tage der Besetzung erhielt Vater Besuch von einem englischen Oberst, dem Kommandeur dieses Gebietes, der in Begleitung eines Soldaten kam. Zuerst bekamen wir einen Schreck. Was wollten diese Männer von Vater? Die beiden verließen mit Vater das Haus und fuhren in einem Militärwagen fort. Etwas ängstlich warteten wir zu Hause. Nach einer Stunde brachten sie Vater zurück. Er erzählte uns, dass der Kommandeur einen neuen Dorfbürgermeister in sein Amt einsetzen wollte.

„Der alte Nazi-Bürgermeister hatte sich aus Angst und mit einem schlechten Gewissen vor den Engländern in seinem Haus verbarrikadiert. Bis zu seinem Verhör brachten sie ihn in Gewahrsam. Der englische Oberst hatte Erkundigungen eingeholt und beschlossen, dass ich die geeignete Person sei, um ihm bei der Wahl des neuen Bürgermeisters zu helfen. Deshalb besuchten wir den von mir vorgeschlagenen Herren zu einer ersten Besprechung."

8. Eine neue Lebensaufgabe für uns

Bis der Ortsgeistliche aus der Gefangenschaft in sein Amt zurückkehrte, hatte mein Vater ihn vertreten. Danach aber war er arbeitslos und die Familie praktisch ohne Mittel. Täglich war diese Situation eines unserer Gebetsanliegen. Dies taten wir gewöhnlich nach dem Mittagessen, wenn wir eine kurze Andacht und Bibellesung hielten.

An einem Mittag dankte Vater in dem Gebet für die Stelle, die Gott für ihn bereit habe. Das fiel uns gleich auf, weil unseres Wissens noch keine Aussicht auf eine Stelle vorhanden war. Nach dem Gebet fragten wir deshalb Vati, weshalb er Gott gedankt habe, obwohl uns noch keine Stelle angeboten worden war.

„Mir ist im Gebet klar geworden", sagte Vater, „dass Gott eine Stelle für uns bereit hat und dass wir bald gewiss sein werden, wo diese ist. Deshalb habe ich gleich dafür gedankt."

Wenige Tage darauf erhielten wir die Nachricht, dass mein Vater in eine Stadtgemeinde in Frankfurt am Main berufen sei, wo meine Eltern 17 Jahre blieben.

Wir Töchter hatten mit unseren Eltern zusammen die ganze Zeit der Flucht durchlebt und in allen schwierigen Situationen bewusst oder unbewusst ihr Verhalten beobachtet. Natürlich hatten wir ihr Verhalten mit dem Verhalten vieler anderer Flüchtlinge verglichen. Von Vati hatten wir nie ein Wort der Klage gehört, immer machte er uns und den anderen Mut. Er versuchte, Mutti und uns so viel Freude wie möglich zu bereiten. Wenn andere meine Eltern bedauerten, dann gaben sie wohl zu, dass es nicht leicht war, solches durchgemacht zu haben. Sie sagten oft, andere hätten es noch viel schwerer gehabt, sie möchten aber unter keinen Umständen all das missen, was sie erlebt hatten. Diese Zeit hatte für sie einen so reichen inneren Gewinn gebracht und sie innerlich erzogen. Mutter sagte immer, dass sie vor allem gelernt hatte, sich in allem direkt vom Herrn abhängig zu wissen. Vater auf der anderen Seite meinte, dass man andere Menschen erst verstehen lernt, wenn man das Gleiche durchgemacht hat wie sie. Als Familie lernten wir es, viel dankbarer zu sein. Es ist zum Beispiel nicht immer selbstverständlich, ein Dach über dem Kopf zu haben, ein Bett zu besitzen, in das man abends hineinschlüpfen kann, wenn man müde ist. Wie kostbar sind nach so einer Flucht die einfachsten Gegenstände im Haushalt (Eph 5,25.27).

Durch all diese Erlebnisse hatte Gott mit uns Töchtern eine ernsthafte persönliche Unterhaltung geführt. Unsere Eltern hatten immer ein direktes Verhältnis zu dem Herrn Jesus Christus gehabt und lebten danach. Aber das Gleiche konnte man von uns leider nicht sagen. Wir kannten durch unsere Eltern von Kindheit an die Botschaft des Heils, aber wir hatten uns noch nicht bewusst für den Heiland entschieden. Vorher war wohl der „allgemeine Glaube“ bei uns Kindern vorhanden gewesen, und wir waren nie gegen das Evangelium gewesen, aber die klare, persönliche Entscheidung und die Heilsgewissheit fehlten. Wir hatten nun persönlich all diese Wunder auf der Flucht miterlebt und als nachher in einer Evangelisation der Weg des Heils wieder klar gezeigt wurde, entschieden wir alle drei uns fest, diesen Weg zu gehen, und bekannten es auch öffentlich. Seit dieser Zeit gehen wir als Familie einmütig und froh im bewussten Glauben an den Herrn Jesus Christus vorwärts (2Tim 3,15).

Kapitel V

GROSSMUTTER ELSE URBAN

1. Ihr Vorbild in der Familie

Eine große Sorge lastete immer noch auf uns, nämlich die bange Frage nach dem Schicksal unserer Verwandten im Osten, von denen wir nichts wussten. Waren sie noch am Leben? Würden wir sie jemals wiedersehen? Waren sie durch die Kriegskämpfe und Bomben umgekommen, auf der Flucht, oder, wie viele andere Flüchtlinge, gestorben?

Sogar noch nach 40 Jahren konnte man, wenn auch immer seltener, in manchen westdeutschen Postämtern oder auf Polizeistationen Fotos von Männern und Frauen mittleren Alters finden mit der Überschrift: „Wer bin ich?“ Die Suchenden sind meist Personen, die als kleine Kinder all ihre Verwandten und Freunde in Flüchtlingstrecks oder bei Bombenangriffen verloren. Sie hoffen, dass anhand von Familienähnlichkeit und angegebenen besonderen Merkmalen ihre Identität, ihr Name und Alter, gefunden werden kann.

Es war in Schlesien gerade vor Kriegsende. Meine Großmutter, Else Urban, besaß im wunderschönen Eulengebirge ein schönes stattliches Landhaus mit 16 Räumen, inmitten gepflegter Blumenanlagen und eines riesigen Gartens. Oft hatten wir mit unseren Verwandten dort unvergessliche und glückliche Ferien verlebt. Meine Großmutter war eine außergewöhnliche Persönlichkeit, intelligent und noch im Alter sehr ansehnlich. Schon mit 36 Jahren war sie Witwe geworden, kurz bevor ihr fünftes Kind geboren wurde. Sie hatte fast immer Gäste, und jedermann war bei ihr willkommen, besonders wenn er in Not war. Dazu war sie aktiv in christlicher Frauenarbeit und half Hunderten von Menschen mit ihren Problemen, weil sie selbst Gottes Hilfe Tag für Tag in schweren Zeiten erfahren hatte. Sie und ihr Mann, mein Großvater, waren sehr wohlhabend gewesen. Nachdem mein Großvater sein Theologiestudium an der Universität beendet hatte, waren beide – dem inneren Ruf folgend – mit eigenen Mitteln nach Ungarn ausgereist, um dort unter den Deutschsprachigen, von denen es sehr viele – besonders unter den Adeligen – gab, das Evangelium zu verkünden. Sie erlebten eine regelrechte Erweckung, bei der viele zum Glauben kamen.

Mein Großvater war ein gebildeter, unabhängiger Mann, der seine Prioritäten streng setzte, weil er die Zeit als sein ihm von Gott gegebenes höchstes Gut betrachtete. So geschah es wiederholt bei Gesellschaften des Adels, zu denen er geladen war, dass er sich nach dem Abendessen, wenn das vermehrte Trinken und leere Reden anfing, ruhig erhob und mit einer Verbeugung vor den Gastgebern entschuldigte: „Meine Damen und Herren, ich bitte, mich zu entschuldigen, eine wichtigere Arbeit wartet auf mich: Die Witwe X ist in Not und braucht meine Hilfe." Er versäumte auch in dieser Gesellschaft nicht die geringste Möglichkeit, von seinem Glauben Zeugnis abzulegen. Da er gute Umgangsformen hatte und ein strahlendes, frohes Wesen, war er überall beliebt und hatte unter seinen Freunden den Namen „Bruder Sonnenschein".

Meine Großmutter stand ihm treu zur Seite und nahm sich der Frauen und Kinder an. Zuallererst teilte sie ihnen die Liebesbotschaft Jesu Christi mit und unterrichtete sie in der Bibel; außerdem lehrte sie einfachen Menschen nützliche Dinge, zum Beispiel Haushaltsführung, Kindererziehung und Umgangsformen.

Einmal reisten meine Großeltern in Ungarn mit der Bahn. Ihnen gegenüber saß eine junge Dame, die meine Großmutter während der stundenlangen Reise unverwandt anstarrte. Als sie in ein Gespräch mit der Frau kam, erklärte diese:

„Meine Dame, Sie mögen sich wundern, warum ich Sie die ganze Zeit so ununterbrochen anschaue. Der Grund ist, dass ich in einigen Monaten ein Kind erwarte. Ich wünsche mir, dass mein Kind einmal so ein schönes Gesicht und so einen schönen Ausdruck hat wie Sie. Deshalb präge ich mir Ihr Gesicht tief ein und schaue Sie so unverwandt und konzentriert an."

Meine Großmutter blickte ihr Gegenüber mit ihren strahlenden blauen Augen an und erklärte ihr, wie ein Leben in Liebe, Vergebung und der Nachfolge Jesu einen Menschen verschönert und strahlend macht.

Mein Großvater starb dann später sehr plötzlich in noch jungen Jahren an einer bösen Darmerkrankung auf einer Missionsreise in Ungarn, fern von zu Hause. Großmutter erwartete gerade ihr fünftes Kind. Sie ging dann durch sehr, sehr schwere Zeiten mit ihren fünf kleinen Kindern. Durch die Inflation und untreue „befreundete" Rechtsanwälte, die sie betrogen, verlor sie das ganze Vermögen. Wie sie in diesen schweren Jahren ihre Familie im Glauben durchbrachte und allen eine gute Ausbildung ermöglichte, ist eine Reihe von wunderbaren Gebetserhörungen.

Ihr Sohn Johannes kam schon ganz jung wegen seiner außergewöhnlich schönen Stimme in den Dresdner Kreuzchor, wo er auch das Gymnasium besuchte und mit dem bekannten Knabenchor Reisen kreuz und quer durch Europa unternahm. Wie wunderbar Gott in Gefahr beschützen kann, zeigt folgendes Erlebnis aus seiner Dresdener Schulzeit.

Johannes war ein stattlicher Junge mit blonden Haaren und blauen Augen und liebenswürdigem Wesen, der durch seine Mutter früh Liebe und Gehorsam gegenüber dem Wort Gottes und den Eltern gelernt hatte.

Mit etwa zwölf Jahren ging er eines Nachmittags, als sie schulfrei hatten, mit einem Freund in die Stadt, um etwas einzukaufen. Als sie die Hauptstraße entlangliefen, kam ein freundlicher Herr mit einem Blumenstrauß in der Hand auf die beiden zu und sprach sie an:

„Meine jungen Herren, können Sie mir einen kleinen Dienst erweisen? Ich muss sofort mit der Bahn verreisen, mein Zug geht in wenigen Minuten. Doch sollte dieser Strauß an eine junge Dame abgeliefert werden. Würden Sie so freundlich sein, die Blumen in meinem Namen an der aufgeschriebenen Adresse abzugeben? Es ist sehr eilig, gehen Sie bitte sofort."

Er händigte meinem Onkel eine Adresse aus mit dem nochmaligen Hinweis, keine Zeit zu verlieren, und verschwand in Richtung Bahnhof.

Die beiden Jungen machten sich gleich auf den Weg mit den Blumen. Plötzlich blieb Johannes stehen und sagte zu seinem Freund:

„Wir müssen zuerst zur Schule zurück und um Erlaubnis bitten. Die Schulregeln verbieten es, ohne Genehmigung Menschen aufzusuchen."

„Es ist ja nur etwas abzugeben."

„Immerhin, lass uns auf alle Fälle in der Schule Bescheid sagen."

So liefen die beiden schnell in das Internat zurück und trafen dort gerade den Direktor der Schule, dem sie von ihrem Vorhaben erzählten. Der Direktor ließ sich die Adresse für die Blumen aushändigen. Als er sie las, erblasste er:

„Wie gut, dass ihr zurückgekommen seid und nicht heimlich dorthin gegangen seid. Ihr seid einer schrecklichen Gefahr entronnen. Gerade erhielt ich die Warnung, dass hier in Dresden durch Knabenhandel Kinder verschwunden sind. Dies ist die Adresse der Verbrecher." Er ließ die gesamte Schule antreten, erzählte allen, was vorgefallen war, und warnte die Schüler ernsthaft, sich an unbekannte Orte zu begeben.

Als meine Großmutter von diesem Vorfall erfuhr, war sie tief erschrocken, aber von Herzen dankbar, dass Gott ihren Sohn infolge seines Gehorsams behütet hatte. Meine Großmutter schickte daraufhin ihre älteste Tochter, meine Mutter, die bis dahin in ein gutes Internat in Hermannswerder gegangen war, zur weiteren Ausbildung nach Dresden, um dort ihrem Bruder ein wenig beizustehen. Es wären noch viele wunderbare Erlebnisse der Bewahrung durch die Hilfe Gottes aus diesen Jahren zu berichten, aber das würde zu weit führen.

Großmutter widmete sich ihr ganzes Leben lang der Arbeit unter Frauen und ist vielen zum Segen geworden in allen Teilen Deutschlands. Auch war sie befreundet mit der Mutter Eva von Thiele-Winkler, der Gründerin vieler Kinderheimaten für Waisen und Findelkinder im Osten Deutschlands.

2. Hausdorf

In Hausdorf im Eulengebirge, wo Großmutter ihr Haus hatte, gab es zwei dieser Kinderheimaten, um die sich Großmutter viel kümmerte. Eine Kinderheimat bestand aus etwa 15 Kindern verschiedenen Alters, mit einem „Mütterchen" – einer Mitarbeiterin von Mutter Eva – und einer Helferin. Sie lebten zusammen als eine Familie und teilten Freud und Leid. Die Kinder wurden mit viel Liebe erzogen und erhielten gemäß ihren Begabungen und Neigungen eine Ausbildung. Die Mittel für den Unterhalt und die Ausbildung kamen von Gaben.

Was mich sehr beeindruckte und wirklich geistliche Gesinnung zeigte, war, dass Mutter Eva und ihre Kinderheimaten nie um Geld bettelten, sondern alle Bedürfnisse ihrer „Familien" im Gebet vor Gott brachten und von Ihm direkt Hilfe und Erhörung der Gebete erwarteten. So lernten die Kinder früh, allein auf Gott zu vertrauen. Alle Anliegen wurden direkt vor Gott gebracht und Menschen gegenüber wurde geschwiegen. Welche Freude brachte jede Gebetserhörung und welche Bestätigung der Arbeit von Gott. Nur in der direkten Abhängigkeit vom Herrn kann man erkennen, ob man im Sinne Gottes arbeitet oder ob Gott andere Pläne hat. Bei dieser Einstellung bleibt man Gott gegenüber sehr sensibel und ständig in der Heiligung: Jede Sünde und jeder Eigenwille blockieren nämlich die völlige Abhängigkeit, indem die Gebete unbeantwortet bleiben.

Großmutter war eine sehr treue Beterin. Als sie schon älter war, weilte sie einige Wochen bei uns in der Schweiz zu Besuch. Sehr früh am Morgen begann sie mit Bibellesen und Gebeten in ihrem Stübchen. Dann holte sie ihre Fürbittenliste hervor und betete stundenlang für jeden Menschen einzeln, der auf ihrer „Hunderte-von-Menschen-Liste" stand, und dankte für die erlebten Gebetserhörungen. Danach stand sie fröhlich auf. Beim Waschen im Badezimmer – sie wusch sich immer reichlich und peinlich sauber, weil sie glaubte, das körperliche Waschen sei ein symbolischer Ausdruck der inneren Reinlichkeit – sang sie immer die schönen alten Heilslieder. Ihr frohes und zufriedenes Wesen fiel jedem auf. Als sie schon über 70 Jahre alt war, betrat ich einmal mit ihr eine Drogerie, um Medikamente einzukaufen; denn sie war herzkrank und hatte Altersdiabetes. Die Drogistin, eine ältere Dame, die verbittert und enttäuscht aussah, bediente uns. Plötzlich schaute sie meine Großmutter erstaunt an und rief:

„Liebe Dame, wie können Sie in Ihrem Alter noch so glücklich aussehen? Ihr Leben ist doch fast vorüber. Sie können doch nichts mehr erwarten! Obgleich ich an weltlichen Gütern alles besitze, was ich mir nur wünschen kann, bin ich vom Leben und von den Menschen sehr enttäuscht und frustriert."

Großmutter erzählte ihr mit leuchtenden Augen, was für ein Glück es für sie sei, jeden Tag neu Gottes Liebe, Vergebung und Fürsorge zu erfahren und wie spannend und abenteuerlich es sei, Jesus Christus nachzufolgen. Sie erzählte aus ihrem Witwenleben mit fünf kleinen Kindern. Wie sie kurz nach dem Tod ihres wohlhabenden Mannes durch die Inflation alles verloren hatte. Und doch hatte Gott, dem sie fest vertraute, ihr durch alle Nöte wunderbar hindurchgeholfen, sodass sie sogar allen Kindern eine gute Ausbildung geben konnte. Die unglückliche egozentrische Dame lud Großmutter zum Tee ein, und nach mehrmaligen Besuchen und ausführlichen Gesprächen wurde aus ihr ein anderer Mensch, der die gute Botschaft des Wortes Gottes annahm.

3. Die Russen sind da

In den letzten Tagen des Krieges hatten sich in Großmutters Haus 40 Leute eingefunden: Flüchtlinge und andere heimatlose Menschen, auch zwei ihrer Töchter und eine Schwiegertochter mit ihren Kindern – ihre Männer waren im Krieg. So waren die meisten Leute im Haus junge Frauen und Kinder ... und Großmutter.

Großmutter erzählte uns folgende Erlebnisse:

Am 8. Mai 1945, dem Tag des Waffenstillstands, strömten die siegreichen Russen über die Berge, um das gesamte ostdeutsche Gebiet zu besetzen. Der beständige Strom der überladenen Flüchtlingstrecks mit brüllenden Kühen, wiehernden Pferden und dem unendlichen Elend heimatloser Menschen hatte plötzlich aufgehört. Gegen Abend des 8. Mais wurde es ganz ruhig. Nur ein paar Polen huschten leise um das Haus herum. Später erfuhren meine Verwandten, dass die Polen das Haus wegen der vielen jungen Frauen und Mädchen, die sich darin befanden, an die Russen verraten hatten. Plötzlich, gegen 10.00 Uhr abends, brausten die ersten russischen Jeeps ins Dorf und hielten direkt vor Großmutters Haus an. Andere Autos folgten. Dann kam der Befehl:

„Aus dem Auto heraus und das Haus umstellen! Aufpassen, dass keiner das Haus verlässt!“

Eine der jungen Damen im Hause konnte etwas Russisch und berichtete atemlos, was sie vernommen hatte. Man war auf das Schrecklichste gefasst. Und schon hämmerten die Russen an die Haustür und zerschmetterten die Glasscheiben.

Großmutter öffnete mutig die Tür und ungefähr 17 starke Männer stürmten an ihnen vorbei die Treppe hoch, wild um sich schauend. Als sie all die jungen Frauen und Mädchen erblickten, stießen sie ein bewunderndes „Ah!“ aus. Die Russisch sprechende Dame versuchte, sie zu beruhigen. Meine Großmutter trat vor sie und erklärte ganz schlicht:

„Meine Herren, wir Damen und unsere Kinder sind ohne Schutz, wir befehlen uns Ihrer Obhut an!“

Einige der russischen Offiziere verstanden Deutsch. Doch hatten sie schon lange vorher entschieden, was sie tun wollten. Deshalb schickte Großmutter schnell die jungen Leute in ihre Zimmer und fragte die Russen, ob sie ihnen etwas zum Essen zubereiten könne. Ungeduldig lehnten sie ab und begannen, das ganze Haus mit Hilfe eines Hundes bis in die hinterste Ecke zu durchsuchen. Bald war das ganze Haus auf den Kopf gestellt. Dazu plünderten sie, was sie nur konnten: Uhren, Wertgegenstände, Schmuck und vieles andere verschwanden im Nu. Aber es war ein Wunder, dass sie dabei nicht eine einzige Frau anrührten, wie es die Russen gewöhnlich überall taten. Natürlich beteten die Frauen ununterbrochen um Gottes Hilfe und Bewahrung.

Großmutter versammelte alle Frauen und Kinder um sich herum. Als die Spannung unerträglich wurde, fingen sie an, die schönen alten deutschen Choräle und Glaubenslieder zu singen. Sie sangen ein Lied nach dem anderen. Dabei wurden ihre Herzen ruhiger und zuversichtlicher. Diese Verhaltensweise war für die brutalen Russen – die meisten von ihnen waren Offiziere – offensichtlich ungewohnt. Beständig kamen und gingen sie und starrten auf die singenden Frauen. Niemand wagte sich an sie heran.

Plötzlich winkten die Männer meiner Großmutter, ihnen in die Küche zu folgen. Sie wollten sie von den jungen Leuten trennen; denn irgendwie fühlten sie, dass die alte Dame eine geistliche Kraft besaß, die sie an der Durchführung ihrer bösen Vorsätze in diesem Haus hinderte.

Sie befahlen Großmutter, eine große Mahlzeit für ihren Vorgesetzten zuzubereiten: Sie musste alle Eier, die sie noch besaß, braten. Dazu brachten sie ihr andere Nahrungsmittel zur Zubereitung. Und zum Schluss händigten sie ihr eine geräucherte Wurst aus, mit der Anweisung, diese in ganz, ganz dünne Scheiben zu schneiden und dann ihrem Oberst im unteren Stockwerk zu bringen.

Während sie Großmutter diese Anweisungen gaben, bemerkte sie ihre listigen, unehrlichen und boshaften Augen und hatte sofort das Gefühl, dass man sie so lange wie möglich von den jungen Leuten fern halten wollte. Daraufhin blickte sie den zwei russischen Offizieren bewusst und fest in die Augen, indem sie laut betend sagte: „Herr Jesus, bitte verhindere, was diese bösen Menschen vorhaben!" In diesem Augenblick schauten die Russen sie entsetzt an, drehten um und flüchteten aus der Küche. Sie trug das zubereitete Mahl hinunter zu dem Oberst und kehrte danach zu ihren Frauen und Kindern zurück. Nicht eine von ihnen war belästigt worden! Von ihren Töchtern erfuhr sie, dass – nachdem Großmutter in die Küche geholt worden war – viele Russen fortwährend versucht hatten, in das Zimmer einzudringen; aber jedes Mal wären sie nach wenigen Schritten wieder umgekehrt und hätten den Raum verlassen. Es schien, als ob eine unsichtbare Macht oder Mauer ihnen den weiteren Zugang versperrte. So hatten sie buchstäblich erfahren, dass Gott Seine Engel zum Schutz gegen ihre Feinde gesandt hatte, und waren voller Lob und Dank.

Etwas später in der Nacht klopften zwei Russen an die Tür (können Sie sich vorstellen, dass russische Soldaten an die Tür ihrer Gefangenen klopfen?) und baten um Zigaretten. Um 3.30 Uhr nachts erschien ein neuer Offizier: groß, breit und stark, seine Brust voller Dekorationen und Auszeichnungen. Sein Blick war unheimlich und verschlagen. Es schien, als ob immer wieder ein Russe herauszufinden versuchte, warum es nicht gelang, näher an die Frauen heranzukommen, wie sie es wollten.

Dieser hohe Offizier starrte unverwandt und eindringlich auf das Bild vor sich. „Lasst uns wieder singen!", schlug Großmutter vor, als die Spannung und die Angst zunahmen. Sie sangen, innerlich betend. Der baumlange Russe nahm einen Stuhl und setzte sich direkt vor sie hin und ließ sie keinen Augenblick aus den Augen. Dann endlich nach ein oder zwei Stunden erhob er sich von seinem Stuhl, verbeugte sich vor den Damen und sagte höflich: „Jetzt können Sie sicher schlafen gehen, gute Nacht." Welch ein Wunder! Schutzlose Frauen, bewahrt inmitten der Gefahr! Gott erhört die Gebete Seiner Kinder. Er antwortet denen, die Ihm vertrauen. Keine einzige der 40 Personen im Haus war zu Schaden gekommen.

Unten in den großen Räumen des Parterres von Großmutters Haus hatten es sich die Russen bequem gemacht. Während meine Verwandten und all ihre Freunde im ersten und zweiten Stockwerk, wo sie alle wohnten, durch Gottes Güte bewahrt blieben, hatten sich die Russen ins Parterre aus dem Dorf eine Anzahl lebenslustiger Mädchen geholt, die ihnen von den Polen angezeigt worden waren. Mit diesen Dorfmädchen verbrachten die russischen Soldaten und Offiziere eine wilde Nacht. Sie hatten die Mädchen geknebelt mit Kerzenwachs, sodass ihre Schreie erstickt wurden. Als die Russen dann um 4.30 Uhr morgens das Haus eilig verließen, blieb eine Szene schrecklicher Verwüstung und des Schmutzes zurück. Im oberen Stockwerk hatte man das wilde und laute Treiben gehört, aber nicht geahnt, was für abscheuliche Dinge dort getrieben wurden.

Während dieser Schreckensnacht beim Einrücken der russischen Soldaten, von denen viele Mongolen waren, waren die meisten Dorfbewohner aus ihren Häusern in die umliegenden Wälder geflüchtet. Unter diesen in die Wälder Geflüchteten befanden sich auch einige Christen, die von ihrem Versteck aus Großmutters Haus beobachten und vermuten konnten, was dort vor sich ging. Sie hatten die wilden Scharen der Russen in das Haus stürmen sehen und die ganze Nacht das lärmende, rastlose Treiben bemerkt. Sie hatten das Schlimmste befürchtet. Die ganze Nacht beteten sie für Großmutter mit all den Frauen und Mädchen.

Als sie am nächsten Morgen in das Dorf zurückkehrten, waren sie sprachlos, als sie erfuhren, dass nicht eine einzige der jungen Frauen, die sich in Großmutters Obhut befanden, belästigt worden war.

Einige Monate später verließen die Russen die Gegend, und das Dorf wurde von den Polen übernommen. Der Kommandant wohnte in zwei großen Räumen unten im Parterre. Nun folgte eine böse Zeit. Er und seine Genossen pflegten, mit ihren Motorrädern durch die Haustür, den Korridor entlang bis in die Wohnräume zu fahren. Sie lagerten große gefüllte Benzinbehälter in der mit Holz getäfelten Eingangshalle. Oft war der Fußboden von Benzin durchtränkt, sodass meine Großmutter hin und wieder leise die Treppe hinunterschlich, um den durchnässten Boden zu trocknen und zu reinigen, aus Angst vor einem Feuer oder einer Explosion im Hause. Die Polen fuhren meist mit brennenden Zigaretten ins Haus hinein. Nacht für Nacht hörte man in der ganzen Gegend den Lärm des betrunkenen Kommandanten und seiner betrunkenen Mädchen. Sie schossen auf die Schweine und andere Haustiere der Nachbarn, tanzten in schweren Stiefeln auf Tischen und Betten und zerschmetterten kostbare Möbel, Geschirr sowie Bilder und Gemälde an den Wänden. Aber es war wunderbar: Keiner dieser Radaubrüder betrat jemals Großmutters erstes oder zweites Stockwerk. Die Nachbarn, die das wüste Treiben mitbeobachteten, äußerten sich öfter: „Warum lässt Gott so eine Bosheit im Hause Seiner Kinder zu?“

Großmutter antwortete ihnen: „Gott will dadurch unseren Glauben prüfen. Er hat uns bis heute geholfen und beschützt, wir wollen Ihm weiter vertrauen. Es ist besser, dass wir diese Nöte erleiden müssen als andere.“

Eines Nachts hatte ein junger polnischer Leutnant unten eine besonders wilde Party geplant. Alles war vorbereitet: Speisen, Mengen von Alkohol und laute Musik sowie gesellschaftliche Vergnügungen. Nur die Mädchen fehlten noch. Deshalb nahm der junge Offizier sein großes Auto – er stahl regelmäßig und ganz öffentlich Autos – und sauste mit hoher Geschwindigkeit in die

Stadt, um eine Anzahl leichter Mädchen zu finden, mit denen er die Nacht verbringen könnte.

Es war eine regnerische Nacht. Als er um eine Kurve raste, kam sein Auto ins Schleudern, kippte um und wurde in ein Feld geworfen. Er war auf der Stelle tot. Sein Begleiter war bewusstlos. Es war ein schreckliches Gericht. Von der Nacht an hörte das wüste Feiern und Treiben auf – es wurde still im Untergeschoss.

Lebensmittel waren zu der Zeit sehr knapp; selbst Salz, Mehl und Brot waren nicht zu haben. Wenn die Frauen und Kinder hungrig wurden, machten sich Tante Hilde und Tante Thea auf den Weg und liefen vier Stunden über die Berge zu einem gläubigen Bauern, der ihnen etwas Milch, Brot und Salz abgab, obwohl er selbst nicht viel besaß.

Auf den einsamen Bergpfaden begegneten den beiden manchmal Polen oder Russen, die sie zu belästigen versuchten. Aber jedes Mal errettete Gott sie – oft in letzter Minute – aus der Gefahr.

Einige Wochen später bekamen alle in Großmutters Haus den Befehl, das Dorf innerhalb von zehn Minuten zu verlassen, zusammen mit Tausenden von anderen Dorfbewohnern. So wurden sie von den Polen aus Haus und Heim vertrieben. Diese heimatlosen Deutschen wurden dann in den Westen transportiert. Während dieses Transportes mussten sie weite Entfernungen zu Fuß zurücklegen, wurden in Viehwagen verfrachtet und mussten manche Härte durchstehen, bis sie endlich nach Wochen, geschwächt und erschöpft, im westlichen Sammellager eintrafen. Wie dankbar und froh waren wir, als wir genau ein Jahr nach unserer Flucht aus dem Osten die Nachricht erhielten, dass unsere Verwandten noch am Leben und sicher im Westen waren.

Kapitel VI

AUFBAU DER ZERBOMBTEN NORD-OST-GEMEINDE

1. Neubeginn

In Frankfurt am Main begann dann mein Vater, die zerbombte und verstreute Nord-Ost-Gemeinde wieder aufzubauen. Er hielt die ersten Gottesdienste in der Aula einer noch unzerstörten Schule, der Komenius-Schule. Da er sich sehr um die Gemeindemitglieder bemühte, mit Vollmacht das ganze Wort Gottes verkündigte und auch viele Hausbesuche bei Konfirmandeneltern, Kranken, Einsamen und Alten machte, wuchs die Zahl der Gottesdienstbesucher sehr schnell. Der Raum in der Schulaula wurde zu klein.

Nachdem die Baugenehmigung erlangt war, fing unsere Gemeinde nun selbst an, das zerbombte Kirchengebäude wieder aufzubauen. Zuerst kam, wer nur konnte, Jung und Alt, so oft wie möglich zum Steineklopfen zusammen, wobei die alten Ziegelsteine vom Mörtel und alten Putz befreit wurden, sodass sie zum Bau wieder brauchbar wurden. Danach wurde das ganze Gebäude so weit wie möglich von den Gemeindemitgliedern selbst erbaut, nur für die schwierigen Facharbeiten wurden Handwerker angestellt. Wie stolz waren alle in der Gemeinde, als nach viel Mühe und Arbeit unter großen Opfern das Kirchengebäude mit Nebenräumen fertig war.

Jetzt konnte die geistliche Arbeit in gesteigertem Maße getan werden. Neben regelmäßigen Evangelisationen von meinem Vater und anderen Gottesmännern, wie Pastor Hans Brandenburg, Oswald Smith und anderen, bei denen jedes Mal eine Anzahl von Menschen zum Glauben an den Herrn Jesus Christus kam und sich dann unserer Gemeinde anschloss, legten die Leiter der Gemeinde ganz großen Wert auf die Kinder- und Jugendarbeit. Frankfurt galt von jeher als liberale Stadt, in der geistliche Arbeit schwer war. Und doch hatten wir in dieser schweren Nachkriegszeit überfüllte Gottesdienste mit bis zu 700 Teilnehmern, während alle anderen Kirchen um uns herum Sonntag für Sonntag leer waren. Mein Vater bildete Kindergottesdiensthelfer und -helferinnen aus. Auch meine Schwestern und ich halfen während unserer Oberschulzeit im allsonntäglichen Kindergottesdienst, in dem wir etwa 300 Kinder biblische Geschichten und Wahrheiten unterrichteten. Die größte Zahl der Kinder kam aus völlig unchristlichen Häusern. Sie wurden von uns Helfern aus der Nachbarschaft eingeladen und Sonntag für Sonntag abgeholt. Regelmäßig besuchten wir die Eltern dieser Kinder, erklärten ihnen, was wir den Kindern beibrachten, und versuchten, ihnen auch persönlich zu helfen. Viele von ihnen waren im Krieg durch viel Leid gegangen, hatten Mann, Bruder oder Besitz verloren, sodass manch einer verbittert durch das Leben ging. Aber für Hilfe und Liebe waren sie empfänglich. Noch heute, nach über 35 Jahren, treffen wir immer wieder Menschen, die damals im Kindergottesdienst zum Glauben gefunden haben und dabei geblieben sind.

In den Nachkriegsjahren begann, zuerst von den USA kommend, unter Leitung von Herrn und Frau Pfarrer Kiefer, in Deutschland die Kinderevangelisation. Meine ältere Schwester Rosemarie studierte damals gerade Theologie. Sie hatte eine besondere Gabe und Liebe für Kinder. Als sie innerhalb ihres Studiums Konfirmationsunterricht erteilen musste, wurde sie einer Gemeinde in Frankfurt-Sachsenhausen zugeteilt, wo die Konfirmanden für ihre Ungezogenheit berüchtigt waren. Der Küster, ein starker Mann, musste beim Unterricht des Pfarrers dabeisitzen, um Ordnung zu halten. Als meine zarte, gütige Schwester dorthin kam, schickte sie – innerlich schmunzelnd – den Herrn Küster nach Hause und wurde mit den gefürchteten Rowdys erstaunlicherweise gut fertig. Ihre feine, geheiligte Persönlichkeit hatte für junge Leute etwas faszinierend Anziehendes und Bewundernswertes.

Rosemarie arbeitete nach ihrem Studium, als sie mit einem gläubigen Theologen verlobt war, eine Zeit lang leitend in der Kinderevangelisation in Frankfurt. Manchmal half ich als Gymnasiastin mit. Wir suchten in der Sommerzeit die Kinderspielplätze der Parkanlagen auf und erzählten mithilfe von Flanellographen biblische Geschichten. Nicht nur Mengen von Kindern scharten sich dann um uns, oft hörten auch Erwachsene, Mütter und Großeltern, zu und stellten Fragen. So redete uns ein alter Herr, der von seiner kleinen Enkelin angeschleppt wurde, an: „Meine kleine Angelika erzählt mir immer ihre biblischen Geschichten. Heute fragte sie mich, ob ich Gott schon um Vergebung meiner Sünden gebeten hätte und Ihm nachfolgen möchte. Sie liebe den Heiland von Herzen und wisse, dass sie einmal in den Himmel käme. Das Gleiche wünsche sie mir. Ich konnte ihr keine Antwort geben, denn ich weiß in diesen Dingen nicht Bescheid. Können Sie mir helfen?"

Auch unter Zigeunerkindern arbeiteten wir. Wir besuchten dazu die Zigeunerwagen, die ihre festen Siedlungen in Frankfurt hatten, wobei die Zigeunerfrauen ihre Kinder nie aus den Augen ließen und andächtig zuhörten.

Meine jüngere Schwester und ich besuchten in Frankfurt die Bettina-Oberschule für Mädchen, in der Nähe der Universität. Die Schule war im Krieg teilweise zerbombt worden, aber der größte Teil war noch unbeschädigt und für den Unterricht brauchbar. Der Schule stand eine gute Direktorin vor, Frau Dr. Fucker, die in der Unter- und Oberprima unsere Klassenlehrerin war und der wir Mädchen an Lebensphilosophie viel zu verdanken hatten. In den ersten Nachkriegsjahren, den Jahren der Existenzkämpfe, bedeuteten uns eine Anzahl unserer Lehrer durch Rat, Tat und Vorbild weit mehr, als das sonst der Fall ist. Sie alle mussten wie wir – durch wirtschaftliche Schwierigkeiten, Hunger, Kälte und Wohnungsnöte, und sie mussten sich mit neuen politischen und philosophischen Ideen und Schulsystemen auseinandersetzen.

Da waren zum Beispiel unsere ausgezeichnete selbstdisziplinierte Mathematiklehrerin, eine überzeugte gläubige Katholikin, und unsere sehr fähige Geschichtslehrerin, mit der ich bis heute noch in Verbindung stehe, gute Vorbilder. Wenn ich mir heute so die Reihe der Lehrer meiner Kinder und noch später die meisten der heutigen Lehrer anschaue, sie kennenlerne und mit ihnen spreche, fällt mir doch auf, dass die Zahl der wirklichen Persönlichkeiten und Vorbilder sehr zusammengeschrumpft ist. Und diese Feststellung bestätigen mir viele Menschen. Woran das wohl liegen mag?

2. Der Zerfall des Schul- und Hochschulwesens

Wenn man die Geschichte des staatlichen Erziehungswesens in Amerika (John Dewey) liest, kann man sehr schnell feststellen, welche Lehren uns den Reichtum an Persönlichkeiten gestohlen und den Zerfall des Schulwesens herbeigeführt haben.

Nur ein Beispiel: Die Evolutionslehre hat unsere Gesellschaft der absoluten Werte beraubt, denn weil der Herr Jesus und noch eher Moses (mit den Zehn Geboten) vor Jahrtausenden lebten, sind sie der Evolutionslehre gemäß weniger entwickelt als wir. Ihre Lehren und ethischen Gesetze müssen demnach primitiver sein als unsere. Jede Zeit braucht eine ihr angepasste ethische Norm und Gesetze, d. h. keine absoluten Werte, sondern relative, je nach der jeweiligen Situation (Situationsethik). So schreibt Hoimar von Dithfurth, dass die Bergpredigt „auf tönernen Füßen stehe", weil wir als höher Entwickelte heute darüber hinausgewachsen seien.

Diese zerstörerische Arbeit Deweys ist durch die Frankfurter Schule und ihre Anhänger fortgesetzt und ausgebaut worden. So ist die Schule vielfach nur noch Mittel zur Meinungsmanipulation und Nivellierung der Gesellschaft aus ideologischen Gründen, nicht mehr Erziehung zum selbstständigen Denken und somit Basis zur eigenen Meinungsbildung anhand der Vielfalt von Fakten und Daten. Bei solch einem Schulsystem ist die Entwicklung zu einer Persönlichkeit weder möglich noch gefragt.

Weil dieser traurige Prozess und die Entwicklung im Schulwesen irreversibel zu sein scheinen, ist es dringend nötig zur Rettung unserer Gesellschaft, dass bewusst christliche Schulen gegründet werden, die wieder feste, absolute Werte und Ideale lehren und vorleben, wobei sich auch wieder Persönlichkeiten bilden können.

Bis zur Verwirklichung dieser Schulen müssen wir christlichen Eltern die Lehrer unserer Kinder in den Staatsschulen und das, was sie lehren, genau kontrollieren und überwachen.

Korrupte Lehren und Philosophien müssen wir reklamieren und mit unseren Kindern den Lehrstoff durchsprechen und ihnen die biblisch-christlichen Antworten und Richtlinien geben. Wenn wir dies unterlassen, erleiden unsere Kinder Schaden, der kaum wieder gutzumachen ist und schon manches Kind gläubiger Eltern ruiniert hat.

3. Das Musikstudium

Die letzten Jahre vor meinem Abitur in Frankfurt fasste ich den Entschluss, Musik zu studieren. Beide Eltern waren musikalisch und unser Familienleben war zu allen Zeiten voller Musik gewesen. Wenn möglich, hatten uns unsere Eltern zu guten Konzerten mitgenommen, mit Künstlern zusammengeführt und auch selbst solche in unser Haus eingeladen. Mein Vater hatte uns in manche Partitur eingeführt, daraus vorgespielt und uns diese erklärt; er hatte uns auch regelmäßig gute Musikerbiografien geschenkt. So gehörte meine Liebe der Musik. Mit Enthusiasmus nahm ich meinen Violoncello-Unterricht bei der Konzertcellistin Bernatz wahr und setzte auch während der letzten Schuljahre mein Klavierspiel fort.

Ich bin meinen Eltern von Herzen dankbar, dass sie in schweren Jahren all diese Opfer für unsere Ausbildung brachten. Beide lebten sehr bescheiden und verzichteten auf manche persönlichen Wünsche und manche Bequemlichkeit, um uns eine gute Schulbildung und ein Studium – damals kostspielig und nicht umsonst wie heute – zu ermöglichen. Mein Vater verzichtete nämlich während und wegen des Aufbaus der Gemeinde auf einen guten Teil seines Gehaltes.

1948 legte ich mein Abitur ab. Es wurde ziemlich viel verlangt, und in den letzten zwei Jahren hatte sich unsere Klasse stark verkleinert. Im Winter war öfter wegen Kälte und Kohlenmangels der Schulunterricht ausgefallen, bis es eine neue Kohlenzuteilung oder wärmeres Wetter gab.

Damals musste jeder Schüler beim Abitur den Stoff aller Fächer beherrschen: Deutsch, Mathematik, Latein, Englisch, Französisch, Biologie, Physik, Chemie, Geschichte, Gemeinschaftskunde, Geographie, Religion, Musik und Kunst. In allen Fächern konnten wir mündlich geprüft werden, und in vier Hauptfächern – Deutsch, Mathematik, Englisch und Latein – wurden wir schriftlich je einen Tag geprüft. In welchen Fächern wir mündlich geprüft wurden, bestimmte die Vor- und die Jahreszensur. Aber erst am Prüfungstag erfuhren wir, welche Fächer das für einen jeden waren.

Ich möchte noch erwähnen, dass wir in der schriftlichen Deutschprüfung drei Themen zur Auswahl vorgelegt bekamen. Ich wählte das Thema: „Behandle drei Bücher, die dich in deinem Leben besonders beeinflusst haben. Auf eines der Bücher soll besonders ausführlich eingegangen werden." Ich entschied mich für folgende drei Bücher: *Torquato Tasso* von Goethe, die Gemälde Rudolf Schäfers und die Bibel. Der Bibel als Gottes Wort und Richtschnur meines Lebens legte ich besondere Bedeutung zu und behandelte diese historisch, literarisch und ethisch sowie persönlich zeugnishaft.

Als ich dann das Abitur gut bestanden hatte und der gesamte Lehrkörper feierlich jedem einzelnen von uns die Hand schüttelte und gratulierte, kam auch Herr Kurat, der den katholischen Religionsunterricht erteilte, auf mich zu, schüttelte mir die Hand und sagte: „Über Ihre Deutscharbeit und Ihre Stellung zur Bibel habe ich mich sehr gefreut. Vielen Dank für Ihr mutiges Zeugnis, wir brauchen mehr solche jungen Menschen!" Diese Worte machten mich sehr froh, zumal ich den geistlichen Herrn nur vom Sehen kannte.

Unser evangelischer Pfarrer, bei dem ich regelmäßig rege am Religionsunterricht teilgenommen hatte und der – traurig zu sagen – unser Vertrauen zum Wort Gottes eher unterminiert als verstärkt hatte, gab mir mit all den anderen auch die Hand, äußerte aber kein einziges Wort über die Examensarbeit, die er natürlich auch gesehen hatte.

4. Dankbarkeit

Ein großer Dank, was wir Deutschen nie vergessen sollten, gebührt dem amerikanischen Volk, insbesondere den amerikanischen Christen, die nach Kriegsende in vorbildlicher und aufopfernder Weise – zusammen mit den Engländern und Schweizern – uns, dem hungernden und ärmlich gekleideten Deutschland – ihren ursprünglichen Kriegsgegnern – Millionen von CARE-Paketen sandten. Manch ein Flüchtling und Großstadtbewohner wäre wohl verhungert und erfroren ohne diese Liebestaten eines Landes, das seinen Feinden gegenüber nach dem biblischen Gebot praktische Liebe übte. Ich weiß von einfachen Menschen in den USA, der Schweiz und Englands, die extra einem Nebenverdienst nachgingen, um mit dem Geld Lebensmittel- und Kleiderpakete an bedürftige Deutsche schicken zu können. Diese Hilfe kam meist dank wirklicher finanzieller Opfer und nicht einfach aus dem Überfluss.

Teil III

GEMEINSAMES LEBEN

Kapitel I

UNSERE HOCHZEIT

Unsere Hochzeit konnte kein normales Fest sein! Die Umstände machten sie zu etwas Besonderem. Meine Verlobte besaß noch die deutsche Staatsangehörigkeit. Wir wollten den gleichen Pass besitzen, um auf Reisen keine Schikanen mehr zu erleben und damit man uns im Kriegsfall nicht trennen könnte. Wir hatten uns entschieden, die zivile Hochzeit in England zu feiern. Am 17. September 1950 heirateten wir standesamtlich in Wallingford mit unseren englischen Verwandten. Mit der Heirat erhielt Beate jedoch nicht automatisch die britische Staatsangehörigkeit, sie musste einen Antrag zur Erlangung eines englischen Passes stellen. Gleichzeitig musste sie sich von der deutschen Obrigkeit ausbürgern lassen, d. h., sie musste auf ihren deutschen Pass verzichten. Heute verlangt der deutsche Staat diesen Schritt nicht mehr, man kann seinen ursprünglichen Pass behalten und eine doppelte Nationalität besitzen, wenn man das wünscht. Aber damals – fünf Jahre nach Kriegsende – galten andere Gesetze.

Wir wollten unsere standesamtliche Trauung in England feiern, weil meine Eltern zu alt waren, um nach Deutschland zu der kirchlichen Trauung zu reisen. Das Reisen zur Nachkriegszeit war zu beschwerlich. Auf diese Weise konnte die ganze englische Verwandtschaft an der standesamtlichen Trauung mit anschließender Familienfeier teilnehmen.

Vor unserer Rückkehr in die Schweiz wollten wir noch zwei bis drei Wochen bei meinen Eltern in England bleiben, weshalb wir uns eine Zeit lang sozusagen in einem ehelichen Zwischenzustand befanden. Standesamtlich waren wir getraut. Aber für uns galt einzig und allein die kirchliche Trauung vor der Gemeinde Gottes, die erst am 21. Oktober stattfinden konnte. So lebten wir weiterhin getrennt, wie wir es auch als Verlobte getan hatten.

Aber dieser eheliche Zwischenzustand brachte unterwegs auf Reisen bei Verwandten und Bekannten sowie bei unserer Schiffsreise über die Nordsee einige unvorhergesehene Schwierigkeiten und Missverständnisse mit sich!

Die kirchliche Trauung fand in der Nord-Ost-Gemeinde in Frankfurt am Main, der Gemeinde meines Schwiegervaters, statt. Beates Eltern und die Gemeinde hatten die Hochzeit liebevoll und festlich vorbereitet. Es war ein wunderschöner Gottesdienst voll christlicher Freude und strahlendem Glück.

Das Bewusstsein, dass jahrelange Schrecken von Terror, Krieg und Blutvergießen zu Ende waren, krönte den Ehebund der beiden Partner aus kürzlich noch sich bekämpfenden Nationen. Wir wussten ja, dass unser beider Bürgerrecht im Himmel war.

Die Kirche war bis zum letzten Sitz gefüllt. Mein tapferer Schwiegervater nahm selbst die Trauung vor. Kinder aus dem Kindergottesdienst, in dem meine Frau unterrichtet hatte, streuten Rosen und andere Blumen vor uns auf den Weg, als wir die Kirche verließen. Die ganze Gemeinde, in der Beate sehr beliebt war, nahm freudig an der Hochzeit teil. Die Tochter ihres geliebten Pfarrers hatte durch ihre Wahl gezeigt, dass in Christus aller Hass überwunden war und sich alle Nationen lieben können.

Nach dem Traugottesdienst feierten wir mit Beates Familie und vielen lieben Freunden im Lydia-Haus des deutschen Jugendverbandes „Entschieden für Christus“ fröhlich zusammen den Anfang unseres gemeinsamen Lebens. Beate war strahlend vor Glück und fand ein freundliches Wort für jeden Gast. Unsere lieben amerikanischen Freunde Velma und Jim Kiefer, die die Kinderevangelisation in Deutschland leiteten, nahmen einen Farbfilm von der ganzen Feier auf (was damals in den Nachkriegszeiten in Deutschland noch nicht möglich war) und schenkten uns diesen als Hochzeitsgeschenk. Der Film ist uns eine sehr schöne Erinnerung an diesen großen Tag in unserem gemeinsamen Leben.

Unsere Hochzeitsreise unternahmen wir in die italienische Schweiz, in das Tessin. Wir hatten von Freunden in Basel für CHF 50 im Monat ein kleines Ferienhäuschen namens Casa Hortensia gemietet. Es lag in den Kastanienwäldern nahe bei San Nazzaro gegenüber von Locarno am Lago Maggiore. Als wir dort Ende Oktober eintrafen, waren alle Feriengäste bereits abgereist und die Ferienhäuser um uns herum leer. Die Kastanienwälder und das südlich milde Klima gefielen uns gut, und wir freuten uns, zusammen und allein zu sein. So hatten wir endlich Zeit und Muße, alles, was uns bewegte, zu besprechen.

Wir verfügten über herzlich wenig Geld – ich hatte mein Fellowship an der Londoner Universität aufgegeben; und meine Arbeit in der Schweiz hatte noch nicht angefangen. Zu der Zeit durfte man wegen der strengen Gesetze nur sehr wenig Geld von England mitbringen.

Eines Tages gingen wir durch die Wälder spazieren und kamen zu einer schönen Wiese, an deren Rand Massen von den schönsten wilden Walderdbeeren wuchsen – ich sollte sagen, dass ich meinte, es seien Walderdbeeren. Sie waren etwas größer als die Walderdbeeren, die ich aus England kannte. Nach dem Spaziergang, während meine Frau das Essen zubereitete, ging ich mit einem Korb hin, um etwas Nachtisch zu ernten. Erdbeeren mit etwas Zucker und Sahne sind doch für einen Engländer ein Hochgenuss. Ich kam also triumphierend mit meinem Korb voller Erdbeeren für den Nachtisch zurück – eine tüchtige Portion für jeden von uns. Aber oh weh! Oh weh! es waren sogenannte Schlangenerdbeeren, die ungenießbar sind. Ich war darüber erstaunt gewesen, dass niemand diese schönen Erdbeeren geerntet hatte! Jetzt wussten wir, warum!

San Nazzaro lag nicht weit – einige Kilometer – von Luino in Italien entfernt. Oft spazierten wir über die Grenze. Für meine liebe Frau, die etwas Italienisch spricht, war das Einkaufen dort eine Gelegenheit, diese Sprache zu üben. Wir entdeckten, dass Lebensmittel, besonders Butter, in Luino viel billiger waren als in San Nazzaro. Es war erlaubt, jedes Mal eine bestimmte Menge Butter und Öl über die Grenze mitzunehmen. So lebten wir praktisch von italienischen Lebensmitteln, was uns bei dem knappen Geldvorrat half.

Aber die jungen Männer in Luino entdeckten meine hübsche junge Frau rasch. Obwohl wir Arm in Arm durch die Straßen Luinos zogen – und unsere Eheringe sehr deutlich zur Schau trugen –, pfiffen sie uns regelmäßig und beharrlich nach. Als meine Frau anlässlich dieser Volksdemonstrationen errötete – sie ist doch sehr schüchtern –, freute sich die Jugend noch mehr über ihren offensichtlichen Erfolg und pfiff sich bald ihre ganze Lunge aus dem Hals hinaus! Eine fröhliche Gesellschaft waren die jungen Italiener, und sie waren sonst nie unangenehm. Es war ihre Art und Weise, ihre Freude auszudrücken, dass sie eine schöne junge Dame entdeckt hatten – ich kann diese Art, Freude auszudrücken selber natürlich nicht direkt empfehlen. Wir verbrachten unsere Hochzeitsreise sehr einfach, aber überaus glücklich in unserer kleinen Hütte. Für meine junge Frau war es nicht so leicht, denn sie musste sich an die knappen finanziellen Mittel gewöhnen. Wie ein reicher Mann uns später sagte, lebte sie von „Luft und Liebe", und er hatte gewissermaßen recht. Die strenge finanzielle Disziplin war sicher gut für uns.

Unsere Ferienhütte war klein, aber doch ein Paradies. In den Wäldern um uns herum gab es viele Schlangen aller Arten. Oft waren sie recht groß. Eines Tages sprang ich von einem Waldweg über eine Steinmauer herunter, die eine Art Böschung zur Straße bildete. Im selben Augenblick, als ich heruntersprang, schoss eine große Schlange direkt an meinem Kopf über die Mauer an mir vorbei. Dort in der Gegend haben wir auch schöne Feuersalamander kennengelernt, die wie gekrönte Könige im Wald umherliefen.

Kapitel II

DER MISSLUNGENE STREICH

Eines Abends wollte ich ins Dorf, um einige Briefe zur Post zu bringen. Meine Frau wollte lieber zu Hause bleiben, um das Abendessen vorzubereiten. So machte ich mich allein auf den Weg. Der Gang zum Postamt dauerte etwa fünfzehn Minuten, der Rückweg bergauf brauchte etwas mehr Zeit. „Mein Liebchen“, sagte ich, „in ungefähr einer halben Stunde werde ich wieder zurück sein.“ Der Wald um uns herum war einsam und menschenleer, es wurde schon dunkel. Aber meine Frau beteuerte, dass sie keine Angst hatte.

Ich fragte mich, ob sie wirklich so furchtlos war. Ich rannte, so schnell ich nur konnte, den Berg hinunter, lieferte meine Briefe ab und eilte dann bergauf schnellstens zurück. Ich schaffte es in einer Viertelstunde! Auf Zehenspitzen schlich ich mich lautlos ans Haus heran. Sie würde mich noch nicht zurückerwarten. Der obere Teil der Tür von außen in die Küche bestand aus Milchglas. Ich konnte bei beleuchteter Küche Schatten, die sich bewegten, sehen. Ich beobachtete die Silhouette meiner Liebsten, wie sie am Kochherd hantierte. Vorsichtig schlich ich näher. Ich hörte sie leise vor sich hin singen. Beate besitzt eine entzückende klare Sopranstimme, und sie sang die schönen geistlichen Lieder, die wir beide so gern haben.

Da dachte ich: Ist sie wirklich so furchtlos oder tut sie nur so mutig? Singt sie etwa, weil sie heimlich Angst hat, in diesem Hause mitten im Wald allein zu sein? Mal sehen!

Ich suchte mir einen langen Stock, steckte meinen Hut darauf und bewegte den Hut langsam vor dem Milchglas, so als ob ein gebückter Mann vor der Tür entlangschlich. Offenbar waren ihre Augen beim Singen zur Tür gewandert. Sie bemerkte den Hut unten am Milchglas vorbeihuschen, als ob jemand versuchte, durch das Schlüsselloch zu schauen. Das Singen hörte sofort auf, es war totenstill im Haus. Offenbar beobachtete sie die Glastür. Ich ließ nach einigen Augenblicken den Hut auf dem Stock zurückgleiten, gerade so, dass der Schatten am Milchglas zu sehen war. Meine Frau rief darauf mit fester Stimme: „Wer ist da?“ Keine Antwort. Ich rüttelte leise an den Fensterläden. Wiederum rief sie: „Wer ist da?“ Wiederum keine Antwort.

Die Türklinke quietschte gewöhnlich beim Öffnen. So drückte ich die Klinke sachte herunter, bis sie quietschte, und ließ den Hut noch einmal an der Glastür vorbeilaufen. Jetzt kam die große Offenbarung, die ich nie vermutet hatte. Wieder rief sie: „Wer ist da?“, schritt mutig und entschlossen zur Tür und riss sie weit auf, um zu sehen, wer sich an unserem Haus zu schaffen machte. Beate wusste, ihr Mann konnte noch nicht vom Dorf zurück sein. Die Ferienhäuser ringsherum waren leer. Es konnte nur ein herumstreichender Vagabund sein, wie es hin und wieder vorkam.

In dem Augenblick verschwand ich um die Ecke des Hauses, meine zarte, schüchterne Frau hinter mir her! Gerade als ich um die Ecke verschwand, erwischte sie den Zipfel meines Mantels und hielt mich so fest, dass ich nicht mehr entkommen konnte. Dann erkannte sie mich. Ich hatte die ganze Zeit gedacht, sie hätte mein Spiel mitgespielt. Aber nein, sie hatte tatsächlich Angst gehabt.

Wenn Beate einer Gefahr gegenübersteht, wirft sie alle Angst hinter sich und wird mutig wie ein Löwe. Beschämt entschuldigte ich mich, denn ich hatte sie verletzt. Durch diese Erfahrung lernte ich, dass das sogenannte schwächere Geschlecht ganz anders einzuschätzen ist als charakterlich schwach. Meine Vorstellungen über die weibliche Psyche mussten ernsthaft revidiert werden.

Durch diesen misslungenen Streich lernte ich Beate ganz anders zu lieben und schätzen als vorher – obwohl meine Verehrung vorher sicher maximal war. Ich lernte den Mut und die Entschlossenheit einer zarten Frau ganz anders zu schätzen – einer jungen Dame, die unbeschädigt durch die Naziherrschaft hindurchgegangen war und vieles treuer als mancher Mann auf sich genommen hatte. Jedoch, ich hätte mir diesen Streich nicht erlauben sollen.

Mehr als 30 Jahre später, nach Jahren im Ausland – in Norwegen und in den USA –, kehrten meine Frau und ich nach San Nazzaro zurück. Vieles von der italienischen Kultur zur Zeit unserer Hochzeitsreise ist jetzt verschwunden, aber das alte Haus mit der Milchglastür, in dem wir damals wohnten, steht noch, obgleich ein zusätzliches Stockwerk darauf gebaut wurde.

Wir fanden auch den Namen des Dorfladenbesitzers, der uns mit Lebensmitteln versorgt hatte. Aber diesmal stand sein Name nicht über dem Dorfladen, sondern auf einem Grabstein: Er war vor vier Jahren in eine andere Welt eingegangen; eine Welt, über die wir oft während unserer Hochzeitsreise mit ihm gesprochen hatten. Er war ein frommer Katholik gewesen. Seine Witwe konnte sich noch an das junge Paar erinnern, das vor Jahren im Casa Hortensia seine Hochzeitsreise verbracht hatte.

Wir wanderten auf den gleichen alten Pfaden und erinnerten uns an vergangene Zeiten. Wir waren voller Dank für die vielen vorübergegangenen Jahre und für unsere vier Kinder, die Gott uns anvertraut hatte und die zu unserer Freude herangewachsen waren. Diese Tage freudigen Gedenkens und was wir auszutauschen hatten – dort in San Nazzaro, nach all den Jahren glücklicher Ehe – bleiben für immer unser Geheimnis.

Kapitel III

ZUKUNFTSPLÄNE

Während dieser idyllischen Tage schmiedeten wir Pläne für unser gemeinsames Leben nach den Flitterwochen. Beate und ihren Eltern lag das christliche Zeugnis in der akademischen Welt und an den Universitäten Europas am Herzen. Es war uns allen klar, dass das christliche Zeugnis in Europa wirkungsloser war, als es sein könnte. Den Grund sahen wir zum großen Teil im sogenannten „Profi-Christentum".

Unter keinen Umständen wollte ich meinen Lebensunterhalt als bezahlter Evangelist verdienen. Nach meiner Erfahrung in der europäischen akademischen Welt schwächt finanzielle Abhängigkeit von einer christlichen Organisation die Wirksamkeit des Zeugnisses. „Sie verkündigen die christliche Botschaft nur, weil das Ihr Beruf ist", hört man immer wieder von Zuhörern an europäischen Universitäten nach christlichen Vorträgen.

Ich wollte in meinem Beruf als Wissenschaftler meinen christlichen Glauben leben und verkünden.

Vor Jahren wollte ein freundlicher wohlhabender amerikanischer Freund eine christliche Studentenarbeit gründen und finanzieren. Ich sollte an der Spitze dieser Arbeit stehen und zu meinem Unterhalt und dem der Organisation Beiträge von den Mitgliedern beziehen. Ich wäre für das Leben gesichert, wie er sich ausdrückte.

Ich lehnte den Vorschlag ab, obgleich er wohl gemeint war. Ich glaube nicht, dass dies die beste Weise ist, Gott zu dienen und zu verkünden. Seit jener Zeit wurden zahlreiche christliche evangelistische Organisationen für Akademiker und Studenten gegründet. Nach meiner bescheidenen Meinung ist ein von Gott abhängiger Glaube – auch auf finanziellem Gebiet – wichtiger als „gesicherte Finanzen" für die Wirksamkeit in jeglichem Glaubenswerk.

Der Schweizer Industrielle, der uns nach unserer Hochzeit in die Schweiz eingeladen hatte, verstand durchaus unsere Einstellung. Er bot uns deshalb eines seiner Chalets zu einem normalen Mietpreis an. Meine Arbeit war, sein Forschungslaboratorium zu leiten. Er gab mir jährlich eine vereinbarte Zeit frei zur Ausübung evangelistischer Dienste an Universitäten Europas. Ich verzichtete natürlich auf einen Teil meines Gehalts für diese Freiheit, die es mir erlaubte, die mir so stark am Herzen liegende christliche Arbeit unter Akademikern auszuführen.

Obgleich wir finanziell bescheidener dastanden als mit einer normalen vollzeitlichen Stellung eines Wissenschaftlers, begrüßte Beate diese Entscheidung. Hier zeigte sie wieder ihre Bereitschaft, sich als wahre Jüngerin des Herrn Jesus Christus selbst zu verleugnen.

Der Schweizer Geschäftsmann handelte als echter Christ, indem er dieses Abkommen mit uns schloss. Außerdem bestand er darauf, mir einen bestimmten Prozentsatz vom Ertrag meiner Erfindungen auszuzahlen.

So verabschiedeten wir uns von unserem kleinen Paradies in San Nazzaro und zogen in die Zentralschweiz, wo sich mein zukünftiges Arbeitsfeld befand.

Unser Geschäftsfreund hielt bereits in seinem Chalet eine Wohnung für uns bereit. Er wollte uns außerdem Geld leihen, damit wir uns Möbel für unser Heim anschaffen könnten.

Doch nun stand uns eine schwere Aufgabe vor, nämlich dem lieben alten Herrn verständlich zu machen, dass weder Beate noch ich jemals Geld geborgt hatten, um etwas zu kaufen, das wir nicht bar bezahlen konnten. Wir lehnten dankend das so freundlich gemeinte Angebot ab. Seine edle Gesinnung zeigte sich klar, indem er sich nicht im Geringsten über unsere Handlungsweise verletzt fühlte, sondern zusammen mit seiner Frau uns immer wieder in sein Haus einlud. Er verriet uns nie seine Gedanken über ein junges Ehepaar mit sonderbaren Ideen darüber, wie man einen Haushalt einrichtet, zumal er selbst routinemäßig beträchtliche industrielle Darlehen aufnehmen musste, um seine große Firma zu verwalten.

Wir kauften uns zuerst eine einzelne Couch und die Bettwäsche dazu von unserem ersparten, übrig gebliebenen Geld unserer Hochzeitsreise. Die ersten Monate unserer Ehe schliefen wir beide auf dieser Couch zusammen. In späteren Jahren brachten wir es nicht fertig, uns von dieser Couch zu trennen. Wir behielten sie als Erinnerungsstück an jene frühen Tage unseres Ehelebens. Diese Couch steht immer noch in dem Gästezimmer, das mein Schwiegervater bewohnte, wenn er uns später in Einigen besuchte. Sie wird als Tagessofa gebraucht.

Ich habe oft überlegt, inwiefern das Glück jener Tage mit unserem Entschluss zusammenhing, nichts zu kaufen, was wir nicht bar bezahlen konnten.

Wir nahmen das Wort der Heiligen Schrift ernst: „Seid niemand irgendetwas schuldig, als nur einander zu lieben“ (Röm 13,8).

Es scheint mir, ein großer Teil des Elends, das auch manch ein Familienleben heute belastet, beruht auf der Leichtigkeit, mit der Schulden für größere oder kleinere Bequemlichkeiten gemacht werden, ohne dass man sie sich eigentlich leisten kann.

Aber natürlich, um gemäß den zwischen uns beiden vereinbarten Grundsätzen leben zu können, braucht es dazu die Braut, die bereitwillig „Nein“ zu sich sagen kann; denn keiner kann ein Jünger des Herrn Jesu sein, ohne sich selbst zu verleugnen (Mt 16,24). Gott hat mich überaus gesegnet, indem ich solch eine junge Dame finden durfte. Und ich weiß es auch! Damals und bis auf diesen Tag hat sie gezeigt, dass sie sich selbst verleugnen kann.

Nach der erstklassigen Mahlzeit – meist sonntags – unseres Geschäftsfreundes kamen die erwachsenen Töchter mit den Eltern am Tisch zu einer kleinen Bibellese zusammen. Unausgesprochen fiel mir dieses hohe Vorrecht zu. Beide Eltern hatten große Freude an diesem Impromptu-Bibellesen nach der Mahlzeit. Sie wollten die Heilige Schrift an ihrem Tisch ehren.

Kapitel IV

ARBEIT UNTER DEN STUDENTEN

Während meiner ersten „Versöhnungsbesuche" an den deutschen Universitäten nach dem Zweiten Weltkrieg lernte ich eine Anzahl Akademiker kennen, die mich zu wissenschaftlichen Vorträgen über meine Forschung einluden. Dabei wies ich auch oft auf die philosophischen Implikationen dieser Forschung hin. Mehr und mehr wurde ich zu Vortragsserien an Universitäten eingeladen, oft auch über Themen betreffend Wissenschaft und Religion.

Eins der größten Hindernisse, Christus und Sein Wort zu akzeptieren, war der Darwinismus, wie er in Schulen, Universitäten, höheren Lehranstalten und in den Medien gelehrt wurde und auch noch gelehrt wird. Entstanden wir wirklich aus Zufall – und nicht durch Plan –, sind wir nur das zufällige Produkt von Evolution mittels Mutation und natürlicher Auslese aus lebloser Materie bis hin zur ersten lebenden Zelle durch die ganze evolutionäre Leiter? Denn dann kann der Genesisbericht in der Bibel nicht wahr sein. In dem Fall wären wir nicht spezifisch geplant und erschaffen in Gottes Ebenbild. Und wenn man den ersten Seiten der Bibel nicht trauen kann, warum sollten die weiteren Seiten zuverlässig und voll glaubwürdig sein? Wenn man der Bibel bezüglich unserer Herkunft nicht voll vertrauen kann, ist sie dann hinsichtlich unserer Zukunft und Bestimmung zuverlässig? Wurde der Mensch von einem Schöpfer zu einem ganz bestimmten Zweck und Ziel erschaffen und mit bestimmten absoluten Werten als Basis menschlichen Verhaltens und zu seinem Wohlergehen ausgestattet? War der Mensch nur ein Zufallsprodukt ohne Bedeutung und Lebensziel und daher auch ohne feste moralische Maßstäbe von Gut und Böse? Das sind Schlüsselfragen unseres Lebens, auf die sich unsere ganze Existenz und unsere Lebensführung gründet. Aus meinen jahrelangen Kämpfen um eine Antwort auf diese Fragen und um die Glaubwürdigkeit der Bibel entstand der feste Entschluss, mich in meiner Forschung auf den Ursprung des Lebens zu konzentrieren. Ich wollte anderen Intellektuellen in ihren Problemen gleicher Art helfen können.

Nach dem Zweiten Weltkrieg gab es meines Wissens einige Jahre keinen Wissenschaftler auf dem europäischen Kontinent, der aus der christlichen kreationistischen Perspektive an den Universitäten das Thema der Biogenese behandelte. Erst mehrere Jahre später vertraten jüngere Wissenschaftler das gleiche Anliegen.

Viele meiner ersten Vorträge fanden in Marburg statt. Dort las ich manchmal vom gleichen Pult wie der berühmte liberale Theologe Professor Rudolf Bultmann. Ironischerweise versuchte Professor Bultmann in seinen Ausführungen, die Historizität der biblischen Berichte zu hinterfragen, indem er sie zu Mythen erklärte, wogegen ich von meinem wissenschaftlichen Hintergrund her die Genauigkeit der biblischen Berichte und ihre Glaubwürdigkeit aufzuzeigen bestrebt war.

In jenen Nachkriegszeiten fühlten sich junge Menschen oft verloren und wussten nicht, woran sie glauben sollten. All die alten Ideologien und Utopien des Dritten Reiches waren zertrümmert. Die Jugend hatte ihre Illusionen verloren und fühlte sich betrogen. Aus dem Grund öffneten sich viele für ewige Wahrheiten. Die Hör- und Vortragssäle waren oft überfüllt. Viele wandten sich Gott zu und wurden Christen. Sie wollten nicht mehr unzuverlässigen Menschen vertrauen, sondern dem ewigen Gott.

Manchmal lud uns die IVF („InterVarsity Christian Fellowship") oder die Studentenmission in Deutschland und Österreich als Redner bei ihren Seminaren oder Freizeiten ein. Andere Male wurden wir direkt von Universitätsfakultäten zu Vorlesungen gebeten. Die begehrtesten Themen waren immer „Herkunft und Zukunft des Menschen" und „Warum lässt Gott Leiden und Schmerzen zu?" In späteren Jahren wurde „Ursache und Behandlung der Drogenepidemie" sehr aktuell.

Ich möchte nun einige Erlebnisse von unserer Vortragstätigkeit an den verschiedenen Orten erzählen.

Während der Semesterferien führten wir oft von der SMD oder der IVF organisierte themenspezifische Freizeiten an Ferienorten durch. Auf diese Weise stand Studenten und Rednern viel Zeit zur Verfügung zu gegenseitigem Gedankenaustausch, zur Gemeinschaft und zum Bibelstudium. Es waren Zeiten fröhlichen Zusammenseins und Kennenlernens, von Entscheidung und geistlichem Wachstum.

Ein jeder weiß: Die Deutschen sind Philosophen, voll komplizierter Fragen und tiefgründiger Probleme, die mit einfachen Antworten nicht zufrieden zu stellen sind. Ich hatte gerade Deutsch gelernt und besuchte Deutschland zum ersten Mal. Beim Zuhören von Gesprächen hatte ich den Eindruck, dass jeder zweite Satz mit „aber" anfing. Alles wurde infrage gestellt, über alles wurde diskutiert. Das ist nicht unbedingt eine negative Angewohnheit, aber es benötigt viel Zeit.

Gewöhnlich blieben die deutschen Studenten bis spät in die Nacht auf und wälzten ihre sie bewegenden Probleme. Natürlich fiel es ihnen am nächsten Morgen schwer, rechtzeitig aufzustehen. Dies geschah wiederholt in den Studentenseminaren und -freizeiten, was mir nicht gefiel. Ich war damals am Anfang der Studentenarbeit noch nicht erfahren genug, diese Situation in den Griff zu bekommen. Jeden Abend kamen sie in mein Zimmer und blieben mit ihren unzähligen Problemen und Fragen bis nach Mitternacht. Bemerkungen und Witze, um sie auf dieses unzulässige Benehmen aufmerksam zu machen, waren umsonst. „Nur noch eine Frage", lautete jedes Mal ihre Ausrede.

Ich musste eine Lösung finden. Ich verriegelte meine Schlafzimmertür. Es war meine Gewohnheit, immer mit offenem Fenster zu schlafen. Kaum war ich eingeschlafen, wachte ich von einem ungewohnten Geräusch auf. Durch das Fenster krochen mehrere dunkle Gestalten und setzten sich vor mein Bett. Eine von ihnen begann: „Nur eine Frage, Herr Doktor ... ", und damit fing das Diskutieren, Argumentieren und Wälzen ihrer theologischen und philosophischen Probleme an.

Unmutig und schläfrig entließ ich sie auf der Stelle mit der Bemerkung, dass so spät in der Nacht der Heilige Geist nicht mehr arbeite.

Am nächsten Morgen, während der ersten Vorlesung, zu der sie spät und verschlafen auftauchten, zitierte ich nur Bibelverse:

„Abraham stand frühmorgens auf ..." (1Mo 21,14),

„Und Jakob stand frühmorgens auf …“ (1Mo 28,18),
„Und der Herr sprach zu Mose: ‘Mach dich frühmorgens auf …’“ (2Mo 8,16; 9,13),
„Und [Mose] machte sich frühmorgens auf …“ (2Mo 24,4),
„Da machte sich Josua frühmorgens auf …“ (Jos 3,1; 6,12),
„[Hiob] stand frühmorgens auf …“ (Hiob 1,5),
David: „Ich will die Morgenröte wecken …“ (Ps 57,9; 108,3),
„[Die Apostel] gingen frühmorgens in den Tempel …“ (Apg 5,21),
„Und frühmorgens, als es noch dunkel war, stand [Jesus] auf … und betete“ (Mk 1,35).

Ich fügte diesen sich selbsterklärenden Versen nicht viel bei und ließ die Studenten zum Überlegen allein. An den nächsten Abenden und Morgen wurde die positive Wirkung sichtbar. Die Studenten hatten ihre Lektion gelernt.

Ein Besuch bei Professor Heim

Während unserer ersten Ehejahre lernte ich auf einer Vortragsreise an die Universität Tübingen den bekannten deutschen Theologieprofessor Dr. Karl Heim kennen. Er war eine Säule der bibeltreuen Theologie inmitten so vieler liberaler Theologen Europas.

Bei Professor Heim, der mich zu seinem 80. Geburtstag eingeladen hatte, waren zur Feier des Ehrentages zahlreiche Gäste anwesend. Ich fragte ihn, ob er so gut wäre, mir zwei Fragen zu beantworten, da er für die evangelikale Welt des europäischen Kontinents eine Autorität darstellte. Er willigte freundlich ein.

Meine erste Frage lautete: „Herr Professor Heim, was ist Ihre Einstellung zu Genesis?“

Meine zweite Frage: „Auf welche Weise bezeugt man am besten Christus der modernen Generation?“

Karl Heim war eine sehr liebenswürdige Persönlichkeit. Er überlegte einen Moment und antwortete dann: „Die erste Frage ist für mich schwer zu beantworten. Sie sind Naturwissenschaftler. Ich bin es nicht. Ich verlasse mich in solchen Fragen auf meinen Freund, Professor Freiherr von Hühne.“

Wir kannten Professor von Hühne. Er war ebenfalls Christ, aber theistischer Evolutionist, wie es viele der damaligen älteren Generation auf dem europäischen Kontinent waren.

„Die zweite Antwort“, sagte er, „ist für mich leichter zu beantworten. Die wirksamste Weise, Christus der modernen Generation zu bezeugen, ist der lebendige Christus in uns.“

Nie habe ich diese Antwort vergessen, da sie so treffend war.

Köln

Januar 1983 wurde ich von Professor Dr. Ellinger, der die Leitung der Abteilung und den Stuhl für Betriebswirtschaft innehatte, eingeladen, eine dreitägige Vorlesungsreihe an der Universität zu geben, die er mit seinen Assistenten und Studenten organisiert hatte. Professor Ellinger war ein vorbildlicher Christ, kompetent auf seinem Fachgebiet und seit vielen Jahren mit uns befreundet. Später wurde er Präsident von „Wort und Wissen“, einer christlichen Organisation für Akademiker, die auch an der Vorbereitung dieser Vortragsreihe beteiligt war.

Die Abendvorträge im Auditorium Maximum der Universität waren derart überfüllt, dass die Studenten überall saßen. Da die Sitzplätze nicht ausreichten, saßen sie auf dem Boden. Und als auf dem Boden auch kein Platz mehr war, kletterten die Studenten auf die Fenstersimse, die ziemlich hoch angebracht waren, sodass die jungen Leute wie Affen emporklettern mussten.

Die Studenten waren äußerst aufmerksam und stellten hinterher viele Fragen. Viele von ihnen hörten zum ersten Mal das Zeugnis eines Wissenschaftlers für seinen Schöpfer und wollten mehr von Gott und der ewigen Wahrheit erfahren. Einige Zuhörer entschieden sich, ihr Leben von nun an mit Christus zu leben.

An einem Abend luden Herr Professor Ellinger und seine Gemahlin mehrere Professoren der Universität Köln mit ihren Frauen zu einem Abendessen ein. Sie baten mich, einen kurzen Einleitungsvortrag zu dem Thema „Die Rolle von Genetik und Umwelt in der Entwicklung des menschlichen Charakters“ zu geben. Anschließend folgte eine rege Diskussion über das Gehörte.

Dieses Thema war politisch immer ein heißes Eisen: Die Vertreter des linken Flügels behaupteten, die Umwelt, in der eine Person lebt, bestimme seinen Charakter. Indem man die Umwelt eines Menschen verändere, könne man seinen Charakter zum Besseren oder Schlechteren beeinflussen. Andererseits waren die des rechten Flügels der Meinung, dass die genetische Beschaffenheit einer Person ihren Charakter bestimmt und wenig anderes daran etwas ändern könne.

Tatsächlich sind beide Faktoren, Genetik und Umwelt einer Person, wichtig; das Zusammenspiel beider Faktoren formt einen Charakter. Die äußere Umwelt beeinflusst die Entwicklung des genetischen Potenzials. Je besser die Umwelt (Heim, Schule usw.), desto besser kann die inhärente eigene Genetik ausgedrückt und entwickelt werden. Ist jedoch die genetische Beschaffenheit schlecht oder defekt, dann kann die beste Umwelt keine Eigenschaft, die nicht inhärent ist, zum Ausdruck oder zur Entwicklung bringen.

Einige der ehrwürdigen Herren besuchten als Folge dieses Zusammenseins meine Vorträge, einige unterstützten uns sogar.

Bonn

An der Universität Bonn waren etwa 900 Zuhörer im Auditorium versammelt. Wir befanden uns inmitten einer Vortragsreihe; das Thema am Nachmittag beschäftigte sich mit der Entstehung des Lebens, der Biogenese. Vor den Studenten, die die Veranstaltung organisiert hatten, waren Mikrofone in den Mittelgängen platziert worden, damit die Fragen in der nachfolgenden Diskussions- und Fragezeit für jeden hörbar waren.

Kaum hatte ich meine Ausführungen beendet, sprang ein junger Mann von seinem Sitz auf, eilte den Mittelgang entlang und riss eins der Mikrofone an sich. Sein Gesicht war entstellt und hasserregt schrie er: „Kameraden, ich protestiere heftig gegen das Vorgetragene. Die Wissenschaft darin mag richtig sein, aber man versucht, uns wieder zurück in die Knechtschaft des Christentums zu führen. Marx, Hegel sowie die Frankfurter Schule befreiten uns von dem Joch des christlichen Gottes. Der Mensch ist frei, seinem eigenen Willen und seinen Begierden zu folgen, und ist keinem transzendenten Wesen gegenüber verantwortlich, das nur dazu erfunden wurde, um uns zu versklaven, wie Marx so richtig warnt. Ich rufe euch auf, diesen Saal mit mir aus Protest zu verlassen." Während er noch wütete und wir, mit einem Stoßgebet im Herzen, überlegten, wie man am weisesten reagieren sollte, begannen die Studenten aus der Zuhörerschaft zu rufen: „Hör auf und komm uns nicht mit deiner kommunistischen Propaganda! Halt deinen Mund! Verlass den Saal!" Ein Chor empörter Studenten versuchte, den Agitator zum Schweigen zu bringen.

Als der Marxist merkte, dass keine einzige Seele ihn unterstützte, zog er sich zurück und verließ den Raum.

Wir brauchten gar nichts zu unternehmen – wir brauchten kein einziges Wort zu äußern. Die Studenten hatten spontan reagiert und das Problem gelöst. Waren es wirklich die Studenten gewesen?

Siegen

Ein anderes Mal sprach ich in der geräumigen Siegerlandhalle in Siegen. Ungefähr 3000 Menschen hatten sich an dem Abend eingefunden. Gewöhnlich blieben viele Leute nach dem Vortrag zurück, um Fragen zu stellen, zum Diskutieren oder auch zur Seelsorge. Sie blieben oft bis Mitternacht.

An jenem Abend in Siegen erzählten einige Leute, wie sie intellektuell und geistlich Hilfe erfahren hatten. Plötzlich erhob sich ein Student, lief nach vorn zum Mikrofon und rief: „Das ist alles Unsinn, ich möchte mir das nicht länger anhören. Ich fühle mich wie im Mittelalter, wenn man erklärt, wir seien alle schuldig vor Gott und brauchen deswegen die Vergebung Gottes. Es ist einfach lächerlich ..." Er fuhr fort, seine Empörung herauszuschleudern. Es war unmöglich, mit ihm vernünftig zu reden. Er war zu aufgebracht.

Am nächsten Abend erschien der gleiche Student zur Versammlung. Wollte er das gleiche Spiel versuchen wie am Abend zuvor? Es dauerte auch nicht lange, da sprang er auf und eilte zum Mikrofon, doch sein Gesichtsausdruck sah diesmal ganz anders aus. „Freunde“, sprach er, „was ich gestern in meinem Unmut heraussprühte, war unrecht von mir. Es tut mir Leid. Tief in meinem Herzen wusste ich, was der Professor redete, stimmt, und sein Rat war der einzige Weg aus meiner Frustration heraus. Aber ich bäumte mich dagegen auf. In der Nacht sprach mein Gewissen zu mir. Ich möchte Christus nachfolgen. Bitte helfen Sie mir.“

Bremen

Mehrere Jahre hielt ich regelmäßig Vorträge an der Universität Bremen, welche für ihre links-politische Einstellung weithin bekannt war. Meine Vorträge fanden gewöhnlich nachmittags statt. Abends sprach ich dann in der Matthäuskirche in Bremen-Huchting bei Pfarrer Jochen Müller, dem wir herzlich verbunden waren. In Huchting behandelte ich häufig alttestamentliche Persönlichkeiten wie Josef, David, Simson, Königin Esther und andere.

Immer wieder tauchten marxistische Gruppen auf, manchmal mit der Absicht, zu stören. Man hatte mir von einem anderen Redner erzählt, dass die Marxisten während seines Vortrages, der ihr Missfallen hervorgerufen hatte, ununterbrochen kleine Glöckchen geläutet hätten, sodass der Vortragende überhaupt nicht zu Worte gekommen wäre.

Im Allgemeinen blieben die marxistischen Studenten bis zur Diskussion nach dem Vortrag und griffen dann das Vorgetragene scharf an. Dies war natürlich eine ausgezeichnete Weise, mit ihnen ins Gespräch zu kommen. Mit einigen von ihnen konnte man, wenn sie sich ernst genommen fühlten und man ihre Aggression übersah, in eine nützliche Unterhaltung kommen. Oft hatte ich den Eindruck, sie forderten mich heraus, um eine Antwort auf ihre ungelösten sozialen und persönlichen Probleme zu erhalten. Es gab natürlich auch einige, die – feindlich – nur stören wollten und gar kein Gespräch suchten.

Ich liebe Studenten und junge Leute mit ihren vielen Fragen und ihrer Offenheit. Und ich denke, sie merken, dass ich sie gern habe. Es ist schön, dass so viele von ihnen nach dem Sinn des Lebens forschen und sich für eine Verbesserung unserer ungerechten und leidenden Welt einsetzen. Ich möchte ihnen so gern helfen, Richtung und Sinn für ihr eigenes Leben zu finden, damit sie dann imstande sind, anderen Hilfe anzubieten.

In meinen über 40 Jahren Umgang mit Studenten merkte ich, dass es fast überall in der Welt die gleichen Probleme sind, die ihre Gemüter bewegen.

Beate begleitete mich immer zu meinen Vorträgen. Sie unterstützte mich voll und ganz, besonders durch ihr Gebet. In Bremen kam einmal eine Studentin mit einer kleinen Tochter zu ihr nach einer Vorlesung. „Ist es Ihnen nicht über, immer im Hintergrund zu stehen, während ihr berühmter Mann immer im Mittelpunkt steht und bewundert wird? Wie können Sie das aushalten? Ich habe mich gerade von meinem Mann scheiden lassen, weil ich es nicht mehr ertragen konnte, nur Ehefrau und Mutter sein zu müssen. Ich will mich jetzt selbst verwirklichen." Dabei sah sie recht bitter und unglücklich aus.

„Liebe Dame", erwiderte Beate, „es tut mir leid, dass Sie so frustriert sind. Darf ich Ihnen eine ehrliche Antwort geben?"

„Selbstverständlich, deswegen bin ich ja zu Ihnen gekommen. Außerdem sehen Sie nicht einmal unglücklich aus. Haben Sie nicht den Wunsch und das Bedürfnis, sich selbst zu verwirklichen? Ist es nicht höchste Zeit, dass wir Frauen die gleiche Rolle wie die Männer spielen?"

„Sie haben recht", antwortete Beate, „wir Frauen brauchen Erfüllung und Selbstverwirklichung. Doch ich erreiche dieses Ziel auf eine ganz andere Weise.

1. Ich bin der Überzeugung, dass die Rolle einer Frau nicht die gleiche wie die eines Mannes ist, besonders in der Familie. Wir haben vielfältige, unterschiedliche, aber gleichwertige Talente und Aufgaben. Ich freue mich, dass mein Mann die Vorlesungen hält und im Mittelpunkt der Öffentlichkeit steht. Ich sehe es als meine Rolle an, ihn zu unterstützen, dass er seine Aufgabe gut ausüben kann. Das tue ich, indem ich ein kleines Paradies zu Hause zu schaffen versuche, aus dem mein Mann und

auch unsere Kinder Kraft für ihre Aufgaben schöpfen können. Ich glaube, eine Frau besitzt mehr Talent, aus dem Heim ein Paradies zu gestalten. Sie hat ein viel feineres Gespür herauszufühlen, was ein jedes Familienglied nötig hat und wie man es dann verwirklicht.

2. Nach meiner Erfahrung wird man glücklich und erfüllt, und zwar sowohl in der Familie als auch in jeglichem Beruf, indem man anderen aus ganzem Herzen dient. Glück ist nie ein Ziel in sich selbst. Es entsteht als frohmachendes Nebenprodukt, wenn man andere Menschen glücklich macht. Was befriedigt uns mehr, und wie können wir uns besser verwirklichen als dadurch, dass wir unsere Talente und unsere Fantasie dazu einsetzen, um unsere Mitmenschen glücklich zu machen? Indem wir nach dem Glück und nach Selbstverwirklichung jagen, werden unsere Ansprüche immer höher und immer noch mehr – wir erreichen es nie und sind letztlich unzufrieden."

Im heutigen Zeitalter der Forderung von Rechten und Selbstverwirklichung hatte die junge Frau noch nie desgleichen sagen gehört.

Kapitel V

EINLADUNG IN EINE STRAFANSTALT

Butzbach

Anlässlich unserer Vorträge lernten wir einen Herrn kennen, mit dem wir einen längeren Briefwechsel führten. Er war Sozialarbeiter in einer Strafanstalt mit strengem Regime in Butzbach, nördlich von Frankfurt am Main. Eine Anzahl Strafgefangener waren hochrangige Nazi-Offiziere, Wissenschaftler und Ärzte, die in Konzentrationslagern am Töten und Foltern von Insassen beteiligt gewesen waren und auch quälerische inhumane Versuche durchgeführt hatten. Sie wollten zum Beispiel herausfinden, welches die tiefste Überlebenstemperatur von Matrosen im Wasser sei, wenn ihr Kriegsschiff versenkt worden war, und wie lange man Menschen noch wiederbeleben konnte. Deshalb unterkühlten sie Insassen des Konzentrationslagers auf sehr tiefe Temperaturen und versuchten dann, diese wiederzubeleben. Natürlich starben einige während dieser Experimente. Und für die Überlebenden bedeutete es eine grausame Tortur, die sie aushalten mussten.

Es war keine leichte Aufgabe für den jungen, gut ausgebildeten Sozialarbeiter, für diese hartgesottenen Männer verantwortlich zu sein, aber er gab sich große Mühe. Als er einmal erfuhr, dass wir in der Nähe von Butzbach vorbeifuhren, bat er uns, in der Strafanstalt zu seinen Sträflingen zu reden.

Soweit ich mich erinnern kann, waren etwa 50 Strafgefangene mit uns und dem Sozialarbeiter in einem Raum eingeschlossen. Meine junge Frau war die einzige weibliche Person und alle starrten sie an. Ich sprach ungefähr 45 Minuten zu den Männern und gab ihnen dann Zeit für Fragen. Einer der Ärzte äußerte, dass er an keinen Gott glaube. „Warum?“, fragte ich ihn. Er antwortete: „Wenn Gott existierte, hätte Er auf keinen Fall unsere qualvollen Experimente an den KZlern zugelassen. Er hätte diese gestoppt oder uns bestraft.“ Seine perverse Denkweise schockierte mich.

Ich sagte ihm, Gott gäbe ihm vielleicht in Seiner ganz großen Barmherzigkeit die allerletzte Gelegenheit, seine grausamen Untaten zu bereuen. Wenn er für seine Sünde und Grausamkeit nicht Buße täte, gäbe es für ihn gewiss eine ewige Strafe zu erwarten.

Natürlich hatten diese Männer einer lebenslänglichen Gefängnisstrafe oder sogar der Todesstrafe ins Auge zu sehen. Nur wenige schienen das Unrecht, das sie anderen Menschen angetan hatten, zu bereuen.

Kanarische Inseln

Jahre später, im März 1985, wurden wir in ein Gefängnis in Las Palmas auf den Kanarischen Inseln eingeladen. Ein aktiver englischer Missionar, Mr. Murphy, hatte dort eine christliche Gefängnisarbeit begonnen. Er war es, der mich bat, als Experte über Drogenmissbrauch zu reden, da eine Anzahl von Sträflingen wegen Drogenmissbrauchs verurteilt worden war. „Und", so erklärte er, „Drogenmissbrauch und Drogenhandel werden selbst innerhalb der Gefängnismauern fortgesetzt."

So begaben wir uns in das Gefängnis – ein ganz anderes Gebäude als das in Butzbach. Es war die alte Festung Salto Negro, altmodisch, mit gewaltigen, dicken Mauern und sehr düster. Es war sicher eine sehr ungesunde Bleibe für 400 Männer und zwölf Frauen. Ich sprach in einem Raum voll 100 Gefangener, verurteilt wegen Diebstahl, Drogenmissbrauchs, Steuerhinterziehung usw. Männer verschiedener Nationalitäten waren vertreten.

Ein junger Engländer erzählte mir Folgendes: Er wollte mit seinem Boot von England zu den Kanarischen Inseln segeln. Bei einem Halt in Frankreich oder Spanien hatte er zwei junge Männer mit deren Gepäck auf ihre Bitten an Bord genommen. Als die drei in Las Palmas vom Zoll abgefertigt werden sollten, verschwanden die zwei plötzlich und der junge Engländer blieb allein zurück. Die Zollbeamten fanden im Gepäck Heroin und LSD. Er wurde zu mehreren Jahren Gefängnisstrafe verurteilt. Natürlich glaubte ihm niemand seine Geschichte.

Wir verbrachten eine nützliche Zeit mit den Gefangenen, von denen einige aufgrund des treuen Einsatzes von Mr. Murphy Christen geworden waren.

Schweiz

Als Drogenexperte und Berater hielt ich zweimal Vorträge in einer geschlossenen Rehabilitationsanstalt für Drogenabhängige in der Nähe von Zürich. Es war eine moderne Anstalt mit zugehörigem Bauernhof, auf dem die vorwiegend jungen Leute draußen an der frischen Luft körperlich arbeiten konnten.

Ich brachte meine Kaninchen und Mäuse und einen jungen wissenschaftlichen Assistenten mit, um den jungen Drogensüchtigen die schädliche Wirkung des Drogenmissbrauches demonstrieren zu können. Sehr rasch entwickelte sich zwischen den Insassen und uns eine freundschaftliche Beziehung, besonders als ich sie mit den Tieren helfen ließ. Viele von ihnen waren tierlieb und nahmen die Tiere auf den Arm oder fütterten die Kaninchen und Mäuse. Zuerst hatten die jungen Männer Angst, ich könnte den kleinen Lebewesen wehtun. Sobald sie aber sahen, dass ich mit ihnen behutsam umging, gewann ich ihr Zutrauen, und sie hörten willig zu, was ich ihnen zu sagen hatte, um ihnen aus ihrer bedauernswerten Lage zu helfen.

Kapitel VI

MEINE ERSTEN ZWEI BÜCHER ÜBER DIE ENTSTEHUNG DES LEBENS

Der große englische Evangelist John Wesley äußerte sich einmal folgendermaßen: Um eine wirksame, bleibende Arbeit für Gott auszurichten, bedarf es einer passenden gezielten Literatur, welche den neu bekehrten Menschen in ihren Problemen helfen und sie so ausbilden kann, dass sie einen nützlichen Beitrag für die christliche Kultur ihrer Gesellschaft leisten können.

Die Angriffe der sogenannten Wissenschaft, direkt oder indirekt gegen das christliche Evangelium, sind heutzutage keineswegs weniger bösartig als zu Wesleys Zeiten. Zu Wesleys Zeiten hielten viele Alkohol (besonders Gin) für die beste medizinische Behandlung bei einer Menge geringerer Krankheiten. Diese Ansicht war höchst gefährlich, denn Abhängigkeit von Gin war in jenen Tagen eins der weitverbreitetsten Probleme des Landes. Deshalb begann Wesley Schriften zur Aufklärung über dieses fast universale Übel in England herauszubringen, dem er energisch entgegentrat.

Heute stellt die Evolutionslehre in europäischen und amerikanischen Schulen und Universitäten ein großes Problem dar. Denn man akzeptiert in weiten Kreisen heute als unanfechtbares Faktum, dass Darwin für den gebildeten Menschen das Postulat eines Schöpfergottes überflüssig gemacht hat.

Wenn Gott für die Schöpfung wissenschaftlich überflüssig ist, dann wird Christus, der sich als eins mit dem Schöpfergott ausgab, auch überflüssig. Daher verlor seit Darwin – besonders in akademischen Kreisen – die Botschaft von Christus zunehmend an Wichtigkeit. Zufall und Zeit, so nimmt man an, genügen in den evolutionären Prozessen, um einen Schöpfergott wirkungsvoll zu ersetzen.

Es ist notwendig, aufzuweisen,

a) dass es keine zwingende Evidenz für den Darwinismus gibt.
b) dass der Darwinismus nicht falsifiziert werden kann (Popper).

Wenn man diese zwei Punkte beweisen kann, wird der Darwinismus an und für sich gänzlich unwissenschaftlich und

c) das Evangelium, das so lange wegen der Darwinschen Theorie als überflüssig galt, muss von Wissenschaftlern wieder neu untersucht werden. Dies ist überaus wichtig, weil die heutige Wissenschaft effektiv ohne irgendeine wissenschaftlich haltbare Theorie der Biogenese dasteht.

So entschieden wir uns, Literatur herauszugeben, die speziell für die akademische Welt bestimmt war.

Offenbar muss sich die Verkündigung der christlichen Botschaft in akademischen Kreisen ernsthafter mit dem biologischen Aspekt der Biogenese auseinandersetzen. Denn quasi alle wissenschaftlichen Universitätskurse lehren, dass die Biologie im Verlauf von Millionen – wenn nicht Milliarden – Jahren durch rein naturalistische chemische Prozesse entstand. Und diese Lehre diskreditiert die biblische Botschaft vom ersten Buch der Bibel an.

Die fast weltweit präsentierte Behauptung, naturalistisch-materialistische Prozesse allein hätten das Leben hervorgebracht, genügt, um die Notwendigkeit einer übernatürlichen Intervention zur Erklärung der Biogenese auszuschließen. Das Thema der Schöpfung muss schon wegen des Wissenschaftlers, dem man Hilfe anbieten möchte, unvoreingenommen und ehrlich, sowohl wissenschaftlich als auch theologisch recherchiert werden. Das heißt, es muss klar gezeigt werden, dass schon rein wissenschaftlich gesehen die naturalistisch-materialistische Darwinsche Evolutionstheorie ungenügend ist, um die Biologie und deren Ursprung zu erklären.

Christliche Apologeten, die mit Akademikern arbeiten, haben diesen Aspekt der christlichen Tätigkeit weitgehend vernachlässigt. Sie haben zum Beispiel oft das Problem des Ursprungs der Information und der genetischen Sprache, wie in der Struktur und dem (Bedeutungs-)Inhalt des genetischen Codes dargestellt, unzureichend behandelt. Früher oder später stellt der ungläubige, denkende akademisch-gebildete Mensch bei der Verkündigung des Evangeliums sich die Frage, wie die biblische Geschichte von Adam und Eva und dem Paradies (welche der Herr Jesus für historisch wahr hielt) mit der allgemein vertretenen Darwinschen Lehre vom Ursprung des Lebens zusammenpasst.

Denn es ist klar, nicht nur der Herr Jesus glaubte an die Historizität des Paradieses, sondern auch die Apostel Paulus und Judas (siehe Lk 3,38; Röm 5,14; 1Kor 15,45; 1Tim2,13; Jud 14). Wenn also die Darwinsche Lehre Adam und Eva sowie das Paradies nicht historisch bewiesen hat, dann muss das, was Paulus und der Herr Jesus über den Ursprung des Lebens glaubten und lehrten, ebenso ein nicht-historischer Mythos sein. Somit fällt und steht die historische Wahrheit des christlichen Glaubens mit der historischen Wahrheit der Darwinschen Theorien. Und das sollte beim Verkündigen des Evangeliums in akademischen Kreisen ganz klargemacht werden.

So schrieben wir 1966 das erste Buch mit dem Titel *Herkunft und Zukunft des Menschen*. Ich bot das Manuskript einem evangelischen Verlag in Deutschland an, der es begeistert entgegennahm und einen Lizenzvertrag zu sofortiger Veröffentlichung und zum Vertrieb unterzeichnete.

Ich hatte damals gerade eine Gastprofessur an einer der „Big Ten“ (die zehn akademisch wichtigsten) Universitäten in den USA für ein Jahr angenommen.

Als wir nach einem Jahr Gastprofessur in den USA zurückkehrten, erkundigte ich mich nach meinem Buch. Ich fand heraus, dass der Verlag es tatsächlich gedruckt hatte (sie waren vertragsmäßig dazu verpflichtet). Doch man hatte eine Kopie desselben an einen bekannten christlichen deutschen Mathematikprofessor zur Begutachtung gesandt, ehe es zum Vertrieb an das Publikum kommen sollte. Dieser Professor war ein überzeugter theistischer Evolutionist, ähnlich wie Teilhard de Chardin, und empfahl, das Buch nicht zu veröffentlichen, mit der Meinung, es könne einige Katholiken und dazu die meisten Biologen ärgern. Dies ist natürlich eine ungute Politik für einen Christen, der sich für die Wahrheit der Lehre Jesu Christi (welcher sich selbst „die Wahrheit“ nennt), interessiert.

Die Befürchtungen des Professors waren natürlich völlig illusorisch, da viele Katholiken die wissenschaftlich schwach begründeten Ansichten Teilhard de Chardins verwerfen und fest zu einer übernatürlichen Schöpfung gemäß der alt- und neutestamentlichen Offenbarung stehen. Daraufhin wandte ich mich an einen anderen christlichen Verlag, der gemerkt hatte, dass die Tage der veralteten Darwinschen Theorien gezählt waren – denn sie verstießen nicht allein gegen die Heilige Schrift, sondern eben auch gegen viele Erkenntnisse in der Wissenschaft. Dieser zweite Verlag interessierte sich dafür, Wissenschaftler zu unterstützen, die als Christen führend mit ihren wissenschaftlichen Ideen auf dem Gebiet der Biogenese forschten. Der Verlag unterzeichnete den Vertrag für *Herkunft und Zukunft des Menschen* und vertrieb den Titel.

Die ganze erste Auflage war in einigen Wochen ausverkauft, worauf der erste Verlag, der sich das Buch zu veröffentlichen gescheut hatte, verärgert war. *Herkunft und Zukunft des Menschen* ist seitdem in mehreren Sprachen der Welt ein christlicher Klassiker geworden. Das Buch ist durch viele Auflagen gegangen.

Immer mehr Wissenschaftler, selbst solche, die Antagonisten der christlichen Position sind (siehe z. B. S. J. Gould), kamen zu dem Schluss, dass das gesamte Spektrum der Biologie plötzlich entstand und nicht über Millionen oder Milliarden von Jahren.

Diese Ansicht stimmt mit der christlich-biblischen überein. Wenn nun die rein historische Seite der Bibel sich als zuverlässig erweist, was dann, wenn sich der Bericht bezüglich des ewigen zukünftigen Geschickes des Menschen auch als wahr erweist? Was, wenn die ewigen Folgen vom Opfertod Christi und Seiner Auferstehung für mich persönlich und meine Zukunft wahr sind?

Mein zweites Buch, das das gleiche Ziel wie das erste hatte, hieß *Die Erschaffung des Lebens*. Auch dieses Buch wurde in mehreren Sprachen ein christlicher Klassiker.

Kapitel VII

EIN BEISPIEL ÜBER DEN URSPRUNG VON CODES UND SPRACHEN

Darwinisten und auch andere vergessen oft, dass es keine ausschließlich durch stochastische, materialistische Prozesse entstandenen Sprachen oder Codes gibt.

Wenn man zum Beispiel ein englisches Gedicht auf Blättern von Pflanzengewebe unter einem Gartenbaum fände, hielte man in wissenschaftlichen oder auch anderen Kreisen kaum jemanden für glaubwürdig, der behauptete, sowohl die Sprache, in der das Gedicht ausgedrückt ist, als auch die zur Poesie gehörige Grammatik und Struktur rührten allein von materialistischen, chemischen Prozessen her. Gleicherweise könnte man behaupten, keinerlei Art von Persönlichkeit hätte irgendetwas mit dem Ursprung des Gedichtes oder dessen inhärenter Schönheit und Symmetrie zu tun. Wer glaubte unserer Behauptung, allein pure Chemie hätte das Gedicht auf Englisch hervorgebracht? Und keine Person hätte sich der Chemie bedient, um das englische Gedicht zu verfassen? Niemand würde im Geringsten erwarten, dass solch weit hergeholte Theorien von Wissenschaftlern ernst genommen würden.

Und doch glauben moderne Biologen, ohne mit der Wimper zu zucken, dass der genetische Code – der die Schönheit unzähliger Formen der Biologie trägt (man denke nur an gewisse Schmetterlinge oder tropische Fische oder auch an die fantastischen Korallenriffe auf dem Great Barrier Reef in den australischen Küstengewässern) – allein aus stochastischem, chemischem Wirken ins Dasein kam, ohne jegliche persönliche Leitung eines Schöpfers. Das ganze Konzept kann nur als hirnverbrannt bezeichnet werden, denn es steht ohne Präzedenz in all unseren wissenschaftlichen Erfahrungen da. Wenn die ganze Idee nicht in Darwinschen Jargon gekleidet wäre, würden sie die meisten Menschen kurzerhand abtun.

Wer würde denn bei gesundem Menschenverstand glauben, eine Sprache und ein Code, welche so viel Schönheit, wie oben erwähnt, speichern, seien ohne eine Persönlichkeit höchster Intelligenz zustande gekommen?

Natürlich, der wirkliche Grund, warum solche absurden Ideen, dass Schönheit und Sprache ohne jeglichen Urheber entstanden, Beachtung fanden, rührt daher, dass Wissenschaftler in früheren Jahren nichts über den genauen wissenschaftlichen Ursprung einer Sprache wussten. Sie glaubten (und glauben es in gewissem Maße immer noch), dass das Aneinanderreihen bloßer Buchstaben eines Alphabets zu Silben Bedeutung erzeugt. Dass also durch zufälliges Aneinanderreihen von Buchstaben zum Wort „Katze" gleichzeitig die Bedeutung und Charakteristik, die wir mit dem Begriff „Katze" assoziieren, entsteht.

Ein Teil meiner späteren Schriften über die Entstehung des Lebens beschäftigt sich eingehend mit diesem allgemeinen Fehler, der von gewissen modernen Biologen propagiert wird.

Mittels Analogie können wir sagen, dass Sprache und Poesie erfahrungsgemäß entstehen, indem eine Persönlichkeit sich einer gewissen Form von Materie bedient, die wir gewöhnlich als Person bezeichnen. Deshalb nehmen wir an, dass die Sprache und das Gedicht, die wir auf einem Stück biologischen Zellgewebe im Garten fanden, auf ähnliche Weise zustande kamen, nämlich durch irgendeine Persönlichkeit, die die Chemie hinter der Sprache geleitet hat. Der Materialist scheint solch eine Art Logik nicht anzuwenden, stattdessen erklärt er, er wisse nur von rein chemischen Reaktionen. Und deshalb müssten chemische Reaktionen allein der Urheber jeglicher genetischen Sprache, Codes und Information sein. Aber er besitzt nicht die geringste zwingende Evidenz für seine naturalistische, materialistische Annahme, dass das Mitwirken einer Persönlichkeit für die Theorie der Biogenese unerlaubt sei.

Kapitel VIII

LITERATUR ZU VERSCHIEDENEN THEMEN

Unsere Bücher breiteten sich rasch auf dem europäischen Kontinent und bald auch in der angelsächsischen Welt aus. Anfangs hielten wir die meisten Vorträge in der Schweiz, in Deutschland und Skandinavien. Doch später verbrachten wir immer mehr Zeit auf Vortragsreisen in den USA und veröffentlichten neue Bücher in englischer Sprache.

Die folgende Liste gibt eine Idee, mit welcher Thematik sich unsere Literatur beschäftigte. Viele Bücher, die wir zwischen 1965 und 1993 schrieben, entstanden aus den Problemen und Fragen, mit denen uns junge Menschen im Laufe unserer Vortragstätigkeit konfrontierten. Wir überlegten, dass wir durch unsere Schriften mehr Akademiker erreichen könnten, um so ihre Fragen zu beantworten.

Wie schon erwähnt, wurden unsere ersten zwei Bücher *Herkunft und Zukunft des Menschen* (1966) und *Die Erschaffung des Lebens* (1970) vom Hänssler Verlag, Neuhausen-Stuttgart, veröffentlicht. Beide Bücher erschienen kurz danach (1968 und 1970) auf Englisch im Harold Shaw Verlag, USA.

Ein anderes Buch, ebenfalls veröffentlicht bei Harold Shaw (1969), hieß *The Drug Users*. In meinen Pharmakologie-Vorlesungen an der Universität von Illinois in Chicago nahmen einige Studenten teil, die drogenabhängig waren und vertraulich zu mir kamen, um mich um Rat zu fragen. Die Drogenkultur war in voller Blüte. Als Pharmakologe und Chemiker gehörte Drogenmissbrauch zu meinem Fachgebiet, dem ich viel Zeit und Energie für ausgiebige Forschung widmete.

Bald erwarb ich mir ein ausgedehntes Wissen durch die ständige Auseinandersetzung und Konfrontation mit dem Drogenmissbrauch junger Menschen um mich herum. Mir war klar, ich musste die jungen Leute über den Gebrauch von Drogen aufklären, damit sie sich selbst, ihre Situation und ihre Praktiken verstanden. Aus diesem Überlegen entstand mein Buch *The Drug Users*.

Jahre später (1974), als Drogenberater der NATO-Streitkräfte in Europa und Asien, schrieb ich ein anderes Buch zu dem überhandnehmenden Drogenproblem, mit dem Titel *Causes and Cure of the Drugepidemic.* Zur gleichen Zeit kam die deutsche Version *Ursache und Behandlung der Drogenepidemie* heraus. Nicht nur die US-Truppen und Amerika, sondern ebenso europäische Länder und ihre Streitkräfte waren vom Drogenmissbrauch befallen.

Außer meiner Arbeit als NATO-Drogenberater, bat man mich, in Universitäten, Hochschulen, in Lehrerseminaren, Elternversammlungen, Kirchen und Krankenhäusern über das Thema des Drogenmissbrauches zu reden. Ich wusste, die Drohungen der Polizei und Autoritäten waren wirkungslos. Junge Menschen experimentieren gern, besonders dann, wenn etwas verboten ist. Meine Methode war, die Leute aufzuklären, sodass sie verstanden, was sie sich und ihrem Körper antaten, und sie zu informieren über die Beschaffenheit und Wirkung der Drogen, über deren rechtmäßigen Gebrauch und ihren Missbrauch, über die Gefahr für Körper und Psyche bei Missbrauch.

Das Nationale Schweizer Fernsehen lud mich sogar zu einem Programm über das Drogenproblem ein, in welchem Eva Metzger mich interviewte. In diesem Programm zeigte man unter anderem auch Abschnitte meines Filmes über eine Drogenvorlesung an einem Zürcher Lehrerseminar. Die schrecklichen Folgen der Drogensucht wurden darin dem Publikum eindrücklich vor Augen gestellt, um der Gefahr und dem Risiko des Drogenmissbrauchs vorzubeugen. Auch auf die Behandlung Drogengeschädigter ging ich ein und erläuterte, wie schwierig, langwierig und in gewissen Fällen fast unmöglich solch eine Therapie ist. Das Fernsehprogramm war ein solcher Erfolg, dass es sechsmal in den besten Sendezeiten wiederholt wurde. Mein Buch *Ursache und Behandlung der Drogenepidemie* war in kurzer Zeit ausverkauft. Viele Leute baten um Hilfe. Ich hatte in meinem Programm deutlich betont: Die einzige Alternative für die desillusionierte Generation, die in Drogenerfahrungen flüchtet, ist, die befriedigende Gegenwart Gottes in unseren Herzen täglich zu erfahren.

Eins meiner meistgelesenen Bücher ist *Warum lässt Gott es zu?*, welches zuerst 1978 in Deutsch und später in Englisch erschien.

Die Frage: Wie kann ein guter Gott der Liebe solch eine böse Welt erschaffen haben? Warum kann Er so viel Leiden, Ungerechtigkeiten, die schrecklichen Grausamkeiten und das große Elend in unserer Welt zulassen? Müsste Er nicht Einhalt gebieten und eingreifen, wenn Er wirklich ein liebender Gott ist? Diese Fragen plagen viele denkende Menschen, und sie finden keine befriedigende Antwort. Es hindert sie daran, an einen liebenden persönlichen Gott glauben zu können. Mein Büchlein versucht, eine Antwort auf dieses uralte Problem zu geben. Später ging ich noch einmal eingehender auf das komplexe Problem in dem Buch *Ist das ein Gott der Liebe?* ein.

Andere Werke aus meiner Feder sind *Wer denkt, muss glauben* (1979), ein herausforderndes kurzes Werk, das anhand einer Science-Fiction-Story darlegt, wie logisches Denken letztlich zur Erkenntnis eines Schöpfergottes führt.

Terrorismus: Das Kriminelle Gehirn (1979) beschreibt die tragischen Folgen einer permissiven Erziehung.

Ein Buch, das die wunderbar konstruierte Funktion unseres Gehirns beschreibt, ist *Der Mensch, ein sprechender Computer* (1982).

Um Menschen im Stress und Frust des modernen Lebens Hilfe zu geben, verfasste ich *Der Mensch im Stress* (1973).

Nachdem auf dem Gebiet der Informationstheorie neue fundamentale Entdeckungen gemacht worden waren, schrieb ich 1978 *Die Naturwissenschaften kennen keine Evolution*, zunächst veröffentlicht auf Deutsch im Schweizer Schwabe Verlag, und danach in den USA im *The Word for Today*-Verlag (1981).

1983 folgte dann *Planender Geist gegen planlose Entwicklung*, worin ich meine Alternative zur Darwinschen Evolutionslehre darlege.

Die beiden Bücher zusammen sind auf Wissenschaftler und Akademiker zugeschnitten und bieten ihnen eine solide wissenschaftliche Grundlage in der Konfrontation mit der Darwinschen Theorie an, die ich für gänzlich unwissenschaftlich halte.

Ein nützliches Werk für Studenten und Menschen, die sich wissenschaftlich und biblisch informieren wollen, ist *Evolution im Kreuzverhör*, 1983 publiziert. Es zitiert die meistgestellten Fragen über Evolution und versucht, wissenschaftliche und biblische Antworten zu geben.

In der Seelsorge erklärten mir oft Studenten, eine Ehe fürs Leben gemäß der Bibel entspreche nicht mehr den Bedürfnissen heutiger Paare. Warum könne man nicht nach dem Prinzip geschäftlichen Leasings heiraten? Sie hatten offensichtlich nie ein richtig glückliches altes Ehepaar gesehen. So entschieden wir uns (1978), ein Buch über die christliche Ehe zu schreiben. Wir nannten es *Kunst und Wissenschaft der Ehe*. Meine bessere Hälfte beschrieb die Kunst der Ehe, und ich widmete mich der wissenschaftlichen Seite in der ehelichen Beziehung. Das Buch fand einen enormen Absatz unter Studenten und anderen Ehekandidaten. Aber es wurde auch von älteren Ehepaaren gelesen, bei denen mit zunehmendem Alter neue Probleme auftauchten und die deshalb Rat suchten.

Angesichts der in Europa weitverbreiteten Missverständnisse hinsichtlich der christlichen Taufe – infolge der staatskirchlichen Praxis der Kindertaufe – wagte ich mich sogar in das Gebiet von Theologie und Taufe. In Europa ist das Thema eine Quelle endloser Streitigkeiten und Verwirrungen. Das kleine Buch *Tauferkenntnis und Liebe zu Jesus Christus* war das Ergebnis dieses Wagnisses.

Als das Problem der dahinschwindenden Finanzen viele Bürger quälte, beschäftigte ich mich mit den Ursachen der Inflation, die in der Tat staatskontrollierte Entwertung der Währung darstellt, in der verdiente Löhne und Studentenstipendien ausgezahlt werden. Die schwere vom Staat gesteuerte Inflation machte natürlich nicht nur Studenten, sondern jeden Verdiener arm. Auf diesen vom Staat manövrierten Diebstahl ging ich in dem Buch *Inflation – der Dieb im Haus* ein (1983).

Andere Bücher, die im Laufe der Jahre herauskamen, waren:

Gott: Sein oder Nichtsein (1973), *Die Demission des wissenschaftlichen Materialismus* (1979) und ein Buch über das dritte Kapitel des Philipperbriefes: *Göttliche Prinzipien in der Persönlichkeitsentwicklung* (1978).

Aids – Verschwiegene Fakten erschien 1989, als die HIV-Krise anfing, innerhalb und außerhalb der homosexuellen Kultur epidemisch zu werden. Von den Medien war so viel Falschinformation in aller Welt verbreitet worden, dass Tausende von Menschen aufgrund dieser Täuschung infiziert wurden. Ich sah es als meine Aufgabe, die wahre Sachlage – so erschreckend sie war – bekannt zu machen, um die Menschen von dieser verheerenden Krankheit zu retten. Wie froh war ich, dass der Verlag *The Word for Today* den Mut besaß, das Werk trotz Feindschaft von verschiedenen Seiten zu veröffentlichen.

Die meisten meiner Bücher erschienen zuerst auf Deutsch und Englisch, und eine Anzahl von ihnen kam auch in anderen Sprachen wie Norwegisch, Finnisch, Dänisch, Russisch, Rumänisch, Kroatisch, Italienisch und Hebräisch heraus.

Kapitel IX

FILME ALS MEDIUM ZUR VERBREITUNG DES EVANGELIUMS

Im Oktober 1978 erhielt ich eine Einladung zur Internationalen Medienkonferenz in Amsterdam, in den Niederlanden. Ein Jahr später nahmen wir an der Weltkonferenz für Evangelikale Kommunikatoren, wiederum in Amsterdam, teil. Dort hatte man mir für meinen Vortrag das Thema „Die Relevanz der christlichen Botschaft an eine materialistische Welt“ gestellt. Bekannte christliche Autoren und Medienleute aus der ganzen Welt trafen sich dort und hielten Vorträge. Bischof Festo Kivengere aus Uganda, Dr. Everett Koop – der spätere Surgeon General aus den USA –, Dr. Francis Schaeffer und ich wurden von Dr. Ouweneel, dem holländischen Wissenschaftler, in einem besonderen Fernsehprogramm über Apologetik interviewt.

Während der ersten Konferenz, trat das EO (Evangelische Omroep) Team des niederländischen nationalen Fernsehens, das meine Bücher kannte, an mich heran. Sie wollten eine englische Filmserie vom kreationistischen Standpunkt aus produzieren – als Alternative zu den vielen im Fernsehen präsentierten evolutionistischen Filmen für Studenten und andere Menschen, die Schwierigkeiten mit der Evolution hatten.

Sie waren überzeugt, ich sei der passende Wissenschaftler und die geeignete Persönlichkeit, um die Schwächen und Fehler der Evolutionstheorie aufzuweisen. Meine Frau und ich beteten über den Vorschlag und nahmen die Herausforderung an.

Innerhalb von sechs Monaten sandte die EO-Abteilung des niederländischen Fernsehens, die fabelhafte Produktiosanlagen und Experten besaßen, ein Spitzenteam nach Einigen, in das Berner Oberland. Zusammen arbeiteten wir die Filmserie *ORIGINS* (auf Deutsch: *So entstand die Welt*) aus. Diese Serie gewann mehrere Auszeichnungen sowohl für den Inhalt als auch für die Technik. Ursprünglich bestand die Serie aus sieben Filmen, jeder Film betrachtete einen spezifischen Aspekt der Schöpfung. Behandelte

Unterthemen waren: Die Entstehung der Erde, die Entstehung des Menschen, die Entstehung des genetischen Codes, Datierung, Fossilien und Zwischenstufen usw. Die *Films for Christ*-Organisation in Phoenix, Arizona, USA, übernahm die Lizenz und die Verteilung der Filmserie, die sie auf fünf Filme kürzten. Jeder Film war in sich abgeschlossen und konnte als Einzelfilm gezeigt werden.

Wie bekannt ist, sind viele Niederländer starke Teetrinker und oft auch Raucher. Meine Frau bereitete während den Wochen des Filmdrehens unzählige Kannen Tee für das TV-Team. Es war ein ausgezeichnetes Team junger Christen, die ihre Arbeit hoch professionell durchführten, sowohl technisch als auch künstlerisch, und einige von ihnen waren sogar gute Wissenschaftler. Wir verbrachten eine fruchtbare Zeit zusammen.

Viele Teile der Filmserie wurden in den Schweizer Bergen, nahe unserem Heim, gefilmt.

Später reisten wir zusammen nach England, wo ich in Darwins Arbeitszimmer vor der Filmkamera Darwins Theorien präsentierte, sie analysierte und erklärte, aus welchem Grund nach dem heutigen Wissensstand seine Theorien nicht mehr haltbar sind. Wir reisten weiter nach Piltdown und filmten dort das Denkmal, aufgestellt zum Gedenken an den Fund des Piltdown-Menschen. Dort wiesen wir natürlich auf den bekannten großen Piltdown-Schwindel hin. Im Britischen Museum in London wurden mehrere Kodizes und Beweismaterialien für unsere Filmserie dokumentiert.

Die *ORIGIN*-Filme wurden im niederländischen Fernsehen mit großem Erfolg gezeigt. Wenn meine Frau und ich in den Niederlanden zu Vorträgen an Universitäten oder sonstwo weilten, erkannten uns oft Leute und sprachen uns daraufhin auf der Straße an oder boten sogar an, unsere Koffer zu tragen.

Diese Filme wurden in eine Anzahl anderer Sprachen übersetzt, darunter Russisch, Norwegisch, Chinesisch (Kantonesisch und Mandarin), Mongolisch, Polnisch und Deutsch.

Kapitel X

VORTRÄGE AN HOLLÄNDISCHEN UNIVERSITÄTEN

Infolge unserer Zusammenarbeit mit dem EO-Fernsehteam wurde für mich eine Reihe von Universitätsvorträgen in den Niederlanden organisiert, die ich im November 1980 hielt. Ich begann mit einer Vorlesung in Utrecht vor etwa 250 Studenten.

Am nächsten Tag ging es zunächst nach Amersfoort zu einer Ansprache an der dortigen christlichen Hochschule und anschließend weiter nach Amsterdam. Dort hatte mich Dr. Wind gebeten, zu 20 Professoren der Freien Universität über das Thema „Wie weit ist die Evolutionstheorie wissenschaftlich haltbar?" zu sprechen. Obgleich Vertreter verschiedener Theorien unter den Professoren anwesend waren, verbrachten wir eine fruchtbare und freundliche Zeit des Austausches miteinander. Man bat mich, doch bald wiederzukommen.

In der Utrechter Universität gab ich mehrere Vorlesungen. Anlässlich der zweiten Vorlesung über „Materialismus und der genetische Code" überreichten die Studenten als Ausdruck ihrer Dankbarkeit meiner Frau einen wunderschönen Blumenstrauß und mir das Buch *The Eighth Day of Creation* von H. F. Judson. Es war für uns ermutigend zu sehen, wie viele Studenten für neue wissenschaftliche Erkenntnisse offen waren, die Fakten abwägten, sie danach annahmen und ihre Überzeugung dementsprechend änderten.

In Eindhoven sprach ich erst an der Universität und am Abend zum allgemeinen Publikum. Die Zuhörer waren äußerst dankbar und blieben noch lange zurück, um Antworten und Rat zu bekommen.

Ein anderes Mal chauffierten uns EO-Vertreter in ihrem Auto nach Delft und Leiden zu gut organisierten Vorlesungen an den dortigen Universitäten.

Kapitel XI

WEIT ENTFERNTE DIENSTE

Auf unserer Vortragsreise in Australien 1987 fuhren Herr und Frau Professor John Rendle-Short mit mir und meiner Frau in den Busch. Wir bemerkten in der Einöde ein scheunenähnliches Gebäude. Professor Rendle-Short wies auf das einfache Gebäude und erzählte uns, dass er und seine Mitarbeiter kürzlich darin die *ORIGIN*-Filme den dort wohnenden Ingenieuren und Beamten höheren Ranges, die im Busch stationiert sind, vorgeführt hätten.

Ähnliche Überraschungen erlebten wir im hohen Norden – in der Nähe des „Dreiländerecks", wo Norwegen, Schweden und Finnland zusammenstoßen und die Lappen ihre Rentiere weiden. Dort oben wurde die norwegische Version der *ORIGIN*-Filme gezeigt, während der Wintermonate, wenn die Lappen nach ihrem sommerlichen Nomadenleben mit den Rentierherden zu Hause waren.

Im Februar 1989 hatte man mich nach Polen eingeladen. Ich sollte in der christlichen Ärztevereinigung sprechen. Ihr gewähltes Thema lautete „Die Implikationen der Darwinschen Evolution für den heutigen Christen". Zahlreiche polnische Ärzte und Wissenschaftler – sogar einzelne Mutige aus der damaligen Tschechoslowakei – nahmen an der Konferenz teil. Als ich auf das Rednerpult stieg, kam der Präsident der christlichen Ärztevereinigung, Dr. Abraszowski, – ein würdiger weißhaariger, älterer Professor – zu mir auf das Pult. Er schüttelte herzlich meine Hand und hätte mich fast vor den etwa 300 Kollegen und Teilnehmern umarmt.

Wie Sie vielleicht wissen, sind wir Engländer konservativer als andere Nationalitäten. Wir zeigen nicht gern unsere Gefühle. So war ich über dieses offene Zeichen von Zuneigung seitens eines vollkommenen Fremdlings etwas verblüfft, bis ich die ganze Geschichte erfuhr: Der Präsident der Vereinigung (der mich so warmherzig begrüßt hatte) war unter den Kommunisten groß geworden und war selbst ein überzeugter Atheist – wie er glaubte, aus wissenschaftlichen Gründen. Man darf nicht vergessen, Ockham lehrte uns Wissenschaftlern vor vielen Jahren, immer die einfachste Erklärung, die es gibt, zur Erläuterung eines Phänomens zu gebrauchen. Das heißt, man nehme nie eine komplizierte Erklärung an – wie die eines Gottes zur Erklärung des Ursprunges aller Dinge –, wenn es eine einfachere gibt. Einen Gott oder Schöpfer herbeizuzitieren wäre das Gleiche, wie eine Mücke mit einem Gewehr zu töten. Wenn, statt auf einen Schöpfer zurückzugreifen, der Zufall genügt, um das Universum und die Biologie zu erklären, ist das Prinzip von Ockham Razor[2] anzuwenden, indem man das Komplizierte abtut und das zusätzliche Postulat eines „Schöpfers" vermeidet.

Es ist viel einfacher (nach Ockham) zu postulieren, dass Zufall und Zeit das Universum und die Biologie hervorbrachten, als dass ein guter, doch unsichtbarer Gott oben im Himmel solch eine schlechte Schöpfung ins Leben gerufen hat. Das „Gott-Postulat" beschwört zum Beispiel das ganze Problem des Bösen herauf. Deshalb glaubte unser ehemaliger Atheist und Kommunist, zusammen mit den meisten akademisch-geschulten Atheisten, man brauche nicht „unnötige" theistische Theorien zur Erklärung des Universums und der Biologie zu postulieren.

Unser Präsident war daher ein überzeugter „wissenschaftlicher" Atheist. Aber eines schönen Tages sandten die Kommunisten ihn nach Jordanien zu einem medizinisches Hilfsprogramm. Dort traf er einen amerikanischen Arzt, der Christ war. Er kam mit ihm ins Gespräch. Er belehrte den Amerikaner, Christen seien nur deshalb Christen, weil sie unwissend seien und keine Ahnung von wahrer Wissenschaft hätten. Daraufhin antwortete der Christ dem Atheisten, er könne nur Atheist sein, weil er viel zu wenig wirkliche Wissenschaft kenne!

Der Amerikaner lud seinen polnischen Kollegen zu einer Filmserie ein, die gerade in Jordanien vorgeführt wurde. Es war die *ORIGIN*-Filmserie auf Englisch.

---

[2] Ockhams Theorie war: Wenn es zwei Lösungen zu einem Problem gibt, soll man immer die weniger komplizierte annehmen.

Die vielen verschiedenen wissenschaftlichen Fakten, klar und überzeugend dargestellt, beeindruckten den polnischen Mediziner aufs Tiefste. Er hatte diese Aspekte der Wissenschaft noch nie gehört oder darüber nachgedacht. Sie überzeugten ihn, und er wurde Christ.

Von der Zeit an war es sein Wunsch, mir einmal persönlich zu begegnen. Und deswegen begrüßte er mich vorne am Pult so warm und herzlich! Nach meinem Vortrag veranstalteten wir eine Fragestunde, in der ich die Fragen der Mediziner und Wissenschaftler beantwortete. Sie hatten so viele Fragen auf dem Herzen, die auf Antwort warteten. Besonders in einem kommunistischen und atheistischen Land.

Menschen wie dieser ehemalige Atheist aus Polen und andere überzeugte Christen setzten sich dafür ein, dass die *ORIGIN*-Filme im öffentlichen Fernsehen in Polen und anderen kommunistischen Ländern gezeigt wurden. Man fragt sich, warum das Gleiche niemals im Westen möglich war.

Ist es möglich, das effektive darwinistische Monopol des Denkens in den westlichen Medien zu schützen? Wenn dem so ist, bedenke man, dass sozialistisches und atheistisches Gedankengut (und Praxis) kommunistische Staaten vor noch nicht so langer Zeit in die Knie gezwungen hat. Das Gleiche könnte hier geschehen, wo das sozialistisch-atheistische Gedankengut auch den Westen übernommen hat. Vielleicht steht aus demselben Grund auch der Westen am Rande des gleichen Weges wie Russland. Der Verlust der absoluten Werte beginnt, verheerende Folgen aufzuweisen. Westliche Staatsmänner sollten sich an dem Dilemma vieler Oststaaten ein Beispiel nehmen.

Der totale Atheismus, der den größten Teil der offiziellen Vertreter der Biologie beseelt, erzählt die gleiche Geschichte. Und doch meinen wir im Westen, wir betreiben wahre Wissenschaft. In Wirklichkeit betreiben wir genauso „unwissenschaftliche" Wissenschaft wie die kommunistische Wissenschaft, die nicht nur einen totalen wissenschaftlichen Bankrott verursachte, sondern auch in einen geistlichen und wirtschaftlichen Bankrott mündet.

Man schätzt, dass viele Millionen Menschen die *ORIGIN*-Filme durch das öffentliche Fernsehen in den Ostländern gesehen haben. Nachdem das Volk 70 Jahre durch die Kommunisten mit „wissenschaftlichem" Atheismus vollgestopft worden war, zeigte es jetzt die „Kotzreaktion" und wollte nun auch die andere Seite hören. Und diese brachten diese Filme.

Im Allgemeinen scheint es dem durchschnittlichen westlichen Sterblichen nicht klar zu sein, dass die heutige Informationstheorie alle materialistischen Entstehungstheorien überführt, und zwar aus dem einfachen Grund, dass keine uns bekannte Sprache, keine Grammatik und kein Code jemals aus Zufallsprozessen hervorgegangen sind.

Kapitel XII

DIE UNHALTBARKEIT VON FOX‘ UND MILLERS EXPERIMENTEN

Fox und Miller zeigten in ihrem bekannten Experiment, dass man einige Razemate der Aminosäuren, die in der Biologie vorkommen, erzeugen kann, indem man einen elektrischen Strom durch ein Gemisch von Methan, Kohlendioxyd und Ammoniak leitet. Sie unterließen allerdings zu sagen, dass diese Aminosäuren alle Gemische von Razematen waren, die unter keinen Umständen direkt zur Synthese des Lebens gebraucht werden können. Denn die Biosynthese verlangt optisch reine Aminosäuren und kann kein Gemisch von links- und rechtsdrehenden Aminosäuren verwenden.

Vom rein chemischen Gesichtspunkt aus besteht alles biologische Gewebe aus sogenannten optisch reinen Molekülen. Jeder erfahrene Chemiker weiß, solche können nicht durch irgendwelche darwinistischen Zufallsprozesse hergestellt werden. Die thermodynamischen Gesetze verbieten es. Und trotzdem fahren die meisten Universitäten fort, den Darwinismus als die wissenschaftliche Erklärung der Biogenese zu lehren und zu behaupten, dass all die Codes, die Grammatik, die Chemie und die Sprache des genetischen Codes und noch dazu die optisch reinen Substanzen, die das biologische Gewebe aller Spezies ausmachen, durch Zufall entstanden.

Um aber eine wirklich gültige Basis für einen atheistischen Ursprung der Biologie zu erlauben, muss man zeigen können, dass die Biogenese rein chemisch und thermodynamisch stattfinden kann. Jedoch liefern Zufallsprozesse wie die Darwinschen keine derartigen Mechanismen. Leider haben Christen nicht die notwendige Arbeit geleistet, um die Frage, ob der Ursprung der Biologie materialistisch oder metaphysisch ist, auf eine wissenschaftlich zwingende Weise ein für alle Mal abzuklären. Anhand des stereochemischen und informatorischen Beweismaterials kann die Unmöglichkeit einer spontanen Biogenese eindeutig gezeigt und belegt werden.

Kapitel XIII

UNSER ERSTER WOHNSITZ

Wie bereits erwähnt, richteten wir unseren ersten Wohnsitz in der Zentralschweiz, in Wolhusen, ein. Dort wohnten wir im obersten Stockwerk des Chalet Friedeck, am Rande des Dorfes.

Während jener ersten Jahre machten sich die Entbehrungen der Kriegsjahre bei uns beiden bemerkbar. Meine Frau war oft so geschwächt, dass sie kaum die Kraft hatte, den Weg in das Dorf zum Einkaufen zu bewältigen. Sie unternahm den Gang in Etappen von einer Bank zur nächsten. Jeden Abend nach meiner Heimkehr von der Arbeit im Laboratorium und in der Bibliothek schrieben wir an unseren Büchern oder bereiteten das Thema für unsere nächste Vortragsreise vor. Doch zwei Berufe gleichzeitig auszuüben, war anstrengend. Nach einer Zeit erhielten wir durch die gute Bergluft und die gesunde Nahrung wieder neue Kraft.

Während der vier Jahre, die wir im Chalet in Wolhusen wohnten, pflegten meine Schwiegereltern, regelmäßig ihre Sommerferien bei uns zu verbringen. Besonders meine Schwiegermutter liebte die Berge. Jedes Mal reiste sie nach dem Aufenthalt in den Bergen sichtlich verjüngt nach Frankfurt am Main zurück. Schließlich war sie ja im Eulengebirge, einer Gebirgskette in Ostdeutschland, aufgewachsen. Sie konnte sich nie mit dem Stadtleben in der Großstadt Frankfurt am Main anfreunden.

Wenn wir mit meinen Schwiegereltern Bergtouren in den Schweizer Bergen unternahmen, wanderte sie gewöhnlich an der Spitze unserer Gruppe. Auf diesen Wanderungen erlebten wir die köstlichste Gemeinschaft miteinander und besprachen oft unsere Zukunftspläne. Sie waren völlig eins mit uns in dem Anliegen für die Akademiker Europas, die praktisch von den Kirchen oder auch anderen christlichen Organisationen unerreicht waren.

In den folgenden Jahren gelang es uns, pharmazeutische Produkte zur Behandlung von Lepra und Tuberkulose zu erfinden.

Die Firma konnte diese Erfindungen wirtschaftlich ausnutzen, sodass wir finanziell vom Gehalt weniger abhängig wurden und mehr aus den Lizenzen der von mir erworbenen Patente leben konnten. Doch der ältere Herr; der uns nach Wolhusen geholt hatte, wurde leidend und kränklich. Wir merkten, dass wir uns nach vier Jahren guter Zusammenarbeit allmählich nach einem neuen Arbeitsplatz umsehen mussten, da es unsicher war, wer nach seinem Tod die Laboratorien übernehmen würde. Ein Glied der gleichen Familie übernahm nach unseres alten Freundes Tod die Firma. Er war sehr freundlich zu uns, wünschte aber, dass ich nun in Vollzeit bei ihm arbeiten sollte. Wir hatten mit unserer Teilzeitforschung ein umfangreiches Einkommen durch Patente für die Firma geschaffen. Er meinte, das Einkommen von der Teilzeitforschung würde noch beträchtlich vergrößert werden, wenn ich vollzeitig arbeiten würde. Jedoch war ich für diese vernünftige, aber für mich unannehmbare Logik nicht bereit. Deshalb schaute ich mich nach einer anderen Arbeit um.

Gerade zur gleichen Zeit bat mich ein Professor der Medizin in Genf, dessen Vater (ein berühmter Theologieprofessor) mir bekannt war, pharmakologisch mit ihm zusammenzuarbeiten. Ich sprach mit ihm über wissenschaftliche und auch theologische Angelegenheiten. Obgleich er sich als Atheist ausgab, merkte er, dass meine theologischen Ansichten ziemlich mit denen seines verstorbenen, von ihm sehr verehrten Vaters übereinstimmten.

Kapitel XIV

PRIVATDOZENT IN GENF

Dieser Professor schlug mir vor, ich solle sein Mitarbeiter als Privatdozent (PD) in Genf werden.

Ich lehnte die Vollzeitstelle in Wolhusen ab und nahm das Angebot eines Privatdozenten an der Medizinischen Fakultät der Universität Genf an. Zu den damaligen Zeiten erhielt ein Privatdozent kein Gehalt. Als PD an der Universität Genf verdiente ich für zwei Vorlesungen und zwei Laboratorien für Studenten wöchentlich die königliche Summe von CHF 32. Ich nahm die Stelle an, weil sie mir den Schlüssel zu Vorlesungen in den meisten europäischen Universitäten und auch in Amerika gab.

Ich besaß genug Veröffentlichungen als Erstautor, um zum PD-Examen zugelassen zu werden. Nur eine Hürde war noch zu überspringen: Die öffentliche Vorlesung vor der ganzen versammelten Universität (natürlich auf Französisch).

Bekanntlich sind die Französisch sprechende Stadt Genf und ihre Universität außerordentlich penibel hinsichtlich ihrer französischen Sprache. Man wird nicht als gebildet angesehen, wenn man nicht perfekt Französisch spricht. Das öffentliche Examen für die Privatdozentur wird auf Französisch vor Studenten und Professoren durchgeführt, und alle sind vor allem bestrebt, einen Grund zu finden, warum man nicht PD in dieser ihrer ehrwürdigen Stadt sein sollte.

Nachdem wir nach Genf umgezogen waren und dort einige Wochen gewohnt hatten, wurde ich zum Examen vorgeladen. Ich beherrschte nur Schulfranzösisch, und das hatte ich nie wirklich gesprochen. Dass man vollkommen fließend Deutsch spricht, hilft überhaupt nicht in den Augen der frankophonen Schweizer. Es ist eher ein Hindernis, da zwischen den deutsch- und französischsprachigen Schweizern ein gewisser Antagonismus besteht, weil ihre Mentalität so verschieden ist.

So trat ich zur festgesetzten Stunde in den überfüllten Vorlesungssaal, griff mit meiner Hand in die Wahlurne und zog einen der Zettel heraus, auf dem das Thema gedruckt stand, über das ich reden sollte. Ich hatte ihnen vorher drei Vorlesungsthemen genannt, und diese drei Themen befanden sich vermischt in der Urne. Ich musste also bereit sein, eins dieser drei Themen zu behandeln. Das gezogene Thema hieß: „Die orale Behandlung von Diabetes“ (auf Französisch natürlich). Es gab eine Bedingung, die strikt eingehalten werden musste: Ich musste genau 60 Minuten reden – plus oder minus eine Minute. Sprach man 55 Minuten, fiel man sehr wahrscheinlich durch das Examen, das Gleiche geschah, wenn man 65 Minuten brauchte.

Alle Professoren oder anwesende Studenten durften Fragen zum Thema der Vorlesung stellen. Solche Fragen und meine Antworten mussten innerhalb der vorgeschriebenen Zeit abgewickelt werden. Dies konnte die Berechnung der Zeit stark durcheinander bringen. Eine große Schwierigkeit bestand darin, dass die Fragen oft in verschiedenen, manchmal ausländischen französischen Dialekten gestellt wurden.

Nach der Vorlesung und einigen Minuten Besprechung erklärte mich das Komitee der Professoren zum Privatdozenten der Medizinischen Fakultät der Universität Genf.

Die Medizinische Fakultät der Universität Genf war zu der Zeit besonders froh über meine Mitarbeit, weil Genf ein großes Kontingent amerikanischer Studenten der Medizin aufwies, die in den amerikanischen medizinischen Hochschulen nicht unterkommen konnten. Diese jungen Amerikaner verließen sich auf mich und meine Vorlesungen, um über die Entwicklung in der neuesten medizinischen Wissenschaft, besonders in der Forschung, unterrichtet zu werden. Am besten eigneten sich dazu die von mir durchgeführten „Tutorials“ (Einzelunterweisung der Studenten von einem Tutor). Obwohl die Prüfungen zur Privatdozentur schwierig waren, erreichten sie eins nicht: Sie verbesserten keineswegs, soweit ich beurteilen konnte, die Fähigkeit der Professoren, geordnet und für Studenten – oder irgendeinen anderen Sterblichen – verständlich vorzulesen.

So begann ich, an der medizinischen Fakultät der Universität Vorlesungen zu halten, lebte aber unterdessen von den Lizenzen meiner Patente. Ich betrieb meine Forschung auf dem Gebiet der Tranquilizer und Lokalanästhetika.

Wir hatten uns kaum in unserer kleinen Wohnung im Genfer Stadtteil von Chêne-Bourg eingelebt, als uns eine große Überraschung traf. Der Zahltag für die Assistenten war gekommen und der Professor schickte sie alle zu mir – ich sollte sie bezahlen! Diese jungen Leute waren natürlich alle seine persönlichen Assistenten, die seine eigene Arbeit ausführten. Er und ich hatten miteinander beschlossen, ich bekäme nur meine PD-Honorare. Der Professor bekäme seinen Anteil eventueller Erfindungen meinerseits, die kommerziell ausnutzbar wären. Doch hatten wir nie eine Vereinbarung getroffen, dass ich dazu seine Assistenten bezahlen sollte. Ich verlangte eine geschriebene Zusicherung, dass solche Unregelmäßigkeiten nicht wieder auftreten würden. Vorher hatten mich einige Assistenten schon vor Schwierigkeiten ähnlicher Art gewarnt. Sie hatten mir empfohlen, sofort unmissverständliche Vorsichtsmaßnahmen zu ergreifen. Ich blieb eine Woche von der Arbeit fern, um ihm klarzumachen, dass ich solchen Unsinn nicht zuließe.

Als ich eines Tages mit meiner Frau in der Stadt einkaufte, fuhr er in seinem großen schönen Auto an uns vorbei. Er sah uns, hielt an und bat mich versöhnlich, zu ihm zurückzukommen. Das tat ich. Jedoch versuchte er später noch einmal solch einen Trick.

Kapitel XV

DIE FAMILIE WIRD GRÖSSER

Kurz bevor wir 1956 Wolhusen verließen, teilte mir meine bessere Hälfte mit, dass sie schwanger sei und sie gern ihre Entbindung zu Hause bei ihrer Mutter in Frankfurt am Main hätte. Auf alle Fälle wollte sie für die Entbindung nicht ins Krankenhaus gehen. Unter den Nazis hatte sie als Mädchen zu viel Unerwünschtes von der Staatsmedizin erlebt.

Wir gingen in Genf auf Wohnungssuche und fanden eine neue Wohnung, in die wir nach der Entbindung einziehen konnten. Wie es so oft der Fall ist, war die neue Wohnung zu dem festgelegten Einzugstermin noch nicht fertig.

Dieser Umstand war ein zusätzlicher Grund, zur Entbindung nach Frankfurt zu fahren.

Wir wollten eine Hebamme aus unseres Vaters Frankfurter Nord-Ost-Gemeinde engagieren, die Beate gut kannte und die sehr erfahren war. Würden Komplikationen auftreten, so gab es in Frankfurt eine Menge guter Krankenhäuser, und zwar ganz in der Nähe unserer Eltern.

Der Spitzname der Hebamme unter uns Familiengliedern war „Gustl". Sie war eine sehr sachliche Person und hatte keine Angst vor Verantwortung. Meine Schwiegermutter war voller Güte gegenüber Beate und mir. Sie verstand gut, warum Beate zur Geburt ihres ersten Kindes bei ihr zu Hause sein wollte.

Die Wehen traten langsam ein, und die tatsächliche Geburt unseres ältesten Sohnes, Oliver, dauerte länger als 24 Stunden. Er wurde am 23. Januar 1956 geboren. Oliver war ein gesundes, feines Kind mit einem enormen Appetit! Meine Frau konnte ihn mehrere Monate stillen. Das Gleiche tat sie mit allen unseren vier Kindern. Für den Unvoreingenommenen war das Resultat höchst ermutigend.

Nicht allein sind unsere Kinder gesund und stark, sie halten untereinander und mit uns Eltern fest zusammen. Ich preise Gott jeden Tag meines Lebens für sie – und für ihre Mutter.

In Genf besuchten wir den Gottesdienst der Offenen Brüder in Cologny, einem Genfer Vorort. Dort lernten wir eine Familie von Weinbauern kennen, die die Führung der dortigen Versammlung in den Händen hatte. Der alte Vater Corthay, der „Vater" der Versammlung, war ein denkender Mann und sprach häufig in den Sonntagsversammlungen. Er besaß ein freundliches, mildes und intelligentes Gesicht und wurde nie müde, mich über den wissenschaftlichen Aspekt des biblischen Kreationismus zu befragen.

Um nun auf unsere Familie zurückzukommen, möchten wir erzählen, wie uns unsere drei anderen Kinder von Gott anvertraut wurden.

1957 hatte ich eine einjährige Gastprofessur in Chicago angenommen. Wir wussten, dass meine Frau zum zweiten Mal schwanger war. Sie würde also in den USA entbinden. Es würde wahrscheinlich schwer sein, einen Arzt ausfindig zu machen, der die Entbindung zu Hause übernehmen würde. Doch meine Frau wünschte sich – wenn es irgendwie möglich war –, die Geburt zu Hause haben zu können.

Als die Universität uns fragte, ob sie uns bei der Haussuche behilflich sein könnte, bejahten wir das und bewarben uns um eine möblierte Dienstwohnung in einem Gebäude, in dem hauptsächlich Familien des Dozentenstabes wohnten. Dem von der Universität verlangten Mietpreis nach zu urteilen, erwarteten wir eine anständige Wohnung. In Wirklichkeit konnte man sie nicht als solche bezeichnen – vor allem nicht für eine junge Familie.

Wir waren mit *Pan American World Airways* über den Atlantik von Frankfurt nach O'Hare/Chicago geflogen. Der Abteilungschef der Pharmakologie empfing uns am Flughafen. Er warnte uns, unser Gepäck bloß nicht – auch nur eine Minute – auf den Boden zu stellen und es ständig im Auge zu behalten. Gaunerbanden besäßen bodenlose Koffer, die sie beim geringsten Wegschauen eines Reisenden, besonders unerfahrener Ausländer, einfach über dessen Gepäck stülpten. Der Koffer wird auf diese Weise für den Besitzer unerkennbar. Die Gauner warten, bis der Besitzer des gestohlenen Koffers fortläuft, um ihn zu suchen oder die Polizei zu benachrichtigen. Unterdessen ziehen die Verbrecher mit ihrer unkenntlich gemachten Beute ab.

Der Professor half uns dann freundlicherweise beim Einkauf von Lebensmitteln, Töpfen und Bettzeug. Er begleitete uns zur Wohnung, die er für uns reserviert hatte. Die Wohnung bestand aus einem trüben großen Raum mit einer doppelten Bettcouch, einem kleinen Küchentisch und zwei Stühlen darin, einigen Tellern, aber praktisch keinem Besteck. Sie war schmutzig und besaß weder Bett- noch Tischwäsche. Ein kleines dürftiges Badezimmer gehörte dazu.

Enttäuscht fragte ich den Professor, ob die Universität ihre Gastprofessoren immer so versorge. Verschmitzt antwortete er: „Sicherlich, wenn die Leute sich nicht wehren." Diese Bemerkung lehrte mich einiges über die Behandlung, die ich oft in der Berufswelt zu erwarten hatte. Der Professor selbst war ein feiner Mann. Er und seine Frau wurden später gute Freunde von uns.

Kapitel XVI

PETRAS GEBURT

Der Termin der Entbindung rückte schnell herbei. Wir hätten nicht daran denken können, in unserer damaligen Wohnung die Geburt durchführen zu können. So schauten wir uns nach einer geeigneteren Bleibe um und fanden sie im Hause eines irischen Polizisten. Der Polizist und seine Frau bewohnten das obere Stockwerk ihres Hauses auf der Iowa-Straße. Wir mieteten die Wohnung im Parterre.

Als nächstes versuchten wir, einen Arzt zu finden, der bereit war, bei der Entbindung zu Hause zu helfen. Wir schauten uns unter unseren Kollegen und im Bekanntenkreis um, bis drei Wochen vor dem großen Ereignis. Eine junge Ärztin – kurz vorher aus Europa eingewandert – willigte ein, die Geburt bei uns vorzunehmen. Doch wenige Tage vor dem fälligen Termin sagte sie plötzlich ab. So standen wir ratlos da und wussten nicht, was wir tun sollten.

Wir hielten uns damals zu einer Kirche, deren Mitglieder meist deutsche Einwanderer waren. Dort begegneten wir einem alten Missionsarzt, der jahrelang in China gearbeitet hatte. Er erzählte uns, er habe oft Frauen hinten auf einem Ochsenkarren beim Entbinden geholfen. Iowa-Straße sei besser, meinte er, er würde uns gern helfen. Das tat er dann auch mit viel Humor und Geschick.

Vor der Geburt schrubbte ich das Innere unserer ganzen Wohnung mit Lysol aus, um das Risiko einer Infektion so weit wie möglich zu reduzieren.

Am 16. Mai kam unser zweites Kind, eine Tochter, zur Welt. Die Geburt verlief mithilfe des Missionsarztes, Dr. Siler, gut und ohne Komplikationen. Petra war – und ihre Schönheit hat sie bis heute nicht eingebüßt – ein schönes kleines Mädchen (jetzt natürlich groß) mit blonden Locken. Aber nach ein bis zwei Wochen erkrankte sie an Mundfäule. Ich benachrichtigte Dr. Siler. Er kam sofort. Ehe er seinen Mantel ablegte, fragte er mich, mit welcher

Marke Babymilch wir Petra ernährten. Ich erwiderte ihm, es sei „Mutter Naturs Marke", in der Überzeugung, dass er englischen Humor verstehe. Er blickte mich verdutzt an und sagte, eine Babymilch dieser Marke sei ihm noch nicht begegnet.

Daraufhin erklärte ich ihm klipp und klar, dass meine bessere Hälfte das Baby stillte. Ohne ein Wort zog er seinen Mantel wieder an und wollte gehen. Aber ich war beharrlich: „Welchen Rat geben Sie mir? Wir müssen doch etwas unternehmen; das Baby kann doch nicht die ganze Zeit schreien!" Etwas ungeduldig drehte er sich um mit der Bemerkung: „Solange Ihre Frau die Kleine stillt, wird Ihr Töchterlein bald wieder gesund sein." Inzwischen sollten wir ihre Zunge mit einer Tinktur bepinseln, was die Standardbehandlung für solche Fälle ist. Dies taten wir, und sie war bald wieder gesund. Sobald Petra die Krankheit überwunden hatte, war sie ein sehr fröhliches Kind.

Wir verbrachten ein glückliches Jahr in Chicago. An den Wochenenden predigte ich öfter in der „Damen-Straße", in einer Kirche mit vielen deutschen Immigranten. Außerdem bat man mich wiederholt, in Elburn, westlich von Chicago, in einem kleinen Konferenzzentrum der Marburger Diakonissen zu sprechen.

Ein Pater der katholischen Kirche, Monsignore Schumacher, der sein Leben als Liebesdienst den Verwahrlosten und Armen in den Slums von Chicago gewidmet hatte und jetzt 82 Jahre alt war, wusste von meiner Drogenarbeit und bat mich mehrere Male, ihm bei seiner Slumarbeit zu helfen. Ich half ihm gern in dieser schweren Aufgabe, denn er war ein gottesfürchtiger Mann, mit dem ich beten konnte.

Zwischendrin war ich natürlich in Verbindung mit der Universität Genf in der Schweiz. Dort hatte man offensichtlich meine Vorlesungen und Tutoren-Unterweisungen für Studenten vermisst. Die Universität bot mir eine Position als Chargé de Cours an, wenn ich zurückkommen würde. Da wir unseren Kindern eine britische Schulausbildung angedeihen lassen wollten, entschlossen wir uns nach einem Jahr in Chicago, in die Schweiz zurückzukehren.

Kapitel XVII

WIEDER ZURÜCK IN DIE SCHWEIZ

Wir buchten einen Schlafwagen von Chicago nach Montreal und schifften uns dort auf einem winzigen Frachter, der *Catharina Sartory*, ein, auf der wir für unsere Familie Plätze für die Reise nach Europa reserviert hatten. Der Kapitän des 500-Tonnen-Dampfers stellte mir die Frage, ob ich meine Familie und mich solch einem kleinen Boot anzuvertrauen wünschte; die Atlantikstürme könnten unangenehm werden!

Das Verlassen der USA schloss in sich allerlei unvorhergesehene bürokratische Arbeit. Ich hatte geglaubt, ich könnte meine Frau, Petra und Oliver nehmen, uns allen ein Transatlantik-Billet kaufen und aufbrechen. Weit gefehlt! So einfach war die Sache nicht.

Zuerst musste ich ein Ausreisevisum beantragen und ein Zeugnis vorlegen, dass ich die IRS nicht um Steuern betrogen hatte. Und dies trotz der Tatsache, dass ja alle meine Steuern an der Quelle meines Einkommens abgezogen wurden, ehe ich überhaupt über mein eigenes Geld verfügen konnte. Aber die größte Schwierigkeit war unsere Tochter. Sie war in den USA geboren und deshalb amerikanische Staatsbürgerin. Sie einfach in den Armen ihrer Mutter ohne amerikanische Papiere mitzunehmen, käme einem Verbrechen gleich – nämlich dem Aus-dem-Land-Schmuggeln eines Bürgers. Deshalb musste ich ein Formular beantragen. Ich erhielt einen Papierstoß mit 400 Fragen (in jenen Tagen). Petra war etwa zweieinhalb Monate alt, und ich musste unter Eid schwören, dass sie nie Atheistin oder Kommunistin war, dass sie an keiner übertragbaren Geschlechtskrankheit litt und auch kein Verbrechen begangen hatte.

Aber wie sollte sie ein solches Formular unterschreiben können? Der Beamte empfahl mir, ihre kleine zwei Monate alte Hand in meine Hand zu nehmen und damit ein Gekritzel unter das Papier zu setzen. Daneben sollte ich noch als Vater meine Unterschrift setzen. Das tat ich.

Man verlangte auch ein Foto von ihr. Ich setzte Petra in ihren kleinen Babystuhl und fotografierte sie als zwei Monate alten Säugling. Ich wies darauf hin, dass diese ganze Prozedur sinnlos erschien. Wer würde die Kleine nach nur einem Monat auf ihrem Foto wieder erkennen? So ein Unsinn geschieht, wenn man eine staatliche Infrastruktur aufbaut, die ihren Beamten keinen Raum für Verfügungsfreiheit einräumt, sondern alle als seelenlose Maschinen, stur an die Paragraphen gebunden, ohne fähiges intelligentes Gutdünken behandelt.

Beide, der Beamte, der den Fall zu bearbeiten hatte, und ich mit dem Papierkrieg, der uns ungefähr eine Woche lang beschäftigte, verschwendeten unsere Zeit und auch die anderer, wo doch ein vernünftiges Wort des Beamten zur Erledigung der Sache genügt hätte. Die Autorität des Staates wird durch solch eine Prozedur zu Unsinn reduziert.

Wir kehrten in unsere Wohnung nach Chêne-Bourg zurück. Wir hatten während unserer Abwesenheit die Wohnung an einen amerikanischen Professor zur Untermiete gegeben, der sein Urlaubsjahr beim CERN (Europäisches Zentrum für Atomforschung) in Genf verbrachte.

Unsere Rückkehr von Amerika erwies sich jedoch als ein Fiasko. Mein Professor hatte angeblich kein Geld für einen Chargé de Cours, hatte aber diese Stelle einem Kollegen gegeben – obwohl er sie mir schriftlich als Abteilungschef versprochen hatte. Die Administration der Universität Genf schien sich nicht im Geringsten darum zu kümmern, dass ihre Professoren sich so unethisch benahmen. Zu der Zeit hatten Professoren in den Augen der Öffentlichkeit oft solch eine hohe soziale Stellung, dass sie so ziemlich tun konnten, wozu sie Lust hatten.

Professorenstühle sind nicht jeden Tag im Angebot. Ich erkannte, dass wir weiterhin von unseren Lizenzen leben mussten, die noch genug abwarfen. Jedoch fasste ich den Entschluss, meine akademischen Qualifikationen noch zu verbessern, um mich für eine passende Stelle bewerben zu können, wenn diese angeboten wurde.

Kapitel XVIII

ZWEI WEITERE DOKTORHÜTE

Ich begann sofort meine Arbeit für einen Doktor der Wissenschaften an der Universität Genf. Gleichzeitig widmete ich mich der nötigen Forschungsarbeit für einen Doktorgrad an der Eidgenössischen Technischen Hochschule in Zürich, die einen sehr guten Ruf hatte. Drei Tage in der Woche blieb ich in Zürich, während meine bessere Hälfte in Genf für die Familie sorgte.

Sie war sehr mutig, all das auf sich zu nehmen. Denn zur gleichen Zeit erledigte ich auch meine Pflichten als PD, Vorlesungen und Laboratorien an der Medizinischen Hochschule der Universität Genf. Nach drei Jahren harten Einsatzes als PD der Universität und Promotionsarbeiten an zwei Universitäten, erwarb ich zwei weitere Doktorgrade, einen in Zürich und einen in Genf. Mit drei Doktorhüten, einem britischen und zwei schweizerischen, mit einem Schweizer PD und einem Fellowship of the Royal Society of Chemistry in Großbritannien, besaß ich einige gute Qualifikationen, mit denen ich an einer Universität Chancen für eine gute Stellung haben sollte.

Nachdem ich einige Jahre in meiner alten Stellung als PD in Genf war, teilte mir ein Freund mit, der Dekan einer medizinischen Fakultät in Norwegen suche jemanden wie mich. Er schlug vor, ich solle mich mit ihm in Verbindung setzen. Am besten wäre es, sagte er, wenn ich hinginge, um mit ihm zu sprechen, was immer besser wirkt, als nur zu schreiben oder zu telefonieren.

Da wir merkten, dass wir uns nicht auf die versprochene Stelle als Chargé de Cours verlassen konnten, entschlossen wir uns, mit dem erwähnten Dekan in Norwegen in Verbindung zu treten. Die Norweger wollten ihre Textbücher der Pharmakologie vom deutschen System auf das englische umstellen. Sie brauchten einen Professor, der mit beiden Sprachen und Textbüchern vertraut war, um ihnen bei diesem Prozess zu helfen.

Kapitel XIX

EINE FRACHTERREISE IN DEN NORDEN

Etwas später lud uns der Dekan der Fakultät in Bergen, der gläubig war, ein, hoch nach Norwegen zu kommen. Unser Plan war, unsere Ferien in Norwegen zu verbringen und die Gelegenheit dazu zu benutzen, gleichzeitig die medizinische Fakultät und die Administration kennenzulernen.

So fanden wir in Hamburg eine Schiffsagentur, die uns einen Frachter vermittelte, der im Herbst die norwegische Küste nach Kirkenes bis an die russische Grenze hochfuhr und wieder zurück.

Unser Frachter war ein kleines Schiff, die *Diana*. Sie verkehrte regelmäßig die Westküste Norwegens entlang und fuhr im Linienverkehr von Hafen zu Hafen. Solche Schiffe besaßen damals auch einzelne Kabinen für Passagiere. Wir kannten den Kapitän. Er und seine Mannschaft nahmen gern Familien an Bord, weil sie so wenig mit ihren eigenen Familien zusammen sein konnten.

Als wir mit der *Diana* nordwärts fuhren, manövrierte der Kapitän für uns das Schiff dicht an einen Lummenfelsen im Nordatlantik heran. Das war ein einsamer Felsen im eisigen Ozean, auf dem die Seevögel nisteten.

Lummen haben sehr kleine Flügel, mit denen sie sowohl in der Luft fliegen als auch im Wasser schwimmen können. Weil ihre Flügel so kurz sind, müssen sie diese sehr schnell schlagen, um sich in der Luft halten zu können. Deshalb erzeugen sie beim Nisten, wenn sie hin und her fliegen, Geräusche, die den Tönen einer gigantischen Orgel ähneln.

Der Kapitän schaltete beim Umfahren der Lummeninsel die Motoren aus. Es war gerade mitten in der Nistzeit, sodass wir die eindrücklichen majestätischen orgelähnlichen Töne gut wahrnehmen konnten. Die Vögel flogen direkt aus dem Wasser in die Luft und beschleunigten den Flügelschlag beim Verlassen des Wassers, um ihren Flug in der Luft aufrechtzuerhalten.

Später auf der Reise schaltete der Kapitän wieder die Motoren aus. Wir trieben eine Zeit lang still auf dem Wasser. Plötzlich beobachteten wir ein kleines Ruderboot von einer winzigen Insel auf uns zukommen. An Bord befand sich ein Junge und offensichtlich seine Eltern mit einer Menge Paketen und Koffern. Der Kapitän der *Diana* ließ seine Seilleiter herunter, die die Eltern im kleinen Boot fest ergriffen und für den Jungen bereit hielten, der dann an Bord der *Diana* kletterte. Der Junge fuhr ein Stück mit uns allen mit bis zum nächsten Hafen. Hier war seine Schule, in die er nach den Sommerferien mit Sack und Pack wieder zurückkehrte. Per Radiotelefon hatten die Eltern mit dem Kapitän vereinbart, an welcher Stelle draußen im Ozean sie die *Diana* treffen sollten, und waren mit ihrem kleinen Boot zum Rendezvous gerudert. Zu dieser Zeit – und bis zu einem gewissen Grad auch heute noch – dreht sich im hohen Norden das Leben um diese kleinen Frachter.

Der Kapitän zeigte uns eine Insel, gerade groß genug, um darauf eine kleine Holzkirche zu bauen. Andere Häuser hatten auf dieser winzigen Insel im arktischen Ozean keinen Platz. Der Kapitän erklärte uns, die Kirche sei so zentral platziert, damit eine maximale Anzahl Leute von den umliegenden Inseln am Sonntag mit ihren Booten dort zur Kirche kommen konnten.

Im hohen Norden, wo die Küstengebiete so stark von kleinen und großen Fjorden zerklüftet sind, gibt es keine Bahnlinien und auch nur wenig Straßen. Aus dem Grund sind Schiffe für den Verkehr verantwortlich. Die arktische Kultur ist vollkommen anders als unsere. Ganz oben im Norden, nach einem Besuch in Hammerfest, der nördlichsten Stadt des europäischen Kontinents, und dem Nordkap, verließen wir mit unserem Auto die *Diana* und fuhren ins Binnenland. Unser Plan war, die Lappen aufzusuchen, welche ihre Siedlungen in dem sogenannten Dreiländereck hatten, in dem Norwegen, Schweden und Finnland zusammentreffen.

Im Gegensatz zu den hochgewachsenen, blauäugigen Norwegern sind die Lappen von kleiner Statur, dunkeläugig, mit hohen Wangenknochen. Man meint, dass sie vor 10000 Jahren aus Zentralasien ausgewandert seien. Ihre Sprache ist entfernt mit dem Finnischen und Estnischen verwandt.

Die meisten Lappen leben während des Sommers als Nomaden, hüten ihre Rentierherden und wohnen in Zelten. Sie tragen schöne, farbenreiche Trachten und verkaufen sowohl Rentierfelle und Handarbeiten, hergestellt aus Rentiergeweihen, Knochen oder Fell, als auch gestickte Artikel an die Touristen. Während des Winters kehren sie in die Siedlungen zurück, wo junge Familien und Alte das ganze Jahr wohnen. In den Siedlungen befinden sich ihre Kirchen und Schulen. Hier finden auch ihre Taufen, Hochzeiten und Beerdigungen statt.

Die Mehrzahl der Lappen sind Lutheraner und Evangelische Kongregationalisten. Vor wenig mehr als 100 Jahren evangelisierte Laestadius, ein unter ihnen aufgewachsener Lappe und Pfarrer, unter den Lappen. Viele bekehrten sich. Die Lappen haben die Gewohnheit, viel Alkohol zu trinken, und sie geben dafür viel Geld aus. Als Ergebnis waren ihre Familien verarmt und lebten in großem Elend. Deswegen lehrte Laestadius sie strenge Abstinenz und Selbstdisziplin. Sobald sie Christen geworden waren, verbot er ihnen, Alkohol anzurühren, und ermutigte sie auch, ihre Sünden offen zu bekennen. Er gebot ihnen, strikte Gesetze einzuhalten, um ihr Familienleben zu retten. Es ist interessant und bewegend, die alte Literatur über die Lappen und Laestadius zu lesen, der sich mit seinem ganzen Herzen und mit großem Mut für das Wohl der Lappen eingesetzt hat.

Als wir auf unserer Reise die Lappen suchten, durchquerten wir dürre Grassteppen mit Zwergbirken. An dem Morgen war es sehr neblig und die Sicht war schlecht. Aber wir hörten das Lachen und die Unterhaltung der Lappen und das Bellen der Hunde von ferne. Da es feucht und kühl war, hatten sie ein großes Feuer angezündet und wärmten sich daran. Als sie uns bemerkten, umringten sie uns und boten uns ihre Handarbeiten an, die sie auf einem kleinen Tisch ausgestellt hatten. Wir bewunderten ihre Artikel und kauften ein Rentierfell. Auf unsere Bitte hin zeigten sie uns das Innere ihres Zeltes mit all den Haushaltsutensilien.

Kapitel XX

VON NORWEGEN NACH SPITZBERGEN (SVALBARD)

Vor unserer Abreise in den Norden hatten wir bei unserer Hamburger Schiffsagentur für den Sommer 1959 eine Seereise auf einem kleinen Postboot, *Lyngen*, gebucht, das von Tromsö via Björn Öya (Bäreninsel) nach Spitzbergen, weit oben im Norden, fuhr. Im Sommer beförderte dieses Boot die Post zu den verschiedenen Orten in Svalbard. Während der kalten Monate gab es zu viel Packeis, weshalb der Schiffsverkehr eingestellt war. Die Menschen dort oben im Norden waren sehr isoliert. Zu der Zeit gab es noch keinen Flugplatz in Spitzbergen. Manchmal, wenn es das Wetter erlaubte, wurde die Post in den Wintermonaten von einem Flugzeug abgeworfen.

Obwohl wir schönes Wetter hatten, war der starke Seegang des Arktischen Meeres beträchtlich. Deshalb waren die meisten der wenigen Passagiere, die auf dem Schiff Platz hatten, seekrank. Damals besaßen solche kleinen Boote keine Stabilisatoren und sie rollten mit jeder Welle. Unsere Familie freute sich über dieses Erlebnis, zumal wir schon an Seereisen mit all ihren Begleiterscheinungen gewöhnt waren. Unser kleiner Oliver war von den Wellen begeistert, die über das Deck spritzten und ihn nass machten. Er meinte, dies sei eine leichte und angenehme Weise, sich zu waschen. Ein Delfinpärchen begleitete uns fast die ganze Reise und trieb sein Spiel um das Schiff herum.

Björn Öya (Bäreninsel) – etwa halbwegs zwischen Norwegen und Spitzbergen – war eine sehr schroffe und raue Insel. Nur ein oder zwei Leute – Meteorologen – gingen an Land, um Experten von der Mannschaft der meteorologischen Station, die dort installiert war, abzulösen.

Am nächsten Tag, dem 13. August, sichteten wir Spitzbergen und ankerten an der südlichsten Spitze der Insel. Hier, in Isbjörnhamna am Hornsund, kampierte eine Gruppe polnischer Geologen – isoliert von der restlichen Welt (es gab weder Straßen noch Transportmöglichkeiten oder gar Menschen) –, um ihre Untersuchungen an Permafrost in Verbindung mit dem *Internationalen Geophysischen Jahr* durchzuführen. Sie brauchten Lebensmittel und Nachschub von wissenschaftlichen und anderen Ausrüstungen. Nur sechs Personen unseres Schiffes durften die dazu bestimmten Schiffsoffiziere an Land begleiten. Wegen der Menge von Packeis musste die *Lyngen* draußen im Meer ankern und wir tuckerten mit dem kleinen Rettungsboot an Land. Als einziger Wissenschaftler an Bord wählte man mich aus, mitzugehen und mit den polnischen Wissenschaftlern in ihren dürftigen Baracken zu fachsimpeln. Der polnische Leiter der Expedition, Dr. Siedledzsky, diskutierte sein Projekt mit mir und zeigte mir seine Arbeit über den Permafrost. Diese Untersuchungen waren von großer Wichtigkeit, da man den Bau eines Flughafens in Spitzbergen ins Auge fasste.

Die polnischen Wissenschaftler erzählten, wie sie immer wieder von neugierigen Eisbären besucht wurden, die um die Baracken herum nach Fressen suchten und dabei ihre Mülleimer durchstöberten.

Wir fuhren weiter und freuten uns an der Schönheit Svalbards. Immer wieder begegneten wir treibenden Eisbergen, die weiß und hellblau schimmerten. Schließlich erreichten wir Longyearbyen, die größte norwegische Siedlung Spitzbergens. Uns fielen mächtige Rauchwolken über einigen Stellen des Landes auf. Ein Schiffsoffizier belehrte uns, dass dies brennende Kohlenreviere seien. Sie brannten schon seit Jahren und waren das Resultat von Geschossen deutscher Kriegsschiffe im letzten Weltkrieg, als das deutsche Militär das Land besetzt hatte.

Gewöhnlich kommen junge Norweger nach Spitzbergen, um dort einige Jahre in den Kohleminen oder in der Verwaltung zu arbeiten. Die Löhne waren gut und die Steuern geringer als in Norwegen. Longyearbyen ist die Hauptstadt von Spitzbergen. Der Gouverneur, der sogenannte Sysselmann, Repräsentant der höchsten politischen, administrativen, juristischen und polizeilichen Macht, lebt hier. 1925 wurde Svalbard zu einem Teil von Norwegen erklärt, obgleich andere Nationen ebenfalls Siedlungen zum Abbau von Kohle und für Trapper errichtet hatten. Einige Ausländer blieben in ihren Siedlungen, zum Beispiel die

Russen, die immer noch dort Kohle abbauten. Sie hatten 2500 Minenarbeiter in Spitzbergen, während die Anzahl der norwegischen Bergarbeiter nur 500 betrug.

Eine junge deutsche Zahntechnikerin, eine Bekannte von uns, lebte und arbeitete zwei Jahre dort. Sie berichtete mit Freuden von ihrer Zeit in Longyearbyen, obwohl sie dort von der übrigen Welt ziemlich abgeschnitten war. Sie empfand die Nordlichter (borea aurealis) im Winter, die Polarhund-Schlittenfahrten und die enge Vertrautheit der kleinen Gemeinschaft als einmalige Erlebnisse.

S.A. Andrée, der schwedische Wissenschaftler, arbeitete hier in der Nähe von Longyearbyen, um den Wasserstoff für seinen Ballon, mit dem er 1897 die tödliche Reise über den Nordpol unternahm, herzustellen. Wir konnten noch die kleinen Eisenspäne auf dem Boden herumliegen sehen.

Ein paar Tage später dampfte das Schiff die Küste entlang weiter nach Norden bis nach Ny-Ålesund. Etwas außerhalb von Ny-Ålesund trafen wir auf eine Gedenktafel mit dem Hinweis, dass 1926 Nobile, Amundsen und Ellworth von hier die Reise über den Nordpol nach Alaska in ihrem Luftschiff *Norge* gestartet hatten. Hier machte unsere kleine Tochter, Petra, ihre ersten Schritte.

Da dieses Jahr der Sommer wärmer und länger war als gewöhnlich, war das Packeis weiter nach Norden zurückgewichen und unser Schiff konnte sich weiter nordwärts wagen. Der Kapitän navigierte die *Lyngen* bis hoch zur Magdalenenbucht. Hier verfrachtete sein Erster Offizier uns auf das kleine Rettungsboot und brachte uns an Land. Die *Lyngen* musste weiter draußen im Meer ankern, da sie keinen Hafen oder anderen Platz zum Anlegen hatte.

Am Anfang des 17. Jahrhunderts segelten niederländische und englische Walfänger nach Norwegen. Drei Jahrhunderte lang fingen sie Wale für ihre Walindustrie, bis 1920 praktisch keine Wale mehr übrig waren. Das gleiche Los traf die Seehunde. Die niederländischen Walfänger stießen weiter in den Norden vor, während die meisten anderen südlicher fischten. Diese Walfänger stellten die ersten Landkarten von Spitzbergen her. Hier, in der Magdalenenbucht, zeigte uns der Kapitän, wo diese Walfänger, die auf ihrer langen Reise infolge starken Vitamin-C-Mangels an Skorbut gestorben waren, beerdigt lagen. Man konnte die Toten nicht in der Erde begraben, weil der Boden aus solidem Felsen bestand. Deshalb hatten ihre Kameraden die sterblichen Überreste in Holzkästen auf den Boden gestellt, an denen über die Jahre der Zahn der Zeit genagt hatte und der Zerfall sichtbar war. Der Erste Offizier zeigte uns menschliche Schädel und Skelette, die aufgrund des kalten Klimas teilweise recht gut erhalten waren. Da wir uns stark für die Geschichte der alten Walfänger und ihre Lebensweise interessierten, wollte er mir einen lockeren Zahn aus einem Schädel als Souvenir von Spitzbergen schenken. Doch ich lehnte höflich ab!

Sehr interessant war für uns, das Kalben des großen Gletschers der Magdalenenbucht zu beobachten. Die Luft über dem Arktischen Meer ist kristallklar, alles scheint so greifbar nah, selbst wenn es mehrere Kilometer entfernt liegt. Von Zeit zu Zeit brachen große Stücke vom Gletscher los und stürzten tosend in das Meer, jedes Mal begleitet von einem Grollen wie Donner. Glücklicherweise waren wir weit genug entfernt. Die riesigen Eisbrocken hätten alles in der Nähe zermalmt. Der Gletscher bewegt sich jeden Tag einige Zentimeter vorwärts.

Nachdem die *Lyngen* sich zum Rückweg südwärts gewendet hatte, hielten wir noch einmal in Longyearbyen an und steuerten dann zurück nach Tromsö. Wir fuhren an Barentsburg vorbei, der russischen Bergwerkssiedlung auf Spitzbergen. Unser Kapitän hatte versucht, für uns eine Besuchserlaubnis nach Barentsburg zu erhalten, aber vergebens.

Doch bevor wir Spitzbergen verlassen, möchten wir noch ein Erlebnis berichten. Der Kapitän der *Lyngen* hatte, wie üblich, die Abfahrtszeit von Longyearbyen festgesetzt. Damit keiner die Zeit verpasste, hatte er diese auf einer Tafel neben dem Eingangssteg aufgeschrieben. Zur festgelegten Zeit – wenn ich mich recht erinnere, war es 5.00 Uhr nachmittags – fehlte ein Passagier. Der Kapitän wartete eine halbe Stunde. Als niemand auftauchte, gab er den Befehl, die Anker zu lichten.

Nach einer halben Stunde auf See bemerkten wir ein kleines Boot aus weiter Entfernung auf uns zurasen. Eine Person auf dem

Boot schwenkte eine weiße Fahne. Ein jeder auf unserem Schiff beobachtete mit oder ohne Fernglas das kleine Boot in seinem Versuch, uns einzuholen. Der Kapitän setzte die Geschwindigkeit herab. Er schien zu ahnen, was geschehen würde. Der fehlende Passagier hatte einen kleinen Berg in der Nähe von Longyearbyen bestiegen. Als er zu spät zum Hafen zurückkam, war die *Lyngen* bereits abgefahren. Sofort hatte er sich bemüht, einen Seemann anzuheuern, der mit seinem Motorboot der *Lyngen* nachjagen sollte. Zuerst konnte er niemanden finden, der willig war, ihm zu helfen. Schließlich – als er eine hohe Bezahlung anbot – fand er jemanden, um ihn zu der davongefahrenen *Lyngen* zu bringen.

Natürlich wusste jeder, dass die nächste Gelegenheit für diesen Mann, nach Norwegen oder jedem anderen europäischen Land zurückzukehren, in einem Monat oder in sechs Monaten war. Es gab zu der Zeit noch keine Hotels in Longyearbyen oder sonstwo in Spitzbergen. Wir hatten während unserer Reise und unseres Aufenthaltes in Spitzbergen immer unsere Unterkunft und Verpflegung auf der *Lyngen*. Und Postschiffe trafen im Sommer höchstens einmal im Monat ein und verkehrten in den Wintermonaten gar nicht. Es existierten keinerlei Kreuzfahrten für Touristen wie heutzutage.

Es gab einen ziemlich starken Seegang und das kleine Motorboot musste sich seinen Weg durch das wogende Meer erkämpfen und fand es mühsam, uns nachzukommen. Als das Boot endlich seitlings neben die *Lyngen* kam, ließen die Matrosen die Seilleiter herunter, auf die der Passagier springen und an der er sich festhalten sollte. Da die Wellen recht heftig schwankten und das kleine Boot gegen die größere *Lyngen* werfen wollten, brauchte es ungeheuer viel Geschick allerseits, damit das Wagnis gelingen konnte. Aber jedes Mal, wenn das Motorboot sich in der richtigen parallelen Lage zur *Lyngen* befand, wo der Passagier sofort hätte springen sollen – und das war immer eine Zeit von nur zwei bis drei Sekunden – verfehlte er die Seilleiter, und der ganze Vorgang musste wiederholt werden. Der Kapitän und der Seemann auf dem Motorboot fingen beide an, den Passagier anzuschreien, der nun schon grün und weiß und recht ungesund aussah. Am Ende gab der Seemann ihm einen tüchtigen Stoß aus dem Boot auf die

Seilleiter zu, gerade im richtigen Moment. Mithilfe eines Matrosen der Schiffsmannschaft und unter Schubsen und Zerren wurde der Mann die Leiter hochgezogen auf die *Lyngen.* Der Kapitän hielt ihm eine nette kleine „Willkommensrede", wonach der erschöpfte und seekranke Passagier sich in seine Kabine zurückzog. Ich bin überzeugt, nie und nimmer war er danach wieder zu spät!

Während der Semesterferien der Universität Bergen reisten wir noch mehrmals mit Frachtern die norwegische Küste entlang nordwärts bis Kirkenes. Von Kirkenes, das sich auf der norwegischen Seite an der russischen Grenze befindet, zogen sich Kilometer um Kilometer von Stacheldraht dahin, die die Grenze durch die arktische Wildnis markierten. An bestimmten Stellen sah man Fußspuren auf den Boden betoniert, in die man seine eigenen Füße stellen sollte, wenn man mit Feldstechern um sich schauen wollte. Nach der Vorschrift musste man sich so hinstellen, dass die Ferngläser nicht nach Russland hineinschauen konnten, sondern nur in norwegisches Hoheitsgebiet! Was wohl die Sowjets dort oben in der arktischen Tundra zu verbergen hatten, kann sich wohl keiner vorstellen. Vielleicht war es nur ein schlechtes Gewissen, das die Sowjets zu verbergen suchten?

Kapitel XXI

EIN MISSVERSTÄNDNIS MIT POLITISCHEN KONSEQUENZEN

Nach Beenden der Kurse an der Oberschule, wenn man reif und fähig erachtet wird, sich um einen Studienplatz an der Universität zu bewerben, pflegen die Oberschüler in Norwegen nach altem Brauch, dieses große Ereignis zu feiern. Zu dieser Feier trägt man einen kleinen, besonders zugespitzten Hut, der einen als „Akademiker" von allen anderen Sterblichen unterscheidet.

Einmal feierten die Oberschüler in Kirkenes diese festliche Angelegenheit, indem sie an jener Stelle am Stacheldraht zogen, die Norwegen von Sowjetrussland trennt, und mit den spitzen Hüten auf dem Kopf ihre Studentenlieder sangen. Und dieses Ereignis führte zu folgender Geschichte: Am nächsten Tag protestierten die Sowjets in Oslo bei den Norwegern, es habe an der Grenze eine militärische Demonstration stattgefunden. Die Norweger befürchteten, sie könnten die Kommunisten verärgern, und entschuldigten sich. Sie warnten die jungen Leute in Kirkenes, dass so etwas nicht wieder geschehen dürfe.

Die Kommunisten hatten die akademischen Spitzhüte fälschlicherweise für eine militärische Uniform gehalten. Sie hatten nicht die geringste Ahnung von den Kostümen ihrer nächsten Nachbarn.

Wir segelten die norwegische Küste herunter und besuchten unzählige kleine Häfen – auf dem Festland und auf nahen und entfernten Inseln und Inselchen – und verluden und entluden Fracht aller Art. Auf diese Weise lernten wir neben den größeren Orten viele kleine, abgelegene kennen, die sonst, abgeschnitten von der Außenwelt, ihr eigenes Leben führten. Als wir in Bergen anlegten, verließen wir mit Oliver und Petra das Schiff. Wir hatten mit dem Dekan der Medizinischen Fakultät ein Treffen zum gegenseitigen Kennenlernen vereinbart. Die Frau des Dekans war Zahnärztin, eine prächtige Christin mit einem wunderbaren Charakter. Als junges Mädchen war sie Offizier in der Heilsarmee gewesen.

Sowohl der Dekan als auch seine Familie waren reizende Menschen. Er offerierte mir eine Gastprofessur für ein Jahr. Meine Obliegenheiten waren regelmäßige Vorlesungen und Laboratorien sowie pharmakologische Forschung über die Therapie von Aussatz (Aussatz war in den letzten Jahrhunderten in Bergen endemisch gewesen und Hansen hatte dort das Mycobacterium leprae[3] entdeckt). So entschieden wir uns, die Gastprofessur der Pharmakologie in Bergen anzunehmen und die gewünschte Umstellung von deutschen zu englischen pharmakologischen Textbüchern vorzunehmen.

---

[3] Der Mikroorganismus, der Aussatz verursacht.

Kapitel XXII

DER HEIMGANG MEINER SCHWIEGERMUTTER

Wir hielten uns gerade im hohen Norden Norwegens auf, als mein Schwiegervater uns ein dringendes Telegramm aus Frankfurt sandte mit der Nachricht, dass Beates Mutter im Sterben lag. Er bat uns, sofort nach Hause zu kommen. Wir eilten, so schnell wir konnten, die vielen Hunderte von Kilometern heim. Aber wir trafen in Frankfurt einen Tag zu spät ein. Wir hätten unsere liebe Mutter so gern noch einmal gesehen, ehe sie auf die lange Reise ging, die wir alle einmal gehen müssen. Mein Schwiegervater war in seinem großen Verlust vorbildlich. Denn das Verhältnis des Pfarrers zu seiner Frau und ihre gegenseitige Unterstützung waren Pfeiler, die die Frankfurter Nord-Ost-Gemeinde aufrechterhielten. Ihr Heim war für viele eine Quelle der Ermutigung. Kurz bevor meine Schwiegermutter starb, hatte sich mein Schwiegervater um eine kleine Landkirche beworben, um ihr im Kampf gegen den Krebs, unter dem sie litt, Mut zu machen. Aber sie starb, ehe der Plan durchgeführt werden konnte.

Pfarrer Gottwaldt wäre in ein oder zwei Jahren pensioniert worden. Nach dem Tod meiner Schwiegermutter nahm er eine Stelle als Lehrer an der Liebenzeller Bibelschule im Schwarzwald an. Er unterrichtete dort noch siebzehn Jahre nach seiner „Pensionierung" und war allgemein geschätzt und beliebt unter den Studenten und Kollegen. Ich hielt dort manchmal Kurse über Bibel und Wissenschaft und konnte auf diese Weise mit ihm zusammenarbeiten. Wir kamen gut miteinander aus, denn wir verstanden uns prächtig. Wir hatten zusammen nur ein Ziel, nämlich junge und alte Menschen zu einer tieferen Erkenntnis Jesu Christi zu bringen.

Mein Schwiegervater hatte eine feste theologische Einstellung, besonders hinsichtlich der Zuverlässigkeit der Heiligen Schrift, und er veröffentlichte einige Bücher über dieses Thema. Diese Bücher werden immer noch in Deutschland gelesen. Während der vielen Jahre als Witwer vermisste er schmerzlich die Wärme und Liebe meiner Schwiegermutter, obgleich er nie darüber eine Klage verlauten ließ.

Kapitel XXIII

DIE REISE NACH BERGEN

Nach dieser ersten (Entdeckungs-)Reise nach Norwegen kehrten wir in unsere kleine Wohnung nach Genf zurück und setzten unsere Arbeit an der Medizinischen Fakultät fort. Der Abteilungschef war überrascht, dass wir eine Gastprofessur erhalten hatten und uns nicht vor dem Reisen scheuten. Ich glaube, er meinte, ich würde die PD-Arbeit unter allen von ihnen gestellten Bedingungen weiterführen, schon wegen meiner Familie. Auch würde die Notwendigkeit zu reisen, um einen anderen Professorenstuhl zu finden, mich hindern, woanders nach einer Stelle Ausschau zu halten. Er hatte sich getäuscht!

Wiederum setzten wir uns, im Januar 1960, in das Auto (unseren alten Mercedes 180) mit unseren Kindern Oliver und Petra. Meine Frau war immer bereit, mühsame Abenteuer auf sich zu nehmen. Wir wussten allerdings nicht, was eine Winterreise in den arktischen Norden mit zwei kleinen Kindern an Bord in sich bergen konnte.

In Göteborg, Schweden, wollten wir in ein – nach dem Aussehen zu beurteilen – anständiges Hotel eintreten. Als wir die Tür öffneten, fiel uns ein Paar – stockbetrunken – die Hotelstufen herunter, direkt in die Arme. Mit zwei kleinen Kindern in unserem Arm hätten die Folgen auf den hohen Betonstufen ernsthaft sein können.

Am folgenden Morgen ging unsere Fahrt weiter über die norwegische Grenze nach Oslo. Im Winter konnte man nicht von Oslo über die Berge nach Bergen fahren. Die Bergstraßen waren alle wegen des Schnees völlig unpassierbar. Wir begaben uns zum Osloer Bahnhof. Der freundliche Stationsvorsteher, offensichtlich beeindruckt von Beates Mut, im Winter mit zwei kleinen Kindern zu reisen, öffnete einen besonderen, geheizten Warteraum für unsere Familie. Später am Abend stiegen wir in den Nachtzug nach Bergen. Der Stationsvorsteher hatte uns einen geeigneten Schlafwagen besorgt und unseren Mercedes auf den gleichen Zug verfrachtet. Als wir am nächsten Tag in Bergen ausstiegen, suchten wir unser Auto. Während der Nacht war der Zug durch die vielen Tunnel, durch die die Bahnlinie während der Überquerung der hohen Berge zwischen Oslo und der Westküste Norwegens hindurchläuft, gefahren. Unser Auto hatte offensichtlich in der Nacht seine Farbe von Grün zu Dunkelgrau gewechselt. Damals war diese Linie noch nicht elektrifiziert worden und sie benutzten die alten Dampflokomotiven, die vermutlich Braunkohle verheizten. Folglich waren auch wir alle aus demselben Grund am nächsten Morgen schwarz.

So begaben wir uns schnell in ein Hotel, um uns zu waschen und zurechtzumachen, ehe ich mich bei dem Universitätsbüro meldete.

Das alte Familienproblem, wo wir eine Wohnung finden können, tauchte wieder einmal auf. Es war Januar. Freunde machten uns mit einem Unternehmer bekannt, der sich selbst ein neues Haus gebaut hatte und sein altes Haus vermieten oder verkaufen wollte. Sein altes, wunderschönes Holzhaus stand direkt auf den Klippen mit Blick über den Bergenfjord. Es war eine hervorragende Lage mit einem sehr großen Grundstück. Wir mieteten das Haus sofort. Das Haus war nicht gerade der letzte Schrei in Bezug auf Bequemlichkeit oder Ausstattung, aber da *Helgaheim*, unser Haus, mit seinem riesigen Grundstück bis hinunter zum Fjord, auf einem Hügel lag, besaßen wir eine herrliche Aussicht über den Fjord, die benachbarten Dörfer und verschiedene Buchten sowie die Insel Asköy.

Von diesem günstigen Aussichtspunkt beobachteten wir später Hunderte von geschäftigen Booten, die von und nach Bergen segelten oder dampften. Wir lernten, das Maschinengeräusch von *Diana*s (das Schiff, auf dem wir während unserer Ferien gen Norden gefahren waren) Zweitakt-Dieselmotoren wieder zu erkennen – jedes Mal, wenn sie auf ihrem Weg nord- oder südwärts bei uns vorbeituckerte. Um die Weihnachtszeit trug die *Diana* einen großen, hell erleuchteten Weihnachtsbaum vor ihrer Brücke, was unsere Kinder faszinierte.

So waren wir froh, dass wir *Helgaheim* mieten konnten. Das Haus lag allerdings in Tertnes, einem Dorf im Gebiet Aasane, etwa 25 Kilometer außerhalb von Bergen, über eine bergige Straße erreichbar. Die Fußböden waren aus unbehandeltem Holz, doch aus unserer Erfahrung mit Schweizer Chalets machte uns das nichts aus. Das Klima um Bergen war maritim und verhältnismäßig mild, direkt über dem Bergenfjord. Man profitiert hier an der Westküste von dem mildernden Einfluss des Golfstroms. In Bergen gab es deshalb auch wenig Schnee im Winter.

Kapitel XXIV

DAS „BEDEHUS"

Mitten im Dorf stand ein kleines „Bedehus", ein Gebetshaus[4]. Die Christen des Dorfes hatten das kleine Gebetshaus gebaut, weil das Dorf an sich zu klein war, um einen Pfarrer und eine Kirche zu unterhalten. Deshalb trafen sich die Gläubigen im Gebetshaus zum Beten, zu Bibelstunden und zum Feiern des heiligen Abendmahles. Ein Pfarrer der Nachbargemeinde hielt hier einmal im Monat Gottesdienst.

Laut einer Bekanntmachung im Dorfladen von Termes sollte an einem der kommenden Abende der benachbarte Pfarrer der lutherischen Staatskirche im „Bedehus" predigen. Alle seien eingeladen. Wir entschlossen uns, ins Bedehus zu gehen, schon allein um die Leute kennenzulernen. Wir sprachen noch kein Norwegisch, deshalb setzten wir uns hinten an einen unauffälligen Platz. Nach der Predigt teilte der Pfarrer das Abendmahl aus. Wein und Brot waren vorn auf dem Altar, wie gebräuchlich, mit einem weißen Tuch zugedeckt. Als Lutheraner war der Pfarrer über dem schwarzen Talar mit einer großen weißen Halskrause versehen, wo ein gewöhnlicher englischer Pfarrer seinen „dog collar" (steifen, stehenden Kragen) trägt.

Einige Lutheraner sind konservativer als andere, und wir wussten nicht, zu welcher Kategorie dieser geistliche Herr gehörte. Meine Frau kommt aus lutherischen Kreisen, aber hinsichtlich des Abendmahles wollten wir vorsichtig sein und abwarten. Wie erwartet, predigte der Pfarrer auf „Nynorsk". (Auf dem Land spricht man „Nynorsk", wogegen in Bergen und in den meisten Städten „Riksmål" gebraucht wird.) Beide Sprachen sind offiziell anerkannt, aber noch nicht auswechselbar. Wir beherrschten noch keine der beiden. Der Pfarrer lud die Gläubigen zur Teilnahme am Abendmahl nach vorne ein.

---

4 Als wir 1993 wieder nach Bergen kamen, war es von Vandalen niedergebrannt.

Wir blieben vorsichtshalber sitzen, falls er ein strikter, steifer Lutheraner war, der Glieder anderer Denominationen nicht zuließ. Aber er hatte uns hinten erspäht und wiederholte lebhaft seine Einladung, indem er mit den Händen nach vorn winkte, damit wir teilnehmen konnten. Doch wir waren, weil wir seine Worte nicht verstanden, immer noch nicht ganz sicher und blieben sitzen, bis er selbst zu uns nach hinten kam, uns sozusagen bei der Hand nahm und zum Altar führte, wo er uns zusammen mit den lokalen Gläubigen Brot und Wein austeilte. Es stellte sich heraus, dass der Pfarrer ein lebendiger Zeuge Jesu war, der an der Menighets Fakultät von Hallesby in Oslo studiert hatte. Diese theologische Fakultät in Oslo war eine konservative theologische Akademie, die die meisten konservativen Pfarrer der norwegischen Westküste und anderer Teile Norwegens ausbildete.

Kapitel XXV

EINLEBEN IN NORWEGEN

Meine Frau und ich machten uns nun eifrig daran, Norwegisch zu lernen. Wir besuchten Abendklassen und fanden die Sprache relativ leicht zu erlernen. Das Vokabular ist in vielem dem Deutschen und dem Englischen verwandt. Die Grammatik ist typisch germanisch. Wir beide merkten, dass wir nach etwa sechs Monaten in Seminaren und beim Einkaufen durchkommen konnten. Die meisten gebildeten Norweger sprachen Englisch. Deshalb war es manchmal schwierig, jemanden zu finden, an dem man sein Norwegisch üben konnte. Jedoch sind viele hocherfreut, wenn sie merken, dass man sich bemüht, ihre eigene Sprache zu erlernen – so wenige Ausländer tun das. Beate und ich lesen noch heute jeden Tag die norwegische Bibel, so vergessen wir die norwegische Sprache nicht so leicht.

Wir freundeten uns bald mit der Tochter des Dekans der Medizinischen Fakultät und ihrem Mann an, die auch mit ihrer Familie in Tertnes lebten. Wir verbrachten herrliche Zeiten mit Skagens zusammen und lernten norwegische Gastfreundschaft und Sitten kennen. Wir genossen norwegisches Smörgåsbord, mit all den verschiedenen Arten an Fisch und Käse, nicht zu vergessen den köstlichen Gjetost (eine besondere Art von Ziegenkäse). Und die vielen Sorten von Sauermilch, Kefir, Jogurt, „Tykkmelk“ und wie sie alle heißen! Auch die Auswahl an Brot war unerschöpflich.

Am 17. Mai, dem norwegischen Nationalfeiertag, schauten wir uns die alljährliche Parade der schönen bunten Trachten an, die jeder zu Ehren des Tages trägt. Unsere Freunde schenkten Petra eine wunderschön gestickte Hardanger Tracht, die ihrer Tochter zu klein geworden war. Petra trug sie mit Freude und Stolz. Skagens und wir kamen regelmäßig zum Bibelstudium zusammen, wovon wir nicht nur geistlichen Gewinn hatten, sondern auch sprachlich profitierten.

Bergen ist eine reizvolle alte Stadt. Sie war einmal die wichtigste Stadt des Landes wegen der hervorragenden Lage an der Küste. Bergens Hafen war immer eisfrei wegen des vorbeifließenden Golfstroms. Sind Sie je einmal über den Bergener Markt geschlendert und haben die farbenfrohen alten hanseatischen Häuser im Viertel Bryggen bewundert? Oder im Hafen den würdigen *Statsraad Lehmkuhl*, das alte Schulsegelschiff, vor Anker bestaunt? Mitten drin liegt der Fischmarkt, das Wahrzeichen Bergens, auf dem wir häufig unseren frischen Fisch einkauften, der täglich von den Fischern mit ihren Booten bis an den Markt herangefahren wurde. Es gab so viele verschiedene Fischarten, dass man jeden Tag der Woche eine andere Art servieren konnte. Wir haben dieses Angebot an bestem frischem Fisch voll ausgenutzt und wurden nie des norwegischen Fisches müde. Fleisch ist in Norwegen teuer und die Qualität mittelmäßig. So bevorzugten wir Fisch oder Walfleisch.

Nimmt man die *Fløibane*, die kleine Zahnradbahn hoch zur Bergkuppel des Fløyen oberhalb von Bergen, wird man mit einer atemberaubenden Aussicht auf Fjorde und Inseln, den emsigen Hafen mit den unzähligen Schiffen aus aller Welt und die Stadt Bergen belohnt. Wir liebten und genossen unsere Zeit in Norwegen.

Kapitel XXVI

CLIVES GEBURT

Unterdessen rückte die Geburt unseres dritten Kindes heran. In Norwegen gibt es nur Staatsmedizin. Trotzdem wollte meine Frau das Baby zu Hause entbinden – obwohl die Entbindung im Krankenhaus nichts gekostet hätte. Der norwegische Staat ermutigt die Frauen, ihre Kinder zu Hause zu entbinden. Sie haben ausgezeichnete Hebammen, dazu besteht zu Hause weniger Ansteckungsgefahr nach der Geburt.

Wir schauten uns nach einer Hebamme um und fanden Frau Drönning, eine Hebamme, die nicht weit von uns in Tertnes wohnte. Ja, sie wollte gern kommen. Waren zu Olivers und Petras Geburt Komplikationen aufgetreten? Nein, keinerlei.

Als die Wehen einsetzten, rief ich Frau Drönning an und sie traf kurz danach in unserem Haus ein. Ich hatte mit Beate einen kleinen Spaziergang in unserem prächtigen kleinen Garten am Fjord unternommen. Clive, unser drittes Kind und zweiter Sohn, kam so schnell zur Welt, dass Frau Drönning gerade noch rechtzeitig kam. Wir konnten Gott nur dafür danken.

Aus Ehrerbietung dem Land seiner Geburt gegenüber nannten wir ihn Clive Haakon, nach dem tapferen König Haakon, der den Zweiten Weltkrieg im Exil in England verbracht hatte. Aus irgendeinem Grund war Clive vom Anfang an seinem Daddy besonders zugetan.

Sobald er das Geräusch meines alten Mercedes über die Berge kommen hörte und meine ersten Schritte im Haus, begann er sich aus den Armen seiner Mutter nach mir auszustrecken – ungeachtet der Gravitätsgesetze –, bis er in meinen Armen landete. Dann wurde er ganz ruhig und gab kleine Geräusche der Zufriedenheit von sich.

Eines Tages, kurz nach Clives Geburt, war ich mitten in einer Vorbereitung für meine Universitätsvorlesung, als ein Beamter des Rathauses zu mir an die Universität kam. Er wollte mich dringend sprechen. Ich ließ ihm ausrichten, ich könne im Augenblick nicht kommen, ich sei mit meiner Vorlesung beschäftigt. Aber er bestand darauf, mich zu sehen. Was war sein Begehren? Keine Ahnung! Er sagte, meine Frau hätte die Entbindung unseres Sohnes zu Hause durchgeführt; damit hätten wir dem Staat Geld gespart. Diese ersparte Summe wollte er mir aushändigen. Mit dieser Botschaft überreichte er mir das Geld. Beate war dankbar für dieses Geld, von dem sie Babykleider und Babyschuhe kaufen konnte.

Kapitel XVII

DER BESUCH BEIM KÖNIG

Nach der Geburt unseres dritten Kindes, Clive, im Mai 1960 bekamen meine Frau und ich, zusammen mit allen Professoren der Universität, eine Einladung zu einem Konzertabend mit dem norwegischen König Olaf. Zu dieser Zeit waren mein Bruder und seine Frau mit ihren vier Töchtern aus England bei uns zu Besuch. Meine Frau und ich freuten uns auf den festlichen Abend. Ehe wir das Haus verließen, sprachen wir mit unserem fähigen jungen deutschen Kindermädchen und baten sie, ein wachsames Auge auf unseren kleinen Sohn zu haben. Unsere jüngste Nichte war erst drei Jahre alt und interessierte sich lebhaft für das Baby. „Bitte tun Sie nichts anderes", sagten wir Fräulein Erika, „passen Sie nur auf die Kinder auf!"

Unser Weg nach Bergen führte durch dunkle Wälder, die enge kurvenreiche Straße hinunter an den Fjord. Plötzlich ergriff meine Frau meinen Arm und rief: „Stopp!" Ihr Gesicht war bleich und voller Furcht. „Was ist los, mein Liebes?", fragte ich. „Es ist Clive, wir müssen nach Hause. Dem Baby ist etwas zugestoßen", stammelte sie. Mit großer Mühe drehte ich den Mercedes auf der engen kurvenreichen Straße um, bereit, nach Hause zu fahren. Ich war gerade umgekehrt, da entspannte sie sich und flüsterte: „Es ist jetzt in Ordnung. Wir können weiter zum König fahren!" Sie können sich vorstellen, dass meine Reaktion in jenem Augenblick nicht die freundlichste war. Da aber das Verhalten meiner Frau in diesem Moment so atypisch für sie war, kehrte ich das Auto wieder um und fuhr weiter nach Bergen. Ich schaute nur noch schnell auf meine Uhr und merkte mir die Zeit: 18.50 Uhr. Wir genossen den Abend mit guter Musik, Ansprachen an den König und von ihm.

Als wir heimkamen, erkundigten wir uns bei Fräulein Erika, die ein intelligentes und gewissenhaftes Mädchen war: „Was ereignete sich heute Abend um 18.50 Uhr?" Sie wurde rot und antwortete: „Ich wollte nicht den Abwasch bis morgen stehen lassen, so machte ich mich daran. Plötzlich hörte ich kleine Tritte oben in Ihrem Schlafzimmer. Ich eilte hinauf und vor mir stand das kleine dreijährige Mädchen. Sie hatte Clive bei den Füßen gefasst und ihn aus dem Bett gezogen. Sein Kopf bumste auf den rauen hölzernen Fußboden, und sie schliff ihn entlang bis zur Treppe. Sie wollte Clive gerade mit dem Kopf nach unten von Stufe zu Stufe die Treppe herunterziehen, um ihn uns zeigen zu können. Ich kam gerade rechtzeitig, als sie mit dem Baby an der obersten Stufe stand. Es geht Clive gut, er hat nur einige kleine Schrammen am Hinterkopf von dem Holzfußboden. Als es passierte, war es 18.50 Uhr." Wir dankten Gott für Seine freundliche Bewahrung. Aber wie hatte meine Frau den „Notruf des Babys" empfangen können?

Anfangs hatte der Dekan mich für ein Jahr als Gastprofessor engagiert. Als das Jahr vorüber war, wandte sich der Abteilungsleiter an mich mit der Frage, ob ich ein weiteres Jahr unter gleichen Bedingungen bleiben würde. Ich nahm das Angebot an, denn wir waren glücklich in Norwegen und machten gute Fortschritte im Erlernen der Sprache – auch zur Freude der Norweger. Die meisten Norweger hatten die Engländer gern, die schließlich im Zweiten Weltkrieg ihr Blut vergossen hatten, um Norwegen zu retten. Unsere Forschung an der Universität in Norwegen ging gut und wir hatten mehrere Veröffentlichungen über Leprostatika und Lokalanästhetika herausbringen können.

Wir bekamen mehr und mehr Kontakt zu norwegischen Christen und fingen an, kleinere christliche Bücher auf Norwegisch zu publizieren. Außerdem gefiel uns das maritime Klima der Westküste.

Es ist bekannt, dass jedes Land seine spezifischen Schwierigkeiten hat, und Norwegen, als Wohlfahrtsstaat mit seinen Zwängen, bildet keine Ausnahme. Inzwischen hatten sich andere Norweger als Anwärter des Stuhles der Pharmakologie qualifiziert. Die Frage kam auf: Warum stellt die Staatsuniversität von Bergen einen Ausländer für eine Stelle an, die auch ein Norweger einnehmen könnte? Der Transfer zu englischen Textbüchern war bewerkstelligt. Mehrere Norweger warteten darauf, dass meine Position wieder frei würde.

So überlegten wir den nächsten Schritt. Wir hatten nun drei kleine Kinder, und Clive fing gerade an zu laufen, als wir wieder einmal nach Genf zogen. Wir besaßen noch die gleiche kleine Wohnung, die jetzt für unsere fünfköpfige Familie zu klein war. Es fiel uns schwer, wieder nach Genf zurückkehren zu müssen – zu einer Stelle, die keine Dauerstelle sein konnte, weil sie nicht bezahlt war.

Die Genfer Medizinische Fakultät bat mich, zwei- statt einmal pro Woche Vorlesungen zu geben und sowohl Laboratorien als auch Tutorials abzuhalten. So demütigte ich mich und akzeptierte die Situation, obwohl ich oft gern der Administration meine Meinung gesagt hätte. Aber was nützte das? Sie hätten jederzeit antworten können: „Geh woanders hin, wenn es dir nicht gefällt."

Tausende von Akademikern befinden sich heute noch in der gleichen Lage. Viele junge Ärzte mit Familien beginnen ihre Arbeit morgens um 7.00 Uhr im Operationssaal und kehren nicht vor 20.00 Uhr nach Hause zurück. Die Universität will keine jungen Ärzte anstellen – obgleich es genug stellungslose Mediziner gibt –, weil sie behaupten, ihr Budget erlaube es nicht. Der wahre Grund, warum ihr Budget nicht ausreicht, ist, dass sie ihre Finanzen an die Administration verschwenden und an riesige moderne Gebäude. Und die jungen Ärzte arbeiten oft zwölf Stunden täglich und müssen es riskieren, dass ihre Familien und Ehen zerbrechen, ganz zu schweigen von dem erhöhten Risiko, das für die Patienten entsteht.

Kapitel XXVIII

EINE VOLLE PROFESSUR AN DER UNIVERSITÄT VON ILLINOIS

Nach zwei oder drei Jahren wurde die Stelle eines ordentlichen Professors der Pharmakologie an der Universität von Illinois frei. Anfangs versuchte der Senat, mir einen außerordentlichen Lehrstuhl anzubieten, den ich – mit drei europäischen Doktorgraden und dazu einem PD – ablehnte. Ich interessierte mich nicht dafür.

Als Antwort erwiderte man mir, nach einer Zeit als außerordentlicher Professor in Chicago würde man mir eine ordentliche Professur anbieten.

Ich erinnerte mich an die Worte des Professors bei meinem ersten Aufenthalt in Chicago, dass „die Universität alles versuchen würde, wenn man es zuließe"; so lehnte ich entschlossen ab. Ich wollte nicht noch eine Atlantikreise auf eigene Kosten mit vier kleinen Kindern auf mich nehmen, es sei denn, dass mir die volle Professur zugesichert wurde, ehe ich die Reise antrat.

Im gleichen Jahr waren mir meine zwei Schweizer Doktorate verliehen worden, und uns war unser viertes Kind, Einar, anvertraut worden. Das bedeutete vermehrte Verantwortung; wir hatten vier statt drei Kinder zu bedenken. Ich war gespannt, welche Antwort mir der Senat in Chicago auf mein Schreiben zuschicken würde.

Diesmal hatten sie meine Antwort verstanden. Prompt traf die sofortige Rückantwort ein mit der amtlichen Einladung zum ordentlichen Professor der Pharmakologie am College of Pharmacy zusammen mit dem Posten des Leiters der Pharmakologischen Forschung am Medical Center. Dies war eine sehr gute Stellung, da die Universität von Illinois zu den „Big Ten" (den zehn angesehensten) Universitäten der Vereinigten Staaten gehört.

Doch boten sie mir keinerlei Reisespesen an. So begaben wir uns auf eigene Kosten mit einem Frachter von Antwerpen in die USA.

Auf dem Atlantischen Ozean, kurz nach der Abreise von Antwerpen, erhielten wir eine Radiobotschaft, dass mein Vater gestorben war. Das machte Beate und mich traurig. Wir kreuzten den Atlantik auf einem leeren Getreidefrachter, der einem Schweizer Christen gehörte, der seinen Lebensunterhalt verdiente, indem er die Schweiz mit amerikanischem Getreide belieferte. Weil das Schiff ganz und gar leer war, ragte es weit aus dem Wasser heraus und fing den Wind auf eine recht unangenehme Weise. Draußen vor der US-Küste kamen wir in einen Orkan, den wir mehrere Tage vor Anker abwettern mussten. Die Kinder benutzten das Schwanken des Schiffes, als der Boden und die Wand ihre Funktion ständig tauschten, um auf Kissen auf und ab zu schaukeln.

Endlich erreichten wir Philadelphia und erfuhren, dass die Hafenarbeiter streikten und uns nicht an Land lassen wollten. Der Kapitän erlaubte uns, an Bord zu bleiben – er hatte keine andere Wahl.

Wir hatten unseren nagelneuen Mercedes 190 mit uns auf dem Deck. Der Kapitän kam eines Tages zu mir und verkündete mir, er wisse nicht, wie lange die Hafenarbeiter noch streiken und uns aufhalten würden. Sie seien eine raue Gesellschaft und zäh im Verhandeln. Aber er werde mit ihnen schon fertig werden. Sein Plan war, den Leiter von ihnen in sein Büro einzuladen und mit ihm über einer Flasche Whisky zu plaudern. Während er dies tat und keiner zusah, würde die informierte Mannschaft den elektrischen Schiffskran betätigen und uns und unser Auto schnell an Land befördern. Aber wir müssten alles bereit haben, damit wir sofort mit dem Auto auf und davon wären.

Ich bezahlte dem Kapitän schnell die Rechnung für unsere unfreiwillige, durch Streik verursachte Extrawoche an Bord und machte mich zur Abfahrt bereit. Wir hielten unsere vier Kinder bereit und luden sämtliches Gepäck in den Mercedes. Der Kapitän verschwand mit einer großen Flasche Whisky in seine Kabine. Unser Auto wurde mit dem Schiffskran ans Land verladen, und los sollte es gehen. Auf dem Kai drückte ich auf den Anlasser, doch der Motor zeigte kein Lebenszeichen. Offenbar hatte das Salzwasser die Zündkerzen beeinträchtigt.

Wir befürchteten, die Hafenarbeiter könnten uns mit dem Motor kämpfen sehen. Aber in kürzester Zeit hatte ich die Zündkerzen herausgeholt, reinigte sie und versuchte noch einmal, den Anlasser zum Laufen zu bringen. Er funktionierte. Schnell waren wir fort, zunächst auf zwei Zylindern, aber alle vier hatten eingesetzt, als wir aus den Docks heraus waren.

Kapitel XXIX

DIE AUTOREISE NACH CHICAGO

Wir fuhren behutsam auf die Autobahn, Richtung Ohio und Detroit. Der Verkehr war sehr stark im Vergleich zu europäischen Verhältnissen, an die wir gewöhnt waren. Nach einigen Stunden Fahrt fiel uns auf, dass die Straße plötzlich leer geworden war. Vor uns am westlichen Horizont ballten sich riesige dunkle Wolkenhaufen zusammen. Es war offensichtlich eine Wetterfront, vor der all die Fahrer geflüchtet waren und in Hotels Zuflucht gesucht hatten.

Plötzlich brach ein heulender, ungestümer Schneesturm auf uns herein, und es wurde so kalt, dass der Vergaser des neuen Mercedes vollkommen einfror. Ich konnte nur weiterfahren, indem ich mit meinem Fuß kräftig auf das Gaspedal trat und gleichzeitig die Handbremse zog, damit das Auto nicht zu schnell davonraste. So hielt ich den Motor warm genug, um den eisigen Wind des Schneesturmes zu bewältigen. Schließlich hielten wir zum Tanken an und erkundigten uns, wo wir für die Nacht mit unseren vier Kindern unterkommen könnten. Sämtliche Unterkünfte waren bis zum letzten Zimmer besetzt. Ein freundlicher Polizist sah unsere Not und nahm sich unser an. Er klopfte an einem ihm bekannten Privathaus an mit der Bitte, uns für die Nacht aufzunehmen. Dort brachte man uns alle sechs sehr freundlich unter.

Am nächsten Morgen wollten wir zu unserem Auto vor dem Haus – doch wir konnten es nirgends finden. Es war völlig begraben unter dem Schnee. Wir gruben es aus – wie auch alle Leute um uns herum –, bedankten uns bei der Dame des Hauses, bezahlten unsere Rechnung und begaben uns auf die weitere Reise nach Chicago.

Dieses Mal wollten wir nicht in Chicago selbst wohnen. Ich erinnerte mich daran, wie stark meine Schwiegermutter unter ihrem Stadtleben in Frankfurt gelitten hatte. Deshalb suchten wir ein Haus in Wheaton, einem Vorort etwa 30 Kilometer vom Zentrum Chicagos entfernt. Eine Menge Häuser wurden in Wheaton zum Verkauf angeboten, aber wir hatten nicht genug Geld zur Anzahlung, deshalb schauten wir uns nach Mietshäusern um. Wir wollten uns auch nicht durch Schulden binden lassen. Immer wieder überlegten wir, was wir tun sollten, denn es war nicht einfach, etwas zum Mieten zu finden. Zuletzt begegneten wir einem Geschäftsmann, der mehrere Jahre aus Geschäftsgründen ins Ausland reisen musste. Er bot uns sein möbliertes Haus an, und wir konnten sofort mit unseren vier Kindern einziehen. Wie dankbar waren wir für diese Lösung!

Kapitel XXX

DER GEISTESBLITZ

An jeden Morgen pflegte ich um 7.00 Uhr das Haus zu verlassen, um mit dem Zug von Wheaton nach Chicago zu fahren. Vom Bahnhof aus konnte ich zu Fuß das Medical Center, in dem ich arbeitete, erreichen.

Das anstrengendste Stück der Reise im Winter war die Strecke zu Fuß in Chicago. Auf diesem Gang wurde mir bewusst, warum Chicago „die windige Stadt" („the windy city") genannt wird. Die eisigen Winde von der Prärie im Januar waren ein Erlebnis, das selbst ein Mensch, der das Klima von Stockton-on-Tees überlebt hatte, schwer ertragen konnte. Doch selbst der eisige Präriewind hatte sein Gutes. An einem Januartag stieg ich aus dem überheizten Zug von Wheaton und machte mich auf den Weg zum Medical Center. Als ich den Bahnhof verließ, schlug mir eisiger Wind auf der Fußgängerkreuzung außerhalb des Bahnhofs entgegen.

Vermutlich versetzte mir der Windstoß einen ziemlichen Schock, denn im gleichen Moment erleuchtete mich ein Gedankenblitz auf der Fußkreuzung vor dem Bahnhof, der ein Problem der Evolutionstheorie löste, das mich jahrelang beschäftigt hatte: Das Zugeständnis von viel Zeit bringt niemals reversible Reaktionen zur Vollendung, sondern führt zum Equilibrium. Biologische Reaktionen sind meist reversible Reaktionen: Egal, wie viele Milliarden Jahre die Darwinisten auch vorschlagen, es wird ihnen nicht gelingen, biologische Prozesse vorwärts zur Vollendung zu treiben. Es wird nur ihr Equilibrium vervollkommnen. Die Thermodynamik kontrolliert gerade diesen entscheidenden Punkt.

Ich eilte in mein Büro, um alles, was ich in diesem „Blitz" „gesehen" hatte, niederzuschreiben. Ich brauchte fast einen Tag dazu. Es war mir eine Offenbarung, zu erfahren, wie viel Denkvorgänge das Gehirn in einem Gedankenblitz bewältigen kann. Wie können nur Evolutionisten und andere sich jemals vorstellen, dass solch ein schnell funktionierendes Organ, was das Gehirn zweifellos ist, durch zufällige chemische Reaktionen entstehen kann? Das ist mir ein Rätsel. Noch ein größeres Rätsel erscheint mir das Folgende: Das Gehirn und alle Organe des Körpers sind auf der Basis eines Bauplanes – dem genetischen Code – gebaut. Ernsthaft zu glauben, dass irgendein Bauplan seine Herkunft dem Zufall verdankt, verrät einen totalen Mangel an Wissen hinsichtlich des Entstehens jeglichen Codes, jeglicher Grammatik oder Information.

Man hört oft, dass in den Sekunden vor einem Autounfall (oder einem anderen Unfall) das ganze Leben des Betroffenen vor seinem Bewusstsein wie auf einer Mattscheibe abrollt.

Ich nehme an, gewisse Formen von Stress lösen im Gehirn Mechanismen aus, die schlummernde Ereignisse im Bruchteil einer Sekunde hervorrufen. Wenn ein eisiger Windstoß von der nordamerikanischen Prärie oben erwähnte Lösungen von thermodynamischen Problemen, die jahrelang im Unterbewusstsein geschlummert haben, bewirken kann, scheinen mir solche eisigen Windstöße ihren Zweck zu haben!

Die Administration der Universität von Illinois hatte mir die ordentliche Professur der Pharmakologie in der Abteilung Pharmazie versprochen mit der Stellung des Chefs der Pharmakologischen Forschung für das gesamte Medical Center, damit der Lehrstuhl (Ordinarius) noch attraktiver für mich wurde. Der zweite Teil des Versprechens wurde nie eingehalten, da der Professor der Pharmakologie der Medizinischen Abteilung dagegen Einspruch erhob, mit der Begründung, diese Position sei allein sein Recht. So zeigte ich etwa einmal pro Jahr dem Dekan der Administration des Colleges den offiziellen Brief mit der Berufung zu jener Stelle. Er erwiderte, die Lage habe sich noch nicht geändert, ich sollte noch ein wenig Geduld haben. So wartete ich ganze fünf Jahre darauf, dass sie mir die schriftlich versprochene Position als Forschungschef des gesamten Medical Centers gaben, was mir schließlich zu lang dauerte.

Meine Vorlesungen, Forschungen und Laboratorien verliefen gut, ich hatte 180 Studenten in meinen Klassen. Es waren gute Studenten, zu denen ich ein ausgezeichnetes Verhältnis hatte. Die Vorlesungen über Ursachen und Behandlung der Drogenepidemie fanden besonders viel Anklang, ebenso die Abendvorlesungen zur Fortbildung älterer Semester.

Einmal, während der letzten Vorlesung vor den Ferien, baten mich meine Chicagoer Studenten, ob ich ihnen eine besondere Gunst gewähren würde. Ich fragte: „Was für eine Gunst?“ Ihre Antwort lautete: „Herr Professor, würden Sie bitte noch eine halbe Stunde weiter vorlesen?“ Das schien mir eine merkwürdige Bitte, da doch gewöhnlich Studenten vor den Ferien aus dem Vorlesungssaal sofort hinausstürzten. Ich fragte: „Warum soll ich meine Vorlesung fortsetzen? Welches Thema wünschen Sie zu hören?“ Sie schauten mich fest gebannt an und erwiderten: „Irgendetwas! Sie können über irgendein Thema referieren. Ihr oxford-englischer Akzent fasziniert uns so!“

Ich pflegte auch eine gute Beziehung zu meinen Kollegen und dem Dekan. Mit einigen von ihnen bin ich immer noch, nach vielen Jahren, in Verbindung.

Die folgende kleine lustige Geschichte geschah viele Jahre später, als wir wieder in der Schweiz wohnten: An einem Sommerabend, als unser Künstler-Freund Frank Wagner und seine Frau uns über ein verlängertes Wochenende besuchten, beschlossen wir, die romantische Schiffsrundreise auf dem Thuner See vorzunehmen.

Es war ein wunderschöner milder Sommerabend. Wir bestiegen den nostalgischen, restaurierten alten Raddampfer *Blüemlisalp*. Die *Blüemlisalp* hatte mehrere Jahre im Trockendock gelegen und war gerade wieder in ihren Originalzustand versetzt worden. Wir bewunderten den außerordentlich schönen goldenen Sonnenuntergang, als wir ein älteres Paar auf dem Deck spazieren gehen sahen. „Sehen sie nicht wie Engländer aus?“, bemerkte Beate mir gegenüber. Ich stimmte ihr zu. Und tatsächlich, sie waren Engländer. Ich grüßte sie. Der Herr begann ein Gespräch mit uns: „Wir haben schon mehrere Male unsere Ferien im Berner Oberland zugebracht und lieben diese Gegend. Ich hatte vor Jahren einen Bekannten, mit dem ich zusammen in Chicago als Professor der Chemie arbeitete. Als ich nach England zurückkehrte – etwa zur gleichen Zeit, da er in die Schweiz heimkehrte –, riet er mir, meine Ferien im Berner Oberland, in der Nähe von Thun, zu verbringen. Er liebte diese Gegend und hielt sie für den schönsten Platz auf Erden. Und in der Tat, er besaß dort sein

Heim, obgleich er englischer Nationalität war. Ich folgte seinem Ratschlag und jedes Mal, wenn ich hierher kam, versuchte ich, ihn zu finden. Ich erkundigte mich überall und suchte im Telefonbuch nach seinem Namen, aber ich konnte ihn nicht finden."

„Wie war sein Name?", fragte ich. „Vielleicht kann ich Ihnen helfen?"

„Sein Name war Dr. Wilder-Smith." „Wilder-Smith?", wiederholte ich verwundert. „Das bin ich!" Er starrte in mein Gesicht und mit einem Schimmer des Wiedererkennens rief er aus: „Ja, natürlich, Sie sind es!"

Während ich mein Gegenüber mit forschendem Blick prüfte, identifizierte ich ihn als meinen Kollegen an der Universität von Illinois, Dr. Lloyd. Welch ein Zusammentreffen: auf dem gleichen Boot, zur gleichen Zeit! Dr. Lloyd hatte eigentlich an dem Abend eine Fahrkarte für ein anderes Schiff auf dem Thuner See gekauft. Die nostalgische *Blüemlisalp* hatte beim Vorübergehen das Gefallen des Paares gefunden, so dass sie spontan ihren Plan geändert hatten und auf die *Blüemlisalp* überwechselten.

Natürlich freuten wir uns alle über dieses unerwartete Wiedersehen. Wir trafen uns noch einige Male und erneuerten unsere Freundschaft aus alten Zeiten.

Kapitel XXXI

DIE FAMILIE

Als wir in Wheaton wohnten, konnte ich Beate in der Familie wenig zur Hand gehen, da ich oft von 7.00 Uhr morgens bis 10.00 Uhr abends fort war (wegen der Erwachsenen-Fortbildungskurse). Am Ende der Wintersaison sah ich oft blass aus, weil ich so lange kein Tageslicht gesehen hatte.

Als Oliver zwölf Jahre alt war, kam er eines Abends zu meiner Frau und bekannte ihr, dass er sein Herz dem Herrn Jesus Christus übergeben hatte und ihm nachfolgen wollte. Sie war sehr glücklich über Olivers Entschluss. „Bitte, sag es auch Daddy", fügte er hinzu. Meine Frau erwiderte: „Daddy würde sich sehr freuen, wenn du es ihm selbst sagen würdest." Am Abend, nachdem ich den Kindern die Bibelgeschichte erzählt, das Licht ausgeschaltet hatte und es im Zimmer dunkel war, teilte mir Oliver seinen Entschluss mit.

Dieser Tag war ein glücklicher Tag für uns Eltern. Immer wieder wurde es uns klar, wie gut und wichtig es war, dass das älteste Kind als erstes Kind diese Entscheidung traf, Christus nachzufolgen. Es erleichterte es den jüngeren Kindern, in den gleichen Fußtritten zu folgen. Die Jüngeren respektierten Oliver und hatten in ihm ein Beispiel und einen Vorläufer auf dem Lebensweg eines Christen, anstatt einen Verführer zu falschen und korrupten Wegen. Zwischen all unseren Kindern bestand jeweils ein Altersunterschied von zwei Jahren. Sie hielten fest zusammen und unternahmen auch alles zusammen.

Die Kirche, zu der wir gehörten, war Bethany Chapel (eine Kirche der Offenen Brüder). Dort sprach ich manchmal sonntags. Wir fühlten uns dort sehr wohl. Auch die Kinder nahmen mit Vergnügen an den verschiedenen Kinder- und Jugendstunden teil. Wir gewannen viele, viele Freunde und fanden es leichter, in den USA Freunde zu gewinnen als in Europa. Während des Gottesdienstes in Wheaton saß manchmal Einar, unser jüngster

Sohn, bei uns im Gottesdienst, während die drei anderen Kinder an ihren Sonntagsschulklassen teilnahmen.

Eines Sonntags wurde das Abendmahl ausgeteilt. Der leitende Verantwortliche erklärte, diejenigen, die den Herrn lieb hatten, wären herzlich eingeladen, am Mahl des Herrn, Brot und Wein, teilzunehmen. Es waren keine anderen Kinder anwesend. Plötzlich zupfte Einar an meinem Ärmel, um meine Aufmerksamkeit zu bekommen. Ich sah ihn an und er flüsterte: „Daddy, darf ich auch teilnehmen? Du weißt, ich liebe den Herrn Jesus." Ich wusste nicht, was ich antworten sollte. Denn ich konnte dem kleinen Jungen mit einem „Nein" großen Schaden zufügen, indem er meinte, ich zweifelte an seinem echten Glauben. Anderseits war mir nicht ganz klar, was die diesbezügliche Gepflogenheit von Bethany Chapel gegenüber Kindern war. Viele Kirchen lassen Kinder unter einem gewissen Alter nicht zum Abendmahl zu. Da kam mir eine Idee. Als Brot und Wein herumgereicht wurden, teilte ich mein kleines Stückchen Brot und danach meinen kleinen individuellen Kelch voll Wein mit Einar. Er sah glücklich aus, weil er sich angenommen und ernst genommen wusste.

Kapitel XXXII

EIN NEUES ANGEBOT

Zu dieser Zeit trat die amerikanische Agentur für Internationale Entwicklungshilfe (A.I.D.) in Washington mit einem Angebot an mich heran betreffs einer Professur für Pharmakologie in Ankara, in der Türkei. Meine besondere Berufung galt der Einführung eines Postgraduierten-Programmes an der Haceteppe-Universität in Ankara.

Ich besprach das Angebot mit meinem Dekan, der immer sehr nett und hilfsbereit war. Ich erwähnte noch einmal die versprochene Stellung, die immer noch durch einen Kollegen eines anderen Colleges blockiert wurde. Der Dekan sagte, er könne den anderen Professor, der politisch sehr tätig war, nicht beeinflussen, seine Einstellung zu ändern. Als nichts geschah, nahm ich das Angebot an und wurde ordentlicher Professor der Pharmakologie an der Hacettepe-Universität in Ankara.

Kapitel XXXIII

DIE STAATSUNABHÄNGIGE THEOLOGISCHE HOCHSCHULE (STH) IN BASEL

In den 60er-Jahren wurde ich einige Male von Dr. Samuel Külling nach Basel eingeladen, um zu seiner Studentenklasse an der Bibelschule in Chrischona über die ersten Seiten des ersten Buches Moses zu lehren.

Einige Jahre später, 1970, gründete Dr. Samuel Külling in Basel, Schweiz, die erste akademische theologische Hochschule in einem deutschsprachigen Land, die sich zu der Irrtumslosigkeit der Bibel als ihrem Fundament bekennt. Hier konnten endlich Theologen ausgebildet werden mit einer gesunden biblischen Basis für ihren Beruf als Pfarrer im Vergleich zu der liberalen Theologie, die praktisch an allen unseren Universitäten gelehrt wird. Es war ein großer Glaubensschritt. Viel Widerstand war zu überwinden, bis die FETA (Freie Evangelische Theologische Akademie) etabliert werden konnte. Dr. Külling ist der Rektor der Akademie.

Heute ist die FETA, 1994 umgenannt in STH (Staatsunabhängige Theologische Hochschule), gut etabliert und hat einen hohen akademischen Standard. Wenn wir in Deutschland oder der Schweiz evangelische Gemeinden besuchen, erkennen wir gewöhnlich, ob der Pfarrer an der STH ausgebildet wurde, weil die Studenten dort gelernt haben, wie man eine gut strukturierte, intellektuell und geistlich aufgebaute Predigt vorträgt, was man sonst nicht so oft findet. Wir sind dankbar, dass Dr. Külling und seine Kollegen die Vision und den Mut besaßen, die STH aufzubauen. Sie ist für unsere Generation ein großer Segen und entspricht einem wichtigen Bedürfnis im Bereich des evangelischen akademischen Denkens und der Ausbildung.

Bis 1970 lehrte keine theologische Hochschule des deutschsprachigen Raumes das Fach „Bibel und Naturwissenschaft". Professor Külling bat mich, als Wissenschaftler mit weitgehender Forschung auf dem Gebiet der Entstehung des Lebens, dieses

Fach zu lehren. Von 1972 an zeigte ich den Studenten der STH und lehrte sie, dass die biblische Lehre der Schöpfung zuverlässig und in Übereinstimmung mit den wissenschaftlichen Fakten ist. Ich bewies anhand von wissenschaftlichen Argumenten den Irrtum und die Unhaltbarkeit der Evolutionshypothese. Praktisch alle deutschsprachigen christlichen Lehrinstitutionen lehrten zu der Zeit theistische Evolution.

Allmählich beschäftigten sich jüngere Wissenschaftler in ihrem Spezialgebiet mit der Forschung des Ursprungs des Lebens. Sie kamen zu der Überzeugung, dass die Erschaffung der Welt und des Lebens durch einen intelligenten transzendenten Logos geschehen ist – im Gegensatz zu einem Ursprung und einer Evolution des Lebens durch Zufall. Es gibt heute eine Anzahl guter Naturwissenschaftler, die sich zu dem antievolutionären und kreationistischen Standpunkt bekennen.

TEIL IV

DIE SPÄTEREN JAHRE

Kapitel I

DIE REISE IN DIE TÜRKEI

Im Sommer 1969 gingen wir noch einmal durch all die bürokratischen Übungen zum Erlangen eines Ausreisevisums aus den Vereinigten Staaten. Wir kauften ein neues Auto – einen Kombiwagen, um mit unseren vier Kindern und allem Gepäck reisen zu können.

Am 18. Juni steuerten wir Richtung Kanada nach Montreal. In Montreal stiegen wir an Bord des norwegischen Frachters *Ørnefjell*. Der Frachter besaß Kabinen für 20 bis 30 Passagiere. In der Nähe der Küste von Neufundland sichtete die Schiffsmannschaft im Wasser einen Schwarm von Kabeljau, der im Kapitän und den Seeleuten den Wunsch erweckte, Hochseefischen zu probieren, obgleich dies illegal war. So sandte der Schiffsingenieur große schwarze Rauchwolken in die Luft, um der Küstenwache den Eindruck zu geben, die *Ørnefjell* habe Maschinenschwierigkeiten und halte deswegen zwei Stunden auf See an. Nun fingen alle zu fischen an: der Kapitän, die Mannschaft und einige Passagiere. Selbst unsere Kinder bekamen eine Angel in die Hand und durften fischen. Da es eine Menge Fische gab, fingen wir eine gute Anzahl Kabeljau. Der Kapitän hatte einen enormen Fisch am Haken, so schwer, dass man ihn nicht mit der Angel hochheben konnte. Deshalb ließen die Matrosen die Seilleiter des Schiffes hinunter. Der Kapitän stieg hinunter ins Wasser, umfasste den riesigen Kabeljau mit seinen Armen und trug seine Beute die Leiter herauf ins Schiff.

Das Ergebnis unseres erfolgreichen Fanges war, dass wir die meisten folgenden Tage zum Essen Kabeljau serviert bekamen, bis wir endlich einem anderen Frachter begegneten, der uns eine Ladung davon abnahm und uns von unseren täglichen monotonen Menüs befreite.

Nach einer sonst ziemlich ereignislosen Kreuzung des Atlantiks legte die *Ørnefjell* in Le Havre an. Von dort nahmen wir ein Boot nach England, um unsere Verwandten zu besuchen, die wir lange nicht gesehen hatten. Dann fuhren wir heim in die Schweiz via Frankreich. Unterwegs hielten wir in Bayeux an und bestaunten dort die wunderschön gewirkten Wandteppiche, mit den Darstellungen der normannischen Invasion in England 1066.

Wir blieben vier Wochen in Einigen und brachen dann in unserem neuen Wagen auf via Jugoslawien und Griechenland nach Kleinasien.

Unsere Fahrt ging über den Großen-Bernardino-Pass über Mailand nach Venedig. Die Schönheit der San-Bernardino-Bergwelt fesselte uns. Wir besuchten das alte Hospiz oben auf dem Pass, wo die Mönche mit ihren Bernhardiner Hunden lebten, die trainiert waren, das Leben von Menschen zu retten, die sich in den Bergen in Eis und Schnee verirrt hatten oder verwundet waren.

Wir blieben über Nacht in einem Vorort von Venedig, weil alle Hotels in Venedig ausgebucht waren. Venedig, genannt La Serenissima („die sehr Heitere"), mit den engen Kanälen, romantischen Gondeln, Brücken und alten Palästen, hatte einen besonderen Zauber für uns. Zusammen mit dem berühmten St. Markusplatz versetzten uns diese Denkmäler zurück in längst vergangene Zeiten, als Titian, Tintoretto und Veronese hier ihre großen Kunstwerke schufen.

Von Venedig ging unsere Reise weiter nach Triest und dann nach Jugoslawien. Die Straßen wurden schlechter. Der Verkehr war stark und die Fahrdisziplin chaotisch. Es gab viele Unfälle. Ein schwerer Kran lag umgekippt quer über der Straße, und beschädigte Autos blockierten den Verkehr. Wir fuhren durch das heutige Slowenien nach Rijeka (Fiume), wo wir in einem privaten Bed & Breakfast für die Nacht unterkamen. Die Gastgeber waren freundlich und sehr kinderlieb. Sie versorgten uns gut. Wir alle erquickten uns nach der langen Autoreise mit einem Bad im Adriatischen Meer.

Am nächsten Tag reisten wir weiter nach Süden an der Küste entlang durch den reizvollen Badeort Split und wandten uns dann bei Opuze ins Inland auf Metković zu. Zwischen Mostar und Jablanica – in den Bergen der Herzegowina – hatten wir ein haarsträubendes Erlebnis. Die Gebirgsstraßen waren relativ neu und offenbar von Ingenieuren mit wenig Erfahrung hinsichtlich schwerem Verkehr und schlechten Wetterverhältnissen gebaut worden. Starke Regengüsse und Stürme hatten die Straßen an gewissen Stellen weggespült, und wir entdeckten Autos tief unten in den Bergschluchten, die Hunderte von Metern durch Bergrutsche in die tiefen Täler herabgerissen worden waren. Es regnete immer noch.

Nach einem erneuten Bergrutsch war der Verkehr einen halben Tag lang aufgehalten. Wir und all die anderen Verkehrsteilnehmer warteten auf die Notreparaturen der Straße. Hunderte von festsitzenden Autos warteten in einer Schlange, die sich endlich langsam über eine Hilfsbrücke, die als Ersatz der langen weggewaschenen Straßenstrecke diente, in Bewegung zu setzen begann. Es war spät abends, als wir in das nächste Dörflein mit Hunderten von anderen Autofahrern im Kriechtempo einfuhren. Jeder suchte in diesem wilden Berggebiet nach einer Unterkunft für die Nacht. Wir dankten Gott für die Bewahrung bis hierher inmitten der um uns lauernden Gefahren.

Jedoch wir fanden kein Nachtquartier – außer bei einer Dame mit zweifelhaftem Ruf. Für einen enormen Preis brachte sie unsere Familie bei sich unter. Sie erkundigte sich, ob wir und die Kinder vor dem Schlafen noch etwas trinken wollten. Wir waren alle erledigt nach der haarsträubenden Fahrt auf den unsicheren Bergstraßen, so nahmen wir ihr freundliches Angebot an. Doch sie hatte nichts anderes als „Gin“ oder „Raki“, das die Kehle wie Feuer herunterging. Das Haus besaß weder Waschgelegenheiten noch eine Toilette.

Am nächsten Morgen wurden Einar und Oliver krank. Wir hatten etwas Ovomaltine und Pulvermilch bei uns, was wir den beiden zu trinken gaben. Würden wir es wirklich auf den ständig sich verschlechternden Straßen mit den vielen riskanten, unvorhergesehenen Hindernissen schaffen?

Weiter nördlich durchfuhren wir Tuzla. Sobald wir die Berge hinter uns ließen, wurden die Straßen besser. In Bošnjaci, einem Bauerndorf mit großen frei herumwatschelnden Gänseherden, versuchten wir etwas früher unterzukommen, weil die beiden Kinder noch krank waren. Doch hier gab es keinerlei Hotels oder andere Unterkünfte. So fuhren wir weiter Richtung Belgrad, wo wir in dem südlichen Vorort Avala ein Motel erspähten. Nach einer guten Nachtruhe ging es Oliver und Einar besser.

Von Belgrad schlugen wir die Straße südwärts nach Niš ein. In einem Bäckerladen musste ich in meinem besten Russisch kommunizieren, um ein Brot und etwas Milch einzukaufen. Niemand verstand Englisch, Deutsch, Französisch oder Italienisch. Mein Russisch, das ich jahrelang nicht gebraucht hatte, war ein wenig rostig geworden, aber es reichte, um dem Ladenbesitzer verständlich zu machen, was wir wollten.

Auf den besseren Straßen konnten wir viel schneller im heutigen Serbien vorwärts kommen: von Belgrad nach Niš, weiter nach Leskovac und Vranje.

In Mazedonien, hinter Skopje und Titov Veles, wurde die Landschaft öde. Tausende von Schafen grasten auf den Hügeln. Dazu sahen wir zahlreiche Störche herumstolzieren; unsere Kinder waren fasziniert. Bis jetzt hatten sie hauptsächlich in Märchen von Störchen gehört und kaum welche gesehen.

Gegen Abend erreichten wir Gevgelija an der griechischen Grenze. Hier kehrten wir im Motel Varda ein, einem geräumigen schönen Platz. Dieser Ort war im Vergleich zu den vorhergehenden Unterkünften derart komfortabel, dass wir ihn sehr genossen. Das große Grundstück war fantastisch angelegt; ein hochromantischer Park voller duftender Blumen und rieselnden Springbrunnen versetzte einen ins Träumen. Wir nahmen unser Abendessen draußen auf der anmutig verzierten Terrasse des Motels bei vollem silbernem Mondlicht und klassischer perlender Flöten- und Klaviermusik ein. Wie wohltuend empfanden wir diesen Abend nach all den vorhergehenden Strapazen!

Am nächsten Morgen, am 28. August, überquerten wir die griechische Grenze. Via Thessaloniki reisten wir nach Kavala, Xanthi und Alexandroupoli. Unterwegs schwammen wir mehrere Male im warmen Ägäischen Meer. Es war äußerst wohltuend. Rings um Alexandroupoli herum war das griechische Militär in umfangreiche Manöver verwickelt, als wir dort abends im Dunkeln eintrafen. Wir blieben über Nacht in einem Motel am Meer. Zwischen Feres und Keşan überquerten wir die türkische Grenze und setzten unsere Fahrt durch Malkara, Tekirdağ mit Kurs auf Istanbul fort. Vieles um uns herum hatte sich langsam verändert, als wir uns Kleinasien näherten. Die Menschen hatten völlig andere Sitten und Gewohnheiten.

In Istanbul kam uns der Verkehr wie ein Irrenhaus vor. Fast jedes Auto hatte Blechschäden, was nicht erstaunlich war! Autos verkehrten auf beiden Straßenseiten mit Höchstgeschwindigkeit, wobei die Fahrer sich gegenseitig anschrien und laut hupten. Wir hatten nur einen Wunsch: heraus aus diesem Chaos!

Zu der Zeit gab es noch keine Brücke über den Bosporus, deshalb nahmen wir die Fähre hinüber auf die asiatische Seite der Türkei und blieben über Nacht in einer kleinen Pension in Kartal. Die Besitzer waren fasziniert von unseren vier kleinen Kindern, alle mit deutlich hellerer Haut und hellerem Haar als sie. Schon bei den Zollbeamten an der Grenze hatten das helle Haar und die blauen Augen allgemeines Entzücken hervorgerufen, und sie wollten die Kinder berühren und küssen. Aber unsere Kinder waren über diese Annäherungen nicht erfreut und wichen vor den fremdländischen Gestalten ängstlich zurück.

Die Straßen in der Türkei waren nicht zu schlecht, aber die Fahrdisziplin war miserabel. Wenn zum Beispiel jemand die Straße bergauf fuhr und sich dem Höhepunkt näherte, dachte sich ein Fahrer von der Gegenrichtung gar nichts dabei, blind zu überholen. Während unseres Aufenthaltes in der Türkei sahen wir unzählige frontale Zusammenstöße, die durch Verkehrsverhalten dieser Art verursacht waren. Der blind überholende Fahrer verteidigte sich gewöhnlich, indem er behauptete, der ihm entgegenkommende Fahrer auf der richtigen Straßenseite habe ihn beim Überholen gestört. Ganz selten begriffen sie, dass ein Überholen ohne genügende Sicht die Wurzel des Übels war.

Am 30. August trafen wir endlich unversehrt in Ankara ein. Ich stieg die Treppen des modernen Gebäudes der Hacettepe-Universität hinauf. Als ich das Büro des Dekans ausfindig gemacht hatte, trat ich ein, um unsere Ankunft zu melden. In seinem Willkommen lag nicht die geringste Spur von Wärme. Er begleitete mich heraus zu unserem Auto, wohl deswegen, weil seine Pflicht solch eine Geste verlangte. Doch der Mann stand da, voll unverhohlener Bewunderung, als er den neuen grünen

Kombi wahrnahm, und platzte heraus: „Allah muss Sie alle sehr lieben!“ Der Koran ist auf diesem Punkt sehr klar: Allah segnet alle, die er liebt mit weltlichen Gütern. Doch die Moslems lehren auch das Umgekehrte dieser Doktrin, nämlich dass arme Leute, nicht mit weltlichen Gütern Gesegnete, von Allah verflucht sind. Deswegen werden sie auch oft dementsprechend behandelt – arme Bettler werden nicht bemitleidet – sie sind ja die von Allah selbst Verfluchten. Daher rührt die Unbarmherzigkeit, die man oft unter den Moslems sieht.

Um Allahs strafendes Auge abzuwenden, liest der arme Bettler heilige Texte aus dem Koran und erfleht Allahs Segen auf alle Vorübergehenden. Während des Ramadan-Monats bringt jede vom Moslem zitierte Sure aus dem Koran einen besonderen Segen sowohl für den Rezitierenden als auch für den Zuhörenden.

Einmal fuhren wir mit der ganzen Familie nach Tarsus, der Herkunftsstadt des Apostels Paulus. Wir bewunderten all die Antiquitäten, die man Touristen zeigt. Was uns aber am stärksten berührte, waren nicht der Brunnen des Paulus oder Kleopatras Bäder und wie diese damals geheizt wurden, sondern ein armes, geistesschwaches Mädchen von etwa vierzehn Jahren, das von einer grölenden Horde Rowdys gejagt und mit Steinen beworfen wurde. Das gehetzte Mädchen schrie vor Angst und Terror – die Rowdys zielten genau und fügten dem Kind Schmerzen zu.

Unsere Kinder hatten wir dazu erzogen, schwächere und kranke Menschen zu achten und zu beschützen. Sie konnten so eine Gemeinheit nicht zulassen und einfach zuschauen. Blitzschnell hoben unsere Buben Stöcke und Steine vom Boden auf und griffen die Raufbolde an, um das Mädchen zu verteidigen. Hätten wir nicht sofort eingegriffen, wäre es zu einer Straßenschlacht zwischen ihnen und den Rowdys gekommen. Auf alle Fälle zog sich die Horde mit gewaltigem Respekt vor unseren Jungen zurück.

Es dauerte lange, bis wir die Lehren des Korans verstanden, die die Basis der türkischen Mentalität bilden. Ihre Mentalität ist von diesen Lehren stark geprägt. Die Türken leben sie viel konsequenter, als viele sogenannte Christen die Lehren der Bibel leben.

Kapitel II

EINE WOHNUNG IN ANKARA

Bei Sonnenaufgang weckte uns der Ruf des Muezzins vom Minarett der Moschee. Unser erstes dringendes Anliegen war, eine Wohnung zu finden. Aber wie sollten wir vorgehen? Wir wussten, es gab eine Deutsche Botschaftsschule in Ankara. Vielleicht könnte man dort Rat erhalten? Ihre Lehrer müssten doch durch ähnliche Schwierigkeiten gegangen sein? Oder sollte man die verschiedenen Botschaften befragen? Aber weder die Leute an der Deutschen Schule noch die verschiedenen Botschaften konnten uns in unserem Wohnungsproblem behilflich sein. Jeder beteuerte nur, wie schwierig dieses Problem zu lösen sei.

Nach vielem vergeblichen Suchen traf meine Frau auf der Straße eine englische Dame, die etwas Türkisch sprechen konnte und gehört hatte, im A-Block der „Atatürk Bulvar" (Straße) sei gerade die Wohnung eines Rechtsanwaltes und seiner Familie frei geworden.

Da wir noch kein Wort Türkisch sprachen, war die englische Dame so freundlich, meine Frau zu dem „Kapici" (Hausverwalter) des A-Blocks zu begleiten. Er bestätigte, dass diese Wohnung frei war und sogar möbliert. Der „Kapıcı" besaß einen Wohnungsschlüssel, kannte aber nicht die neue Adresse des Rechtsanwaltes. Er zeigte uns die Wohnung und schlug vor – wie auch das freundliche Ehepaar der Nachbarwohnung –, wir sollten sofort in die Wohnung einziehen. Sie würden sich inzwischen alle bemühen, die Adresse des Wohnungsbesitzers aufzutreiben.

Die Wohnung war für unsere Familie wirklich zu klein. Aber es war äußerst schwierig, etwas Passendes zu finden; dazu besaß sie wenigstens heißes und kaltes Wasser und ein Badezimmer. Sie lag im sechsten Stockwerk, und das Haus verfügte über einen Fahrstuhl, welchen man in den meisten Häusern nicht vorfand. Unsere Wohnung befand sich in einem verhältnismäßig modernen Block neben der polnischen und tschechischen Botschaft. (Übrigens war zu der Zeit Dubček tschechischer Botschafter in der

Türkei, nachdem er bei den Kommunisten in Ungnade gefallen war. Dort wurde er von der russischen Botschaft streng überwacht und später in die Tschechoslowakei zurückgeschickt.)

So zogen wir ein, obwohl die Gardinen in einem recht schäbigen Zustand waren und der Kühlschrank kaputt war. Unsere freundliche Nachbarin, Frau Taylan, kam mit uns zur Strom-, Wasser- und Gasversorgung für die Anmeldung, damit dieser offizielle Teil erledigt war und unsere Wohnung normal funktionieren konnte. Natürlich durfte man das Leitungswasser nicht trinken, wir kauften es vom „Sucu" (Wasserverkäufer). Und niemand lebte ohne Kakerlaken, ganz gleich wo man wohnte.

Die größte Unannehmlichkeit bestand darin, dass das Wasser oft ohne Warnung zu jeder Tages- oder Nachtzeit abgestellt wurde, und zwar stundenlang. Da die Wasser- und die Abwasserleitungen durch die gleichen Schächte liefen, konnte das Abwasser leicht in die benachbarten Trinkwasserleitungen lecken, welche oft negativen Druck wegen des abgeschalteten Wasserdruckes aufwiesen. Während unseres Aufenthaltes hatte es bereits Ausbrüche von Cholera aus diesem Grund gegeben. Aus Vorsicht kochten wir immer unser Wasser, bevor wir Gemüse oder Geschirr wuschen. Selbst mit dieser Vorsorge litten die meisten Europäer und Amerikaner an Hepatitis oder anderen Krankheiten. Der amerikanische Kommandeur der NATO-Streitkräfte bot freundlich an, dass wir frisches trinkbares Wasser in Behältern von Balgat – dem U.S.-Gelände – holen konnten.

Der Besitzer unserer Wohnung war ein Verwandter des Rektors der Universität Hacettepe, ein Rechtsanwalt in Izmir, wie wir bald herausfanden. Er willigte gern ein, uns seine Wohnung zu vermieten. Er war ein freundlicher Herr und ließ sogar die Wohnung für uns renovieren – es war dringend nötig.

Bald nach unserer Ankunft in Ankara begannen meine Frau und ich, Türkischunterricht bei Abdullah Bey, dem Professor für Englisch, zu nehmen. Wir lernten genug, um Einkäufe zu erledigen und im täglichen Lebens einigermaßen zurechtzukommen. Ich besuchte oft das große Gelände, auf dem die Britische Botschaft stand, und half dem Stab mit Vorträgen und Predigten in ihrer Kapelle aus. Die kleine Kapelle für die anglikanischen

Gottesdienste besaß eine Kirchenglocke, aber die Glocke durfte nie läuten. „Denn“, beteuerten die Türken, „das Läuten könnte über die Grenzen des britischen Geländes hinaus hörbar sein.“ Das wäre zu verstehen als christliche Propaganda auf souveränem türkischem, d. h. Islam-Gebiet – und das war streng verboten.

Meine Kollegen an der Universität nahmen kein Blatt vor den Mund: Für sie war ich ein kompletter Heide. Ich war neugierig und wollte wissen, warum sie das dachten. Der Kollege, den ich befragte, gab mir sofort und überzeugt die Antwort: „Ihr sogenannten Christen seid alle gleich; wenn es zur Praxis kommt, seid ihr in Wirklichkeit die reinsten Heiden. Ihr fastet nicht. Ihr betet nicht.“ Für einen Moslem heißt beten, den Boden mit der Stirn zu berühren und sich täglich vor Allah eine bestimmte Anzahl von Malen zu Boden zu werfen, um damit seine Unterwürfigkeit gegenüber dem Willen Allahs zu bekunden.

Darauf antwortete ich: „Aber ich bete im Verborgenen; und ich faste, aber nicht, um von Menschen gesehen zu werden.“ Als der Muezzin an diesem Abend seinen Gebetsruf vom Minarett erschallen ließ, schloss ich behutsam die Tür meines Arbeitszimmers. Gleicherweise nahm ich auch keine Speise zu mir, während sie alle zu Ramadan fasteten.

Sobald ich dies tat, wurde ich von ihnen anerkannt und zu ihren kleinen Festen nach Sonnenuntergang eingeladen, wenn ihnen durch den Ruf des Muezzins das Essen wieder erlaubt war.

Wenn man einem Moslem gegenüber sein christliches Zeugnis ablegt, ist es weise, unnötig provokative Ausdrücke zu vermeiden, indem man ihre Vorurteile und ihren Hintergrund in Betracht zieht.

Kapitel III

DAS TÜRKISCHE MILITÄR

Es war Sonntagnachmittag, wir nahmen die Kinder mit auf einen kleinen Spaziergang durch die Hügel hinter Çankaya, um die frische Luft zu genießen. Mitten in unserem Gang durch die ausgetrockneten Hügel ratterte eine Kolonne alter türkischer Armee-Lastautos an uns vorbei – voller türkischer Infanteriesoldaten, die von ihren Manövern zurückkehrten. Die Lastautos waren alle sehr alt – und offensichtlich schon lange nicht mehr unterhalten worden. Einer der Lastwagen brach zusammen. Obwohl der Fahrer ausstieg und am Vergaser herumfummelte, zeigte der Motor kein Lebenszeichen, trotz reichlicher Betätigung des elektrischen Selbstanlassers. Ich wusste, wenn er den Anlasser weiter so beständig herunterdrücken würde, wäre bald nichts mehr von der Batterie übrig, um die Zündung zu speisen.

So lief ich – in meiner Sonntagskleidung – hinüber zu ihm, um zu helfen. Er war ein einfacher türkischer Soldat, der offenbar nichts von einem Verbrennungsmotor verstand. Ich vermutete, dass Wasser in den Vergaser gekommen war. Ich zeigte ihm, wie man das Schwimmgehäuse herausnahm, es säuberte und den Motor wieder anließ. Es war rührend, wie erleichtert er war, als der Motor wieder ansprang, denn damals wurden türkische Soldaten noch mit der Peitsche verprügelt, wenn sie auch nur wenige Minuten zu spät in die Baracke zurückkehrten. Sie fürchteten das Auspeitschen. Das ist ein Grund, warum türkische Akademiker so bemüht waren, Offiziere zu werden, wenn sie ihren Militärdienst absolvieren mussten. Denn Offiziere wurden natürlich nicht geschlagen.

Noch ein anderer Punkt sollte in Verbindung mit dem türkischen Militärdienst erwähnt werden. Wenn ein Akademiker mit einer Ausländerin, d. h. mit einer Nichttürkin, verheiratet war und zum Militärdienst eingezogen wurde, bekam er keine Offiziersstelle. Um der Gefahr von unerwünschter Behandlung zu entgehen, musste er Offizier werden. Aber er konnte nur Offizier werden, wenn er sich zuerst von seiner Frau scheiden ließ.

Die Türken nahmen das nicht so wichtig, denn man konnte die Frau ja nach Beendigung des Militärdienstes wieder heiraten; dann sei die erlittene Härte nicht so schwer. In der Tat jedoch kam es oft vor, dass der Offizier nach seiner Entlassung die erste Frau nicht wieder heiratete, sondern sich eine andere, eine jüngere nahm, weil er legal und ohne Kosten die Möglichkeit dazu hatte.

Der Islam war immer auf dem Gebiet der Frauenrechte schwach und erlaubt noch immer Polygamie, obgleich Atatürk sie verbot. Aber was Atatürk und andere Politiker verkündeten und anordneten, wurde in den entfernteren Teilen des Landes nicht immer beachtet. Die bemerkenswerte Tatsache ist, dass – trotz der wenigen Frauenrechte im Islam – der Islam sich im Westen rapide ausbreitet, wo doch Frauenrechte so stark betont werden. Man fragt sich, wie viel die westlichen Frauen, die zum Islam übertreten, wirklich vom moslemischen Glauben und dessen Haltung zu Frauenrechten wissen. Man fragt sich auch, wie gründlich unsere Politiker den Islam und die mohammedanischen Nationen im Allgemeinen kennen, mit denen sie ihre politischen Verträge abschließen.

In der Türkei hatten wir guten und viel gesellschaftlichen Kontakt mit den amerikanischen, britischen und deutschen Botschaften. Durch diese Verbindungen erlebten wir aus erster Hand einen Teil der Probleme, die die Diplomaten zu behandeln hatten. Ein Beispiel wird für unseren Zweck hier genügen.

Ein deutsches Mädchen hatte einen türkischen Akademiker während seines Studiums in Deutschland kennengelernt und geheiratet. Als sie zurück in die Türkei zogen, tauchten mehr und mehr Probleme in der Ehe auf – wie es fast immer geschieht, wenn das Paar in die Türkei zieht und dort lebt. Junge deutsche Mädchen vertragen es nicht, unter der absoluten Herrschaft der türkischen Schwiegermutter zu leben, wie türkische Mädchen es oft tun müssen und als vollkommen normal annehmen. Darüber hinaus muss die Frau manchmal auch andere Frauen neben sich dulden. Sie besitzt keine der Freiheiten, die ein westliches Mädchen heute als ihr uneingeschränktes Recht betrachtet. Als der Ehemann in die Armee eintrat, wurden die beiden geschieden.

Deshalb ging sie heim nach Deutschland und nahm ihr kleines Baby, einen Sohn, mit. Als der Türke aus der Armee entlassen wurde, heiratete er – wie vorauszusehen war – seine erste Frau nicht wieder. Sie erzog den Kleinen; dieser besuchte die Schule in Deutschland und lernte nie Türkisch. Einige Zeit später, aus Freundlichkeit ihrem früheren Mann gegenüber, wollte sie ihrem Ex-Ehemann seinen Sohn zeigen, der jetzt ein Junge von sechs oder sieben Jahren war. Ohne sonst jemanden um Rat zu fragen, fuhr sie in die Türkei und besuchte ihren früheren Mann mit ihrem kleinen Sohn. Er verschwand ohne jegliche Spur.

Ich fragte einen unserer Freunde von der deutschen Botschaft, was man in solch einem Fall täte. Die Antwort war: Gemäß moslemischem, in der Türkei gültigem Recht gehört der Sohn Allah und dem Vater. Der Mohammedaner respektiert nicht die Gesetze, die wir respektieren. Für ihn gelten wir als „Heiden", und deshalb betrachten sie unsere Gesetze nicht so rechtsgültig wie ihre. In diesem Fall hatte die Tatsache, dass die Mutter das Kind geboren und erzogen hatte, keinerlei Bedeutung. Weder die deutsche Botschaft noch sonst irgendjemand konnte helfen. Auf diese Weise verlor die Mutter ihr Kind, das ihr während der Nacht gestohlen worden war.

Da unsere Zeitungen und Schulen diese Themen nicht berühren, wissen westliche Mädchen nicht, dass sie mit dem „Feuer" spielen. Sie haben keine Ahnung von den Tatsachen anderer Kulturen und Religionen. So denken die jungen Mädchen, geschlechtlicher Verkehr mit Männern anderer Kulturen oder Religionen sei harmlos oder nicht anders als gesellschaftlicher Verkehr mit Gliedern unserer Kulturen.

Kapitel IV

DIE WIEGE FRÜHERER ZIVILISATION

Unser Aufenthalt in der Türkei erwies sich als äußerst wertvoll, weil wir mitten in der Wiege einer früheren Zivilisation lebten. Wir erforschten die alten Ruinen von Ephesus und Tarsus, wo der Apostel Paulus aufwuchs. Überall in der Türkei entlang der Südküste findet man die Ruinen alter griechischer Kultur, die vor 2000 Jahren hier existierte – die schönen Mosaikböden, die Fundstätten alter Tempel, die belegten, welch höhere Kultur die Alten, die hier lebten, entwickelt hatten. Die in der Bibel erwähnten Orte zu besuchen und zu erleben, hinterließ einen tiefen und bleibenden Eindruck in unseren Herzen. Ein Beispiel dafür sind die von Johannes in dem Buch der Offenbarung genannten sieben Kirchen. Wir übernachteten in einem Motel in der Nähe von Pamukkale – dem biblischen Laodicea – und schwammen mit zahlreichen Schildkröten im warmen Wasser des Swimming Pools, das aus der Erde herausquoll. In Ephesus bewunderten wir das Amphitheater, in dem schon Paulus zu seinen Zuhörern sprach. Wir testeten die viel gerühmte Akustik im Theater. Es war ein einmaliges Erlebnis: Bis in die hintersten Reihen konnte ein leises Flüstern verstanden werden.

Die „modernen" Türken bauten häufig ihre dürftigen Hütten direkt an die Mauern schöner alter Bauten oder Tempel an. Der ungeheure Unterschied zwischen der damaligen und der heutigen Baukultur hätte nicht besser sichtbar werden können als durch solche Nebeneinanderstellungen in der modernen Türkei. Aber es blieb nicht die geringste Spur von der starken christlichen Kultur zurück, die damals hier blühte. Sie ist, geistlich gesprochen, vollkommen ausgebrannt.

Hattusas

Nordöstlich von Ankara fanden wir die Ruinen von Hattusas, der früheren Hauptstadt der Hetiter. In der Heiligen Schrift wird öfter von den Hetitern gesprochen. Sie waren zu Zeiten des Alten Testaments die Militärexperten des Mittleren Ostens, und David stellte sie als Söldner an, die Hauptstütze seiner Armee. Uria, der Ehemann der Batseba, war ein Hetiter gewesen (2Sam 11).

Als ich ein Junge war, pflegten liberale Theologen und Archäologen zu lehren, die Hetiter wären ein alttestamentlicher Mythos. Sie behaupteten, ein Volk wie die Hetiter hätte in Wirklichkeit nie existiert. Und das, meinten sie, beweise, dass vieles im Alten Testament historischer Mythos war – inklusive der Geschichte von Adam und Eva und dem Garten Eden.

In der Türkei kann man heute die Ruinen der hetitischen Hauptstadt Hattusas bei Boğazkale besichtigen – mit ihren massiven steinernen Säulen, die als Torposten für die Stadttore dienten. In diesen Steinmauern kann man noch die Löcher ausfindig machen, in denen die Torangeln hingen. Neben den Haupttoren gibt es enge, niedrige Durchgänge, durch die man noch jetzt kriechen kann, wie es damals die Leute taten, wenn die Haupttore geschlossen waren. Auch die Überreste ihrer großen Bibliothek, ein Zeichen ihrer bedeutenden Kultur, sind noch erkennbar.

Ein Wörterbuch fand man in dieser Bibliothek, das in mehreren Sprachen herausgegeben war. Es zeugt davon, dass die Hetiter nicht nur existierten und Träger einer sehr gut entwickelten Kultur waren, sondern ihre Leute als Söldner an den König David verdingt hatten. Außer dem Unterhalten beeindruckender militärischer Organisationen im Mittleren Osten, erbauten und bewohnten sie die imposante Stadt Hattusas mit ihren ausgedehnten Bibliothekseinrichtungen.

Die Theologen der bibelkritischen Schulen hatten sich nicht nur ein wenig getäuscht in ihrer Annahme, dass die Bibel historisch nicht zuverlässig sei, sie irrten sich massiv, denn die Hauptstadt der Hetiter, die Schriftstücke in eigener und anderer Sprachen wie auch die massive Architektur wurden alle von modernen Archäologen aufgefunden. Es ist meine persönliche Überzeugung, dass die Bibel sich nicht nur als historisch korrekt erwiesen hat, sondern dass die Geschichte der Zukunft, niedergeschrieben in der Bibel – mitsamt der Prophetie –, sich ebenso genau bewahrheiten wird.

Kaymaklı

Nicht weit von Ankara entfernt entdeckten wir die zwei Untergrundstädte, erwähnt von dem Apostel des Hebräerbriefes (Heb 11,38). Der Apostel spricht von den Märtyrern, die gezwungen waren, in Höhlen und Erdlöchern ihr Dasein zu fristen aufgrund der römischen Verfolgung. Die betreffenden Städte, zum Beispiel Kaymaklı, sind vollkommen unterirdisch und unsichtbar von der Oberfläche. Ein Belüftungsschacht führt von der Oberfläche herunter zu einer in den weichen Sandstein gegrabenen Schicht. Hier gibt es viele, viele kleine Räume, die man „Wohnungen" nennen könnte, tief in der Erde angelegt.

Wir erblickten Kapellen mit noch erkennbaren griechischen neutestamentlichen Texten an die Wände gemalt. Überall in den Gängen, die die Räume und „Wohnungen" verbinden, gibt es Nischen in den Wänden, noch schwarz von dem Rauch der Öllampen, die hier ihren Platz hatten, um die dunklen Korridore zu erleuchten. Die Eingänge zu diesen unterirdischen Städten wurden durch riesige Sandsteinblöcke geschlossen. Sie gleichen großen Rädern, eingelassen in Sockel über den Eingängen zu diesen unterirdischen Städten.

Die römischen Legionen hatten überall Wachtposten, die die Bewohner der unterirdischen Städte beobachten und fangen sollten. In diesen verborgenen Städten gab es sogar Beerdigungsstätten, in den Stein gehauen, wo sie ihre Toten begruben. Wir sahen unterirdische Weinpressen zum Auspressen der Weintrauben, mit Kanälen in den Sandstein geschnitten, zum Abfließen des Saftes. Die Weintrauben wurden natürlich über dem Boden geerntet, dann hinunter in die unterirdische Stadt befördert und dort zu Wein verarbeitet. Die Einwohner dieser Städte müssen ein ganzes Stück kleiner gewesen sein als wir: Die Gänge waren nicht hoch, und wir mussten uns bücken, um einige Räume betreten zu können. Kaymaklı besteht aus acht übereinander liegenden Stockwerken mit „Wohnungen". Einige der Stockwerke stehen heute unter Wasser, weswegen man nur die oberen Stockwerke besichtigen kann. Es gibt zwei dieser Städte in der Gegend, die beide miteinander durch unterirdische Gänge verbunden sind.

Den türkischen Verwaltern dieser alten Bauwerke gefielen unsere Kinder. Während der Erklärung des Gesehenen, das uns tief beeindruckt hatte, bemerkte einer der Männer zu unserem ältesten Sohn: „Die früheren Einwohner dieser Städte waren Christen – nicht wie die heutigen Christen –, denn lieber, als ihren Glauben zu verleugnen, lebten sie jahrelang unter dem Boden. Die Alten wussten sich selbst zu verleugnen, was die meisten modernen Christen vergessen haben."

Göreme

In der Nähe von Kaymaklı liegt der Ort Göreme, dessen Wohnungen in spitzen, ausgehöhlten Sandsteinfelsen, die es hier in der Gegend zahlreich gibt, zu finden sind. Die Gegend mutet wie eine Mondlandschaft an. Man erzählt sich, dass die Einwohner Kaymaklıs ihre unterirdische Stadt verließen, als die römische Verfolgung mit Konstantins Bekehrung aufhörte. Doch sie wussten nicht, wie man Gebäude über dem Boden baut, sie konnten nur spitze Sandsteinfelsen aushöhlen. Deshalb benutzten sie die spitzen Sandsteingebilde um Göreme herum und höhlten sie aus. Dann schnitten sie Fenster hinein und stellten auf diese Weise ihre ersten oberirdischen Wohnungen her, indem sie die gleiche Bautechnik benutzten, die sie vorher beim Bau ihrer Untergrundstädte angewandt hatten. „Göreme" heißt auf Türkisch „Du kannst mich nicht sehen", weil alles, was man bei diesem ausgehöhlten Gestein sehen kann, die von den Menschen für Licht und Luft ausgeschnittenen Fenster sind.

Und in dieser Gegend – Göreme – machen die Türken immer noch, was die Alten taten: Sie höhlen die Sandsteinfelsen aus und gebrauchen diese Höhlen zum kühlen Lagern der Weine während der Sommermonate.

Kapitel V

FOSSILIENABLAGERUNGEN IN KIZILCAHAMAM

Ein Wochenende lud uns der amerikanische Militärgeistliche von Ankara, dem ich als Drogenexperte öfter bei Drogenproblemen geholfen hatte, zu einer Expedition ein. Er wollte uns zu den Fossilienbetten bei Kızılcahamam mitnehmen. Als wir dort ankamen, staunten wir über die Menge der Fossilien. Wir sahen buchstäblich Tausende und Abertausende von fossilierten Fischen und Pflanzen aller möglichen vorstellbaren Sorten und Arten. Einige der Fische waren höchst interessant; sie waren vom Tod überrascht worden, gerade als andere Fische fraßen. Ein Fisch war gerade dabei, seinen Nachbarn zu verschlucken, und ist mitten in der Tat fossiliert worden. Das bedeutet, der Fossilierungsprozess muss sehr schnell und plötzlich vor sich gegangen sein – und sicherlich nicht langsam über Millionen von Jahren.

Kapitel VI

„ÄRGERHEPATITIS" UND UNANNEHMLICHKEITEN

Wenn wir uns auf die bisher berichteten Erfahrungen in der Türkei beschränkten, erhielte man ein ganz falsches Bild der wirklichen Lage, in der wir dort lebten und arbeiteten. Eine größere Anzahl der in der Türkei arbeitenden Ausländer erkrankten nach einigen Monaten an der unter uns so benannten „Ärgerhepatitis". Wir hatten schon geglaubt, dieser Krankheit entgangen zu sein. Jedoch erwischte mich diese Krankheit noch bei der Abreise aus der Türkei nach zwei Jahren, und es dauerte sehr lange, bis ich mich wieder davon erholte.

Die Krankheit war zweifellos eine echte Hepatitis: Das Weiße meiner Augen und meine Haut wurden gelb, und ich fühlte mich sterbensübel. Nur ein Wunsch beseelte mich: nämlich aus der Türkei heraus in ein Land zu gelangen, wo man Milch und Wasser gefahrlos trinken und Käseprodukte sicher essen konnte. Und wo alles funktionierte, wie es funktionieren sollte.

Was ich im nächsten Abschnitt berichte, entspricht den Tatsachen, ist aber unangenehm – ja sogar für den durchschnittlichen Europäer unglaublich. Jedoch, damit der Leser erfährt, was wirklich geschieht und wie manche Hilfsgelder in den Entwicklungsländern verwaltet werden, möchte ich hier etwas von unseren täglichen Erfahrungen an der Universität in Ankara wiedergeben. Diese Universität lebte praktisch von U.S.-Hilfsprogrammen, die sich pro Jahr auf Millionen U.S. Dollar beliefen.

Kapitel VII

DAS PEACE CORPS

Die Türkei brauchte und braucht immer noch Lehrkräfte in englischer Sprache und auf technischen und landwirtschaftlichen Fachgebieten. Der Unterricht in Englisch wurde hervorragend an den Universitäten Ankaras vom Peace Corps erteilt. Ich lernte den Direktor des Peace Corps persönlich kennen und bewunderte ihn in seiner Ausdauer trotz der unüberwindlichen Schwierigkeiten, auf die er stieß.

Etwa 70 Mitglieder des Peace Corps lehrten Englisch an der SSU (eine der drei Universitäten Ankaras). Der ganze Plan war ein vorbildlicher Einsatz an persönlichem und nationalem Engagement, um einem Entwicklungsland Hilfe zu bieten. Das Peace Corps hatte mit der Universität einen Vertrag bis Juni 1970 abgeschlossen.

Im Januar 1970 gingen die Studenten in Ankara auf Streik gegen den „amerikanischen Imperialismus" in Verbindung mit der Gegenwart des Peace Corps in Ankara, dessen Angehörige dort für einen Hungerlohn Englisch unterrichteten. Die Studenten boykottierten und blockierten die drei Universitäten in Ankara. In den Schießereien zwischen den links- und rechtsgerichteten Studenten kamen einige ums Leben.

Auf einer „Generalversammlung" der Studenten an der SSU (Universität) ließ einer der hitzköpfigen Studentenanführer verlauten, er würde persönlich die Schädel der Peace-Corps-Leute spalten, wenn sie je wieder an der SSU auftauchten, um Englisch zu lehren. Der Rektor erfuhr von dieser Rede, und um seine eigene Haut zu retten – seine Studenten betrachteten ihn als einen „amerikanischen Hund", weil er so viel Geld und Hilfsmittel von Uncle Sam angenommen hatte –, gab er den aufgeputschten Studenten nach und kündigte dem gesamten Peace Corps in absentia ohne Begründung. Dieses Vorgehen stand in direktem Widerspruch zu seinem Vertrag mit dem Peace Corps und der U.S.-Botschaft.

Die übrigen ausländischen Professoren in Ankara waren über diesen Verrat an ihren Landsmännern empört, die eine ausgezeichnete Arbeit geleistet hatten. Sie prägten das Wort: „Kein Peace Corps, keine ausländischen Professoren." Gewalttätigkeiten wurden vielerorts ausgeübt. Ein türkischer Professor wurde direkt vor der Universität erschossen. Er hinterließ eine junge Frau und drei kleine Kinder. Das Peace Corps verschwand über Nacht. Doch bald war alles Geschehene vergessen.

Die übrigen Professoren kämpften mit eigenen Problemen: Die Türken hatten von sich aus, einfach Teile der Gehälter der Ausländer zurückbehalten. Sie taten dies trotz der Tatsache, dass die Vereinigten Staaten die Beträge im Voraus der türkischen Administration ausgezahlt hatten.

Die Türken betrachteten jeglichen Versuch der Vereinigten Staaten oder einer anderen Geld spendenden Nation, administrative Kontrolle beizubehalten, als eine Beleidigung der türkischen Souveränität. Und sie beharrten auf dieser Einstellung so unbeugsam, dass Washington klein beigab und das gesamte Geld den Türken zur Verwaltung übergab, und zwar unter keinerlei Bedingungen außer der, den Professoren ihr Gehalt auszuzahlen. Was sie leider nicht taten. Wiederholt hatten die in der Türkei lebenden Amerikaner die Politiker gewarnt, welcher Art die Konsequenzen für Amerikaner, die sich für das Hilfsprogramm in der Türkei zur Verfügung gestellt hatten, sein würden.

Kapitel VIII

VERBRENNEN VON AUTOS

Kurz vor den erwähnten Ereignissen trug sich etwas anderes zu. Der amerikanische Botschafter stattete der Universität, an der ich tätig war, einen Inspektionsbesuch ab. Er wurde gebührend vom Rektor empfangen und in das Verwaltungsgebäude für den offiziellen Empfang geführt.

Als der Botschafter mit dem Rektor etwas später aus dem Fenster schaute, bot sich ihnen eine wahrhaft erschreckende Aussicht dar. Die Studenten hatten das vor dem Gebäude geparkte Auto des Botschafters umgestürzt und angezündet.

In einem anderen Vorkommnis sandte der Kommandant einer der großen NATO-Einheiten, mit dem ich persönlich gut befreundet war, seinen nagelneuen Wagen aus Freundlichkeit zu der SSU. Eine ältere türkische Dame war ernsthaft krank und musste sofort ins Krankenhaus. Der Kommandant ließ die ältere Dame mit seinem Auto in unser Krankenhaus transportieren. Als man sie in der Krankenstation abgeliefert hatte, umringten die Studenten das Auto des Kommandanten, trieben den Chauffeur aus dem Auto hinaus, warfen das Auto um und setzten es mit seinem eigenen Benzin in Brand.

Dieses Ereignis geschah fast vor dem Fenster meines Arbeitszimmers. Soweit ich feststellen konnte, wurde niemand dafür zur Verantwortung gezogen und bestraft. Einige Studenten wurden zwar festgenommen, aber hinterher wieder freigelassen, auf Ersuchen eines eingewanderten britischen Professors, der versicherte, dass die betroffenen Studenten zur Zeit des Vorfalls in seiner Vorlesung gewesen wären.

Auto-Verbrennungen dieser Art wiederholten sich sporadisch, bis die Militärregierung Professor Erims im Frühling 1972 diejenige von Demirel ersetzte.

Kapitel IX

BESCHAFFUNG VON DROGEN UND CHEMIKALIEN

Eine der größten Schwierigkeiten, die einem bei der wissenschaftlichen Forschung in Entwicklungsländern im Wege stehen, war das Beschaffen von Chemikalien und der nötigen Apparatur. In den Universitäten und Forschungsinstituten Ankaras fand man überall kaputte Apparate und Maschinen herumstehen. Vieles dieser modernen Ausrüstung waren Gaben von den USA, von Deutschland oder anderen westlichen Ländern. Jedoch, sobald die Ausrüstung reparaturbedürftig war, legte man sie zur Seite, weil es in der Türkei sowohl an Ersatzteilen als auch an dem Know-how zum Reparieren fehlte. Es war zu mühsam und zu kompliziert, Ersatzteile zu importieren. Dies war in der Türkei besonders schwierig wegen der unbeugsamen Einstellung der Zollbeamten gegenüber Zoll und Verordnungen betreffs Apparaten und Chemikalien zur Forschung. Selbst Geschenke wurden mit so hohen Zöllen belegt, dass es unmöglich war, geschenkte Chemikalien und Apparate anzunehmen.

Kapitel X

NEUE ERFAHRUNGEN IM UMGANG MIT MENSCHEN

Einer meiner türkischen Kollegen im Institut kehrte von einem Aufenthalt in den Vereinigten Staaten zurück. Bei seiner Forschung in Ankara kam er nicht vorwärts, weil ihm gewisse Chemikalien fehlten, die er in der Türkei nicht auftreiben konnte. So kam er zu mir und bat um Hilfe.

Ich riet ihm, sich an seine amerikanischen Freunde zu wenden, da *Uncle Sam* oft in solchen Fällen hilfreich war und gerade auf dem Gebiet der Forschung großzügige Gaben an Entwicklungsländer lieferte. Er hatte natürlich schon angefragt und eine abschlägige Antwort erhalten. Mich betrachtete er als seine letzte Hilfe.

Zufällig musste ich in wenigen Tagen in die Schweiz reisen. Würde ich versuchen, für ihn die nötigen Forschungsmittel zu bekommen? Ich erwiderte, ich würde es versuchen. Aber er müsste die Chemikalien bezahlen, da die Schweizer keine Chemikalien im Wert von mehreren Hundert Dollar verschenken würden. Wenn er mir die Bezahlung garantierte, würde ich einkaufen, was ich könnte. Er müsste mir das Geld hinterher zurückzahlen. Er versprach mir das. In der Schweiz brauchte ich drei Tage, um die gewünschten Chemikalien in Geschäften, die Laboratorien belieferten, einzukaufen. Zurück in Ankara (in der Türkei kann man alles, was man bei sich trägt, zollfrei einführen), brachte ich triumphierend meinem Kollegen die Chemikalien mitsamt der Rechnung. Als er die Rechnung musterte, sagte er mir schlecht gelaunt, er wolle nicht die Rechnung, ich solle ihm nur die Chemikalien geben. Das war Warnung genug für mich nach all meinen Erfahrungen in diesem Land. Er fügte hinzu, ich habe ihn wohl missverstanden, er hätte natürlich erwartet, dass ich – wie in Amerika – bei reichen Firmen die Medikamente erbettelte. Das war eine Lüge, denn ich hatte ihm erklärt, in Europa könnte ich nicht verfahren, wie man es bei unseren Freunden, den Amerikanern, kann.

Mein Kollege beteuerte, er habe kein Geld und könne nicht bezahlen. So nahm ich meine Chemikalien und ging. Ein Arzt im Krankenhaus hatte gehört, dass ich aus der Schweiz Glucagon mitgebracht hatte. Er kam zu mir, weil er das Glucagon dringend für seine Arbeit mit Diabetes benötigte. Ich verkaufte ihm die Hälfte meines Vorrates. Andere hörten von meinem Vorrat an Chemikalien, die in der Türkei nicht zu haben waren. Allmählich verkaufte ich so meinen ganzen Vorrat.

Hier finden wir die Wurzel eines der größten Probleme im Umgang mit der Mehrheit der Muselmanen. Im Koran gibt es kein Heilmittel (Rechtsmittel) für die Sünde oder für Unrecht. Ihr großes Anliegen im Gebet zu Allah besteht darin, Allah dazu zu bringen, die Sünde zu übersehen, d. h. ihrer nicht mehr zu gedenken. Entschuldigung und Buße im christlichen Sinn ist nicht die Methode, mit Sünde und Schuld fertig zu werden. Das Konzept, dass Gott das Problem der Sünde löst, indem er selbst den Preis dafür zahlt, ist dem Islam fremd. Allah geht anders damit um. Da er das Problem der Sünde und der Schuld nicht wirklich lösen kann, übersieht er das Vorhandensein der Sünde auf das inbrünstige Gebet des Moslems hin. Daher auch die Einstellung in zwischenmenschlichen Beziehungen, Sünde nicht zuzugeben, sondern zu ignorieren. Man muss immer darauf bedacht sein, dass der andere nicht sein Gesicht verliert (nicht sein Unrecht aufdecken, selbst wenn beide Seiten davon wissen).

Es gibt eine Kardinalsünde, die kein Moslem zu begehen wagt: bei der Sünde entdeckt zu werden. Man darf nie Sünde ans Licht bringen und niemals sein Gesicht verlieren. Man deckt sie immer zu. Wenn wir dieses einfache Prinzip nicht verstehen, werden wir niemals die Mentalität unserer moslemischen Freunde verstehen. Auch wird es unseren Politikern niemals gelingen, erfolgreiche Abkommen mit ihnen abzuschließen. Denn ihr ganzes Denken ist völlig anders als das unserer christlichen Kultur.

In meiner Forschung an der Universität arbeitete ein guter und intelligenter Laborassistent für mich. Eines Tages gab ich ihm die Aufgabe, den Schmelzpunkt einer gewissen chemischen Substanz, die ich für ein neues Medikament brauchte, zu bestimmen. Es war wichtig, dass die Substanz, die wir für das neue Medikament brauchten, rein war. Nach einer Zeit kam F. Bey mit der chemischen Substanz zu mir und berichtete, der Schmelzpunkt sei 230 °C. Da ich beim Anschauen der Substanz meine Zweifel hatte, fragte ich ihn, ob er sicher sei, der Schmelzpunkt betrage 230 °C. Ja, er sei ganz sicher, sagte er. „Haben Sie wirklich den Schmelzpunkt geprüft?" „Ja, natürlich habe ich es getan." Ich konnte ihm einfach nicht glauben, die chemische Substanz sah so unrein aus. „Lassen Sie uns noch einmal zusammen den Schmelzpunkt bestimmen", riet ich. Als ich mit ihm zusammen das Experiment wiederholte, fing die Substanz bereits bei 215 °C an, zu schmelzen. Die Substanz war unrein und der Schmelzpunkt deshalb viel niedriger, als er behauptet hatte. Offenbar hatte er das Experiment überhaupt nicht durchgeführt.

„Nun, F. Bey", bemerkte ich, „was sagen Sie dazu?"

„Hm, tja", brummte er, „auf der Flasche steht, der Schmelzpunkt soll 230 °C sein."

„Warum sagten Sie mir nicht die Wahrheit? Die Folgen für das Medikament hätten schwerwiegend sein können. Schulden Sie mir nicht eine Entschuldigung?"

Er blickte mir zornig in die Augen und erklärte erregt: „Sie verstehen nicht. Warum schulde ich Ihnen eine Entschuldigung? Sie würden sogar eine Entschuldigung von Allah erwarten, nicht wahr?"

„Ganz gewiss", gab ich zurück, „wenn er mich angelogen hätte."

Kapitel XI

KATASTROPHENHILFE

Da die Türkei in einer Erdbebenzone liegt, unterliegt sie immer der Gefahr solch einer Naturkatastrophe. Während der zwei Jahre unseres türkischen Aufenthaltes, 1969–1971, ereigneten sich zwei größere Erdbeben. Beide verursachten weitgehenden Schaden und tiefes Elend. In Ankara spürten wir die Stöße kaum, doch südwestlich und östlich Ankaras waren die Erschütterungen äußerst stark, mit Verlusten von Menschenleben und Zerstörung von Wohnstätten und Eigentum.

Einige meiner Kollegen besuchten das Katastrophengebiet kurz nach den stärksten Erdbebenstößen und halfen beim Rettungseinsatz. Sie zollten den internationalen Hilfsorganisationen größtes Lob, die sofort das große Leiden, besonders unter den Ärmsten der vom Erdbeben Betroffenen, zu lindern versuchten. Einige Familien waren so arm, dass sie nie einen Fünf-Lire-Schein gesehen hatten (zu der Zeit etwa das Äquivalent von 15 Pfennig).

Um in wenigen Worten die Hilfsaktion in der Türkei zu beschreiben, erwähne ich ohne viele Kommentare ein oder zwei Vorfälle, die damals in Ankara viel Gesprächsstoff lieferten.

Nach dem zweiten Erdbeben sandte Westdeutschland eine Flugzeugladung Wolldecken für die Erdbebenopfer nach Ankara. Aber sofortige Schwierigkeiten tauchten am Flugplatz auf wegen der skandalös hohen Zollforderungen von Seiten der türkischen Zollbehörde. Die Deutschen waren nicht imstande und auch nicht willig, solch hohe Einfuhrzölle für Gaben an die vom Erdbeben Betroffenen zu zahlen.

Eilige Telefongespräche wurden mit verschiedenen türkischen Autoritäten geführt. Schließlich, so wurde berichtet, instruierten höhere Militärbevollmächtigte die Zollbehörde, die Ladung ohne weitere Schwierigkeiten durchzulassen. Das wurde vorschriftsmäßig befolgt. Wenige Tage später jedoch waren die Kaufhäuser und Geschäfte mit den besten deutschen Wolldecken überflutet, die zu hohen Preisen angeboten wurden.

Als ich versuchte, die Wahrheit darüber zu erforschen, informierte man mich seitens zuverlässiger Quelle: „Jemand anders hätte das Schmiergeld bekommen“, was auch immer das heißen sollte.

Eines Tages bat mich meine Frau, ihr auf meinem Heimweg etwas Butter und Käse mitzubringen. Nun, türkische Butter und Käse waren unter den europäischen Käufern nicht sehr geschätzt, weil ein Teil der Kühe von Tuberkulose befallen war. So kaufte ich etwas importierte Butter. Meine Frau staunte über die hohe Rechnung. Die Butter war doppelt so teuer als gewöhnlich. Als wir die Butter auspackten, entdeckten wir auf der Innenseite der Verpackung einen Stempel: „Geschenk des amerikanischen Volkes an das türkische Volk. Nicht zu verkaufen“. Käse aller Art, ähnlich gekennzeichnet auf Englisch, als Gabe von Westdeutschland, Dänemark und anderen Ländern, wurde regelmäßig in Ankara und Istanbul zum Verkauf angeboten, gewöhnlich zu erhöhten Preisen. Wenn man sich darüber ärgerte und sich bei den Botschaften der betroffenen Länder beklagte, wurde man nur ausgelacht.

Kapitel XII

INTERNATIONALE VERWENDUNG VON A.I.D.-FONDS

Ich saß in meinem Arbeitszimmer, aus dessen Fenster ich auf die Stadt herausschauen konnte. Es war wieder einmal ein Boykott der Universität im Gange. Plötzlich wurde die Tür aufgerissen, einige Kollegen der Abteilung stürzten ins Zimmer und ersuchten mich höflich, möglichst schnell zu verschwinden. „Warum?", fragte ich. Sie wollten mir nur einen Gefallen erweisen und mir helfen. Sie wollten mich davor bewahren, mit anderen Ausländern gekidnappt zu werden. Das mag die Wahrheit gewesen sein, denn ich pflegte ein gutes Verhältnis zu meinen Kollegen. Doch hatte ich das Gefühl, sie wollten in Wirklichkeit nicht, dass ich mitbekommen sollte, was sich gerade abspielte.

Denn plötzlich hörte ich einen betäubenden Lärm von tief fliegenden schweren Helikoptern direkt über uns. Es waren amerikanische Maschinen mit türkischen Zeichen darauf. Sie flogen direkt auf die Middle East Technical University (Technische Universität) zu. Es hatte letzthin viel Aufruhr gegeben. Die unterirdischen Korridore des riesigen neuen, von Amerikanern erbauten und finanzierten Hochschulcampus, durch welche die elektrischen Hauptleitungen, die Abwässer und die Wasserleitung liefen, waren angefüllt mit Ausrüstung und Waffen aller Art. Die Studenten hatten sich in diesem Gebiet verbarrikadiert und hielten das Militär in einem Zustand von Belagerung mehrere Tage in Schach. Kein Professor durfte aus dem Gebäude heraus oder hinein.

Alles war zu einem völligen Stillstand gekommen. Die Helikopter waren beordert worden, diese Blockade zu brechen. Ich beobachtete, wie sie, schwer bewaffnet, auf die Universität zuflogen und über dem nagelneuen Campus kreisten. Und nun begann das Malheur. Die Studenten fingen an, auf die Helikopter zu schießen, die sofort das Feuer erwiderten. Die Studenten zogen sich in die Studentenschlafsäle zurück, offenbar denkend, die Helikopter würden die neuen amerikanischen Gebäude verschonen.

Aber da täuschten sie sich. Die bewaffneten Helikopter schossen alles zusammen, ohne Rücksicht auf Verluste.

Sobald das Militär die Revolte niedergekämpft und Hunderte von Studenten festgenommen hatte, wurde der ganze Platz nach Waffen durchsucht. Die unterirdischen Korridore, wie erwähnt, waren voll gestopft mit Ausrüstungen aller Art. Die Türken brauchten fast sechs Monate, um alle Waffen auszusortieren. Sie hatten in diesen unterirdischen Gängen der Universität genug, um eine kleine Armee auszurüsten.

Man denke nur an die Millionen Dollar, gespendet durch A.I.D.-Programme, verschwendet an „Ausbildungen" dieser Art. Was moderne Leiter von Ausbildung und Erziehung noch nicht begriffen zu haben scheinen, ist die Notwendigkeit, dass Zuschüsse, wie in allen Ländern eben auch in der Türkei, fest auf einer moralischen Basis verankert sein müssen. Ohne diese moralische Verankerung muss man chaotische Ergebnisse wie die erwähnten erwarten.

Kapitel XIII

DAS GESETZ IN DER TÜRKEI

Da die Türkei ein Mitglied der NATO ist, sind Gewissens- und Religionsfreiheit garantiert – zumindest auf dem Papier. In der Praxis sieht es ganz anders aus; es herrscht in keiner Weise Religionsfreiheit. Das islamische Gesetz grenzt die religiöse Freiheit selbst für Nichtmoslems stark ein. Es ist sogar ungesetzlich, die Glocken der kleinen christlichen Kapelle auf dem Grundstück der englischen Botschaft sonntags zu läuten.

Ein türkischer Herr, ein Bekannter von uns, reiste mit dem Bus von Istanbul nach Ankara. Unterwegs führte die Polizei im Bus eine Razzia durch. Sie fanden in der Aktentasche unseres Bekannten eine Bibel und christliche Literatur. Der Polizist konfiszierte die christlichen Schriften und teilte unserem Freund mit, er solle beim Polizeiamt in Ankara vorbeikommen. Er erhielte dort seine Schriften zurück. Als er bei der Polizei in Ankara vorsprach, nahmen sie ihn sofort in Gewahrsam. Die Polizei behielt ihn dort ohne gerichtliche Untersuchung mehrere Wochen im Gefängnis. Während er „auf weiteren Bescheid wartete", hatte man ihn in eine Zelle mit etwa 60 anderen Angeklagten eingesperrt: mit Kriminellen, Drogenhändlern, einer Anzahl Leute aus den östlichen Regionen der Türkei, die zum Beispiel in Blutrache verwickelt waren. Sie alle lebten zusammen in diesem einen Raum, mit einem Eimer in der Ecke und ein paar anderen Einrichtungsgegenständen. Einmal am Tag wurde ihnen eine dünne Suppe ausgeteilt. Da das Essen schlecht und knapp war, durften Verwandte und Freunde – wenn sie in der Nähe wohnten – manchmal den Gefangenen ein paar Lebensmittel bringen. Jedoch mussten diese Bekannten jedes Mal für einen Erlaubnisschein anstehen, ehe sie einen Besuch abstatten und etwas Essbares bringen durften

Als die Frau unseres Freundes in Istanbul erfuhr, dass man ihren Mann inhaftiert hatte, fuhr sie mit ihrem Töchterlein, noch ein Baby, per Bus nach Ankara, um ihrem Mann nahe zu sein. Die meisten ihrer Freunde und Verwandten weigerten sich, sie in ihr

Haus aufzunehmen, aus Angst, sie könnten auch mit der Polizei verwickelt werden. So boten wir ihr unser Heim an. Wir bereiteten ein türkisches Gericht, Pide (Teig mit Hackfleisch, Zwiebeln, Tomaten und einer speziellen Joghurtsauce darüber, gebacken auf einem Blech), damit die Frau es ihrem Mann bringen konnte. Sie stand in der Schlange an, um den Zulassungsschein zu erhalten. Als er ihr gewährt wurde, stachen und stocherten die Gefängniswärter mit langen Messern in dem Pideblech herum, um sich zu überzeugen, dass keine Waffen oder Drogen darin verborgen waren. Als sie endlich die Zelle mit ihrem deformierten Gericht betrat, umringten sie die hungrigen Insassen. Einige von ihnen, denen niemand etwas Essbares brachte – besonders aus der Osttürkei –, waren sehr hungrig. Alle wussten, dass Herr B. wegen seines Glaubens ins Gefängnis geworfen worden war. „Als Christ gebietet dir dein Meister, Jesus Christus, dein Brot mit den Hungrigen zu teilen", sagten sie. So viel wussten sie von der Bibel. Daraufhin teilte unser lieber Freund willig und freundlich seine Nahrung mit der hungrigen Menge, obgleich sehr wenig für ihn übrig blieb.

Unser türkischer Bekannter saß wochenlang in Haft, ohne irgendeine ungesetzliche Tat begangen zu haben. Die Polizei wusste sehr wohl: Gemäß dem Gesetz, das die Türkei als Mitglied der NATO unterzeichnet hatte, mussten Gewissens- und Religionsfreiheit gewährt werden. Das einzige Mittel, Christen zu bestrafen, war, sie auf unbestimmte Zeit ohne Prozess zu inhaftieren und sie schließlich wieder loszulassen.

Als nichts geschah, suchte ich meinen Kollegen, den Sohn des türkischen Präsidenten auf, der als Arzt am amerikanischen Krankenhaus in Ankara tätig war.

Er war ein freundlicher Mann und hatte mehrere Jahre in Amerika verbracht. Als ich ihm den Fall meines schuldlos inhaftierten Bekannten aus Istanbul darstellte, versprach er mir, mit seinem Vater darüber zu reden. Am nächsten Tag berichtete er mir bestürzt, sein Vater könne nichts in dieser Angelegenheit unternehmen, da das Militär die Sache in der Hand hätte. Nicht einmal der Präsident konnte eingreifen. Schließlich, Wochen später, ließ man Herrn B. frei, ohne Prozess und ohne jegliche Erklärung.

Kapitel XIV

UNSERE AUTOSCHILDER

In der Türkei trugen ausländische Professoren und andere in den verschiedenen Hilfsprogrammen Tätige an ihren Autos türkische Zollschilder. Diese Schilder waren blau und trugen für Ankara den lokalen Code 06 ZZ, dahinter folgte eine individuelle Nummer.

Wir kamen in Ankara natürlich mit unseren Schweizer Schildern an. Diese mussten dann in ZZ-Schilder eingetauscht werden. Dieser Vorgang war in der Praxis höchst athletisch, denn er bedeutete, dass man von einem türkischen Büro zum anderen jagte – und dies etwa drei Wochen lang. Irgendein kleineres Formular oder Papier fehlte angeblich bei jedem Amt. Und das fehlende Papier musste immer sofort persönlich herbeigeschafft werden, denn sonst wurde der ganze Vorgang der Bearbeitung unterbrochen, das heißt er wurde abgebrochen und liegen gelassen. Den ganzen Bearbeitungsvorgang neu anzukurbeln, bedeutete so viel mehr Herumrennen, dass man fast alles unternahm, um nur nicht den Prozess zum Stoppen kommen zu lassen. Nur wer schon mit östlichen Ämtern zu tun hatte, weiß, was das bedeutet. Nach fast vier Wochen Büros-Abrennen, erreichte ich das Stadium, in dem ich in Reichweite meiner neuen Autoschilder war. Und da entdeckte der Polizeibeamte, der meinen Fall bearbeitete, dass ich das verruchteste aller Verbrechen begangen hatte: Ich hatte eine ausländische Autoversicherung bei einer Versicherungsgesellschaft (Winterthur) in Zürich abgeschlossen. Die Winterthur war jedoch eine Versicherungsgesellschaft, die sowohl in der asiatischen als auch in der europäischen Türkei gute Geschäfte machte. Der Polizeibeamte besaß eine äußerst reiche Erfindungsgabe beim Ersinnen von triftigen Gründen, warum ich die Schilder nicht haben könnte und deshalb mein Auto nicht gebrauchen dürfte. Erstens, weil die Police eine Schweizer sei, wäre sie in der Türkei nicht gültig. Deshalb müsste ich aus der Schweiz eine schriftliche Bestätigung anfordern mit der Erklärung, dass die Versicherungspolice auch in der Türkei gültig wäre. Der zweite Angriff gründete sich auf die Annahme, dass die Winterthur-Gesellschaft keine Niederlassung in der Türkei besäße. Ich zeigte ihm die Adresse der türkischen Winterthur-Vertretung. Sie befand sich in Istanbul. Sein dritter Angriff war, dass die Police aus Istanbul nur im europäischen Teil der Türkei auf der anderen Seite des Bosporus gültig sei.

Darum gebot er mir, von der Versicherungsgesellschaft eine schriftliche Bestätigung einzuholen, dass die Police überall in der Türkei gültig sei, und zwar im europäischen und im asiatischen Teil. Der nächste, vierte Angriff, den er für hieb- und stichfest hielt, war: Niemand in der Türkei besäße bis jetzt eine schweizerische Autoversicherung. Ich bewies dem guten Burschen, dass die Winterthur ein glänzendes Geschäft in der Türkei führte. Aber er wollte nicht nachgeben, obgleich der ganze Vorgang sich über Wochen hinzog. Man brauchte fast ein separates Büro zur Erledigung all der angeforderten Briefe und Papiere und noch dazu einen Bediensteten, der das Herumlaufen von und zu den verschiedenen Ämtern durchführte. Die fünfte Forderung betraf die grüne Versicherungskarte, die jeder besitzen musste, die in unserem Fall aber nicht in türkischer Sprache ausgeführt war. Diese letzte Attacke schleuderte er selbstsicher an mich. „Deshalb", betonte er, „könnte ein einfacher Polizist auf der Straße meine grüne Karte nicht überprüfen." Daraufhin zog ich meine grüne Karte hervor und zeigte ihm, dass sie in französischer Sprache verfasst war, was eine offizielle Sprache in den diplomatischen Kreisen der Türkei war. Aber er war immer noch nicht am Ende, denn hätte er nachgegeben, nachdem ich seine fünf Einwände zunichte gemacht hatte, hätte er sein Gesicht verloren – eine verheerende Situation für jeden Türken. Deshalb verlangte er eine grüne Karte für sich, damit er jederzeit im Zweifelsfall darauf zurückgreifen könnte. Er dachte natürlich, wenn ich bei einer Straßenkontrolle keine grüne Karte bei mir trug, könnte ich mein Auto überhaupt nicht gebrauchen. Dann hätte er die Schlacht über den Ausländer gewonnen. Ich lächelte und machte eine kleine Verbeugung, wodurch er sich überlegen und als Gewinner fühlte. Ich überreichte ihm meine grüne Karte, damit er sie in seinem Büro aufbewahren konnte. Zu Hause telegrafierte ich an die Winterthur-Gesellschaft in Zürich, mit der Bitte um eine neue grüne Karte. Sie kannten mich in Zürich gut und schickten mir von ihrem Büro in Istanbul per Expresspost eine zusätzliche grüne Karte zu. Der erwähnte Polizeioffizier war ein Riese mit einem gewaltigen Kaiser-Wilhelm-Schnauzbart. Wir trennten uns als gute Freunde. Er ließ sogar Tee und Gebäck für uns beide kommen, und wir feierten das Ende unseres Krieges, ohne dass er nur vermutete, wer der wirkliche Sieger war.

Kapitel XV

WIE ICH DROGENBERATER WURDE

In der Türkei waren zahlreiche U.S.-Truppen stationiert, weil die Türkei ein NATO-Mitglied war und außerdem ein direkter Nachbar der damals feindlichen Sowjetunion. Die türkische Bevölkerung verhielt sich dem amerikanischen Militär gegenüber nicht sehr freundlich. Kidnappen von amerikanischen Soldaten und Bombenattentate von linksradikalen Aktivisten kamen öfter vor. Daher waren viele Soldaten der U.S.-Streitkräfte frustriert – neben der Langeweile, unter der eine Armee zu Friedenszeiten leidet. So kam es, dass eine zunehmende Zahl Soldaten dem Drogenkonsum verfiel, meist Haschisch und LSD.

Eines Tages erwischte die türkische Polizei in Ankara den Sohn des U.S.-Kommandeurs beim Experimentieren mit Drogen und setzte ihn ins Gefängnis. In der Türkei ist die Strafe für Drogenmissbrauch sehr streng. Wenige Türken nehmen Drogen, obwohl sie ausgedehnte Mohnfelder besitzen und den Mohnsamen täglich auf ihrem Küchentisch verarbeiten. Aber sie verkauften die Drogen an U.S.-Soldaten und andere Ausländer und verdienten dabei eine Menge Geld. Schließlich wurde der Sohn des Kommandeurs aus dem Gefängnis gekidnappt und sofort zurück in die USA geflogen. Der Kommandeur musste Abschied nehmen.

Die höheren Offiziere wandten sich, durch die ganze Affäre eingeschüchtert, mittels des U.S.-Geistlichen in Ankara, den wir gut kannten, an mich mit der Bitte, ihnen im Kampf mit dem enormen Drogenproblem in der Armee zu helfen. Nixon, der damalige Präsident der Vereinigten Staaten, befahl seinen Generälen, baldigst etwas zu unternehmen, um den Drogenmissbrauch bei den Truppen zu verringern. Sie suchten einen Drogenexperten, der die Truppen auf eine Weise instruieren würde, die sie akzeptierten.

Da man keinen Amerikaner fand und ich mehrere Jahre an der Universität von Illinois Pharmakologie gelehrt hatte, traten sie an mich heran. Ich nahm die Herausforderung an und begann, in der ganzen Türkei amerikanische Soldaten und ihre Angehörigen zu unterweisen. Ich erklärte ihnen die Wirkung der verschiedenen Drogen auf ihren Körper und auf ihre Seele. Ich demonstrierte die Wirkungen auf ihren Körper anhand von Tieren wie Kaninchen und Mäusen. Ich sprach ebenfalls in Schulen, um späterem Drogenmissbrauch der jungen Leute vorzubeugen. Mir bereitete diese Arbeit mit den jungen U.S.-Soldaten und -Schülern große Freude, und ich war froh, dass ich vielen von ihnen helfen konnte.

Kapitel XVI

MILITÄRISCHE UND DIPLOMATISCHE PRIVILEGIEN

Ehe wir in die Türkei reisten, teilten die U.S.-A.I.D.-Bevollmächtigten uns Professoren mit, wir würden keine PX[5] oder andere Privilegien wie die Mehrzahl der ausländischen „Kolonien“ in der Türkei genießen.

Das Peace Corps arbeitete auf der gleichen Basis. Sie besaßen ebenfalls weder PX noch militärische Privilegien. Andererseits lebten einige der führenden Beamten in Pomp, worüber die Diplomaten kleinerer Nationen grün vor Neid waren.

Der Moslem betrachtet Reichtum als ein Zeichen von Gottes (Allahs) Wohlwollen. Ist man arm, so bedeutet das, Allah segnet dich nicht und hat kein Gefallen an dir. Deshalb waren auch die Türken nicht im Geringsten den feinen jungen Männern des Peace Corps (oder ihrer Organisation) für ihr Kommen und ihre Hilfe dankbar. Ganz im Gegenteil, sie waren fest davon überzeugt, dass Allah der Feind des Peace Corps war, weil seine jungen Männer freiwillig Armut auf sich genommen hatten, um ihnen, den Türken, zu helfen. Durch grundsätzlich verschiedene Denkweisen der zwei Kulturen, Christen und Moslems, können sehr schnell Missverständnisse aufkommen, es sei denn, man versteht den anderen auf einer sehr gereiften Gedankenebene.

Über das Peace Corps dachten die Türken folgendermaßen:

a) Die Leute des Peace Corps geben nur vor, uns zu lieben und helfen zu wollen. In Wirklichkeit sind sie Diener der CIA und wollen uns ausspionieren.

b) Niemand nimmt Armut freiwillig auf sich, um seinem Nächsten zu helfen; es müssen andere Motive dahinter stecken.

---

5 Einkaufsgelegenheiten für das U.S.-Militär, wo Produkte gekauft werden konnten, die für die allgemeine Öffentlichkeit nicht zugänglich waren. Das PX war auch für Diplomaten und andere U.S.-Gruppen zugänglich.

Ich habe versucht, die Gründe aufzuweisen, warum das Peace Corps und andere wertvolle Hilfsprogramme in Entwicklungsländern nicht nur verachtet, sondern oft für Spionagetätigkeiten – selbst von den religiösesten Türken – gehalten werden. Jeder gut ausgebildete Diplomat oder Vertreter von Hilfsprogrammen hätte wissen sollen, dass man christliche Konzepte (wie zum Beispiel freiwillige Armut) nicht ungestraft in nicht-christlichen Systemen anwenden kann.

Kapitel XVII

ALLAHS GÄSTE

Trotz all des Gesagten, das mehr mit den Folgen religiöser und offizieller Gesetze zu tun hatte, begegneten wir vielen Türken, deren ausgezeichnete Charakterzüge wir schätzten. Eine besonders auffallende Charaktereigenschaft war ihre liebenswürdige Gastfreundlichkeit, von der viele Christen lernen könnten.

Unserer Familie lag es am Herzen, die Stätten des Neuen Testamentes aufzusuchen, darunter Ephesus. Nach mehreren hochinteressanten Stunden in den Ruinen von Ephesus in praller brennender Sommersonne fühlten wir uns erschöpft und ausgetrocknet. Clive mit seiner sehr hellen Haut sah regelrecht verwelkt und schlapp aus. So setzten wir uns neben unserem Auto unter einen Baum. Plötzlich öffnete sich die Tür eines Hauses ganz in der Nähe. Ein reizendes türkisches Mädchen kam direkt auf uns zugelaufen. Sie trug in ihren Händen einen Teller mit einer saftigen, kunstvoll geschnittenen und arrangierten Wassermelone. Sie verneigte sich anmutig vor uns und überreichte uns den Teller. Wir wussten nicht recht, wie wir reagieren sollten. Doch sie lächelte uns liebenswürdig zu und sprach: „Sie sind Allahs Gäste! Bitte nehmen Sie es an!"

Ihre Mutter beobachtete sie die ganze Zeit vom Fenster.

So nahmen wir die herrliche Frucht dankbar entgegen. Es war das Beste, um unseren Durst zu stillen, viel besser als türkisches Wasser, das man erst nach langem Abkochen trinken kann. Unsere Kinder, ja wir alle, aßen die Melone mit großem Genuss und wurden dadurch erfrischt und neu belebt. Das Mädchen und seine Mutter sahen uns mit Vergnügen zu. Aber das war noch nicht alles. Kaum war die junge Dame ins Haus verschwunden, kehrte sie mit einer neuen Platte zurück – wiederum kunstvoll angeordnet – mit einer anderen Melonenart. „Sie sind Allahs Gäste!", wiederholte sie. Sie wäre tief verletzt gewesen, hätten wir ihre freundliche Gabe abgelehnt. Wir waren sehr dankbar für diese Erfrischung und die großzügige Gastfreundschaft uns Fremden gegenüber.

Kapitel XVIII

FATMA

Unsere Nachbarn in Ankara waren gebildete reizende Leute, immer entgegenkommend und hilfsbereit. Unsere Kinder waren mit ihren Kindern gute Freunde.

Alle ausländischen und viele türkische Familien, die es sich leisten konnten, hatten Haushaltshilfen. Erstens benötigten diese türkischen Frauen das Geld für ihre Familien. Sie waren arm. Und zweitens kostete Hilfe im Haushalt sehr wenig. Türkische Frauen arbeiteten besonders gern für ausländische Familien, denn der Verdienst war dort höher und die Arbeitszeit kürzer.

Fatma, eine unserer treuen türkischen Helferinnen, war zwischen 40 und 50 Jahre alt und ein echter Schatz im Haus. Nach kurzer Zeit wusste sie genau, wie unser Haushalt lief und welche Arbeit zu erledigen war. Sie schien unsere Wünsche von unseren Augen abzulesen. Sie war treu, hervorragend im Umgang mit Kindern, sehr sauber und in jeder Hausarbeit geschickt. Und doch konnte sie weder lesen noch schreiben. Sie hatte es nie gelernt. Wie so viele türkische Frauen – besonders auf dem Land – war sie nie in eine Schule gegangen, weil Mädchen von frühster Jugend an arbeiten mussten. Jungen wurden oft anders behandelt, besonders die ältesten Söhne; sie besuchten die Schule und spielten in der Familie eine sehr wichtige Rolle.

Aber Fatma war nicht ungebildet. Wenn wir mit ihr über Politik, Gesundheit in der Familie, das tägliche Leben oder die neusten Nachrichten sprachen, war sie vollkommen informiert und hatte ein gutes Urteil. Sie lernte alles vom Radio oder von anderen Menschen, die sie befragte und mit denen sie sich unterhielt. Sie benutzte eifrig ihre Augen und Ohren. Fatma war eine fromme Moslemin. Mehrmals während des Tages, beim Ruf des Muezzin vom Minarett, verschwand sie in einem unserer Schlafzimmer, rollte ihren Gebetsteppich auf, verbeugte sich gegen Mekka und betete. Sie aß mit uns am Tisch und beobachtete uns beim Beten und Lesen der Bibel. Eines Tages klopfte ein Türke an unsere Tür, um Butter zu verkaufen. Als er merkte, dass wir Ausländer waren, zog er sich sofort zurück und wollte weitergehen. Fatma ermunterte ihn: „Komm herein. Du brauchst dich vor diesen Leuten nicht zu fürchten, sie beten." Gern hätten wir Fatma mit uns in die Schweiz genommen. Aber sie war verheiratet und hatte eine Familie.

Kapitel XIX

DER „KAPICI“

Unsere Einkäufe wurden von unserem „Kapıcı“ erledigt, der eine Art Hausmeister war. Jedes Haus besaß einen „Kapıcı“. Früher durften türkische Damen nicht auf die Straßen, sie blieben zu Hause. Deshalb führte der „Kapıcı“ nicht nur die Pflichten eines Hausmeisters durch, sondern verrichtete auch verschiedene Arbeiten außerhalb des Hauses, zum Beispiel das Einkaufen. Jeden Morgen pflegte der „Kapıcı“ an die Wohnungstür zu kommen, um die Einkaufsliste mit Geld entgegenzunehmen. Wenige Stunden später brachte er uns dann die Lebensmittel und Sonstiges ins Haus. Gewöhnlich kannte er die Preise der Waren. Da Rechnen nicht zu seinen Stärken gehörte, zählten wir selbst die Ausgaben zusammen, händigten ihm die entsprechende Summe aus und behielten das Rückgeld.

Einmal wusch meine Frau während der Siesta unser Auto. Das verursachte beinahe einen Aufstand unter den „Kapıcıs“ unserer Straße. Eine Dame sollte ihr Auto selbst säubern? So etwas war noch nie vorgekommen. Wo war der „Kapıcı“? Kannte er denn nicht seine Pflichten? Sie schleppten ihn herbei und gingen auf ihn los. Hätte meine Frau nicht schnell eingegriffen und den „Kapıcıs“ klargemacht, dass es nicht unseres „Kapıcıs“ Schuld war, hätten sie ihn verprügelt. Beate hatte unser recht neues Auto selbst waschen wollen, weil die „Kapıcıs“ oft wenig Wasser und schmutzige Lappen benutzten, die den Lack der Autos verkratzten und beschädigten.

Ein anderes Mal hatte sich eine Gruppe von „Kapıcıs“ um unser Auto versammelt, während unser „Kapıcı“ ihnen stolz erklärte, unsere Hecktür lasse sich auf zwei Weisen öffnen: seitwärts und nach unten. Er wollte dies seinen Freunden vorführen, aber öffnete beide Mechanismen gleichzeitig, mit dem Resultat, dass die gesamte Hecktür loskam und in seinen Händen schwebte, mit einigen losen Kabeln, herumhängend zwischen dem Autoheck und der losgetrennten Hecktür. Es war gut, dass ich wusste, wie der Mechanismus funktionierte und mit etwas Anstrengung den Schaden wieder reparieren konnte.

Kapitel XX

SCHULUNG UNSERER KINDER IN DER TÜRKEI

Als wir im August 1969 in der Türkei angekommen waren, stellte sich uns die Frage, wo wir unsere Kinder zur Schule schicken konnten. Türkische Schulen kamen nicht infrage. Obgleich unsere Kinder die türkische Sprache schneller erlernten als wir, hätten die Unterrichtsmethoden in den türkischen Schulen sie nicht auf das europäische Universitätsexamen vorbereiten können.

Es wäre uns nicht in den Sinn gekommen, die Gelegenheit einer europäischen Universitätsausbildung für unsere Kinder zugunsten unserer eigenen Karriere zu opfern, indem wir sie auf türkische Schulen schickten. Dazu wäre es von türkischer Seite aus auch nicht zugelassen gewesen. Man ermutigte Ausländer, ihre eigenen Schulen zu betreiben, weil man wusste, das europäische Hochschulsystem war nicht kompatibel mit dem türkischen, welches sich stark an dem Koran ausrichtete.

Ehe wir in die Türkei zogen, hatte Beate ausfindig gemacht, dass es in Ankara eine sehr gute Privatschule der Deutschen Botschaft gab. Der Direktor der Deutschen Schule, Herr Kahmann, war ein typischer deutscher Schulmeister der alten Art und ein hervorragender Mann. Er begrüßte uns beide herzlich und scheute sich nicht, unsere Kinder trotz ihres häufigen Schulwechsels gleich in die Schule aufzunehmen. Unsere Kinder sprachen bei uns zu Hause Deutsch, waren aber immer auf englische oder amerikanische Schulen gegangen. Das Resultat war voraussagbar. Sie schrieben Englisch gemäß englischer Orthographie – aber sie schrieben nun auch Deutsch nach englischer Buchstabierung. Außerdem besteht in der deutschen Sprache noch ein deutlicher Unterschied zwischen der Du-Anrede für nahe Freunde und Familienglieder und der Sie-Anrede als Höflichkeitsform im alltäglichen und gesellschaftlichen Umgang. Da unsere Kinder nur zu Hause Deutsch sprachen, hatten sie die Sie-Anrede nie gebraucht.

So geschah es, dass unsere Kinder den Direktor und die Lehrer mit Du anredeten. Sie schauten ein wenig erstaunt und schmunzelten, ließen es sich aber nicht anmerken. Wir korrigierten diesen kleinen Fauxpas dann zu Hause.

Herr Kahmann bat meine Frau, Musik, Orchester und Blockflöte in der Schule zu lehren. Das tat sie gern. Sie hatte während unserer zwei Jahre in Ankara ein ausgezeichnetes Verhältnis zu den Kindern der deutschen Botschaftsschule. Herr Kahman bat mich, im Verwaltungsrat der Schule zu helfen. So kamen wir in engen Kontakt mit den verschiedenen deutschen Botschaftsmitgliedern, den in Ankara wohnenden Deutschen und mit dem deutschen Botschafter selbst.

Deutschland hatte schon immer seit der Zeit der Sultane eine enge Beziehung zu der Türkei gepflegt – vielleicht eine engere als die meisten anderen westlichen Nationen.

In den zwei Jahren an der deutschen Schule in Ankara erhielten unsere Kinder eine ausgezeichnete Grundlage in Grammatik, Mathematik und Orthographie sowohl in Englisch als auch in Deutsch, was sie wohl in keiner anderen Schule bekommen hätten. Lehrer und Disziplin waren erstklassig. Als unsere Kinder später englische Internatsschulen besuchten, merkten sie bald, dass sie gegenüber dem britischen Schulsystem in allen Fächern weit voraus waren, mit Ausnahme der Naturwissenschaften, in welchen die englischen Schulen besser sind. Aber in Fremdsprachen, Grammatik, Mathematik und Orthographie übertrafen die deutschen Schulen die angelsächsischen.

Während unserer Zeit in Ankara wurde Clive, unser drittes Kind, vom türkischen Radio in Ankara gebeten, beim englischen Sprachprogramm, das einmal pro Woche für das Publikum ausgestrahlt wurde, mitzuhelfen. Da er eine sehr klare, melodische Stimme besaß, wählte man ihn, um für die türkischen Studenten der englischen Sprache die Worte vorzusprechen und zu lesen.

Kapitel XXI

DIE INTERNATIONALE VEREINIGUNG CHRISTLICHER GESCHÄFTSLEUTE (IVCG)

Mehr als zwanzig Jahre arbeitete ich mit der IVCG zusammen. Nach unserer Rückkehr aus Asien waren sie die Ersten, die mich einluden, bei ihnen Vorträge zu halten. Die Vereinigung arbeitet nach den gleichen Prinzipien wie die CBMA („Christian Business Association") in den USA und wurde vor über 30 Jahren begonnen und wirkte seit vielen Jahren in großem Segen in der Schweiz, in Deutschland und in Österreich. Gründer und Präsident der IVCG war Dr. jur. A. Guggenbuehl in Zürich, ein hervorragender Rechtsanwalt und Geschäftsmann sowie ein feiner Christ, mit dem ich sehr viele Jahre zusammenarbeitete.

Die Internationale Vereinigung Christlicher Geschäftsleute funktioniert auf folgende Weise: Viele Geschäftsleute, die nie eine Kirche oder eine religiöse Versammlung betreten würden, werden von einem christlichen Freund zu einem festlichen Abendessen in einem guten Hotel oder Restaurant eingeladen. Nach dem Essen hält ein namhafter Redner einen Vortrag über ein relevantes Thema oder Problem der Wirtschaft, Politik, Wissenschaft oder Gesellschaft. Während das Thema eingehend behandelt wird, endet die Rede immer mit dem Hinweis auf das Hauptproblem der Menschheit: nämlich das gestörte Verhältnis zu ihrem Schöpfer und das daraus resultierende Versagen der Welt und der Menschheit. Der erste heilende Schritt besteht darin, dass wir Menschen eine intakte persönliche Beziehung zu unserem Schöpfer wiederherstellen durch die Vergebung unserer Sünde durch den Herrn Jesus Christus, sodass der Mensch wieder nach seiner Bestimmung leben kann.

In vielen Städten der Schweiz, Deutschlands und Österreichs veranstaltet die IVCG monatliche Abendessen. Einmal im Jahr findet eine internationale Konferenz in jedem dieser drei Länder statt – mit Teilnehmern von überall, wo die Geschäftsleute zusammenkommen, sich kennenlernen und Freundschaften schließen. Ich war oft bei diesen Konferenzen als Hauptredner eingeladen.

Zahlreiche Geschäftsleute, junge und alte, von überall her und aus jeder Branche, begannen in diesen Zusammenkünften ein neues, erfülltes Leben mit Christus und halfen auch anderen auf diesem Weg. Wir gewannen durch diese Arbeit viele gute Freunde.

In Österreich war unser Hauptorganisator für diese Abendessen und Vorträge unser persönlicher Freund Friedrich Aberham in Wien. Er war ein ausgezeichneter Geschäftsmann, voller Lebensfreude und Wiener Humor. Er und seine Frau waren Menschen des Gebetes, und wir waren häufig Gäste in ihrem gastfreundlichen Haus in Wien.

Von 1974 an organisierte er regelmäßig Vortragsreihen für Studenten und Akademiker an Universitäten und Akademien, dazu auch Veranstaltungen in verschiedenen Vortragssälen für das allgemeine Publikum. Gewöhnlich waren die Auditorien überfüllt, und zahlreiche Menschen – hauptsächlich Studenten – blieben nachher zurück, um Fragen akademischer oder persönlicher Art zu stellen. Es gab so wenig Menschen, die mit ihnen logisch und in der heutigen Sprache über intellektuelle und persönliche Probleme reden konnten.

Österreich

Ein österreichischer Geschäftsmann hatte an einigen IVCG-Banketts in Wien, bei denen ich gesprochen hatte, teilgenommen und war ein aktiver Christ geworden. Einige Zeit später begegnete uns sein Sohn, der in Wien studierte und dabei folgendes erzählte: „Mein Vater war durch die Vorträge an den Wiener Banketts so gesegnet worden, dass er mich nach Wien zum Studium sandte. Er wusste, Wilder-Smith hielt jedes Jahr Vorträge an der Wiener Universität. Ich sollte den gleichen Segen erfahren wie er."

Der größte Teil der österreichischen Bevölkerung ist katholisch, woher ihre Frömmigkeit und Ehrfurcht vor religiösen Dingen, aber auch mancher Aberglaube rührt. Viele sehnen sich nach einer engeren Beziehung zu Gott, auf die sie gern eingehen, sobald ihre intellektuellen und persönlichen Schwierigkeiten behoben sind.

Aus unseren Vorträgen über „Glaube und Wissenschaft“ in und um Wien entwickelten sich eine Anzahl Hausbibelkreise, um die sich Fritz Aberham regelmäßig kümmerte. Studenten und Geschäftsleute, die gläubig geworden waren, wuchsen zu feinen, reifen Christen heran, die selbst in christlicher Arbeit aktiv wurden.

Die jährlichen IVCG-Sommerkonferenzen in Fuschl und später in St. Wolfgang unter dem Wort Gottes und in der einzigartigen Bergwelt werden uns unvergesslich bleiben.

Bei einem unserer letzten Besuche in Wien parkten wir unser Auto in der Nähe der Universität. Meine Frau und ich liefen zum Auditorium. Ein junges Ehepaar rannte hinter uns her. Außer Atem redete uns der junge Mann an: „Professor Wilder-Smith, ich wollte Ihnen nur mitteilen, dass ich vor einem Jahr Ihre Vorträge besuchte. Sie begannen Ihren Vortrag mit einem kurzen Gebet, was in einer akademischen Umgebung ungewöhnlich ist. Ich spürte: Dieser Mann hat ein lebendiges Verhältnis zu seinem Vater im Himmel. Durch den ganzen Abendvortrag sprach Gott so lebhaft zu mir, dass ich wünschte, ich hätte auch einen solchen persönlichen Kontakt mit Gott. Ich übergab mich Gott durch Jesus Christus und wurde Christ. Jetzt erfreue ich mich auch eines persönliches Verhältnisses zum himmlischen Vater. Ich möchte mich bei Ihnen bedanken und dachte, Sie würden sich darüber freuen.“

Kurz nachdem der Eiserne Vorhang gefallen war, nahm uns Fritz Aberham auch nach Bratislava in der (damaligen) Tschechoslowakei mit, um dort zu sprechen.

Die Menschen dort waren sehr aufnahmebereit, da sie all die weitverbreitete materialistische Propaganda leid waren. Sie waren begierig nach neuen wissenschaftlichen Erkenntnissen und Gedanken, die ewige Wahrheiten aufzeigten. Der Saal war bis zum letzten Sitz besetzt, und den Vorsitz hatten einige Akademiker inne, unter ihnen der Vizepräsident der Tschechischen Akademie der Wissenschaften.

Fritz Aberhams plötzlicher Tod im August 1991 bedeutete für uns und viele andere einen großen Verlust.

Deutschland

Es würde viel zu weit führen, wenn wir all die Erinnerungen an die IVCG-Arbeit in deutschsprachigen Ländern erzählen wollten. Erwähnen möchte ich nur die fast 30-jährige Arbeit unter Geschäftsleuten in Hannover mit Willi Bolender. Er begann und organisierte sehr erfolgreich Jahr für Jahr Banketts und Konferenzen für Geschäftsleute und Menschen in verantwortungsvollen Positionen über ganz Norddeutschland.

Willi Bolender plante außerdem in Hannover sehr beliebte Bibelseminare für die Öffentlichkeit, gegründet auf den Reichtum des Alten Testaments. Dort sprach ich über Themen wie „Die Weisheit König Salomos" (Sprüche), „Die heutige Bedeutung des Buches Esther", „Die Entwicklung eines Charakters" (Daniel), „Das Leben Simsons" usw.

In der Schweiz war ich regelmäßig zu IVCG-Vorträgen in Zürich, Bern, Basel, Genf, Schaffhausen und St. Gallen eingeladen. Ein sehr treuer Gebetspartner und stiller Freund in allem Auf und Ab des Lebens war Herr Henoch Altherr aus St. Gallen, der sich niemals in den Vordergrund drängte, aber immer da war, wenn nötig.

Oft verbanden wir die häufigen IVCG-Abendessen, -Frühstücke und -Konferenzen mit Vorträgen und Diensten an Universitäten und Hochschulen.

An Hochschulen war immer das aktuellste Thema „Ursprung und Behandlung der Drogenepidemie" wegen des in den Schulen wachsenden Drogenproblems und „Der Ursprung des Lebens". Junge Leute wollten wissen, woher sie kommen und was die Bedeutung des Lebens sei. Diese beiden Fragen hängen eng zusammen: Wenn der Mensch ein Produkt des Zufalls war, gab es offenbar keinen wirklichen Sinn im Leben. Die meisten Schulen und Universitäten lehren, das Leben und der Mensch entstanden per Zufall, weshalb das Leben weder Sinn noch Zweck enthalte. Dagegen, wenn das Leben und der Mensch erschaffen und geplant waren, muss ein Sinn dahinter stehen. Ich sprach an Hunderten von Schulen und freute mich immer über die offenen und ehrlichen Fragen der jungen Leute.

Deutschland war sicher das Land, wo ich am meisten Vorträge hielt, außer in den letzten Jahren, wo ich Vortragsreisen in Amerika, Neuseeland und anderen Überseeländern unternahm. Ich sprach wiederholt in Hannover, Bremen, Hamburg, Frankfurt, Karlsruhe, Pforzheim, Gießen, Marburg, Siegen, Köln, Kaiserslautern, Nürnberg, Erlangen und Freiburg, um nur die größeren deutschen Städte zu erwähnen. Um Stuttgart herum, im Schwarzwald und im Siegerland sprach ich in vielen Vortragssälen und Kirchen. Es wäre zu viel, alle zu nennen.

Basel

Im November 1976 hielt ich eine dreitägige Vorlesungsreihe im Auditorim Maximum der Universität Basel. Das Thema des ersten Abends waren „Drogen" in Verbindung mit Tierdemonstrationen. Am Mittag des ersten Vortragstages teilte uns einer der Organisatoren mit, eine Politikerin war dagegen, dass wir an Tieren die Wirkung von Drogen demonstrieren. Sie wollte den Großrat in Basel dazu bewegen, den Abendvortrag abzusagen. Ich bat deshalb höflich um eine sofortige Verabredung mit der Dame, welche sie mir auch gewährte. Als ich ihr dann den Verlauf der Demonstration erklärte und dass – soweit voraussagbar – keins der Tiere leiden oder sterben würde, gab sie mir ihre Einwilligung. Um das Gesagte zu bestätigen, lud ich sie zum Abendvortrag ein und ließ einen Platz für sie in der vordersten Reihe reservieren. Nach dem Abend war sie ganz zufrieden und fand es eine gute Idee, auf diese Weise Menschen vor der Wirkung der Drogen zu warnen. So könnte doch manch ein Leben von der Zerstörung durch Drogen gerettet werden.

Kapitel XXII

DIE GRÜNDUNG VON „PRO UNIVERSITATE“

Durch meine wissenschaftliche Arbeit über die Entstehung des Lebens wie auch durch meine Bücher gewann ich viele treue Freunde in der akademischen Welt, aber auch bittere Feinde.

Am Anfang schien es mir, als ob ich der einzige Wissenschaftler auf dem europäischen Kontinent war, der die Theorie vertrat, dass Leben nur in Verbindung mit einer Quelle von Information entstanden sein konnte – durch einen intelligenten Schöpfer, weil das Leben so voller Information und Design war. Wir fanden bald heraus, dass andere Wissenschaftler und Denker ähnliche Konzepte vertraten.

Während der etwa 20 Jahre unserer schriftstellerischen Tätigkeit für Akademiker, die meist von der Wiege bis zum Grab mit wissenschaftlichem Materialismus gefüttert waren, gründeten meine Frau und ich einen in der Schweiz eingeschriebenen Verein, um Seminare zur Ausbildung von Studenten und anderen durchzuführen, die christliches Denken und christliche Werte wieder in die Wissenschaft einführten.

Im ersten Jahr mieteten wir eine Schweizer Schule, die über die Sommerferien leer stand, und luden Professoren und Dozenten ein, um während zwei bis vier Wochen Vorlesungen über wissenschaftliche Alternativen zur materialistischen Basis der vorherrschenden Darwinschen Evolutionstheorie zu halten. Wir untersuchten kritisch die Konsequenzen der materialistischen Annahmen hinter der Evolutionstheorie. Der Name unseres eingeschriebenen Vereines, den wir aus juristischen Gründen registrierten, lautete „Pro Universitate“.

Von Anfang an wollten wir nicht noch eine christliche Organisation gründen – mit Untergruppen und bezahlten Reisesekretären in jeder Universitätsstadt –, weil am Ende solche Organisationen immer in kleine christliche Gettos zu entarten scheinen.

Früher oder später verlieren sie den wirklichen Kontakt mit ihrer Umwelt. Wir wollten gänzlich dezentralisiert und von jeglicher Machtpolitik entkoppelt bleiben – besonders von christlicher, konfessioneller Machtpolitik –, was uns auch gelang.

Im Oktober 1975 schrieb uns Frau Professor Dr. Alma von Stockhausen, Professorin der Philosophie und Theologie an der Universität Freiburg, einen Brief und bat darin um ein Zusammentreffen. Sie interessierte sich für die wissenschaftliche Begründung meiner Ablehnung der Darwinschen Evolutionstheorie. Sie hatte mein Buch *Herkunft und Zukunft des Menschen* gelesen.

Frau Professor von Stockhausen war aus philosophischen und theologischen Gründen überzeugt, dass das Leben und der Mensch nicht gemäß der Darwinschen Evolutionstheorie entstanden sein konnten, nämlich als Ergebnis von millionenfachem Tod und Leiden, notwendig für diese Evolution. Diese Überlegungen stimmen nicht mit dem Charakter eines liebenden Gottes überein, eines Schöpfers, dessen Wesen sich selbst aufopfernde, überströmende Liebe ist, der sich selbst dahingab, damit wir leben können. Tod und Leiden sind die Folgen von Sünde, vom Fall des Menschen und nicht die Methode der Schöpfung.

Wir waren natürlich hocherfreut, Frau von Stockhausen kennenzulernen, als sie uns einige Tage später besuchte. Sie wurde von dem bekannten Embryologen Professor Dr. Erich Blechschmidt und seinem Sohn begleitet, die unterdessen auch *Herkunft und Zukunft des Menschen* gelesen hatten.

Professor Blechschmidts Name ist gut bekannt wegen seiner Widerlegung des Häckelschen Biogenetischen Gesetzes[6] mittels seiner langen gründlichen Forschung an menschlichen Embryos. Dabei bestätigte er, dass der Mensch eine besondere Schöpfung ist – menschlich von Anfang an – und nicht ein Abkömmling von Tieren. Seine menschliche Embryosammlung ist weltbekannt. Wir verbrachten einen fruchtbaren erfreulichen Nachmittag zusammen.

[6] Der menschliche Embryo durchläuft während seiner Entwicklung von der Eizelle beginnend die gleichen Stadien wie die verschiedenen Spezies des Tierreiches, als sie sich von den niederen zu den höheren Lebensformen entwickelten.

Frau von Stockhausens Standpunkt bestätigte, was ich ausführlich in meinen Büchern aufgezeigt hatte: dass die chemische Biogenese niemals spontan stattgefunden haben konnte. Es brauchte einen intelligenten Meisterplaner dahinter. Und das Gleiche gilt für die Entstehung der Arten: Jede Spezies benötigt besondere, zusätzlich hinzugefügte Information, welche nicht in bloßer Materie intrinsisch ist.

Diese erste Begegnung der Geister zwischen Frau Professor von Stockhausen, Herrn und Frau Professor Blechschmidt und uns war der Anfang einer lebenslangen Zusammenarbeit und Freundschaft. Sie halfen uns als Dozenten in unseren Pro-Universitate-Seminaren. Wir hatten diese 1981 begonnen, um christliches Gedankengut wieder in das akademische Denken, das völlig vom Materialismus übernommen worden war, einzuführen.

Frau von Stockhausen hatte, mit einem ähnlichen Ziel im Auge, eine Akademie in Bierbronnen, im Schwarzwald, gegründet, wo ich von 1976 an oft doziert habe. Wir wurden immer mit herzlicher und vorzüglicher Gastfreundschaft empfangen.

An der Akademie in Bierbronnen führten Professor Carsten Bresch, ein Biologe und Evolutionist von der Universität Freiburg, und ich einen lebhaften Disput über Evolution kontra Schöpfung. Dieser Disput wurde später per Korrespondenz weitergeführt und in den zwei Zeitschriften *Factum* und *Agemus* veröffentlicht.

Am 20. Januar 1976 hatte mich Frau von Stockhausen eingeladen, zu ihrer Philosophieklasse an der Pädagogischen Hochschule in Freiburg zu reden und Jacques Monods Buch *Zufall und Notwendigkeit*, eine der bevorzugten Quellen der Kommunisten, kritisch zu analysieren. Der Vorlesungssaal war überfüllt. Die marxistische Studentengruppe ASTA hatte geplant, meine Vorlesung zu stören und zu unterbrechen. Sie änderten ständig die Lautstärke des Lautsprechers. Am Ende gaben sie auf, als sie merkten, dass weder die Zuhörerschaft noch der Vortragende die Vorlesung beenden wollten. Im Laufe des Vortrages ließ sich ein Teil der Marxisten sogar von meinen Argumenten überzeugen, in denen ich darlegte, warum Monods Hypothesen unhaltbar waren, und ihre anfänglichen Aggressionen verwandelten sich in aufrichtige Begeisterung.

Professor Blechschmidt und seine Frau wiesen in ihrem Vortrag auf unvergessliche Weise auf die Einzigartigkeit des Menschen hin. Anhand von Diapositiven zeigten sie die Entwicklung der befruchteten menschlichen Eizelle – einen vom ersten Tag an bis zum neunten Monat erkennbar menschlichen Embryo. Sie verglichen den menschlichen Embryo mit Tierembryos, die in allen Stadien von den menschlichen verschieden waren und eindeutig die Unhaltbarkeit des Häckelschen Biogenetischen Gesetzes bewiesen.

Eine große Hilfe und sehr beliebt in unseren Studentenseminaren war Professor Kitchen von der Universität Liverpool, ein Archäologe und einer der heute bedeutendsten Ägyptologen. Mittels seiner Ausgrabungen und seiner weitgehenden Kenntnis der ägyptischen Geschichte, Archäologie und der Hieroglyphen, zeigte er, dass die alttestamentlichen Berichte in jeder Hinsicht zuverlässig sind. Als Beispiel: Josef war von seinen Brüdern für zwanzig Silberschekel verkauft worden. Bei Ausgrabungen hatte man Berichte auf Steintafeln entdeckt, die Verkaufspreise von Sklaven angaben. Preise für Sklaven variierten zu verschiedenen Zeiten. Durch die Höhe des Preises konnte man feststellen, dass ein Sklave zu genau der Periode, die die Bibel für Josefs Lebenszeit angibt, zwanzig Silberschekel kostete.

Professor Kitchen wies aufgrund seiner historischen Forschung darauf hin, der Mensch und die Zivilisation seien nicht durch eine Evolution vom ganz Primitiven bis zur heutigen höchsten (!) Entwicklung entstanden; die Zivilisationen seien eher durch Undulation (Auf und Ab) gegangen. Das heißt, Aufstieg und Zerfall von Kulturen und Zivilisationen folgen hintereinander, oft bestimmt durch den moralischen Zustand jener Generationen.

Pro Universitate ist zu einer kleinen, aber sehr aktiven Familie von Studenten und Professoren herangewachsen, die Pro-Universitate-Seminare in vielen europäischen Ländern besucht oder dort vorgetragen haben. Gewöhnlich hielten wir Vorträge in einer Universität oder einem großen Kirchenraum. Nach dem Vortrag wollten die Studenten oft mehr wissen. Dann luden wir sie zu einem der nächsten Pro-Universitate-Seminare ein – zum Beispiel in der Schweiz, in Deutschland oder Dänemark. In Ringkøbing,

Dänemark, mieteten wir zwei oder drei Wochen in den Sommerferien ein ganzes christliches Internat mit allen Einrichtungen für bis zu achtzig Studenten und Akademikern.

Ein anderer Freund und Unterstützer der kreationistischen Überzeugung war Professor Dr. John Rendle-Short, ein weitbekannter Pädiater von der Universität Brisbane, Australien. Als Student hatte ich seinen Vater, einen prominenten Chirurgen, kennen- und schätzen gelernt. Beide waren in der medizinischen Welt gut bekannt. Ich traf Professor Rendle-Short jun. zum ersten Mal im Juli 1972 an einer internationalen medizinischen Konferenz in Toronto. Wir beide fuhren mit dem gleichen Bus zum Konferenzzentrum. Der Bus war überfüllt, und im Stehen diskutierten wir über den Ursprung des Menschen. Professor Rendle-Short neigte zur theistischen Evolution. Ich erklärte ihm, warum ich jegliche Art makroevolutionistischer Prozesse sowohl wissenschaftlich als auch vom christlichen Standpunkt aus für unmöglich hielt. Gerade in dem Moment stoppte der Bus plötzlich, und Professor Rendle-Short fiel. Er erzählte mir später, gleichzeitig sei ihm blitzartig die wissenschaftliche und biblische Unhaltbarkeit der Evolutionstheorie aufgegangen. Lachend berichtete er mir, beide Schocks hätten im gleichen Moment stattgefunden. Später gründete Professor Rendle-Short die „Creation Association" in Australien und trug viel zu deren Erfolg bei.

Aber wir erhielten nicht nur Blumensträuße und Ehrenbezeugungen in unserer Arbeit, sondern wurden auch mit Steinen beworfen; wir gewannen nicht nur gute Freunde, sondern auch heftige Gegner. Einer unser grimmigsten Opponenten war Professor H. v. D., der uns angriff und beschimpfte, wo er nur konnte. Er ging sogar so weit, an alle Universitäten, an denen ich einen Doktortitel erworben hatte, zu schreiben, um mich zu unterminieren. Er beabsichtigte, mich öffentlich zu demütigen, da er meinte, ich hätte nicht drei Doktorentitel neben meinem FRSC („Fellow of the Royal Society of Chemistry") erwerben können. Selbstverständlich bestätigten die verwunderten britischen und schweizerischen Universitäten all meine Doktorentitel als echt, obgleich die Universität Zürich zuerst meinen Namen nicht unter ihren Doktoranden der zurückliegenden Jahre finden konnte.

Der Grund dafür war, dass H. v. D. nicht meinen korrekten vollen Namen Arthur E. Wilder-Smith in Zürich angegeben hatte. H. v. D. schrieb uns daraufhin einen triumphierenden Brief, er habe meinen Betrug aufgedeckt, ich hätte an der ETH Zürich keinen Doktorgrad verdient. Er sagte weiter, er würde nichts von dem Schwindel veröffentlichen, wenn ich verspräche, nichts mehr gegen Evolution zu publizieren. Daraufhin rief ich sofort die ETH Zürich an, die mich auf der Stelle unter meinem korrekten Namen erkannte. Sie berichtigten die Lage in einem Brief an H. v. D. Man hätte natürlich nicht erwarten können, dass sie mich unter einem falschen Namen finden konnten.

H. v. D. schrieb ebenfalls an die „Royal Society of Chemistry" mit der Frage, ob mein Titel FRSC authentisch sei. Gleichzeitig fragte er sie, was die Buchstaben FRSC bedeuteten. Das Institut gab sich nicht die Mühe, ihm zu antworten. Stattdessen sandten sie seine Briefe mit einigen spöttischen Bemerkungen an mich zur Kenntnisnahme.

Kapitel XXV

THE MYSTERY DEBATER: EINE DEBATTE AN DER M.I.T. (MASSACHUSETTS INSTITUTE OF TECHNOLOGY)

Am 1. April 1981 flogen wir nach Boston. Man hatte mich zu einer Debatte „Evolution versus Schöpfung" an der berühmten M.I.T. („Massachusetts Institute of Technology") eingeladen. Bis zum großen Tag der Debatte hatte mir niemand den Namen oder das wissenschaftliche Spezialgebiet meines Opponenten kundgetan.

Glücklicherweise gab uns der M.I.T.-Vertreter etwas mehr Information über den „unbekannten Kontrahenten". Es war J. L., Doktor der Zahnmedizin.

Das Thema der Debatte hatte eine riesige Zuhörerschaft angezogen. Man darf nicht unterschätzen, Studenten – und nicht nur Studenten – beobachten mit Vergnügen einen Hahnenkampf, den sie aufgrund des heißen Themas erwarteten.

Unser Moderator war Dr. Philip Morrison, der keineswegs unvoreingenommen war. Als er befürchtete, die Meinung des Auditoriums könnte zugunsten meiner kreationistischen Erklärung der Entstehung des Lebens ausschlagen, unterstützte Dr. Morrison, der „neutrale" Moderator, die evolutionistische Meinung.

Die Studenten reagierten unvoreingenommen und spontan. Wenn sie meinten, eine Bemerkung oder Antwort habe ins Schwarze getroffen, wurden sie übermütig, pfiffen und warfen ihre Hände in die Luft.

Debatten sind für mich immer schwierig: Nicht der wissenschaftliche Stoff oder das Debattieren selbst. Auch nicht das Beantworten der Fragen und das Erklären von Fakten und Problemen. Was mir in Debatten ganz wichtig ist, ist, dass ich meinen „Punkt gewinne" und dabei nicht meinen Kollegen verliere. Wenn man in der Debatte sehr hart zuschlägt oder sein Gegenüber feindlich behandelt, kann man ihn verbittern und seiner Seele Schaden zufügen. Wir bitten Gott immer um Weisheit und ein Herz voller Mitempfinden und Respekt, sodass ich meinen

Kollegen von der Wahrheit, wie ich sie sehe, überzeugen kann, aber gleichzeitig ihm meine Achtung für seine Person und Bemühung zeige. Ich bin der Meinung, dass es manchmal wichtiger ist, seinen Bruder zu gewinnen als sein Argument zu verteidigen. Und doch ist es meine Aufgabe, die Wahrheit zu verteidigen, damit ich anderen helfen kann. Um in richtiger Weise zu handeln, braucht es äußerst viel Weisheit, die klare faktische Wahrheit und den liebenden Respekt zum Opponenten auseinanderzuhalten. Das ist nicht immer leicht.

Kapitel XXIV

ÖFFENTLICHE VORTRÄGE UND REDEN IN KIRCHEN

Wir gehen jetzt einige Jahre rückwärts in der Zeit, um etwas über meine verschiedenen Vortragstätigkeiten in Kirchen, öffentlichen Sälen und christlichen Kreisen zu erfahren. Nachdem ich Christ geworden war, wurde ich oft gebeten, in Kirchen oder Sälen öffentlich zu reden. Es fing zuerst in England an und dehnte sich dann auf den europäischen Kontinent aus. Da meine einzige Bedingung bei Vorträgen war, dass man mich in dem, was ich zu sagen hatte, nicht einschränkte, wurden wir von vielen christlichen und nicht-christlichen Organisationen, Gruppen und Kirchen eingeladen.

Von der Vielzahl meiner Vorträge kann ich hier nur einzelne herausgreifen.

Frankfurt

Nach unserer Hochzeit und Niederlassung auf dem europäischen Kontinent wurde ich ziemlich oft ersucht, in deutschen Kirchen zu sprechen. Von Zeit zu Zeit bat man mich sogar, die Predigt am Sonntagmorgen zu halten, obwohl ich nicht ordinierter Pfarrer bin. Anfangs war ich als junger Engländer mit den Riten und Gewohnheiten der verschiedenen europäisch-kontinentalen Kirchen noch nicht vertraut. Deshalb beging ich einmal einen groben Fauxpas. Ein älterer lutherischer Pfarrer in Frankfurt lud mich ein, seine Kanzel am Sonntagmorgen zu übernehmen und zu seiner Gemeinde zu predigen. Das bedeutete für mich eine große Ehre, da er gewöhnlich seine Kanzel vor anderen Rednern schützte.

Ich traf jenen Morgen per Zug ein und trug einen hellbraunen Anzug. Pfarrer V. schaute mich entsetzt an. Ich fragte ihn, was der Grund sei. „Ihr Anzug, Ihr brauner Anzug. Sie können in dem Anzug nicht predigen. Es würde meine Kanzel entweihen.“ Er tat mir in seinem Kummer leid. Was konnte ich tun, um diesen groben Fehler gutzumachen? Plötzlich sagte er mit einem Seufzer der Erleichterung: „Ich hab es, mir ist die Lösung eingefallen. Ich gebe Ihnen meinen Talar zum Überziehen. Das wird Ihren braunen Anzug zudecken." Und das tat ich auch. Da er ein sehr kleiner Mann war, bedeckte mich sein Talar wie ein Minirock, und meine braunen Hosenbeine und Ärmel ragten weit sichtbar heraus. Ich muss wie eine Vogelscheuche ausgesehen haben. Aber Pfarrer V. war zufrieden, das war die Hauptsache.

Es würde zu weit führen, über all meine Vorträge in Frankfurt zu berichten – die zahlreich waren; eine Serie hielt ich in einem Vorlesungsraum mitten in Frankfurt, während ganz in der Nähe die Aufstände gegen die „Startbahn West" (der Ausbau der U.S.-Militärpiste auf dem Rhein-Main-Flugplatz) tobten. Die Polizei brachte Busse mit „Heavies" herbei, um den aggressiven linken und grünen Angriffen entgegentreten zu können. Leider erwischten und bestraften sie manchmal falsche Leute – unschuldige Zuschauer.

Hannover

Eine Stadt, in der ich häufig zu Geschäftsleuten, Studenten und ebenso in Kirchen sprach, war Hannover. Unser fähiger Organisator war meist Willi Bolender. Seine und unsere Familie waren jahrelang Freunde. In späteren Jahren halfen Ingo Butschkau und Karl-Heinz Benatzky, beide Geschäftsmänner und aktive Christen, tatkräftig mit.

Das erste Mal, als ich in dem damals nach dem Krieg stark zerbombten Hannover sprach, war im August 1964 in einem gemieteten großen Zelt. Viele Familien hatten Väter, Ehemänner und Söhne auf dem Schlachtfeld verloren und ihre Herzen waren tief verwundet. Mein Bestreben war, ihre Herzen zu erreichen, indem ich auf die entsetzlichen Folgen von Sünde, manifestiert in Kriegen, Feindschaft und Zerstörung, die uns alle so grausam getroffen hatten, hinwies. Dafür hatte Gott die Welt nicht erschaffen. Das schmerzvolle Leiden in der Welt war die Folge zuerst von Adams Sünde. Danach war die Sünde der Menschheit und unsere eigene Sünde das Ergebnis der Feindschaft gegen Gott und unsere Mitmenschen.

Gott erschuf uns mit einem freien Willen, sodass wir zwischen Gut und Böse bei jeder Entscheidung wählen können. Leider ziehen wir oft das Böse dem Guten vor. Wenn wir uns nur bewusst sein könnten, wie die Konsequenzen jeder einzelnen Sünde nicht nur den Übeltäter selbst, sondern seine ganze Umwelt und seine Mitmenschen schädigen. Deshalb kann Gott unsere Sünde nicht leicht nehmen; im Gegenteil, Er nimmt sie sehr ernst. Glücklicherweise sorgte Gott für ein Heilmittel. Meine Trennung von Gott durch Sünde kann abgeschafft werden, indem ich mein Unrecht bereue und es Ihm bekenne. Um für unsere Sünde zu bezahlen, nahm Jesus Christus, der Sohn Gottes, die Strafe auf sich. Er starb dafür am Kreuz, sodass ich nicht mehr die Strafe erleiden muss. Indem ich an Seine erlösende Tat glaube und Ihm mein Leben übergebe, kann ich mit Gott Gemeinschaft haben und mit Ihm kommunizieren. Wir sind Seine Kinder, und Er ist unser Vater, der für uns sorgt.

Nach einem meiner Zeltvorträge kam ein junger Mann auf mich zu. Er war zufällig am Zelt vorbeigelaufen und hatte neugierig hineingeschaut. Was er hörte, interessierte ihn, und er blieb. „Aber wer", fragte er, „wer ist dieser Jesus, von dem Sie immer sprechen? Ich habe bis heute seinen Namen noch nie gehört. Können Sie mir mehr über Ihn erzählen?" Natürlich konnte ich das. Ich erzählte ihm von Gottes Liebe zu uns, der Seinen Sohn zu unserer Erlösung in die Welt sandte, damit wir mit Ihm und unseren Mitmenschen in Gemeinschaft und Frieden leben könnten. Ich gab ihm noch Literatur mit, sodass er noch mehr über den Herrn Jesus Christus erfahren konnte. Als in den folgenden Jahren Hannover allmählich wieder aufgebaut war, sprachen wir in der Musikakademie, der Stadthalle oder bei besonderen Seminaren in Hotelkonferenzräumen.

Während meines Lebens sprach ich in vielen Ländern und auf vielen Kontinenten. Eine der erfüllendsten Tätigkeiten ist, wenn hoffnungslose, angstvolle, belastete und verzweifelte Menschen Gottes Erlösung durch Jesus Christus entgegennehmen und frohe, hoffnungsvolle Kinder Gottes werden.

Am 10. Juni 1983 sprach ich auf dem Kirchentag der Evangelischen Kirche in Hannover über das Thema „Evolution – das Glaubensbekenntnis unserer Modernen Zeit". Etwa 3000 Zuhörer besuchten den Vortrag, und viele beteiligten sich danach lebhaft an der höchst interessanten Diskussion. Die Mehrzahl der Kirchentagsansprachen sind liberal und pluralistisch. Unter den Auspizien von Pfarrer Kemner und seinem evangelikalen Zentrum in Krelingen taten sich einige bibelgläubige Theologen, Geschäftsmänner und Wissenschaftler zusammen. Sie sahen es als ihre wichtige Aufgabe, zur gleichen Zeit den Zehntausenden von Besuchern ein Spektrum biblisch basierter aktueller Vorträge anzubieten.

Berlin

Vielleicht sollte ich noch einiges über unsere wiederholten Vortragsreihen in Berlin erwähnen. Unsere erste Einladung nach Berlin erhielten wir 1973. Der damalige NATO-Kommandeur von Berlin, U.S.-General Win. W. Cobb trat mit der Bitte an mich heran, Drogenvorträge vor seinen Truppen in Berlin zu halten.

Am 23. Januar kam ich zuerst mit General Cobb, einem sehr intelligenten, liebenswürdigen Herrn, und seinem Stab zu einem Gespräch zusammen. Ich sprach im Outpost Theater zu 500 bis 600 Soldaten und erklärte an Tieren die Wirkung von Drogen. In den vordersten Reihen saßen die hohen Offiziere. Es war interessant, die Soldaten zu beobachten. Weil ihr Erscheinen zur „Drogen-Aufklärung" obligatorisch war, zeigten die GIs offen ihre Unlust. Sie lümmelten in ihren Sitzen, zogen die Militärmützen über ihr Gesicht und schlossen ostentativ ihre Augen. Sie wollten sich nicht wieder eine „Drogenpredigt" mit all den Strafandrohungen anhören müssen. Als die Soldaten plötzlich begriffen, wie gewisse Drogen auf ihren Körper und ihre Seele schädlich einwirkten und dass ihre Gesundheit ihre eigene Verantwortung sei, hörten sie zu. Sie spürten, hier sprach eine Person, der ihre Person und ihre Gesundheit am Herzen lag und die nicht nur Verbote und Drohungen austeilte. Die Militärmützen verschwanden eine nach der anderen von den Gesichtern der Soldaten. Nach und nach setzten sie sich aufrecht hin und zeigten ein persönliches Interesse am Vortrag. Die Fragen hinterher zeigten, wie gut sie zugehört hatten.

Am Nachmittag und nächsten Tag folgten weitere große Drogenveranstaltungen bei neuen Truppen. Ich redete an mehreren amerikanischen Hochschulen und wurde vom Fernsehen und von Zeitungen interviewt.

Eines Morgens schickte General Cobb seinen Chauffeur, Herrn Schultze, mit seinem Wagen, um uns Westberlin zu zeigen. Wir besuchten die Berliner Mauer mit den Gedenkkreuzen für die Opfer, die auf ihrer Flucht von Ostberlin getötet worden waren. Eine 80-jährige Dame wollte von der russisch besetzten Ostseite der Bernauer Straße flüchten, indem sie aus dem Fenster auf die Westseite zu springen versuchte, und war in der Luft beim Springen erschossen worden. Ein trauriges Zeitzeugnis.

Herr Schultze chauffierte uns zum Checkpoint Charlie, wo wir die verschiedenen Geräte bestaunen konnten, die Ostdeutsche erfunden hatten, um über die Grenze in den Westen zu flüchten: Autos, fast unmerklich umgebastelte, zum Verstecken von Personen, Tauchgeräte zum Überqueren der Elbe oder anderer Flüsse, Werkzeuge, mit denen Untergrundtunnel zur Flucht in den Westen gegraben worden waren. An jedem Gerät war ein kurzer, zu Herzen gehender Bericht angebracht über die verzweifelt unternommenen Bemühungen von Menschen auf der Flucht in die Freiheit.

Ein besonderes Ereignis stellte unser kleiner Besuch hinter dem Eisernen Vorhang dar. General Cobb hatte ihn freundlicherweise für uns arrangiert. Er beauftragte Herrn Schultze, meine Frau und mich zum Checkpoint Charlie zu fahren und unter der dort installierten Fernsehkamera in seinem Mercedes auf unsere Rückkehr aus Ostdeutschland zu warten. Die Grenzkontrolle war streng und unhöflich und nahm viel Zeit in Anspruch. Wir mussten in einen ostdeutschen Bus umsteigen. Die Sitze wurden auseinandergenommen und kein Zentimeter des Busses blieb unkontrolliert. Wir durften während der ganzen Rundreise den Bus nicht verlassen, außer unter Aufsicht am russischen Kriegsdenkmal und beim Hotel Berolina, in das kein Ostdeutscher zugelassen war. Im Hotel Berolina wurden wir eingeschlossen und ermutigt, Erfrischungen zu kaufen. An der Theke bat ich um Orangen. Sie hatten keine Orangen. „Haben Sie vielleicht eine Banane?" „Nein, leider nicht." „Und Ananas?" Auch nicht. Ich gab auf, denn ihre Äpfel sahen nicht sehr verlockend aus. Ich hatte natürlich aus offensichtlichen Gründen diese Südfrüchte verlangt.

Eine spanische Dame aus unserer Gruppe geriet plötzlich in Panik, als ihr bewusst wurde, dass wir eingeschlossen waren. Sie rüttelte vergeblich an den Türen. Die Türen waren mit Pressluft verschlossen. Ich bohrte mit meinem Finger durch den Pressluftverschluss. „Sssssst", die Tür öffnete sich. Um sicher zu gehen, dass niemand uns am Verlassen des Hotels hinderte, erklärte ich der ängstlichen spanischen Dame mit lauter Stimme: „Ich glaube nicht, dass man uns eingeschlossen hat. Die Tür hat nur nicht richtig funktioniert. Aber jetzt funktioniert sie wieder. Kommen Sie!" Offenbar wagte man nicht, uns zu widersprechen. So schwärmte die gesamte Gruppe aus dem Hotel, um mit der Welt draußen Kontakt aufzunehmen. Aber sofort wurden wir aufgefordert, in den Bus zurück nach Westberlin einzusteigen. Leider sei unsere Aufenthaltszeit zu Ende.

Im Herbst des gleichen Jahres 1973 reisten wir wieder nach Berlin. Diesmal für drei öffentliche deutsche Vorträge in der Urania-Halle. Der erste Abend über „Drogen, Süchte und das Unterbewusstsein" war gut besucht. Drogenmissbrauch nahm rapide zu, und sowohl viele junge Leute als auch Eltern waren erschrocken über die Ausmaße, die dieses Problem annahm.

Wie Wohlstand sich ausbreitete, so wuchs Gleichgültigkeit gegenüber geistlichen Dingen. Deshalb war das Thema des zweiten Abends: „Das Problem unsres Volkes: Wohlstand, Stress, Zerfall und Selbstvernichtung."

Der letzte Vortrag der Serie behandelte „Materialismus: wissenschaftlich, philosophisch und als Lebensweise, alle gleichermaßen destruktiv".

Von der Zeit an kamen wir wiederholt nach Berlin und hielten dort Referate und Vorträge vor Akademikern, Geschäftsleuten und dem allgemeinen Publikum.

Im Mai 1983 hatte Herr Lattka zusammen mit anderen Akademikern für uns eine Vortragsreihe in Berlin organisiert. Die Veranstaltungen waren lange vorher von einem fähigen Team vorbereitet worden. Sie begannen mit einer Vorlesung über das Problem des Bösen an der Theologischen Hochschule. Anschließend sprach ich fünf Abende hintereinander in der voll besetzten Baptistenkirche über „Glaube und Wissenschaft". Es waren viele junge Leute anwesend, die noch lange nach den Vorträgen ihre verschiedenen Fragen von mir beantwortet haben wollten.

Morgens hielt ich gewöhnlich Vorlesungen an Universitäten und Hochschulen. Am ersten Morgen hatte mich der Direktor des Robert-Koch-Gymnasiums gebeten, auf das Thema „Evolution: Philosophie oder Wissenschaft?" einzugehen. Wir verbrachten eine angeregte Diskussionszeit, die Lehrer und Schüler über die vielseitige wissenschaftliche Evidenz gegen die Darwinsche Evolution nachdenken ließ.

Am nächsten Morgen referierte ich an der Freien Universität über „Die Naturwissenschaften kennen keine Evolution". Die zahlreichen Studenten zeigten sich sehr offen und kooperativ. Berlin galt als eine äußerst schwierige Zuhörerschaft, weil hier Ost und West zusammentrafen und aufeinanderprallten. Viele Berliner waren für den Westen, weil sie den Kommunismus vom Osten fürchteten. Anderseits waren eine Anzahl marxistischer Ideologen von den Kommunisten im Osten nach Westberlin eingeschleust worden, um westliche Politik zu unterminieren. Doch wir schätzten den Gedankenaustausch mit den Studenten und erlebten wenig Feindseligkeit. Zahlreiche Fragen wurden gestellt und erst nach drei Stunden konnten wir das Auditorium verlassen. Studenten schossen von allen Seiten mit komplizierten Fragen aus allen Gebieten der Wissenschaft und Nichtwissenschaft auf mich ein, und ich musste schnell reagieren. Wie gut, dass wir von dem, der selbst die Weisheit ist, die zuverlässige Zusage haben, zur rechten Zeit die richtigen Antworten zu bekommen. Ich liebe Studenten und ich liebe denkende Menschen als herausforderndes Visavis. Das scheinen sie zu merken. Es schafft ein gutes Verhältnis und eine Basis, um zusammen Probleme anzugehen.

Am folgenden Nachmittag behandelte ich an der Technischen Universität auf Bitte der Studenten das gleiche Thema wie an der Freien Universität. Wiederum waren Besuch und Aufnahme der Veranstaltung gut. Beide Universitätsvorlesungen wurden auf Videoband aufgenommen.

Am Wochenende fand ein Abendessen für Personen in verantwortlichen Stellungen statt. Politiker, Akademiker, Geschäftsleute und andere Menschen in hochstehenden Positionen waren zu diesem Abend über „Stress“ eingeladen worden.

1984 wählten wir Berlin als Seminarstadt für Pro Universitate aus. Thema war: „Alles möglich, alles erlaubt?“ Zur Sprache kamen u. a. die Macht der Manipulation in den Medien, die Herausforderung der technologischen Medizin (genetische Manipulation), die Folgen eines gestörten Verhältnisses zwischen Mensch und Wissenschaft. Die Schlussveranstaltung, offen für jedermann, wurde am Sonntag, dem 25. November, in der geräumigen Apostel-Paulus-Kirche durchgeführt. 1200 Besucher lauschten den Ausführungen über „Zeit und Ewigkeit“. Die Veranstaltung war mit klassischer Musik umrahmt.

Kapitel XXV

HOBBYS

Wegen meines mit Vorträgen, Schreiben und Beratung eng besetzten Stundenplanes – alle diese Tätigkeiten gaben mir Freude und Befriedigung – blieb mir wenig Zeit für andere Hobbys. Eine Betätigung, die unsere Familie gern zusammen unternahm, war Wandern in den Schweizer Bergen, in Gottes schöner Natur. Die gigantischen schneegekrönten Dreitausender, die bunt blühenden Almen mit den ständig läutenden Kuhglocken und den rauschenden Bächen lassen einen unwillkürlich Gottes Schöpferkraft und Weisheit hinter solcher Schönheit loben und bewundern.

Ein anderes Hobby, an dem sich unsere ganze Familie erfreut, ist gute Musik. Meine Frau, unsere Kinder und ich lieben klassische Musik. Wie erquickt nach konzentrierter, anstrengender Tagesarbeit ein Mozart-Konzert oder eine Bach-Fuge! Musik half mir oft und inspirierte mich in meiner Arbeit. Wie wunderschön drückte zum Beispiel Haydn die ersten Verse der Bibel in Musik aus, zweifellos durch göttliche Inspiration. Meisterhaft beschreibt er musikalisch die verschiedenen Werke der Schöpfungstage und verherrlicht Gott, den Schöpfer, in seinem Oratorium *Die Schöpfung*.

Als Ausgleich zu meiner intellektuellen Arbeit arbeite ich gern im Garten, wobei ich nachdenken und neue wissenschaftliche oder geistliche Ideen ausarbeiten kann. Auch hier erfreue ich mich an Gottes Natur und entdecke den großen Logos bis ins kleinste Detail der Biologie. Es bestätigt mir Gottes Liebe zu uns, dass Er die Welt nicht nur funktionell erschuf, sondern schön und zu unserer Freude.

In den Ferien entspanne ich mich oft beim Fischen, besonders in Norwegen am Meer oder an den finnischen und den schottischen Seen. Unsere Kinder teilen diese Freude am Fischen.

Kapitel XXVI

DER 70. GEBURTSTAG VON PROFESSOR WILDER-SMITH

Am 22. Dezember 1985 feierten wir meinen 70. Geburtstag. Gott hatte mich so freundlich bei guter Gesundheit erhalten, dass ich meine literarische Arbeit, meine Vorträge und Reisen ungestört fortsetzen konnte. Wir wollten ihm für seine Güte danken und diesen freudigen Tag mit Freunden, Verwandten und Kollegen aus mehreren Ländern zusammen feiern.

Unser guter Freund Willi Bolender und seine Frau hatten eine große Feier in Hannover im Queen's Hotel beim Wildpark vorbereitet, in dem ich so oft gesprochen hatte. Etwa sechzig Leute waren zu diesem festlichen Anlass geladen und feierten mit uns und priesen Gott für Seine Hilfe und Segnungen durch all die 70 Jahre meines Lebens.

Der *Factum*-Verlag in Berneck, Ostschweiz, widmete mir eine Nummer der Zeitschrift – zu meiner großen Überraschung. Darin enthalten waren wissenschaftliche Beiträge und Gratulationen von Kollegen aus den verschiedensten Ecken der Welt. Wir waren von all den literarischen Würdigungen und freundlichen Wünschen tief berührt.

Kapitel XXVII

DIE VORLESUNG ZUM HUXLEY MEMORIAL 1986

Im Jahr 1985 sandte mir die Präsidentin der „Oxford Union" in England, Ms. Wilson, eine Einladung, an einer Debatte teilzunehmen. Ein großer Teil meiner Leser wissen wahrscheinlich, dass die „Oxford Union" als einer der vornehmsten Debattierklubs in England gilt. Die meisten der großen Politiker wie Churchill oder Margaret Thatcher lernten und übten hier ihre Debattierkünste in jüngeren Jahren. Es ist der exklusive Klub, dem Oxford-Studenten und andere ambitiöse Mitglieder – wenn zugelassen – beitreten, um Vortrefflichkeit in politischer Rhetorik und Debatte zu erreichen.

Die Debatte sollte am 14. Februar 1986 stattfinden. Die Einladung war so formuliert: „Die Doktrin der Schöpfung ist wissenschaftlich besser begründet als die Theorie der Evolution. Professor A. E. Wilder-Smith, University of Illinois, Medical Center, Chicago, und Professor Andrew, Universität London, werden gebeten, ihre wissenschaftlichen Begründungen vorzutragen, warum die Doktrin der Schöpfung eine stichhaltige Erklärung für die Entstehung des Lebens und der verschiedenen Spezies des Lebens darstellt."

Unsere Opponenten – die Evolution verteidigend – waren Professor Maynard Smith (Autor von *The Theory of Evolution* und *The Evolution of Fighting*) und Professor Richard Dawkins (Autor von *The Selfish Gene* und *The Blind Watchmaker*).

Die Debatte fand zum Gedächtnis an die berühmte öffentliche Debatte unter der Schirmherrschaft der BAAS („British Association for the Advancement of Science") in der zweiten Hälfte des 19. Jahrhunderts zwischen T. H. Huxley und Bischof Samuel Wilberforce statt. Bischof Wilberforce war gleichzeitig Professor der Mathematik und Sohn des großen Wilberforce, der wesentlich zur Befreiung der Sklaven und Abschaffung der Sklaverei beigetragen hatte. Die Debatte wurde zu einem Meilenstein in der Geschichte. Aufgrund dieser Debatte galt die christliche Lehre der Schöpfung als überholt. Bischof Wilberforce argumentierte folgendermaßen: Hinter jeder Uhr steht ein Uhrmacher. Ebenso existiert hinter jedem Geschöpf ein Schöpfer. Er war davon überzeugt, dass das Leben von einem Schöpfer zeugte so wie jede Uhr von einem Uhrmacher.

Huxley bestritt die Aussage von Wilberforce. Er brachte das berühmte Beispiel der sechs ewigen Affen, die an sechs Schreibmaschinen mit endlosem Vorrat von Papier festgebunden waren. Wenn diese sechs Affen unendlich lange wahllos auf die Schreibmaschinentasten hauten, fände man zwischen all dem von ihnen Geschriebenen schließlich auch den 23. Psalm. Huxley behauptete, die Wahrscheinlichkeitsformel fordere dieses Ergebnis. Bischof Wilberforce war von Huxleys Aussage schockiert, konnte ihm als Mathematiker aber nicht widersprechen, als Huxley die Wahrscheinlichkeitsformel zitierte:

Wo Zeit unendlich ist, ist die Wahrscheinlichkeit 1.

$t=\infty \rightarrow p=1$

Bei endloser Zeit ist die Wahrscheinlichkeit, dass alles zufällig entstehen wird, 1. Gibt man lang genug Zeit, wird der 23. Psalm Davids per Zufall ohne David entstehen. Ebenso kann Leben zufällig entstehen ohne einen Schöpfer, wenn genug Zeit zur Verfügung steht.

Die Zuhörerschaft stimmte Huxleys Logik zu, und Wilberforce verlor die Debatte.

Seit jener Debatte wird die Hypothese eines Schöpfergottes in wissenschaftlichen Kreisen für überflüssig gehalten. Als Folge der Huxley/Wilberforce-Debatte ist der Name eines Schöpfers in den meisten führenden Zeitschriften tabuisiert.

Diese Debatte am 14. Februar 1986 in der Oxford Union, wo ich die kreationistische Seite zu vertreten gebeten wurde, wurde zum Gedächtnis der oben erwähnten Debatte vor hundert Jahren veranstaltet und trug deshalb den Namen „Huxley Memorial Lecture". Vor der Debatte wurde zwischen beiden Seiten vereinbart, dass keinerlei religiöse oder nichtwissenschaftliche Argumente in der Debatte zur Sprache kommen sollten.

Zuerst begründeten zwei Studenten der Universität Oxford, warum sie das Konzept der Schöpfung als wissenschaftlich gültige

Erklärung heute annahmen. Ein farbiger amerikanischer Student führte sein Exposé besonders intelligent und witzig vor. Zwei andere Studenten traten für die Evolution ein und brachten die üblichen alten Argumente.

Meine Beweisführung für das Schöpfungsmodell beinhaltete, kurz zusammengefasst, drei Hauptargumente:

1. Die Wahrscheinlichkeitsformel, die Huxley anwendete, um seinen Punkt der zufälligen Entstehung des Lebens zu beweisen, ist nicht für den Ursprung des Lebens anwendbar und gültig. Das Tippen der Affen auf der Schreibmaschine erzeugte irreversible Resultate, wogegen die organisch-chemischen Reaktionen, die die Basis des Lebens hervorbringen, immer reversibel sind. Huxleys Wahrscheinlichkeitsformel kann nicht bei reversiblen Reaktionen angewandt werden, wie ich ausführlich in meinen verschiedenen Büchern über Biogenese gezeigt habe.

2. Nur die Informationstheorie kann den Ursprung des selbstreplizierenden Informationsspeicherungs- und -wiedergabesystems (das DNA-Molekül) in der Biologie erklären. Solche Systeme können nicht allein das Ergebnis zufälliger Kräfte vom Naturgesetz sein, sondern können nur als Ergebnis von Information (Überraschungseffekte) entstanden sein, welche nicht von Naturgesetzen hergeleitet werden können.

   Darwins Formel des Lebens lautet:
   a) Materie + Zeit + Energie = Urzelle
   b) Urzelle + Zeit + natürliche Auslese = Evolution (evolutive Artentstehung, evolutive Speziation)

   Die kreationistische Formel des Lebens lautet:
   a) Materie + Zeit + Energie + I (Information) = Urzelle
   b) Urzelle + Zeit + Energie + I (Information) = Speziation

   Es ist nicht unsere Aufgabe als Wissenschaftler, zu bestimmen (spezifizieren), woher dieser Faktor I (Information) herkam (obwohl wir auf einige Möglichkeiten hindeuten könnten).

3. Als dritten Punkt wies ich auf die wissenschaftliche Forschung Professor Vollmerts vom Polymer-Institut der Universität Karlsruhe hin. Er zeigte die Unmöglichkeit der zufälligen Entstehung irgendeines lebenswichtigen oder makro-molekularen Proteins unter den experimentell nachvollzogenen Darwinschen Bedingungen, die Fox und Miller durchführten (siehe *Das Molekül und das Leben*, Bruno Vollmert).

Ich erwähnte auch meine eigenen Forschungen über optische Aktivität in der Biochemie, welche Fox' und Millers Versuche als falsch bewiesen (siehe *Die Naturwissenschaften kennen keine Evolution* und *Planender Geist gegen Planlose Entwicklung*, A. E. Wilder-Smith).

Nach der Debatte griff Richard Dawson nicht meine wissenschaftlichen Ausführungen an, sondern begann meinen Glauben zu attackieren. Professor Andrew unterbrach ihn mit dem Vermerk, dass religiöse Betrachtungen in der wissenschaftlichen Debatte laut vorheriger Vereinbarung nicht erlaubt seien.

Professor Maynard Smith würdigte zwar mein wissenschaftliches Referat, sagte aber, ich glaube an einen kleinen Stammesgott, was man heute nicht mehr vertreten könne. Er glaube, das ganze große Universum sei Gott, was doch ein überlegener Glaube sei. Wiederum wurde ich auf rein religiösem Gebiet angegriffen, was vollkommen gegen unsere Abmachung verstieß.

Zum Schluss bei der Abstimmung der „Oxford-Union"-Mitglieder gewannen die Kreationisten 114 Stimmen von 300 Wahlberechtigten – ein erstaunliches Resultat, da die „Oxford Union" im Allgemeinen den materialistischen, naturalistischen, evolutionistischen Standpunkt der Biogenese vertrat.

Die Debatte wurde nie veröffentlicht. Über die meisten Debatten der „Oxford Union" wird landesweit in der Presse, im Radio und im Fernsehen berichtet. Es mag wohl ein triftiger Grund für die nachfolgende totale Vertuschung der Debatte vorgelegen haben: Im Dezember 1986 erhielt ich von der wissenschaftlichen Abteilung der Radcliffe Bibliothek, Oxford, eine Anfrage, ob ich tatsächlich am 14. Februar 1986 eine „Huxley Memorial Lecture" gehalten hätte. In der Bibliothek konnte kein Bericht über meine

Vorlesung an der „Oxford-Union"-Debatte gefunden werden. In den öffentlichen Medien wurde kein Wort darüber laut. So vollkommen ist die heutige Zensur von jeglicher effektiven Kritik an neodarwinistischer Wissenschaft und von jeder dargebotenen echten Alternative.

Kapitel XXVIII

DER 75. GEBURTSTAG

Im Sommer 1990 klagte mein lieber Mann gelegentlich über Schmerzen in den Beinen, was ihm manchmal beim Laufen hinderlich war. Am Universitätsspital Bern, dem Inselspital, unterzog er sich einer neurologischen Untersuchung, inklusive einer Messung der Nervenleitfähigkeit in den Beinen. Aber man fand nichts. So setzte er seine Vortragsreisen in Australien, Deutschland und der Schweiz an Universitäten, Hochschulen, Kirchen und bei den Medien fort. Im Dezember würde mein Mann fünfundsiebzig Jahre alt werden. Wir alle hatten den Eindruck, dass er während der letzten Monate gealtert war. Wir ahnten nicht, dass er drei Monate später eine ernsthafte Operation durchmachen musste.

Am 22. Dezember 1990 feierten wir seinen 75. Geburtstag im Dorint Hotel in Beatenberg, hoch über dem Thunersee. Unsere Kinder und ich hatten uns vorgenommen, seinen Geburtstag diesmal besonders würdig und fröhlich zu feiern – im Gedenken an Gottes Segnungen und Freundlichkeiten in unserem Leben.

Wir hatten zahlreiche Gäste, Verwandte und Kollegen, eingeladen. Gäste aus praktisch jedem Abschnitt seiner Vergangenheit waren anwesend.

Als Rahmen für das abendliche Festprogramm hatten wir König Arthurs Tafelrunde gewählt. Unser Sohn Oliver trat in der Rolle und dem Kostüm Merlins auf, der aus längst vergangenen Zeiten zum hohen Anlass des Tages zurückgekehrt war. Zusammen mit Einstein hatte er eine Zeitmaschine erfunden, die Leute vor-und rückwärts in Zeit und Raum versetzen konnte.

Beim ersten Versuch landete Merlin uns – die werte Zuhörerschaft – zu weit zurück in der Vergangenheit. Jedoch lauschten wir gespannt der alten Musik des vergangenen Zeitalters, meisterhaft gespielt auf Cembalo und klassischer Gitarre von Herrn Brummer und Herrn Napierski. Beim zweiten Versuch versetzte uns Merlin ins Jahr 1915 zu dem alten Tudor-Farmhaus in Cholsey, England, als mein Mann geboren wurde. Die stolze Freude über den ersten Sohn spiegelte sich in den Gesichtern der Eltern wieder.

In gleicher Weise wurden die Geburtstagsgäste dann von Merlin zu den wichtigsten Lebensstufen von Wilder-Smith geführt. Gleichzeitig projizierten Clive und Einar mittels Diapositiven dazu die entsprechenden alten Szenen und Personen.

Diejenigen der geladenen Gäste, die in den vorgeführten Lebenssituationen dabei gewesen waren, gaben kurze Berichte darüber. Zwei ehemalige deutsche Kriegsgefangene erzählten, wie ihr Leben sich durch meines Mannes geistliche Betreuung in den deutschen Kriegsgefangenenlagern in England verändert hatte.

Professor Ellinger und Professor Schofler, die meinen Mann von seiner Arbeit an den europäischen Universitäten kannten, gaben Zeugnis von ihrer Zusammenarbeit mit ihm. Andere erzählten von der christlichen Arbeit unter Geschäftsleuten, wobei Menschen, geladen zu Abendessen und Frühstücken, erreicht wurden, die nie eine Kirche betreten hätten. Auch junge Gäste, die als Studenten an seinen Vorträgen und Seminaren teilgenommen hatten, waren anwesend.

Herr Lattka rief uns die riskante und ereignisreiche Vortragsreise hinter dem Eisernen Vorhang und in Ostländern ins Gedächtnis zurück. Einige besonders nahe Freunde ließen uns wissen, was meines Mannes Freundschaft ihnen im Leben bedeutete. Die ausgezeichnete Laudatio über seine wissenschaftlichen und geistlichen Leistungen, seine Forschung und seine Bücher hielt Frau Professor von Stockhausen. Die hervorragende Küche des Dorint Hotels trug zum Erfolg des Abends bei.

Mein Mann beendete das Programm mit Worten über Jeremia 23, 5-8. Singen und ein Konzert für Flöte und Klavier, von Einar und Annelies, seiner Verlobten, dargeboten, rundeten den wunderbaren Abend ab.

Rückblickend auf die vergangenen Jahre stellten wir mit Staunen fest, wie der Herr in Seiner Güte uns durch unser Leben gesegnet und bewahrt hatte. Wir hatten so viel Grund zum Loben und Danken.

Kapitel XXIX

DIE OPERATION

Nach seinem 75. Geburtstag fühlte mein Mann sich oft müde und schwindelig. Das Laufen fiel ihm immer schwerer.

Am 5. Januar 1991 heirateten unser jüngster Sohn Einar und Annelies, beide Ärzte und überzeugte Christen, in der Schadau-Kirche in Thun, Schweiz.

Es fiel meinem lieben Mann schwer, die Hochzeit durchzuhalten; ihm war äußerst unwohl. Schließlich schlugen unsere Söhne, alle Spezialärzte in verschiedenen Fachgebieten, vor: „Daddy, bei den letzten Untersuchungen konnten die Ärzte keine Ursache für deine Beinprobleme finden. Warum lässt du deinen Kopf nicht mit einem Kernspintomogramm untersuchen? Vielleicht gibt uns das mehr Klarheit?"

Unser jüngster Sohn war Oberarzt der Neurologie im Universitätskrankenhaus Bern. Der MRI-Scanner zeigte ein riesiges Meningiom im oberen Bereich des Gehirnes auf, das offensichtlich all die unangenehmen Symptome durch Druck auf das Gehirn verursacht hatte.

Die Operation wurde am 6. März 1991 im Inselspital der Universität Bern durchgeführt. Tausende treuer Freunde in der ganzen Welt beteten mit uns. Obgleich die Besorgnis groß war, wussten wir uns in Gottes Hand. Mehrere Freunde verkündeten mir am Telefon das Losungswort des Tages: „Ich werde nicht sterben, sondern leben und die Taten Jahs erzählen" (Ps 118,17). Es machte mein Herz zuversichtlich, dass dieser wunderbar passende Bibelvers gerade heute als Losung gewählt worden war.

Nach der sieben- bis achtstündigen Operation – dieser Tag kam mir wie einer der längsten meines Lebens vor – telefonierte unser Sohn Clive mir, dass die Operation beendet war.

Unsere Kinder waren mir eine große Hilfe. Clive, unser zweiter Sohn, ein Gastroenterologe, in der medizinischen Forschung der Universität beschäftigt, war die ganze Zeit der langen Operation mit dem Neurochirurgen in Kommunikation. Da Clive der einzige Sohn an Ort und Stelle war, prüfte er alle medizinischen Vorbereitungen und das Prozedere im Krankenhaus in seiner fachmännischen und liebenswürdigen Art. Er wachte über jegliche Handlung und war jede Minute seines vollen Arbeitsplanes alarmbereit.

Für die Operation hatte Oliver, unser ältester Sohn, Facharzt für Anästhesie und Intensivmedizin, sich vom Universitätsspital Genf freigenommen, um uns beizustehen. Er begleitete seinen Vater zur Anästhesie vor der Operation. Nachher warf er ein wachsames Auge auf die Behandlung in der Intensivstation.

Nach der Operation überprüften Oliver und Clive täglich gewissenhaft den Gesundheitszustand und die Therapie meines Mannes. Es war sicherlich für die Ärzte nicht einfach, einen Patienten mit so vielen medizinisch ausgebildeten Söhnen zu behandeln. Jedoch war der medizinische Stab in jeder Hinsicht sehr entgegenkommend, effizient und hilfreich. Die Pflege im Inselspital war gut, und wir durften jederzeit meinen lieben Mann besuchen.

Unsere Tochter telefonierte mit uns fast jeden Tag aus Kalifornien und unterstützte uns zusammen mit ihrem Mann durch ihre Gebete und Liebe, gleicherweise Einar und Annelies aus Dunedin, Neuseeland, wohin sie inzwischen von der Schweiz übergesiedelt waren.

Wie dankbar war ich für die medizinische und geistliche Hilfe unserer Kinder! Hunderte von amerikanischen Freunden aus Calvary Chapel, Costa Mesa, von der Simon Greeleaf School of Law, viele Verwandte und Freunde aus Europa und aller Welt standen hinter uns. Wir erlebten, was für ein Segen gute Freunde waren. Gott hatte all unsere Gebete erhört. Die Operation war erfolgreich. Unsere Herzen waren voller Lob und Dank.

Schon nach zwei Wochen konnte mein Mann das Krankenhaus verlassen und – zwar noch recht schwach – nach Hause kommen. Oliver und ich verbrachten eine geruhsame Woche mit ihm im Schwarzwald. Dort erfreuten wir uns an den ersten Frühlingsblumen und unternahmen lange erholsame Spaziergänge. Wie gut war es, unseren geliebten Mann und Vater wieder zu Hause zu haben! Um körperlich wieder zu Kräften zu kommen, arbeitete mein

Mann jeden Tag im Garten. Da die Hochzeit unserer Tochter für den 29. Juni geplant war, richtete er den Garten wunderschön her, sodass Blumen, Bäume und Büsche wie auch der Rasen im festlichsten Kleid dastanden. Die frische Gebirgsluft und Gartenarbeit halfen ihm zu neuen körperlichen Kräften.

Mein Mann war besonders talentiert, hervorragende Fruchtsäfte und Gelees aus den Früchten unseres Gartens herzustellen. Diese Delikatessen waren unter unseren Freunden und Verwandten sehr geschätzt. Unsere Kinder und ich pflückten und verarbeiteten das Obst, während mein lieber Mann, als erfahrener Chemiker, die vorzüglichsten Säfte und Fruchtgelees braute. Zu Petras Hochzeitsempfang waren diese Gartenerzeugnisse – schwarzer und roter Johannisbeersaft, Josta- und Stachelbeersaft, Saft aus Brombeeren, Himbeeren und Weintrauben – die meist begehrten Getränke.

Kapitel XXX

DIE HOCHZEIT UNSERER TOCHTER

Eine liebe Freundin meiner Eltern aus Frankfurt/M. bot sich an, uns mit Petras Hochzeitsvorbereitungen zu helfen. Wir verbrachten eine fröhliche Zeit mit Frau Knörich beim Backen der vielerlei Kuchen, Torten, Plätzchen und des Cocktailgebäckes – alles selbst gemacht, keine Backmischung – nach englischen, deutschen und Schweizer Rezepten.

Am 29. Juni fand die Hochzeit unserer Tochter Petra – Zahnärztin und Laserexpertin an der University of California in Irvine – mit Marc Allmeroth – einem feinen, gläubigen kalifornischen Juristen aus Long Beach – in der Schlosskirche in Spiez statt, unserem kleinen Nachbarort am Thunersee.

Beim Empfang nachmittags im festlich zubereiteten Garten brachte mein Mann auf das frisch vermählte Paar einen Toast aus. Als Überraschung für unsere amerikanischen Gäste hatten wir zwei Alphornbläser in Schweizer Trachten eingeladen, deren Blasmusik die ausländischen Geladenen begeisterte.

Bei der Hochzeitsfeier abends in Grindelwald, nach dem Festessen und den Festansprachen, spielten Einar und Annelies Schumann und Bach auf Flöte und Klavier; eine Freundin sang israelische Volkslieder, und die jungen Leute führten lustige und relevante Sketche, aus Petras und Marcs Leben vor, anhand von Goethes Gedicht über die Liebe:

Woher sind wir geboren? – aus Liebe
Wie wären wir verloren? – ohne Liebe
Was kann uns überwinden helfen? – Liebe
Kann man auch Liebe finden? – durch Liebe
Was lässt uns nicht lange weinen? – Liebe
Was soll uns immer vereinen? – Liebe

Die Bedeutung von Johann Wolfgang Goethes Gedicht findet ihre tiefste Wahrheit nicht in menschlicher Liebe, sondern in Gottes vollkommener Liebe, worauf hingewiesen wurde. Die Feier klang um Mitternacht aus mit einer kleinen Rede meines Mannes, die die letzte Zeile des obigen Gedichtes näher beleuchten sollte unter dem Thema: „Vereinigende Faktoren in der Ehe." Liebe und gegenseitige Vergebung, gemeinsames Gebet und Bibellesen bilden die hauptsächlichen vereinigenden Faktoren im Eheleben.

Am nächsten Tag reiste das junge Paar in die Flitterwochen nach Griechenland ab.

Letztlich brauchte es fast sechs Monate, bis mein Mann völlig von seiner Operation genesen war und sich wieder stark genug für erneute Vortragsreisen fühlte.

Kapitel XXXI

VORTRÄGE IN OSTDEUTSCHLAND NACH DEM FALL DER MAUER

Im September 1991 wurden wir zum zweiten Mal nach Ostdeutschland zu einer Vortragsserie in Görlitz eingeladen. Da die Berliner Mauer gefallen war, reiste es sich einfacher, und unser Sohn Oliver begleitete uns. Die Görlitzer Stadtväter hatten in Zusammenarbeit mit Herrn Lattka aus Berlin meinen Mann für einige Vorträge eingeladen. Ihnen oblag die schwierige Aufgabe, Görlitz wieder aufzubauen – nicht nur materiell, sondern auch sozial –, nachdem das kommunistische Regime zusammengefallen war. Die Köpfe und Gedanken der Menschen steckten noch von den vorangegangenen Jahren voller marxistischer Indoktrination.

So flogen wir drei nach Berlin, wo uns Herr Lattka mit seinem Auto zur Weiterfahrt nach Görlitz an der polnischen Grenze in Ostdeutschland erwartete.

Auf dem Flugplatz in Zürich bei der Passkontrolle erkannte einer der Zollbeamten meinen Mann von einem Vortrag, den er ein Jahr zuvor vor 1000 Swissair-Piloten und Beamten in Zürich über das Thema „Wie man mit Stress umgeht" gehalten hatte. Es war damals die Zeit, als einige Flugzeuge von Terroristen entführt worden waren und der Stress unter Piloten und Flugmannschaft beträchtlich war. Offenbar hatten die Beamten den Vortrag geschätzt, denn der Zollbeamte redete uns sehr freundlich an.

Am ersten Abend in Görlitz sprach mein Mann einen Kreis von Ärzten und Wissenschaftlern an. Das Thema hieß: „Ist die Darwinsche Evolutionslehre noch gültig?" Er ging auf die sieben Hauptpostulate der Evolution von Kerkutt ein. Er zeigte und begründete, dass nicht ein Postulat der Evolution mehr gültig ist. Die nachfolgende Diskussion war lang und lebhaft, da die Ausbildung in dem materialistischen Gedankengut unter kommunistischer Herrschaft sich tief in das Denken der Akademiker eingeprägt hatte. Die meisten Christen unter den Ärzten und Wissenschaftlern waren theistische Evolutionisten, „weil die einzige Option für einen Wissenschaftler, der Christ war, um in einem marxistischen Land zu überleben, war, einen Kompromiss einzugehen und an eine theistische Evolution zu glauben."

Die nächsten drei Abende behandelte mein Mann von den Ostdeutschen selbst gewählte Themen: „Das Drogenproblem" – ein Problem, das seit der Aufhebung des Eisernen Vorhangs stark zugenommen hatte. Und „Herkunft und Zukunft des Menschen", ein aktuelles Thema, das neu durchdacht werden musste, da der marxistische Materialismus gerade in Scherben zerfallen war. Der letzte Abend in der Kirche drehte sich um die ewige Frage „Warum lässt Gott Leiden und das Böse zu?" Die Menschen im Osten hatten so viel Schweres durchgemacht, dass diese Frage die meisten von ihnen quälte. Die Kirche war überfüllt, und nach dem Vortrag kamen viele Zuhörer mit persönlichen Anliegen zu uns.

An einem Tag machte Herr Lanka mit uns einen Ausflug in die umliegende Gegend. Wir suchten Herrnhut, den Wirkungsort Graf Zinzendorfs, auf, wo Jahr für Jahr die Bibelverse für die Herrnhuter Losungen gezogen werden. Graf Zinzendorf war der Gründer der Herrnhuter Brüder. Viele seiner Anhänger lebten und arbeiteten zusammen in Herrnhut, einem sehr sauberen und gut gepflegten Dorf.

Uns begegnete auf unserer Tour ein erschreckender Anblick: das Kraftwerk in Hagenwerder. Eine Reihe riesiger Fabrikschornsteine paffte schwarze Rauchschwaden in die Luft. Der giftige Gestank war unerträglich. In dieser Gegend waren eine Anzahl der nächstliegenden Dörfer verödet und zu „Geisterdörfern" geworden: Ihre Einwohner hatte man aus den Häusern wegen ständiger Erweiterung der Braunkohleminen evakuiert. Der Anblick war niederdrückend und die Luft stark verseucht. Hinter offenen Fenstern wehten die Gardinen im Wind, abgemagerte Katzen schlichen durch die verlassenen Dorfstraßen, und in den vernachlässigten Gärten wartete kümmerliches graues Gemüse vergeblich darauf, geerntet zu werden. Um die Dorfkirche zu retten, hatte man sie in den Norden von Görlitz versetzt.

An einem freien Nachmittag wanderten Oliver und ich durch die Altstadt von Görlitz. Die vielen Veränderungen seit unserem letzten Aufenthalt in Görlitz erfreuten uns. Einige der alten historischen Häuser waren bereits restauriert und andere waren mit Gerüsten zur Restaurierung versehen. Besonders ermutigend waren die kleinen, auf eigene Initiative der Görlitzer neu eröffneten Lä-den. Hoffnungslosigkeit und Niedergeschlagenheit hatten Hoff-nung und Unternehmungsgeist Platz gemacht. Menschen waren offen für neue Ideen und geistliche Wahrheiten. Ob wir Christen diese Gelegenheit voll und weise ausnützen würden?

Kapitel XXXII

BEATES 65. GEBURTSTAG

Als mein 65. Geburtstag näher rückte, steckten mein Mann und unsere Söhne in einer „Geheimsitzung" ihre Köpfe zusammen. „Mutti", fragten sie mich danach, „hättest du für deinen Ehrentag lieber hier in der Schweiz eine gebührend stilvolle Feier mit Freunden und Verwandten zusammen oder möchtest du mit uns eine Reise zu einem Ort deiner Wahl unternehmen?"

Vor meinem Geburtstag hatten wir gerade das nächste Pro-Universitate-Seminar in den Schweizer Bergen in Kandersteg geplant. Deshalb fand ich es eine hervorragende Idee, mit meinem lieben Mann und unseren Kindern auf eine Reise zu gehen. „Und das Reiseziel?" Nach eingehender Beratung miteinander stimmten wir alle für Norwegen, wo wir vor dreißig Jahren so schöne Zeiten verbracht hatten, als mein Mann an der Universität Bergen beschäftigt war.

Wir waren seitdem während unserer Ferien einige Male in Norwegen gewesen. Norwegen war eines unserer Lieblingsländer. Im Sommer 1985 waren wir beide mit Oliver die ganze norwegische Küste mit der „Hurtigruten" hoch und später herunter gereist. DieSchiffe der „Hurtigruten", die die Bahn ersetzen, besonders im hohen Norden, wo es keine Bahnen mehr gibt, fahren jeden Tag des Jahres die Küste entlang. Sie legen an vielen Häfen längs der Küste an und befördern Menschen, Güter und Post. Diese Schiffe verkehren Tag und Nacht bei jeglichem Wetter und zu jeder Jahreszeit. Sie halten an Orten und Inseln, die anders schwerlich erreichbar wären.

1989 waren wir beide mit Oliver, Clive und einer Bekannten wieder die gleiche Strecke gen Norden auf der „Hurtigruten" gereist. Diesmal im Dezember, in der dunklen Wintersaison, nach Harstad auf den Vesterålen. So weit nördlich gab es nur wenige Stunden Dämmerung am Tag, von Sonne ganz zu schweigen. Oft waren wir die einzigen nicht norwegischen Passagiere an Bord – es gab keine Touristen, nur Einheimische. Jetzt, zwei Wochen vor Weihnachten, war es bitterkalt; überall lag Schnee und Eis, das Thermometer zeigte -30 °C. Aber wir hatten diese strenge Kälte erwartet und hatten genug warme Sachen mitgebracht. Wir zogen vier oder fünf Schichten Kleidung übereinander, so störte uns die Kälte wenig. Wir kundschafteten jeden Ort aus, an dem wir anlegten. Die Schneelandschaft auf den Inseln und die erleuchteten Dörflein an der Küste, die Lofoten-Inseln – alles kam uns vor wie ein märchenhafter, wahr gewordener Weihnachtstraum. Eins der schönsten Erlebnisse waren die Nordlichter (aurora borealis), die in verschiedenen Farben wie ein Vorhang über den dunklen nordischen Himmel wanderten: rot, grün und weiß, einmal abwechselnd, einmal miteinander. Die Norweger nennen sie „Gottes Neonlichter".

Nun zurück zu der Reise anlässlich meines 65. Geburtstags. Leider konnten Petra und Marc aus Kalifornien uns auf der Reise nicht begleiten. Aber Einar und Annelies hatten gerade ihr Jahr in Neuseeland beendet und wollten uns in Bergen treffen.

Wir flogen via Kopenhagen nach Bergen. Unvergesslich bleibt mir der wunderbare goldene Sonnenuntergang, der einen warmen, rosigen Schein über die vielen kleinen Inseln in der glitzernden Nordsee unter uns warf.

In Flesland, dem Bergener Flugplatz, stiegen wir in den Achtsitzer-Kleinbus, den unsere Söhne für unsere zehn Tage in Norwegen gemietet hatten, und fuhren zu unserem kleinen Hotel, das einen schönen Ausblick über die alte Hansestadt Bergen bot. Es tat gut, nach all den Jahren wieder Norwegisch zu sprechen.

Wie erfrischend war es, wieder die frische salzige Seeluft einzuatmen und den Schrei der Seemöwen und Austernfischer zu hören. Welche Freude, den belebten Fischmarkt aufzusuchen, auf dem wir vor 30 Jahren immer unseren köstlichen, frischen Fisch eingekauft hatten. Allmorgendlich kamen die Fischer mit ihren kleinen Fischerbooten in den hübschen Hafen, direkt neben dem Marktplatz, um den Kunden den in der Nacht gefangenen Fisch anzubieten.

Fisch ist die Hauptnahrung der Norweger, er ist immer frisch und es gibt so viele verschiedene Arten, dass er einem nie „über" wird. Jeden Nachmittag nach Beendigung des Fischverkaufs wurde der Marktplatz sauber geschrubbt. Er war nach dem nachmittaglichen Wegräumen der Fischstände so sauber, dass man keinen Fischgeruch wahrnehmen konnte.

Wir bummelten durch die altbekannten Winkel Bergens, entlang Bryggen mit den alten farbenreichen Holzbauten und Läden der Hansezeit. Wir bewunderten die schönen handgestrickten norwegischen Pullover in den Schaufenstern.

Am nächsten Abend – Einar und Annelies waren inzwischen eingetroffen – lud uns mein Mann zusammen mit einigen Freunden aus früherer Zeit zu einem festlichen Essen im Hotel Admiral ein, von wo man eine herrliche Aussicht über den Hafen mit dem alten Segelschulschiff *Statsraad Lehmkuhl* und die dahinter liegenden Berge genoss.

Am kommenden Tag suchten wir Troldhaugen auf, das Heim Edvard Griegs, auf einem idyllischen Platz gelegen. Er komponierte seine Musik in einer schlichten, einräumigen Holzhütte, direkt am Fjord. Sein altes Klavier mit eigenen Noten darauf, sein Mantel, Hut und Spazierstock befinden sich noch auf dem gleichen Platz wie zu seinen Lebzeiten. Die alljährlichen Grieg-Festspiele locken viele Musikliebhaber aus aller Welt herbei. Vor dem Bau der neuen Grieg-Halle wurden diese speziellen Konzerte in Griegs Haus in Troldhaugen durchgeführt. Jetzt werden natürlich alle Konzerte in der großen Grieg-Halle veranstaltet, vor der eine Statue des großen Musikers errichtet ist.

Nach wenigen Tagen verließen wir Bergen und fuhren ins Inland, entlang dem malerischen Hardangerfjord. In Kinsarvik überquerten wir mit der kleinen Fähre den Fjord nach Utne und setzten unsere Reise durch die Hardanger Vidda mit ihrem bedrohlich düsteren, bergigen Hochplateau fort. Unser Ziel war Hoyden, ein kleiner Bergort, in dem wir eine große rustikale Blockhütte gemietet hatten. Zusammen mit Ute und Carolin, den Töchtern einer bekannten Familie, unternahmen wir lange, ausgedehnte Wanderungen in die vielfarbigen herbstlichen Bergwälder, an einsamen Seen und Wasserfällen vorbei, auf verborgenen Elch- und Rentierpfaden. Wir lebten und kochten nach norwegischen Sitten: vielerlei Fisch, braunes Brot mit „Gjetost“ (brauner Ziegenkäse) und Mengen von Kefir, „Tykkmelk“ und Joghurt.

Besonderes Vergnügen bereitete uns der Besuch beim Silberschmied im Setesdal. Im Setesdal wird der feine, zierliche Silberschmuck für die traditionellen norwegischen Trachten und andere Verwendung in Handarbeit hergestellt. Die alte Kunst der Silberschmiede wurde in der gleichen Familie Generationen zurück ausgeübt und von Vater auf Sohn, auf Enkelsohn usw. überliefert. Der alte Silberschmied, den wir aufsuchten, und sein Sohn spielten die Hardanger Fiedel, eine kunstreich verzierte Violine mit vier oder fünf extra mitschwingenden Saiten. Diese letzteren Saiten sind Stahlsaiten, die unter dem Griffbrett durch eine Öffnung in der Brücke angebracht sind und als Resonanzsaiten dienen. Die Fiedel wird zu alter Volksmusik und Tanz gespielt und ist nicht leicht zu meistern. Während unseres Besuches dort nahm der junge Silberschmied an einem internationalen Musikwettbewerb in Genf teil, wo er den ersten Preis gewann.

Am Sonntag gingen wir zum Gottesdienst in der kleinen Holzkirche von Bykle mit der berühmten, kunstvollen Rosenmalerei an der Innenwand.

Das Glockenseil hing im Mittelgang im Inneren der Kirche zwischen den beiden Bankreihen herunter. Eine junge Frau, die den Küsterdienst versah, läutete die Glocke kurz vor Gottesdienstbeginn. Wie froh waren wir, als der lutherische Pfarrer seine Predigt auf Riksmål hielt und nicht auf Nynorsk. Wir konnten alles verstehen, was er sagte, und er predigte eine sehr gute biblische Botschaft über Lazarus. An die meisten Kirchenlieder erinnerten wir uns noch gut von früher und wir stimmten froh in den Gesang ein. Nach dem Gottesdienst erfuhren wir, dass wir dem Pfarrer und anderen Anwesenden nicht fremd waren. Sie kannten die Bücher und Filme meines Mannes, die ins Norwegische übersetzt worden waren.

Abends saßen wir dann alle zusammen um den Feuerplatz unserer gemütlichen Blockhütte, lasen den Hebräerbrief und tauschten unsere Gedanken darüber aus.

Vor unserer Rückreise in die Schweiz besuchten wir Herrn Skagen, einen unserer alten Bergener Freunde, mit dem wir durch all die vergangenen Jahre in Verbindung geblieben waren. Seine liebe Gattin hatte unterdessen diese Erde für einen besseren Platz verlassen. Wir alle waren dankbar für die wunderschöne Zeit zusammen in Norwegen. Gott war so gut zu uns.

Kapitel XXXIII

DIE ZWEITE OPERATION UND HEIMGANG

Petra und Marc verbrachten das folgende Weihnachtsfest mit uns in der welschen Schweiz.

Nach Weihnachten ging mein Mann zu einem Check-up ins Inselspital, Bern. Dabei stellte man fest, dass das Meningiom über dem Gehirn wieder neu zu wachsen begonnen hatte und eine zweite Operation unvermeidbar war. Das war ein großer Schock für uns alle. Wir brachten die Not Gott im Gebet dar. Die Operation wurde am 14. März 1994 durchgeführt.

Wieder beteten Tausende von treuen Freunden in der ganzen Welt für die schwere Operation. Kurz nach der Operation traten Komplikationen auf; eine Sinusthrombose stellte sich ein. Eine lange Zeit des sehr geduldig getragenen Leidens folgte. Die ganze Zeit war mein lieber Mann der vollkommene Gentleman, der er immer gewesen war. Eine Zeit lang schien es, als ob er sich wieder erholen würde.

Am 27. Februar 1995 wurde Annelies und Einar in Bern ein Sohn, Adrian, geboren, unser erstes Enkelkind. Mein Mann war hocherfreut, als er bei einem Spitalbesuch einige Stunden nach der Geburt Adrian sehen konnte. Er war immer sehr kinderlieb gewesen. Im Frühling 1995 wurde meinem lieben Mann das Gehen so beschwerlich, dass er einen Rollstuhl gebrauchen musste. Er saß oft in seinem Rollstuhl auf unserer großen Terrasse mit Blick auf den Thunersee und die schneebedeckten Bergriesen Eiger, Mönch und Jungfrau. Wie liebte er diese herrliche Aussicht; er besaß eine große Liebe und ein besonderes Verhältnis zu Gottes schöner Schöpfung! Wenn unsere finnische Bekannte, Frau Raija Bopp, uns besuchte, sangen wir oft zusammen. Eins der letzten Lieder, die wir zusammen sangen, war: „Der Himmel steht offen, weißt du warum? Weil Jesus gekämpft und gelitten darum ..." Er freute sich der Gewissheit dieser Worte. Eines Abends, als uns Frau Bopp verließ, sagte er zu ihr: „Frau Bopp, wenn ich nicht mehr da bin, nehmen Sie sich meiner kleinen Nachtigall an." Er hörte so gern zu, wenn ich sang oder Klavier spielte. Und er dachte immer an andere und klagte nie, obgleich er so viel litt.

Es gab Zeiten, in denen er niedergeschlagen war. In einer Nacht wachte ich auf und hörte ihn neben mir schluchzen.

„Was bedrückt dich, mein Arthur?", fragte ich.

„Beate, sieh mich an, sieh, in welchem Zustand ich mich befinde."

Er war immer ein starker, gesunder Mann gewesen und empfand jetzt stark sein Handicap. Doch jedes Mal kamen wir zu der Überzeugung, dass wir noch für so vieles dankbar sein konnten. Wir hatten einander – einer der größten Schätze auf dieser Welt. Und wir dankten Gott dafür.

Der Humor meines Mannes war immer erfrischend. Als ich einmal, nach seinem Mittagsschlaf, an sein Bett trat, um ihm in seinen Rollstuhl zu helfen, fragte ich ihn scherzhaft: „Darf ich dem Herrn einen Kuss geben?" Er antwortete: „All contributions are gratefully accepted" („alle Beiträge werden dankbar angenommen").

Während der letzten Wochen fiel ihm das Sprechen immer schwerer, und oft schaute er mich lange an, ohne etwas zu sagen.

Einmal bemerkte ich: „Du schaust mich so lieb und strahlend an. Was ist es?"

Langsam antwortete er: „Es ist nur der Wiederschein deines Gesichtes und deiner Seele. Könnte ich etwas Schöneres betrachten?"

Bis zuletzt blieb er immer der vollkommene Gentleman, obwohl es ihm immer schwieriger fiel, zu sprechen.

Als er dann kaum mehr stehen konnte, bat ich in Calvary Chapel, Costa Mesa, Kalifornien, um Hilfe. Perry Huesmann, ein junger starker Mann, der gerade seine theologische Ausbildung beendet hatte, konnte acht Wochen in die Schweiz kommen, um mir bei der Pflege meines Mannes am Bett, beim Waschen, bei der Physiotherapie und bei anderen körperlich schweren Arbeiten zu helfen. Perry war eine große Hilfe.

Während der letzten achtzehn Monate der Krankheit standen mir all unsere Kinder treu zur Seite. Ohne sie hätte ich es kaum schaffen können.

Clive blieb die meiste Zeit bei uns, obwohl er eine Wohnung in der französischen Schweiz bei Lausanne besitzt. In seiner fröhlichen und humorvollen Art ging er uns bei allen schwierigen, unangenehmen täglichen Aufgaben zur Hand, ohne entmutigt zu werden. Er fand immer ein aufmunterndes und liebevolles Wort für seinen Daddy, wenn diesen Schmerz oder körperliches Unvermögen plagte. Mit seinen starken Armen half er ihm die Stufen herunter, hob ihn aus dem Bett und stützte ihn sicher, während ich ihn wusch.

Einmal, als mein Mann sich zum Halt an Clive lehnte und stützte, sagte er: „Clive, es tut mir so leid, dass ich in dieser unangenehmen Sache deine Hilfe beanspruchen muss, es ist mir peinlich."

Clive antwortete: „O Daddy, es ist mir eine Ehre, dir helfen zu dürfen. Ich bin so froh, bei dir zu sein."

Einar, Oberarzt der Neurologie am Inselspital der Universität Bern, besprach gewissenhaft die Behandlung und Medikamente mit seinen Kollegen. Während des Krankenhausaufenthalts meines Mannes in Bern ließen mich Einar und Annelies oft in ihrem Berner Heim übernachten. Sonst musste ich täglich von Einigen nach Bern ins Krankenhaus reisen.

Unsere Tochter Petra und Marc, ihr Mann, telefonierten häufig aus Kalifornien. Petra flog viermal zu uns in die Schweiz, um ihrem Daddy zu helfen und bei ihm zu sein.

Am Abend vor seiner Operation kam sie mit dem Flugzeug von Los Angeles. Da das Flugzeug verspätet war, war das Krankenhaus bereits für Besucher geschlossen, als sie in Bern eintraf. Sie schmuggelte sich durch eine Hintertür ins Krankenhaus und fand Daddys Zimmer. Mein Mann war noch wach, da er auf Petra wartete. Die zwei verbrachten eine ganz besondere Zeit zusammen in dieser Nacht vor der Operation. Auf ihre liebevolle und praktische Art entlastete Petra uns von mancher Arbeit.

Oliver kam zur Unterstützung jede freie Minute von Genf nach Bern herüber. Er nahm die schwierige Aufgabe auf sich, mit einem der Ärzte, der zu Euthanasie tendierte und eine Zurechtweisung brauchte, streng zu reden. Während der schweren Krankheitszeit meines Mannes lernten wir, welch ein Segen ein gutes medizinisches System ist und wie abhängig gute medizinische Versorgung von einer intakten Ethik ist. Wir verbrachten viel Zeit und Energie beim Besprechen ethischer Gesichtspunkte und waren erstaunt, wie oft Einstellungen zugunsten von Euthanasie vertreten wurden. Wir vernahmen Bemerkungen wie: „Er hatte ein langes und fruchtbares Leben, warum sollten wir es verlängern?" oder „Ihr Mann hat jetzt so eine begrenzte Lebensqualität, sollten wir ihn nicht sterben lassen und weder mit Behandlung noch Nahrung fortfahren?" Solche Bemerkungen sind das tragische, jedoch logische Ergebnis von jahrelanger Studentenunterweisung, dass der Mensch nur eine Maschine ist, durch Evolution entstanden, und keine absoluten Werte existieren. Zurückblickend kommt es mir vor, als ob ich einen großen Teil meiner Zeit mit der „Verteidigung" meines Mannes gegen das medizinische System verbrachte. Es ist so wichtig, dass die Verwandten die Behandlung ihrer Lieben überwachen.

Außerdem lernte ich, wie wichtig es ist, Kranke zu besuchen. Wie freute sich mein Mann, wenn ich oder ein Besucher das Zimmer betrat! Manchmal teilte mein Mann das Zimmer mit einem anderen Patienten. Ich beobachtete einige ältere Patienten, die stundenlang apathisch und hoffnungslos vor sich hinstarrten, weil sie nie oder nur ganz selten Besuch erhielten. Lasst uns nicht unsere biblische Aufgabe vergessen (Mt 25,36); unsere Gemeinden und Kirchen sollten viel tätiger im Besuchen von Kranken und Alten sein.

Es war für uns ein großes Vorrecht, dass wir die meiste Krankheitszeit meinen lieben Mann zu Hause pflegen konnten, selbst als er im Rollstuhl war und zuletzt künstlich ernährt werden musste. Als Folge der nach der Operation auftretenden Komplikationen wurde die Koordination beim Schlucken fortschreitend schlechter. Während der letzten Wochen seiner Krankheit aspirierte er leicht, wenn er sich übergeben musste. Und das führte fast ausnahmslos zu einer Lungenentzündung.

Aufgrund solch einer Lungenentzündung musste ich ihn Mitte August 1995 nach Bern ins christliche Salem-Krankenhaus bringen. Seit der Zeit verschlechterte sich sein Gesundheitszustand ständig. Ich durfte jeden Tag bei ihm sein. Nach einer Woche wurde er auf die Palliativstation verlegt, wo er sehr intensive Pflege erhielt. Ein Teil des Pflegepersonals waren überzeugte Christen, und einige kannten meinen Mann durch seine Vorträge und seine Bücher. Sie pflegten ihn mit großer Hingabe. Niemals vorher hatten wir in einem Krankenhaus so gute Betreuung erfahren – selbst meine Mediziner-Söhne stimmten mit mir darin überein.

Jeden Morgen las ich ihm aus dem Wort Gottes vor und betete mit ihm, selbst als er nicht mehr reaktionsfähig war. Ich sagte ihm, wie lieb er mir sei und dass ich für ihn und unser Leben zusammen so dankbar war. Ich sang unsere geistlichen Lieblingslieder und hielt seine Hand. Manchmal öffnete er ganz kurz die Augen und blickte mich an oder drückte kaum fühlbar meine Hand. Aber er war zu schwach, um kommunizieren zu können. Jedoch bin ich sicher, er nahm viel mehr wahr, als man merken konnte.

Sein Zustand verschlechterte sich. Als das Atmen schwerer und unregelmäßiger wurde, stellten die Krankenschwestern ein Extrabett ins Zimmer, damit ich über Nacht bei ihm bleiben konnte. Alle unsere vier Kinder waren in der Nähe. Petra war von Kalifornien heimgeflogen und blieb die letzten Tage an Daddys Bett.

Am 14. September, während eine Krankenschwester und ich ihn vorsichtig wuschen, tat unser geliebter Mann und Vater seinen letzten Atemzug. Friedevoll lag er auf seinem Bett. Das schwere Leiden mit all seinen Schmerzen war vorüber.

Alle unsere Kinder versammelten sich mit mir um unseren geliebten Mann und Vater, der jetzt zu seinem Herrn und Heiland heimgegangen war.

Oliver sagte: „Lasst uns zusammen beten und Gott für unseren Daddy danken, der uns allen ein so liebevolles Vorbild war."

Trauer und Dankbarkeit erfüllte unser Herz, als wir gemeinsam vor den Thron Gottes traten und die Vergangenheit und die Zukunft in die Hände des Herrn legten, der unser Leben bis hierher wunderbar geführt hatte. Er würde auch in der Zukunft uns nicht verlassen und für uns sorgen.

LEBENSLAUF VON ARTHUR ERNEST WILDER-SMITH

1915	Geboren am 22. Dezember in Reading, England
1922–30	Wallingford, Grammar School
1930–32	Taunton Boarding School, Somerset
1932	School Certificate (cum laude, magna cum laude in Chemie)
1933–35	Universität Oxford (Botanik, Zoologie, Chemie)
1936	B.Sc. (Reading, Botanik, Zoologie, Chemie)
1937	B.Sc. (Reading, honors degree)
1941	Ph.D. (Phys. Org. Chemie) (optisch aktive Ketone)
1943	London: C.Chem., Associate of the Royal Institute of Chemistry
1946	London: F.R.S.C., Fellow of the Royal Institute (später Society) of Chemistry
1956	Genf: PD, École de Médecine (Hypoglycemische Drogen)
1964	Genf: Dr. ès Science, École de Médecine (Chemotherapie von Tuberkulose und Lepra)
1964	Zürich: D.Sc. (Naturwissenschaften) ETH (Chemotherapie von Mycobakteriellen Krankheiten)
1945–49	London: Countess Lisburne Memorial Fellow in Krebsforschung (Prostata Karzinom, Geschlechtshormone)
1950	17. September, Heirat mit Beate, geb. Gottwaldt
1951–55	Forschungsleiter der Pharmaz. Firma Geistlich Söhne, Luzern (Forschung: Anästhetika, Leprostatika, Tuberkulostatika, Analgetika, Geschlechtshormone)
1955–60	Basel: Berater in der chemischen Industrie für Chemotherapie
1956–64	Genf: Privatdozent an der École de Médecine, Vorlesungen: Chemotherapie und Pharmakologie für Mediziner. Forschung: Diabetes, Lepra, Tuberkulose, opioide Analgetika
1957–58	Chicago, USA, Gastprofessor der Pharmakologie, Medical Center, Univ. of Illinois (Lehramt in Pharmakologie und Chemotherapie; Forschung: Tuberkulose, Lepra, Lokalanästhetika)
1960–62	Bergen, Norwegen: Gastprofessor der Pharmakologie, Medizin, Univ. Bergen (Forschung: Tuberkulose, Lepra, nichtsteroide Analgetika)
1964–69	Chicago, USA, Professor der Pharmakologie, Univ. of Illinois, Medical Center, Dept. of Pharmacology (Entwicklung eines Drogenmissbrauch-Programmes und Professor der Pharmakologie, College of Nursing)
1969–71	Ankara, Türkei, Professor der Pharmakologie, Hacettepe-Universität; (Etablieren eines Postgraduate-Programmes in Pharmakologie)
1970–77	U.S. NATO-Streitkräfte in Europa: Drogenberater im Range eines 3-Sterne-Generals im Drogenmissbrauch-Programm für Militär und Offiziere

1970–77	Drogenunterweisung des Schweizer Generalstabs, der Polizei und in Lehrerseminaren
1975–92	Ausgedehnte Vortragsreisen an Schweizer, deutsche und österreichische Universitäten und Hochschulen. Vorträge und Seminare für Geschäftsleute, in Kirchen und öffentlichen Veranstaltungen
1979	Februar, Vorträge an norwegischen Universitäten
1980	7-teilige Filmserie: „Wie die Welt entstand" mit dem niederländischen Fernsehen Film: Drogenmissbrauch; Film: Dimensionstheorie
1980	Vortragsreihe an niederländischen Universitäten
1981	März, 1. U.S.-Vortragsreise (43 Universitäten, 23 Kirchen, 18 Medien)
1981	April/Mai, Vortragsreise in Finnland
1982	April/Mai, 2. U.S.-Vortragsreise
1983	26. Oktober, Zürich: Interview im Schweizer Nationalfernsehen mit Eva Metzger über das Drogenproblem
1984	April/Mai, 3. U.S.-Vortragsreise
1984	Vortragsreise in Schottland
1985	Oktober, Vortragsreise in Dänemark
1986	Oktober/November, 4. U.S.-Vortragsreise
1986	16. Februar, Oxford Union Debatte: „The Doctrine of Creation is more valid than the Theory of Evolution"
1986	November, Vorträge in Kanada: Edmonton und Calgary
1987	Januar, Vortragsreise in Australien
1987	Mai/Juni, 1. Neuseeland-Vortragstour
1988	Februar, Vortragsreise in Dänemark
1988	Juni, 2. Neuseeland-Vortragstour
1988	August 5. U.S.-Vortragsreise
1989	Februar/März, Vortragsreise in Polen
1990	April, 6. U.S.-Vortragsreise
1991	März, erste Operation
1991	September, Ostdeutschland
1992	November/Dezember, 7. U.S.-Vortragsreise
1992	Dezember, 3. Neuseeland-Vortragstour
1993	Frühjahr, 8. U.S.-Vortragsreise
1994	März, zweite Operation
1995	14. September, Heimgang in die Ewigkeit

PUBLIKATIONEN

45 eigene wissenschaftliche Veröffentlichungen,
23 Bücher in Englisch oder Deutsch,
davon viele in bis zu sieben Sprachen übersetzt.
Seine ORIGIN-Filme, die zwei Auszeichnungen gewannen, sind in viele Sprachen übersetzt worden.

Mutter Elfrida Smith
mit Baby Arthur

Vater Arthur Smith sen. in
vollem Freimaurerornat

Arthur Smith sen. mit Söhnen Arthur und Walter

Der alte Bentley

Arthur als Student

Bruder Walter

General F.D. Frost aus seinem Wagen predigend

Dr. Wilder-Smith mit deutschen Kriegsgefangenen

Beates Eltern, Pfarrer Wilhelm Gottwaldt und Gattin

Rosemarie, Beate und Christiane Gottwaldt

Beate mit ihrer Viertelgeige

Beate als Konfirmandin

Dr. Wilder-Smith
in seinem Londoner Universitätslaboratorium

Beate als Musikstudentin in Frankfurt/Main

Nach der Verlobung

Das frisch vermählte Paar

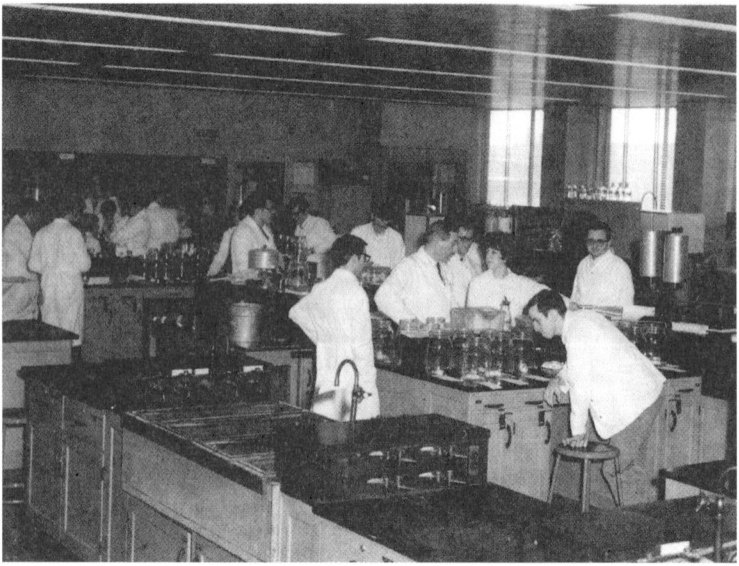

Dr. Wilder-Smith unterrichtet Studenten
im Laboratorium der Universität Illinois

Forschung an der Universität von Illinois

Oliver und Petra in Norwegen

Familie Gottwaldt

Clive und Einar in unserem norwegischen Heim
in Tertnes bei Bergen

Göreme – Untergrundwohnungen

Vorlesungen in Graz (Österreich) bei der JVCG (Geschäftsleute)

Unser erstes Pro-Universitate-Seminar in Krattigen

Professor Wilder-Smith liebte
seine Arbeit mit Studenten

A.E.W.S. arbeitet in seinem Studierzimmer mit seiner Frau Beate

Beim Fischen in Schottland

Beim Besteigen des Matterhorns

Ferien in Norwegen: Vor unserer Blockhütte in Hovden

In den Skiferien mit Petra und ihrem Mann Marc

Dr. Oliver und Elly Wilder-Smith
(unser ältester Sohn mit Frau)

Dr. Clive Wilder-Smith

Professor Dr. Wilder-Smith und Beate
zu Petras und Marcs Hochzeit